La rebeldía carlista.
Memoria de una represión silenciada

Enfrentamientos, marginación y persecución
durante la primera mitad del régimen franquista
(1936-1955)

·COLECCIÓN LUIS HERNANDO DE LARRAMENDI·
HISTORIA DEL CARLISMO·4·

Josep Miralles Climent

La rebeldía carlista.

Memoria de una represión silenciada

Enfrentamientos, marginación y persecución
durante la primera mitad del régimen franquista
(1936-1955)

·SCHEDAS·

·COLECCIÓN LUIS HERNANDO DE LARRAMENDI·HISTORIA DEL CARLISMO·4·

La rebeldía carlista. Memoria de una represión silenciada
Enfrentamientos, marginación y persecución durante la primera mitad
del régimen franquista (1936-1955)

© 2018, del texto, Josep Miralles Climent

© 2018, de la edición,

SCHEDAS, S.L.

Paseo Imperial 43C, 6ºD. 28005-Madrid.

www.schedas.com Tel. 911264770 ofi@schedas.com

Diseño de cubierta: MMB

ISBN (impreso): 978-84-16558-71-1
ISBN (EPUB): 978-84-16558-72-8
ISBN (Kindle): 978-84-16558-73-5
Printed: CreateSpace, Amazon.com

ÍNDICE

A Rosalía,
mi compañera

Agradecimientos

A los miembros del jurado del XV Premio Internacional de Historia del Carlismo «Luis Hernando de Larramendi» por haber valorado positivamente el proyecto de este libro. También al patronato de la Fundación Ignacio Larramendi y a su presidente Luis H. de Larramendi por la beca concedida para esta investigación.

A los compañeros de fatigas en la labor de recuperar la memoria histórica del carlismo, por su colaboración en estas páginas: Manuel Martorell, de Pamplona; Joaquín y Javier Cubero, de Gijón; Víctor Sierra-Sesúmaga, de Vizcaya; Miguel Ángel Llopis, de Barcelona/Tortosa; Xavier Lubelza, de Barcelona; Luis H. de Larramendi y Javier Onrubia, de Madrid; Manuel Herrera, de Valladolid; Iciar Anglés, de Castelló; Juan José Plaza, de Monòver; Vicent Morellá, de l'Alcúdia y Marisa Martín, de València/Segorbe. A los ya fallecidos: Cales Vilar, de Vila-real, José Ferrer, de Llíria y Juan Pascual Fandos, de Borriana.

A los becarios y trabajadores del AGUN y a los trabajadores del AGA, de la FNFF y del AGCC por facilitarme el acceso a los documentos requeridos.

A Josep Mª Solé i Sabaté por manifestar su interés en escribir el prólogo.

A mis compañeros del Centre Valencià d'Estudis Carlistes; del Seminari d'Història Local i Fons Orals de la UJI y del Grup de Recerca de la Memòria Històrica de Castelló.

A Rosalía, por su paciente colaboración en la revisión del texto y por sus siempre acertadas críticas.

Proemio

I

Todos los libros que edita la Fundación Ignacio Larramendi dentro de su colección dedicada a la Historia del Carlismo, vinculados con el premio internacional Luis Hernando de Larramendi, llevan en su parte final un epílogo que da cuenta de las características del premio de historia, de la composición del jurado, de las actividades en la fundación y de su fundador y de la figura a la que está dedicado el premio, don Luis Hernando de Larramendi y Ruíz, gran tribuno tradicionalista.

En este libro concreto nos ha parecido en la fundación interesante que, además de ese epílogo tradicional, se incluyera esta primera noticia al lector explicando el porqué la fundación ha decidido, a propuesta del jurado de la XV edición del premio, apoyar económicamente la realización de este trabajo y proceder a su publicación.

El interés del trabajo que representaba para su desarrollo don Josep Miralles estaba muy vinculado a la propia actividad carlista de D. Luis Hernando de Larramendi y Ruiz y a la del fundador, Ignacio Hernando de Larramendi, mi abuelo y mi padre respectivamente, que sufrieron en carne propia las dificultades de su falta de adhesión al régimen, tras la forzada unificación/asimilación que para la destrucción del carlismo se hizo con Falange Española.

De hecho, la gran obra de don Luis Hernando de Larramendi y Ruíz," Cristiandad, Tradición y Realeza", fue tachada por la censura cuando bajo el título "el Estado tradicional" fue presentada a publicación en 1937, y sólo pudo publicarse, con el ardid del cambio de título y otros cambios menores, de orden de sus páginas en 1952, ya que no fue reconocida como la obra en su día censurada.

Tanto en Ignacio Hernando de Larramendi como su hermano Alfonso sufrieron en su propia carne las inclemencias políticas de esa falta de adhesión, visitando los calabozos o estando meses en el presidio Nanclares de Oca.

Los boletines carlistas eran su mayor parte clandestinos, y de hecho la fundación de su constitución adoptó como marco de su actividad un artículo publicado por el gran tribuno don Luis en un boletín de estudiantes clandestinos en 1942, que se reproduce también al inicio de este libro, junto con una reproducción de las páginas del libro "Así se hizo Mapfre. Mi tiempo" en que mi padre narra sus vicisitudes políticas en los primeros años cuarenta.

Por esos antecedentes, aun cuando el jurado no hubiera votado, en un muy reñido debate, que la obra se alzará con el premio, se acordó por jurado someter a la fundación, a su patronato, la publicación de la obra, lo que teniendo en cuenta esos aspectos fue finalmente acordado por la fundación y llevado a efecto, de manera brillante, en este libro al que estas líneas son palabras preliminares.

El libro es, claro está, fruto de la investigación y de la obra y trayectoria de su autor, Josep Miralles, y responde, como toda obra, al enfoque personal y subjetivo de los hechos, enfoque que desde la fundación se ha querido respetar, como se ha respetado siempre la obra de los autores, por más que no siempre las opiniones o los resultados hayan resultado gratos.

Pero, siendo el objetivo fundacional el estudiar el impacto en la sociedad española del fenómeno carlista, y no existiendo nada que diera fe de esa enemiga que existió entre la corriente principal del carlismo y las autoridades del régimen, parecía necesario apoyar un proyecto como el presentado por Josep Miralles, máxime en un momento en el que una revisión historiográfica pretende mostrar una imagen distinta de esa realidad que aquí se recoge.

Gracias a Josep Miralles por su esfuerzo, deseando que este libro alumbra, de manera definitiva, unos hechos a los que la luz de la historia no había todavía iluminado.

LUIS HERNANDO DE LARRAMENDI M.
PRESIDENTE FUNDACIÓN IGNACIO LARRAMENDI

II

Reproduccion parcial de las páginas 89, 90 y 91 del libro "Así se hizo Mapfre. Mi tiempo" de D. Ignacio Hernando de Larramendi - Editorial Actas - Madrid - año 2000

Otras actividades.

Cuando llegué a San Sebastián en 1941, después de mis exámenes, estaba exhausto, el esfuerzo excesivo me había agotado. Me costó recuperarme, el primer día que fui a bañarme no podía ni subirme a un bote, pero descansé y me recuperé. Decidí en el curso siguiente hacer las asignaturas de doctorado, no sé por qué proceso mental. Eran interesantes esas clases, muy reducidas, en especial en la asignatura de «Estudios Superiores de Derecho Político», a la que regularmente asistía, que daba Salvador Lissarrague, antiguo de la Institución Libre de Enseñanza. Éramos pocos, entre otros Torcuato Fernández Miranda, después duque de Fernández Miranda; Vicente Marrero, gran escritor y poeta; Luis García Arias, catedrático de Derecho Internacional, y otros menos conocidos. Aprobé las asignaturas, supongo que con sobresalientes, que era lo normal, y obtuve una matrícula que a mí no me interesaba, porque Vicente Marrero, que aspiraba a una carrera académica, me presionó para presentarme pues él no quería hacerlo solo; nos la dieron a los dos.

Durante este período dediqué tiempo a la «acción política», modesta, como es lógico, continuando con mis actividades en AET, que ya había comenzado en 1938, antes de incorporarme a Radio Requeté y al Tercio de San Miguel. Lo que hacía en ese momento era tener encuentros con otros estudiantes, algunos brillantes, en unos casos en casa de mis padres en Velázquez, donde vivíamos mi hermano y yo; y en la Academia Mella en la calle Barquillo, donde asistió a varias reuniones Jesús Fueyo, que llegó a ser presidente del Instituto de Estudios Políticos, hombre considerado muy inteligente y culto; casi no lo conocí. La Academia era propiedad de un sacerdote, don Máximo Palomar, alma de Dios, carlista, al que pagábamos la oportunidad de utilizar para la política sus aulas dando clases gratuitamente con cierta regularidad a sus alumnos;

sobre todo Rafael Gambra, porque a mí nunca me ha gustado la docencia.

Tuve en aquella época contactos con Juan Zavala, comandante de un Tercio de Requetés, de familia muy carlista (su hermano Pepe fue secretario de Carlos Hugo). Zavala creía que, con sus antiguos contactos, poco menos que podía dar un golpe de Estado, al menos interno. Por supuesto no sirvieron para nada, como siempre pensé ocurriría; era un teórico de la conspiración. Murió bastante pronto. En aquella época también hacíamos lo que llamábamos «saltos», es decir un grupo pequeño, generalmente los domingos, en el Retiro o en el paseo de Recoletos, que empezaba a gritar en contra del Régimen y a favor del carlismo. Fue siempre un fracaso, pues la gente por casualidad reunida era partidaria del Régimen de Franco y ahogaba nuestras intervenciones. También editamos algunas publicaciones clandestinas y una de ellas en el año 1942 fue un artículo que pedimos a mi padre, que he considerado pieza maestra, y que transcribo en este libro. En esos días algunos domingos íbamos al viejo estadio de Chamartín y de los 32.000 espectadores sólo mi hermano Luis Manuel y yo no levantábamos el brazo cuando tocaban los himnos al fin del partido.

En ocasiones salíamos a repartir folletos y hacer pintadas. En 1942, no sé exactamente la fecha, a las once de la noche comenzamos en la Puerta del Sol y aun con gente cerca seguimos haciendo el camino. Iba conmigo mi hermano Luis Manuel y el mayor de los Perreau de Pinnick, a quien no he vuelto a ver. Ya estábamos acabando, cerca de nuestra casa en la calle de Velázquez, cuando nos dimos cuenta de que dos números de la Policía Armada nos apuntaban con los fusiles y nos detuvieron. Nos llevaron a los famosos calabozos de la Dirección General de Seguridad en la Puerta del Sol, donde estuvimos cuatro días. Fue interesante por la gente que había, sobre todo unos judíos belgas que en Tánger actuaban en salas de fiesta. Uno de ellos era excelente grafólogo. Al ocupar Tánger los españoles, fueron deportados a Madrid; por ayudarle le pedí alguna grafología, por las que cobraba veinticinco pesetas. La mía propia era magnífica, pero en cambio le di una carta de mi novia, ahora mi esposa, a la que consideró como mujer muy peligrosa; claramente no acertó. Después nos llevaron a un

Juzgado Militar para tomarnos declaración; dejé pasar primero a mi hermano, pensando que yo podría tener más capacidad de reacción ante algún fallo suyo, pero me quedé preocupado pues se podía tomar por cobardía. Me interrogó un juez militar, parece que era su última actuación en esa capacidad; comenzó diciéndome que era inexplicable con todo lo que se había hecho en la guerra que personas como nosotros tuviésemos esa actitud. Le dije que aceptaba sus decisiones, pero no las lecciones. Al final quedamos amigos y pienso que él algo apenado. Después nos tuvimos que presentar cada quince días durante casi un año.

Recibimos anónimos de grupos falangistas amenazándonos, no los hacíamos caso ni realmente nos acobardaban. Fue un período interesante del que ahora tengo nostalgia; el 10 de marzo de 1942 mi hermano fue apaleado en la Cibeles. Ocurría siempre algún incidente en esa fecha, día de los «Mártires de la Tradición» para los carlistas; en Cibeles vio cómo desfilaba un grupo de falangistas y él no quiso levantar el brazo, como exigían a todos los transeúntes, y cargaron contra él llevándole después a una comisaría. Hacia las cuatro de la tarde llegó a casa con la cara absolutamente desfigurada. Él dedicaba más tiempo que yo al estudio. Aparte de la Universidad, donde empezaba a ser brillante, se reunía en casa del conde de Argillo, en la calle Juan Bravo, muy cerca de donde vivíamos, con Cristóbal Martínez Bordiú, después marqués de Villaverde, y Carlos Sainz de los Terreros, brillante pediatra como fue su padre y después su hijo. Los dos han fallecido, afortunadamente no mi hermano. Cristóbal contaba, años después, la admiración que había sentido por él cuando en una clase en la Facultad de Medicina en 1940, con el anfiteatro completamente lleno, sin utilizar el primer banco, que era el de los «caídos», que como respeto así se conservaba, se sentó un estudiante y el matón de turno le increpó durísimamente diciendo que era intolerable hacerlo. Entonces mi hermano, que estaba en la última fila, bajó saltando por encima de los bancos y se sentó en el prohibido sin que nadie se atreviese a decirle nada.

En esta época se pensó que podía haber una invasión alemana, y recuerdo que empezamos a pensar en prepararnos para organizar alguna clase de resistencia; afortunadamente no fue necesario.

III

Artículo de D. Luis Hernando de Larramendi y Ruiz publicado en el Boletín clandestino de los estudiantes carlistas del 1º de Noviembre de 1942

Artículo de D. Luis Hernando de Larramendi Ruiz publicado en el Boletín clandestino de los estudiantes carlistas del 1º de noviembre de 1942.

Un país en que nadie se siente unido al pasado, no es una Patria, es una inclusa.

Los desventurados expósitos dan testimonio de haber nacido, pero, ¿cómo podrán darlo de sus padres?...

Por eso las inclusas políticas modernas hace mucho tiempo que rehúyen sistemáticamente llamarse Patrias, y se llenan la boca a todas horas llamándose naciones. Que no es lo mismo, Nación es cosa de nacer. Nacen los seres humanos, pero nacen también las bestias. Es decir, que las bestias tienen nación. Lo que no tienen las bestias es Patria.

¿Qué les importa el pasado? Apenas nacidos, los irracionales se hacen independientes, pierden toda relación con sus padres, no los reconocen ni son reconocidos por ellos. Se dispersan padres e hijos sin ningún afecto ni vínculo duradero.

Tampoco el futuro les importa. Viven brutalmente, para la satisfacción momentánea de sus instintos más elementales, comer, procrear, defenderse y campar individualmente.

No tienen nada racional que transmitirse.

Pero los seres humanos, sí. Un lenguaje, y con el lenguaje, la fe de su origen y de su fin, las revelaciones divinas, la sabiduría acumulada por el esfuerzo de las generaciones precedentes, la historia de tanta abnegación, y con ellas la veneración a los padres y a los padres de sus padres y a sus antepasados, de quienes, con la sangre, conservan tantos bienes que les conservan en su dignidad superior a los irracionales y les obligan al deber y al honor de merecer, por su propio amor y abnegación, ser dignos de la admiración de las generaciones futuras.

Toda esa Tradición es una corriente espiritual, racional y política que discurre por cauces naturales desde el pasado al porvenir, sobre vínculos de origen familiar, en el común y perdurable interés de la Patria,

Y ésa es la vida política natural, por ley inviolable. Cuando parece que se viola, los pueblos padecen o perecen, prueba de que la ley es inviolable o indefectible. Como que es legitimidad de origen divino.

Miserables incluseros políticos, que reniegan o desconocen a sus padres. Quieren ignorarlos imitando a los irracionales. Y con esa tendencia meramente animal, no se preocupan de la Patria, sino sólo de la nación. No veneran la tradición de sus padres, pero se dejan domesticar o atrallar por cualquier amo, o arruinar o envilecer por cualquier padrastro o cualquier chulo aventurero. Como no traen en sí el espíritu de la Patria, querrían haber nacido franceses, o ingleses, o alemanes o rusos, o ser híbridos de treinta sangres, según la moda.

Estas inclusas políticas son la ruina de la civilización; con su tendencia animal vuelven de nuevo la humanidad a la fiereza de las selvas; retórnanla a la barbarie, pero no a la barbarie inocente y primitiva, sino la regresiva por corrupción.

¿Y qué podrá ser de los incluseros? Si en las inclusas de la caridad la mortalidad pasa a veces del cincuenta por ciento, en las inclusas políticas mueren todos los miserables expósitos.

¿Qué queda en España de más de quinientos partidos políticos antitradicionalistas aparecidos hace un siglo?

¿Quién se acuerda ya de quiénes fueron los Ayacuchos, los fusionistas, o los idóneos? Los hubo que parecieron arrollarlo y dominarlo todo durante un momento; el poder, la opinión, los triunfos y las ganancias...; pero no se salvaron jamás de la suerte común; apenas nacidos perecieron sin dejar honra de memoria, así como de incluseros o híbridos que vivieron sin honrar a sus padres.

Entre tanto, exonerado, proscrito, confiscado en prisiones, combatido, fusilado, asesinado, perseguido, traicionado, calumniado, silenciado, y vendido durante más de un siglo, dado por muerto mil veces, sólo el Carlismo no ha muerto nunca porque es la vida política española natural de origen divino, la tradición inmarcesible de la España eterna.

Prólogo

El título del libro de Josep Miralles, *La rebeldía carlista. Memoria de una represión silenciada*, es un acierto pleno, ello permite significar de forma precisa la respuesta que tuvo el carlismo posterior a la Guerra Civil. Una actuación generalizada mayoritaria que ha sido silenciada por razones de cómo ha evolucionado la historia de España en los años de la llamada Transición Política -llena de pactos de todo tipo- o desconocida por voluntad expresa de no otorgar el protagonismo que tuvo el carlismo terminada la guerra.

Josep Miralles es un historiador que hinca la investigación en los entresijos más cosidos de la historia del carlismo y nos ofrece aspectos de este periodo que eran sólo conocidos por sus protagonistas y allegados.

El dilema se planteó ya en pleno conflicto bélico. La forzada unión del carlismo en un partido único, Falange Española Tradicionalista y de las JONS, era crear un movimiento de corte fascista y de influencia nazi, hecho que no fue jamás aceptado por el sentir del carlismo más auténtico. Aquel que nunca se dobló a los cantos de sirena del franquismo y que sólo fue aceptado por los que se convirtieron en colaboracionistas del franquismo a cambio de dádivas y cargos políticos.

Mientras duró la guerra las tensiones existieron de forma permanente, pero el enfrentamiento al enemigo común, la II República, hacían que estas no fueran a más. Pero ya sufrieron represión e incluso tuvieron que hacer en algunas ocasiones actividades clandestinas.

Es en la postguerra civil cuando los carlistas, que habían luchado como el que más con el apoyo popular más importante recibido por los militares golpistas, se dieron cuenta que habían sido instrumento de una victoria sin concesiones al enemigo vencido y que permitía el paso a un Dictadura militar en la persona del general Franco.

En los años paralelos a la II Guerra Mundial los carlistas vieron como su candidato, D. Javier era víctima del nazismo, que sobrevivió a pesar de todo lo sufrido bajo su atroz dominio, pero también, según nos presenta documentadamente Josep Miralles, hubo sectores del carlismo que vieron que, más allá de las diferencias que tuviera con el gran dirigente carlista Fal Conde, siempre perseguido por el franquismo, la falta de un paso decisivo y firme del candidato D. Javier era evidente.

Ello marcaría aún más la decisión de Franco de mantenerse en el poder, se acercaría al candidato Borbón, D. Juan, el cual ofrecería a su hijo Juan Carlos a quedarse bajo Franco a cambio de regalías jamás esclarecidas pero evidentes de acuerdos que beneficiaban una vida regalada y frívola en Portugal, aunque no su futuro como posible rey de España por la rama liberal.

Los enfrentamientos del sentir carlista alejados de forma paulatina y constante contra el franquismo, el falangismo o los carlistas octavistas, -así llamados los colaboracionistas con la Dictadura-, a lo largo y ancho de toda España es analizado de forma rigurosa y analítica. En publicaciones, actos conmemorativos, celebraciones históricas, reivindicaciones o fiestas propias.

Los carlistas mantuvieron su perfil en el periodo estudiado, hacia mitad de los años 50 del pasado siglo, de una forma nítida, honesta y fiel a sus principios forales, a su fe religiosa y en la creencia de la libre unión de los pueblos de España. Llamará la atención la relación de continuados conflictos y tensiones que se vivieron sobre todo en Navarra, Euskadi, Catalunya y el País Valenciano. La autoridad franquista, vía gobernadores civiles, o con la represión de forma vigilante y constante, intentó desautorizar, humillar, debilitar y, cuando no lo conseguía, multar o detener el carlismo rebelde.

Había un amplio sector social formado por veteranos carlistas y cantera de jóvenes de ellos que, con publicaciones, ideas, ocupando espacios públicos, en celebraciones y, a veces, a golpes, no permitieron que el Régimen monopolizara el sistema político imperante.

Lo que más es de resaltar de este espléndido estudio es el penetrar en la complejidad de un tema que ha sido soslayado demasiado por la historia cuando estaba profundamente incardinado en todos los sectores sociales.

El carlismo ha sido un movimiento político fundamental en la historia de la España contemporánea. Hay que rechazar de plano la visión ruda y cerril como lo presentan sectores que, curiosamente, coinciden: desde la extrema derecha o de la izquierda estatalista y sectaria. Una coincidencia que no es casualidad. Es la voluntad de borrar un movimiento popular que no comulgó con ruedas de molino con el franquismo y que a pesar de haber sido parte fundamental de su victoria militar tuvo la entereza moral de apartarse de una Dictadura sanguinaria y cruel.

Un libro útil y necesario, al que debieran seguir más estudios de investigaciones parecidas, un riguroso estudio más que recomendable.

JOSEP MARIA SOLÉ I SABATÉ
CATEDRÁTICO DE LA UAB

Introducción

La dictadura franquista fue el resultado de una guerra civil provocada por el alzamiento militar contra la Segunda República Española. En dicha rebelión también participaron gentes del pueblo que estaban descontentos con el régimen por causas diversas. Entre estos se encontraban los carlistas que, con sus 60.000 voluntarios requetés -otros tantos no pudieron hacerlo por fracasar la rebelión en sus zonas-, contribuyeron a ganar la guerra, aunque, como se ha dicho en muchas ocasiones, fueron vencidos en el campo de los vencedores.

La Segunda República había llegado el 14 de abril de 1931 tras unas elecciones municipales en las que, paradójicamente, no ganaron los republicanos, sino que lo hicieron las candidaturas monárquicas. Lo que pasó fue que los republicanos ganaron en la mayor parte de las grandes ciudades y los monárquicos en las zonas rurales. Independientemente de la distinta valoración que se pueda hacer entre las gentes urbanas y las rurales, el caso es que se impuso la ciudad al campo y provocó un estallido urbano y de las instituciones que presionó al rey para que abandonara el país. Nadie movió un dedo para salvarlo. Hasta el mismo general Sanjurjo dijo que no se podía garantizar la lealtad del Ejército.

Es cierto que la monarquía alfonsina estaba ya tan desprestigiada que entre los poderes fácticos eran ya muy pocos los que la apoyaban. Alcalá Zamora, antiguo ministro del rey, se convirtió en el promotor del Pacto de San Sebastián firmado el 17 de agosto de 1930.

El objetivo del Comité salido de San Sebastián era promover un pronunciamiento militar para provocar el derrocamiento de la Monarquía. Para ello contaban con una buena parte de los militares, como Queipo de Llano o el aviador Ramón Franco, hermano del futuro dictador. Contra lo que se suele decir, la mayor parte de los militares abogaron por el cambio de régimen y no sólo aceptaron de buen grado ese cambio, sino que estuvieron implicados en el advenimiento de la República. Algunos de ellos llegaron a ser considerados mártires por haber sido ejecutados al sublevase de manera prematura y fallida en Jaca, cuatro meses antes del 14 de abril de 1931, como es el caso del capitán africanista Fermín Galán -que había sido condecorado con la Cruz Laureada de San Fernando- y su compañero de armas Miguel Ángel García Hernández. En la prematura sublevación de Jaca a favor de la República, los sublevados, muy concorde con estilo militar, emitieron un bando en el que se decía: «Artículo único: todo aquel que se oponga de palabra o por escrito, que conspire o haga armas contra la República naciente será fusilado sin formación de causa». (Rodrigo Mora, 2016: 268). Los militares, como suele ser su costumbre, tampoco entonces se andaban con menudencias.

Entre los que igualmente aceptaron de buen grado la Segunda República estaban los carlistas, no sólo por la trayectoria errática de la monarquía de Alfonso XIII, sino también porque representaba el destronamiento de la monarquía liberal contra la que habían estado luchando desde el primer tercio del siglo XIX.

Sin embargo, la República fracasó. No vamos a entrar en los motivos de tal fracaso, pero conviene dejar claro que no sólo contribuyó a su deterioro la actitud de las derechas, sino también la de las izquierdas que la apoyaban y muy especialmente –un motivo que se suele obviar- por la brutal represión que las fuerzas de seguridad del Estado (Guardia Civil y Guardia de Asalto) ejercieron en nombre de la República. Una represión que se dirigió también contra las clases más desfavorecidas del pueblo que protagonizaron infinidad de levantamientos. Estos levantamientos de las clases populares fueron rechazados por los partidos republicanos burgueses. Y, exceptuando la revolución de 1934, también intentaban neutralizarlos algunos de los partidos y sindicatos de izquierda que apoyaban a la República.

Esa represión no se produjo sólo durante los años del gobierno de derechas -llamado por las izquierdas «bienio negro»-, sino también durante el anterior bienio republicano-socialista, así como durante el gobierno del Frente Popular.

Dejando aparte los muertos en la revolución de Asturias, se cuentan por millares los trabajadores del campo que resultaron muertos, heridos, encarcelados y torturados por los servicios policiales y militares del régimen republicano. (Rodrigo Mora: 2016: 239-327).

No obstante lo dicho, se puede afirmar que una parte importante de la izquierda fue beligerante con una república que consideraba burguesa.

Otro motivo del estrepitoso fracaso republicano fue la pronta reproducción de un clima anticlerical azuzado desde algunas instancias del poder, así como el deterioro social que hizo plegar velas a muchos de los que inicialmente apoyaron o contribuyeron a implantar la Segunda República.

Entre los primeros desengañados estaban los carlistas, que pronto comenzaron a convertirse en apagafuegos de las iras anticlericales. De apagafuegos pasaron a ser conspiradores contra el régimen republicano.

Los carlistas ni eran republicanos ni demócratas en sentido homologado. O, dicho de otra manera, no eran partidarios ni de un régimen liberal burgués, ni de una democracia formal, como tampoco lo era gran parte de las izquierdas –aunque apoyaran a la República- ni tampoco la mayoría de los trabajadores de pueblos y ciudades, tanto del campo como de la industria; los unos porque creían en un tipo de democracia inspirada -e idealizada- en tiempos pasados, y en un cierto sentido, de un tipo de comunitarismo antiestatista de inspiración cristiana, como la ayuda mutua que propugnaba Kropotkin.[1] En una línea similar se hallaban algunos carlistas en 1936, tal como lo explica Félix Igoa Garciandía, un voluntario requeté navarro de Etxarri Aranaz:

> Mi padre era analfabeto, un buen padre y muy trabajador, siempre en el monte, y aunque era carlista y poco hablaba de política, si contaba de los antiguos *auzos*, unas casas donde se reunía todo el pueblo para tomar las decisiones. Allí se juntaban los vecinos de cara a elegir el ayuntamiento y el alcalde, a opinar sobre cosas importantes. Allí tenían voto todos: el más pobre y el más miserable tenía el mismo voto que el primero. Si no había arreglo, se hacía votación, y en caso de que no se ganara la votación por mayoría, si

---

1 Uno de los padres del anarquismo, Piort Kropotkin, en *La Ayuda Mutua*, considera los dos más grandes periodos de la historia de la humanidad: las ciudades de la Antigua Grecia y las de la Edad Media (en este caso en contra de la opinión más generalizada), «mientras que la destrucción de las instituciones y costumbres de la ayuda mutua, realizada durante los periodos estatales de la historia que siguió después, corresponde en ambos casos a las épocas de rápida decadencia» Citado por Algarra, 2015: 97 (Traducido del catalán por el autor).

empataban, la gente mayor, los viejos, eran los que decidían. Eso era auténtica democracia y oí mucho a mi padre hablar de eso.

Luego, de los *auzos* salía el *auzolán*: trabajos en balde de todos los vecinos en beneficio del pueblo. Se pagaba algún jornal: dos pesetas por día, y si aportabas mula o buey para el trabajo, cuatro pesetas. Entonces había más solidaridad entre la gente.

Después de la guerra carlista fue un desastre para el pueblo: nos quitaron la propiedad comunal de la sierra, el derecho de montes; nos quitaron cosas esenciales para la vida del pueblo.[2]

El requetè voluntario Félix Igoa Garciandía
hacia 1936 (Archivo Igoa)

Alegoría del Requeté sobre la Tradición

---

2 Testimonio de Félix Igoa Gasciandía en Larraz y Sierra-Sesúmaga, (2010: 503).

También los libertarios tenían poca fe en el robustecimiento del Estado, fuese este monárquico o republicano, porque creían en la llamada democracia popular o en el colectivismo.

Había otros que tampoco creían en la democracia burguesa porque eran más o menos declaradamente fascistas, como sectores de la Falange o algunos sectores de la CEDA, que creían en un Estado fuerte, como también creían en ello algunos sectores de la izquierda social-comunista en un momento en los que la influencia del estalinismo era importante.

Sin embargo, la ideología de los carlistas o tradicionalistas era muy diversa. Hubo durante la República varias ramas que se unieron: desde el integrismo hasta el carlismo más genuino (o jaimismo), pasando por el tradicionalismo mellista. El nexo común era la defensa de la religión católica y de la monarquía tradicional. Otros eran, además, partidarios de los fueros regionales, y no faltaban los que se oponían a la explotación capitalista y atacaban a las clases poderosas tal como se reflejaba en un boletín carlista de la Agrupación de Estudiantes Tradicionalistas (AET) de Navarra de mayo de 1934:

> Subiremos a los palacios de los poderosos, de estos que cuando oyen los bramidos de la tempestad quieren por medio de gritos atraerse a los que no comen; de estos que abofetean el rostro de los trabajadores con enorme despilfarro de sus orgías; con el lujo afrentoso de sus mancebas; de esos que ostentan sus lebreles en soberbios automóviles que levantan al pasar, un bosque de puños crispados de trabajadores hambrientos, engañados sí, por los líderes socialistas, pero que ven en la fugaz carrera de unos de sus coches, lo que ellos precisan para alimentar a sus hijos tuberculosos y hambrientos… Y para esto los requetés carlistas tenemos que ir a los campos, a las fábricas, tenemos que ir a las llanuras y a las montañas, donde quiera que haya un campesino, un proletario, un obrero, a convencerle de la verdad de nuestras doctrinas regeneradoras… Y entonces veremos como el pueblo desprecia a los que a su costa acumularon riquezas y le tiranizaron. (Del Burgo, 2007: 66).

¿Y cuáles eran las doctrinas regeneradoras que predicaban esos carlistas? Seguramente se estaban refiriendo a unos principios que se venían proclamando en el carlismo desde bastante tiempo atrás, es decir, lo que Vázquez de Mella y sus discípulos entendían por democracia participativa y federativa o foral, con mandato imperativo de los electores, derecho al voto de la mujer, juicio de residencia, principio de subsidiariedad y hasta concejos abiertos. Sólo que Mella era partidario de un peculiar régimen corporativista: de la representación orgánica a través de los llamados cuerpos intermedios para impedir que el Estado todopoderoso anulara el poder de la sociedad civil constituida de forma orgánica (Gambra, 1953).

Pero algunos carlistas navarros -los que más aportaron a la insurrección contra la República-, no solamente proclamaban esas doctrinas regeneradoras basadas en un pasado idealizado -como el *auzolán*-, sino que, en esa línea, también actuaron en defensa de intereses inmediatos a favor de los más desfavorecidos. Tal fue el caso de la defensa del comunal a través de la creación de «una singular Sociedad de Corralizas, poder popular, equitativo y democrático» en la que participaron los carlistas de Artajona (Esparza, 2008).[3]

Grupo de requetés de Artajona en San Sebastián, en septiembre de 1936 (Archivo Baleztena)

3 https://lealtadalalealtad.wordpress.com/2016/08/08/los-cuarenta-de-artajona

También el carlismo catalán había sabido crear unos sindicatos que, desde su fundación en 1919, rivalizaron con la CNT, defendiendo los intereses materiales y espirituales de los trabajadores. Esta organización amplió su radio de acción por toda España formándose la Confederación Nacional de Sindicatos Libres, pero se fueron desvaneciendo con la llegada de la República (Winston, 1989).

Una extensa investigación de Javier Ugarte sobre los orígenes sociales y culturales de la sublevación en Navarra indica que los carlistas más jóvenes -estudiantes de la AET o trabajadores encuadrados en el Requeté- que frecuentaban la peña *Muthiko Alaiak* y el Círculo Carlista, no parecían estar en sintonía con los integristas «a quienes aborrecían», ni con las cúpulas -como el conde de Rodezno-, «en las que desconfiaban como conservadoras y mortecinas», por eso «recibirán con alborozo el nombramiento de Fal Conde en sustitución de Rodezno». Ellos practicaban el compañerismo o «la *hermandad*, no la *camaradería* que eso era de izquierdas o falangista»:

> Este sector joven más dinámico, idealista y romántico, no entendían mucho de estrategias políticas ni de reales posibilidades de éxito. Ellos siempre pensaron que su preparación y aquella situación terminaría en un «alzamiento, un alzamiento ¡carlista!». Nunca pensó aquel grupo de jóvenes en el Ejército. Incluso cuando fueron a Italia no sabían muy bien el contexto político que les llevaba allí (el marco de un acuerdo monárquico). Aquello lo organizaron Lizarza, Oyarzun y los alfonsinos, decían después. Ellos sólo pensaban «en un alzamiento puro, como los del siglo pasado». Eran continuadores de una idea, depositarios de un espíritu y un estilo, ejército de una Causa sagrada, y con el convencimiento profético de la cultura católica (mucho más poderosa que la idea de progreso o la utopía socialista), estaban convencidos de que culminarían lo que ellos llamaban la *Revolución Carlista...* (Ugarte, 1998: 277-285)

Esa idea de una rebelión exclusivamente carlista la expone también Javier Tusell. Según este historiador los carlistas fueron los primeros en organizar la conspiración antirrepublicana, pero con sus propios elementos humanos, basada en guerra de guerrillas limitadas al Maestrazgo, Navarra y zonas montañosas junto a Portugal.[4] El hecho de que fuera el único grupo político dispuesto a lanzarse con sus propias masas al monte, deslumbró al general Sanjurjo -que se hallaba exiliado en Portugal desde 1932- de tal manera que se produjo en él un acercamiento al carlismo (Tusell, 1990: 426). Sin embargo, a la hora de alzarse, y a diferencia de Álava y Navarra – donde «cierto carlismo resuelto y poderoso se hizo con el control de la provincia», en Guipúzcoa se mostró menor decisión porque «los militares rehusaron el ofrecimiento de dos mil requetés [y] llegado el momento del 18, los militares se refugiaron en el cuartel de Loyola y las calles se llenaron de milicianos socialistas, anarco-sindicalistas y comunistas venidos de Pasajes y de Irún» (Ugarte, 2010: 55 y 57).

Entre los militares españoles de tiempos de la República había una clara división; unos estaban adscritos a la Unión Militar Republicana Antifascista (UMRA) y otros a la Unión Militar Española (UME). A finales de 1935 se formó una Junta militar de nueve generales descontentos con los rumbos de la República y presidida por el general Goded, de la que ni Franco ni Mola formaron parte por el momento. La formaban Goded, Barrera, Orgaz, Varela, Ponte, Villegas, Fanjul, Fernández Pérez y González Carrasco. El promotor parece que fue el general Varela que reveló sus contactos con el exiliado Sanjurjo y con los carlistas que venían conspirando por su cuenta. Por esas fechas, Franco no se comprometió a nada y no parecía dispuesto a sublevarse. Sin embargo, Mola sí se incorporó pronto a las intrigas conspirativas desde su nuevo destino como gobernador militar de Pamplona y se convierte en «el Director» de la sublevación militar contando con Sanjurjo que se compromete a venir a España para ponerse al frente y presidir un Directorio militar provisional de los que, entre otros, ya formaban parte los generales republicanos Queipo de Llano y Miguel Cabanellas. El mismo Mola, que no cuestionaba la forma de gobierno republicana, desconfiaba de Franco que le iba dando largas sin comprometerse. (Del Burgo, 2007: 89-97).

---

4 Cuando en 1968 Fal Conde pedía información para escribir sobre la conspiración, desde Andalucía le escribieron antiguos compañeros; uno de ellos, Francisco San Miguel, desde Córdoba, le escribía explicando los planes que se tenían para preparar guerrillas con el Requeté de Sevilla, en la sierra de Aracena (frontera con Portugal) en 1936. AGUN, 133/257, 13-6-1968

El general Cabanellas pasando revista a un grupo de margaritas
enfermeras en Pamplona el 25-7-1936 (Archivo Baleztena)

Según Manuel Fal Conde existió otro complot o conjura de militares de «centro» que proyectaban salvar la República tanto del complot de la «extrema derecha» como del de la «extrema izquierda», de modo similar a como lo había hecho el golpe de Primo de Rivera para salvar a la monarquía desde dentro. Cree Fal Conde que se organizó en marzo de 1936 desde Portugal en una reunión de militares con miembros de la Masonería inglesa y un representante del Intellegence Service (Santa Cruz, 1984: I, 150).

Sea como fuere, entre el carlismo y el general Mola surgen importantes desavenencias que se irán salvando cuando Mola se apercibe que aquellos tienen en Navarra a diez mil voluntarios bien preparados para una nueva carlistada y que cuentan con la simpatía de Sanjurjo.[5]

---

5 El general Mola escribió a Fal Conde una carta en la que le decía: «Recurrimos a ustedes, porque contamos únicamente en los cuarteles con hombres uniformados, que no pueden llamarse soldados; de haberlos tenido, nos hubiéramos desenvuelto solos». (Santa Cruz, 1982: XI, 177).

El carlismo exige a Mola una serie de condiciones[6] que este rechaza con una contraoferta más acorde con el modelo republicano, incluida la enseña tricolor. Pero los carlistas no estaban dispuestos a dar su vida bajo la bandera republicana.

Al continuar las discrepancias entre los carlistas y Mola, se dan órdenes a los jefes del requeté de no sumarse a ningún alzamiento militar, pero el carlismo se divide y los jefes navarros, que controlan la organización allí, pactan unas condiciones con Mola al margen de la Comunión Tradicionalista que dirige D. Javier a través de Fal Conde, su representante en España.

Por fin, con el asesinato del jefe de la oposición parlamentaria, Calvo Sotelo, el 13 de julio, todo se precipita y se llega a un acuerdo poco definido (Del Burgo, 2007: 102-103) en donde el carlismo –la Comunión Tradicionalista- se sumará a un alzamiento en base a unas vagas condiciones expuestas por Sanjurjo en carta a Mola.

Así, por primera vez en su historia, el carlismo se levantará a remolque de los militares, una institución que representaba a los que habían sido sus enemigos en las luchas decimonónicas. De manera que, obligados por las circunstancias, los dirigentes del carlismo, D. Javier y Fal Conde, signaron el 14 de julio de 1936 la siguiente disposición:

> La Comunión Tradicionalista se suma con todas sus fuerzas en toda España al movimiento militar para la salvación de la Patria supuesto que el Excmo. Sr. General Director acepta como programa de gobierno del Directorio Militar el que en líneas generales se contiene en la carta dirigida al mismo por el Excmo. Sr. General Sanjurjo, de fecha nueve último, lo que firmamos con la representación que nos compete. San Juan de Luz, 14 de julio de 1936. Javier de Borbón-Parma y Manuel J. Fal Conde. (Ferrer, 1960: XXX-II, 101).[7]

---

6 Derogación de la Constitución y de las leyes laicas, desaparición de la partitocracia, bandera bicolor, un directorio con un militar y dos civiles tradicionalistas y consulta al país que para ellos debería dar paso a la Monarquía tradicional. (Tusell, 1990: 426).
7 Sobre la polémica entre carlistas y militares en relación al alzamiento pueden verse documentos y cruce de cartas que mantuvieron con los generales Sanjurjo y Mola en Ferrer (XXX-II, 85-101).

Fal Conde con traje y cayado con un grupo de requetés en 1936
(Archivo Clemente)

Óleo de D. Javier de Borbón Parma con uniforme de general
durante la Guerra Civil

Ese acuerdo para ir a la guerra sin garantías políticas repercutiría de manera negativa para la causa carlista. De hecho, significó dar un cheque en blanco al directorio militar, más si cabe después de muertos Sanjurjo y Mola. Además, una vez iniciada la guerra, ya no hubo posibilidades de una retirada de los requetés que luchaban en los frentes de combate ya que posiblemente hubiera significado perder la guerra.

La incorporación de Franco a la conspiración se produjo tardíamente, cuando se entera del asesinato de Calvo Sotelo. Sin embargo, cuando siguiendo órdenes de Mola, el día 17 de julio se subleva el ejército de Marruecos, Franco, que había de dirigirlo, aún tardaría 36 horas en incorporarse. Por otra parte, en su primer manifiesto a los españoles[8] invoca la trilogía de la Revolución Francesa: libertad, igualdad, fraternidad, acabando con un: «¡Viva la República!» (Del Burgo, 2007: 97-113).

El que iba a ser jefe del Directorio militar provisional -que habría de dejar paso a un gobierno de carácter civil-, el general Sanjurjo, murió cuando su avión se estrelló en su traslado a España. Sanjurjo había previsto dar la palabra a la nación sobre la forma de gobierno -a la que accedieron los carlistas-, aunque su jefe, Fal Conde, esperaba la aceptación por Sanjurjo de que fuese después de proclamar regente a D. Javier de Borbón Parma.[9]

Sin embargo, nada ocurrió como estaba previsto. Primeramente, se formó en Burgos, el 24 de julio, una Junta de Defensa Nacional presidida por el general republicano y masón, Miguel Cabanellas. En su primera proclama –cuando Franco todavía no formaba parte de ella- se anunciaba que su misión sería breve y transitoria hasta la devolución del poder al pueblo, en la misma línea que había previsto Sanjurjo.

No obstante, en otra reunión en Salamanca el 21 de septiembre, a la que no pudo asistir Varela -que simpatizaba con el carlismo-, se acordó por mayoría de los generales la designación de un mando único, y el designado sería Franco -tras la renuncia de Mola con el que hubo empate de votos-.

Para entonces Franco ya había adquirido cierto prestigio por sus actuaciones como jefe del Ejército del Sur. Poco después un proyecto de Decreto de la Junta Nacional nombraba a Franco «Generalísimo» y Jefe del Gobierno del Estado Español «mientras dure la guerra». Sin embargo, para cuando se publicó, firmado en nombre de la Junta por Cabanellas, quedó a todos los efectos como Jefe del Estado sin estar sujeto a limitación alguna su poder absoluto ni la duración de su mandato. Parece que Franco ya se había propuesto hacerse con el poder y se cree que su entorno maniobró en la sombra para que finalmente se tomara tal resolución. Le favorecía el que no tuviera

---

8 Este manifiesto apenas tuvo eco en la Península sublevada. Aunque estaba fechado a las 5 de la mañana del 18 de julio, no se publicó hasta tres días después en el diario *Hoy* de Santa Cruz de Tenerife (Del Burgo, 2007: 112-113)
9 D. Javier fue nombrado regente el 23 de enero de 1936 de manos de su tío, D. Alfonso Carlos I, el rey de los carlistas, que murió en Viena en septiembre de ese mismo año (Clemente, 2001: 223-224).

ninguna atadura con los carlistas como la tenía Mola[10] por causa de los acuerdos de este con Sanjurjo. Sea como fuere, según nos recuerda Pelai Pagès (2016: 45) la ley de 30 de enero de 1938 otorgaba a Franco «la suprema potestad de dictar normas jurídicas de carácter general».

Fracasada la sublevación en media España, esta quedó dividida en dos y dio comienzo una guerra civil. Iniciada la misma, la mayor parte de los voluntarios carlistas -los requetés-, en las zonas donde triunfó el alzamiento, se lanzaron al campo de batalla para pelear contra los militares y las milicias que se resistieron a la rebelión.

Aparte de los muertos en el campo de batalla durante los primeros meses de la guerra, en las respectivas retaguardias se produjeron gran cantidad de asesinatos protagonizados por grupos de milicias de diversos colores, fuerzas de orden o militares. En el lado sublevado -como en Navarra, donde hubo gran cantidad de asesinatos-, algunos carlistas participaron como victimarios a pesar de que el prestigioso Jefe Regional carlista del Viejo Reino, Joaquín Baleztena,[11] hizo pública una resolución en la que pedía a los movilizados, voluntarios y afiliados no cometer «actos de violencia, así como evitar que se cometan en su presencia».[12]

Orden del Jefe carlista de Navarra para frenar la violencia

---

10 No obstante la atadura que, muy a su pesar, Mola tenía con los tradicionalistas navarros, se opuso categóricamente y bajo severísimas amenazas a los contactos que existieron entre carlistas y comunistas para el canje de prisioneros (Santa Cruz, 1979: II, 96).

11 Según Javier Ugarte (2010: 69) fue «desactivada la Junta Regional de Navarra de Joaquín Baleztena, siempre conciliador», si lo comparamos con la mayor parte de los miembros de la Junta Central Carlista de Guerra de Navarra, que eran más intransigentes y donde «los pragmáticos navarros, especialmente Martínez Berasáin, comenzaron a maniobrar» con lo que consiguieron que se abandonase el caudillaje de don Javier y Fal Conde por Franco, decidiendo participar en la formación del Partido Único, con la intención de influir con la doctrina tradicionalista. Todas estas maniobras llevaron a don Javier y Fal Conde a estimar que «se trataba de una acción continuada de desobediencia y rebeldía» (Ugarte, 2010: 70-71).

12 *El Pensamiento Navarro*, 24-julio-1936. Sobre las «ejecuciones sumarias y paseos» Ugarte dice que fue «el propio gobernador civil [quien] llamó oficialmente la atención sobre ello» (Ugarte, 2010: 64-65), pero lo hizo en septiembre, casi dos meses después que ya lo había hecho Baleztena. Por otra parte «la oferta realizada por la Comunión Tradicionalista al Gobierno Vasco, a través de la Cruz Roja Internacional y con el aval del Gobierno Británico para un intercambio general de rehenes y la puesta en libertad de todas las personas detenidas es una clara muestra de que el carlismo no se implicó en la sublevación para liquidar físicamente a sus enemigos políticos, como, con demasiada ligereza, se ha insinuado». (Martorell, 2010: 16).

También en Andalucía los carlistas denunciaban en un informe los fusilamientos que atribuía a la Falange: «Mientras la Comunión Tradicionalista sólo se ha ocupado de enviar requetés a los frentes, de tomar pueblos y combatir a los enemigos, Falange Española de Sevilla no ha tenido otra preocupación que apoderarse de los organismos públicos» desde donde «con elementos falangistas, bien militares o milicianos» patrocinados por el comandante Cuesta que lleva «en su pecho la insignia de Falange», en los pueblos conquistados «por otras fuerzas», se dedican a «castigar y fusilar sin formación de causa al dictado de los nuevos caciques con lo que se dieron tan repetidos casos de verdaderos crímenes».

Los carlistas denunciaban también que para cubrir sus gastos abrieran una suscripción de pago obligatorio «persiguiendo sañudamente a los que no lo hacían, con encarcelamientos, afeitado de cabeza, barba y cejas obligándoles a tomar grandes cantidades de aceite de ricino en su propio Cuartel y otros desmanes por el estilo, si no hay, entre medio, algunos fusilamientos, que todo es de temer que haya ocurrido en los pueblos». Finalmente referían algunos hechos que demostraban la repugnancia y odio que causaba en las gentes del pueblo la actitud falangista a diferencia a la de los requetés, pues mientras hacia estos, que conquistaban pueblos, «no se ha producido ningún atentado […] son varios los falangistas apuñalados y agredidos a tiros allá donde han sido sorprendidos solos o descuidados».[13]

El testimonio de Salvador Leyún Iriarte, requeté de Lumbier voluntario en el Tercio de Lácar se refiere a fusilamientos en guerra:

> También tuvimos algunas diferencias con militares y mandos. Yo era cabo de una escuadra, vino un capitán y me dijo: «Coge tu escuadra y vamos a fusilar a siete individuos que son cómplices de un complot». Me quedé blanco y le dije: «Mi capitán, con todo respeto, no cuente conmigo». «Que te lo mando, que es una orden», me contestó. «Que no, que no cuente conmigo», y se fue enfadado. Ninguno de los requetés quiso participar, no

---

13 AGUN, 133/330: «La conducta de Falange» Sevilla, 11-9-1936

quiso salir nadie del tercio y a mucha honra, así que tuvo que buscar soldados para aquello. Nunca pude tirar a matar a sangre fría (Larraz y Sierra-Sesúmaga, 2010: 715-716).

Otro ejemplo de esa actitud compasiva de muchos carlistas, la pone de manifiesto como testigo directo, un voluntario comunista que fue hecho prisionero en el Puerto de Somosierra a la semana de iniciada la guerra. Se trata de Ernesto Carratalá que en sus memorias escribe:

En aquel nefando almacén vegetamos durante dos días los cuarenta prisioneros que al final resultamos sumar […] Tan pronto nos temíamos que se iniciaría la natural eliminación del enemigo propia de aquellos primeros días, como confiábamos que al mando rebelde se le ocurriese pensar en la Convención de Ginebra de 1929 sobre el trato a los prisioneros de guerra. A estos sentimientos tan contradictorios contribuía la actitud de nuestros captores […] Los falangistas reclamaban sin más el fusilamiento de los prisioneros […] Los requetés, todos de primera hora, a diferencia de los falangistas, muchos de ellos advenedizos, se mostraron más caritativos, como correspondía a su ideología más crisatianizante […] Pero quienquiera que fuese el poder decisorio, tal decisión fue catalizada sin duda por la ilustre luchadora carlista María Rosa Urraca Pastor.

So capa de dirigir el servicio sanitario, María Rosa desempeñaba allí, a lo que se vio, funciones de comisario político. En un momento álgido de nuestro cautiverio entró en donde estábamos y al grito de «¡Habla María Rosa!» emitido por su ayudante, recriminó, con breve pero incisiva filípica, a unos voluntarios que estaban increpándonos. Ella era justamente quien había logrado bloquear las intenciones perversas del piquete que había ido a buscarme. Más aún, a poco de mi llegada había supervisado mi primera cura, que realizó una joven enfermera de campaña. Para nosotros, miserables prisioneros «rojos»

María Rosa fue un buen ejemplo del ideal cristiano que
ella defendía (Carratalá, 2007: 72-74)[14]

María Rosa Urraca Pastor
(Archivo Miralles)

Paralelamente a los asesinatos que se produjeron en la retaguardia
de la España «nacional», los carlistas sufrieron una gran cantidad
de víctimas que fueron asesinadas en la retaguardia de la España
«republicana» donde no había frente de guerra. Según un estudio
referido sólo al País Valenciano -que se mantuvo fiel a la Repú-
blica-, fueron 971 los carlistas valencianos asesinados (Pérez
Domingo, 2004).

También en Cataluña hubo una gran cantidad de carlistas asesinados, según consta en el primer trabajo realizado sobre represión
en ambos bandos (Solé y Villarroya, 1990). Otro estudio concreta
en 1.199 los carlistas asesinados en el territorio catalán (Alcalá,
2001: 164). El número de requetés muertos en los frentes de batalla
se calcula en seis mil (Canal, 2000: 331).

Entre los grandes problemas que inquietaban a la Comunión
Tradicionalista se hallaba también el peligro de una pérdida de
su propia identidad carlista en el magma antirrepublicano, favorecido por las difíciles relaciones de los dirigentes carlistas con
la cúpula militar y la dispersión de los requetés en los diversos

---

14 Carratalá dice que después de la guerra fue con otro superviviente a visitar a María
Rosa a Barcelona «donde vivía condenada al ostracismo por disensiones internas de la
entonces Falange Española Tradicionalista». Y es que esta mujer, aceptando la Unificación,
fue nombrada miembro del primer Consejo Nacional de FET y de las JONS. Sin embargo,
del segundo Consejo, constituido en 1939, «han salido los "duros", Fal Conde y María
Rosa Urraca Pastor [que] son sustituidos por los «blandos» o colaboracionistas, Juan José
Pradera, Iturmendi y Romualdo de Toledo (Santa Cruz, 1981: I, 159-161). En el *Aplec* de
Montserrat del 28 de abril de 1943, intervino en un discurso María Rosa Urraca Pastor en
el que reconocía «el error y la equivocación que había sufrido al aceptar la unificación,
apartándose de las legítimas autoridades Tradicionalistas, afirmando su arrepentimiento»
AGUN, Fondo Arrese, 49, Tradicionalismo, Copia del *Boletín de Información de las Juventudes
Carlistas de España*, nº 25, 1-5-1943. Por lo que se refiere a Fal Conde, aunque Franco lo
nombró sin consultarle, nunca llegó a tomar posesión en el Consejo.

frentes bajo mando militar, así como los previsibles conflictos con el Ejército y la Falange a la hora de concretar políticamente el movimiento (Canal, 2000: 332).

Ya el general Mola, tras el pulso con Fal Conde, había tomado medidas para impedir que los requetés fueran dirigidos por sus propios mandos, requisándoles armas y asignando oficiales militares a sus unidades. La pugna entre el grueso del carlismo y la dirección militar de la guerra -desde Burgos o Salamanca-, tanto antes de que Franco se convirtiera en Generalísimo, como después, fue una constante hasta más allá de terminar la guerra (Ugarte, 2010: 66).

Por otra parte, a los oficiales que eran carlistas y que servían en el Ejército se les negó incorporarse a los Tercios de Requetés tal como lo explica uno de ellos en carta a Fal Conde.[15]

En abril de 1937 el general Franco impuso la unificación en un partido único, FET y de las JONS, en el que incluyó a los carlistas contra la voluntad de la Comunión Tradicionalista dirigida por Fal Conde. Desde entonces Franco se convirtió en el dueño absoluto de los destinos de España (Del Burgo, 2007: 125-130). De esta manera, al acabar la guerra y muertos Sanjurjo y Mola, se pudo convertir en dictador vitalicio, apoyándose en los principios totalitarios y nacionalsindicalistas de la Falange, un movimiento de carácter filo-fascista que desde la unificación creció como la espuma.

A pesar de la impuesta unificación, los carlistas en su mayoría se negaron a aceptarla, como tampoco aceptaron el régimen dictatorial y totalitario. La única aportación de inspiración carlista asumida por Franco fue la implantación de la bandera bicolor y la confesionalidad del Estado. La negativa a la unificación y la pretensión de seguir manteniendo su independencia política fueron los motivos que llevaron a un nuevo calvario para los carlistas disidentes del bando nacional. Una nueva persecución se cernía sobre este viejo movimiento que durará, con altibajos, durante toda la larga dictadura franquista e incluso hasta después de la muerte del dictador -que se alargó durante más de un año-.

15 «Presentado en el Ejército del Norte solicité enseguida una división en la que hubiera algún Tercio de Requetés pero no accedieron a mi deseo [...] En este batallón, dos oficiales más son requetés [...] echo de menos el ambiente tan alegre, y sobre todo el espíritu religioso de nuestros requetés». AGUN, 133/109, carta de Justo Ramos de la Feria a Fal Conde, 23-3-1938.

Es cierto que hubo un sector de dirigentes del tradicionalismo o carlismo que aceptó a Franco, aunque muchos de ellos acabaron desengañados o expulsados de la organización carlista nacional. Se trata principalmente, de la disidente Junta Central Carlista de Guerra de Navarra, en la que predominaban los pragmáticos, luego llamados «juanistas» –que en cierto modo controlaba el carlismo de la zona vasco-navarra- que formó «un cuasi-estado nacional-corporativo foral» en palabras de Javier Ugarte, y que fue el organizador de FET en el País Vasco (Ugarte, 2010: 49 y 68). La figura más importante de este sector era el conde de Rodezno.[16] Ni qué decir tiene que no todos los carlistas de Euskalherria se plegaron a estas maniobras de Rodezno y los pragmáticos y siguieron fieles a Fal Conde.

A pesar de esta aceptación de Franco por parte de bastantes dirigentes del carlismo vasco-navarro -que dieron la espalda a D. Javier[17] y a Fal Conde-, el clima pro foral en el País Vasco empezaba a molestar y a resultar incómodo al dictador en ciernes, hasta el punto de que, en junio de 1938, ante el primer aniversario de la toma de Bilbao, apareció una nota en la prensa local suspendiendo el acto «de orden superior» con la excusa de evitar «aglomeraciones de gente» en la capital vizcaína. En realidad, se pretendía evitar otra concentración masiva que reforzara las posiciones de aquel «reducto» del norte que tanto molestaba a Franco y a Serrano Suñer (Ugarte, 2010: 82).

Franco, tratando de integrar al carlismo, llegó a crear una guardia o escolta personal compuesta por requetés. Sin embargo, no parece que encajaran muy bien, a juzgar por el testimonio de Rosario Jaurrieta, hermana de uno de ellos que desertó de la escolta:

16 Sobre Rodezno recordaba años más tarde Ortiz Estrada: «Momento crítico para la Comunión fue el de la unificación. En contra de la autoridad entonces duramente perseguida, Rodezno no solo se rindió personalmente a ella, sino que trató de emplear su influencia personal para lograr que el carlismo de Navarra aceptara dicha unificación disolviéndose en Falange puesto que según él el carlismo había ya cumplido su misión. Se salvó la Comunión de aquel peligro, pero hubo de vencer los esfuerzos de Rodezno y de quienes le ayudaban muy facilitados por el destierro que se había impuesto al Príncipe y al Jefe Delegado. […] Porque en contra de los esfuerzos de Rodezno y de su grupo se salvó la Comunión resistiéndose a disolverse en Falange, hoy Rodezno apoyándose en la existencia y pujanza de la Comunión salvadas por la autoridad, trata de rendirla a D. Juan como antes quiso rendirla a Mola para su movimiento republicano y a Franco para su falangismo italo-alemán, en contra de las órdenes precisas de la autoridad legítima y valiéndose como siempre de su influencia en Navarra. AGUN, 133/257, carta de Ortiz Estrada a Fal Conde, 19-3-1947.
17 No todos le dieron la espalda puesto que, el 19 de mayo de 1937, un mes después de que Franco decretara la Unificación, D. Javier juró los fueros vascos ante el retoño del Árbol de Guernica (Martorell, 2010: 138)

Luego a Javier le llamaron para la escolta de Franco, pero allí no estaba contento. Empezó a estar muy quemado de lo que veía en Burgos, y aunque era discreto, no era de contar, se le veía muy disgustado de la forma en que se estaba arrinconando al carlismo [...]

Un día de indignación, vio pasar un camión de requetés de Las Hurdes y no se lo pensó dos veces: montó y se marchó con ellos al frente. Le pusieron pena de arresto por haber abandonado la guardia, pero al final, como estaba de oficial Juanito Villanueva, y había sido por ir al frente, revocaron el castigo (Larraz y Sierra-Sesúmaga, 2010: 610-611)

En el mosaico carlista se hallaban también los llamados «carloctavistas» (seguidores del nieto de Carlos VII, llamado Carlos VIII) que durante el primer franquismo serían financiados por el régimen, aunque después volverían a la disciplina de la Comunión. Los carloctavistas, que eran minoritarios en el carlismo según Santa Cruz (1981: IX, 155-156), en sus conversaciones -nunca en sus escritos-, negaban importancia a su franquismo, que era vergonzante y decían que táctico.[18]

Carlos VIII -al que seguían los llamados carloctavistas- con su esposa (Archivo Clemente)

18 Según informes oficiales, en la primavera de 1945, en una concentración de carloctavistas en Tiana, se habló «de una separación inmediata [...] en las tareas de Gobierno y dando instrucciones [...] de penetración en las filas del Requeté intransigente con el fin de reparar en lo posible el error de haberse unificado con Falange Española» AGUN, Fondo Arrese, 49, Tradicionalismo. «Información sobre las actividades de los requetés intransigentes en la provincia de Barcelona», 24-5-1945

En cambio, el carlismo más genuino, organizado con el nombre de «Comunión Tradicionalista», que lideraba D. Javier de Borbón-Parma y Manuel Fal Conde (como su delegado en España hasta 1955), será beligerante con la dictadura hasta el final de sus días.

A mediados de la década de los años 50 hubo otra escisión; se trata de los seguidores de Mauricio de Sivatte –llamados «sivatistas» y más tarde Regencia Nacional Carlista de Estella (RENACE)-. Esta escisión fue provocada por el nuevo rumbo «colaboracionista» iniciado en 1955, aunque ya venía de lejos debido a las indecisiones de D. Javier en designar rey y poner «seriamente el Carlismo en marcha» (Santa Cruz, 1981: IX, 180).

Efectivamente, entre 1957 y 1966 el «Javierismo», bajo el liderazgo del hijo de D. Javier -Carlos Hugo-, y José María Valiente como su nuevo delegado en España, experimentó un acercamiento a un régimen que consideraban se había quitado ya la careta más fascista. El objetivo era conseguir un cierto grado de libertad de movimientos en la vida pública, así como intentar jugar la baza de Carlos Hugo. Ello no impidió que el carlismo experimentara una evolución ideológica en concordancia con los cambios de los tiempos a los que no fue ajeno el Concilio Vaticano II, aunque dicha evolución también sería contestada por un sector del tradicionalismo. Esta aproximación o, mejor dicho, esa no beligerancia con el régimen, unido a la evolución, es lo que provocó la escisión de Sivatte y sus seguidores que no estaban de acuerdo con lo que ellos consideraban «colaboracionismo».

Paralelamente los carloctavistas fueron abandonando sus posiciones y se fueron integrando en el Javierismo, en parte por el fuerte impulso que le había dado Carlos Hugo. Con todo, en 1966, el carlismo javierista se vuelve a declarar abiertamente en la oposición y dos años después, en 1968, D. Javier, Carlos Hugo y toda la familia de los Borbón-Parma serían expulsados de España definitivamente.

La Comunión Tradicionalista continuó con su evolución ideológica hacia planteamientos de tipo socialista de la mano de las generaciones más jóvenes del carlismo, encuadradas en organizaciones de estudiantes u obreras como la Agrupación de Estudiantes Tradicionalistas (AET) o el Movimiento Obrero Tradicionalista (MOT) (Miralles, 2007), u otras más ancladas en el pasado como el Requeté y los Pelayos o, en el caso de las mujeres, las «Margaritas».

A finales de los años 60 todas estas organizaciones filiales del carlismo fueron desapareciendo de la estructura de la Comunión Tradicionalista para ir dando paso al clandestino Partido Carlista que pretendía englobar a todos los carlistas en una militancia comprometida de carácter revolucionario contra la dictadura franquista. Esta radicalización hizo que se fueran descolgando muchos de sus seguidores, unos por no estar dispuestos mantener un compromiso tan fuerte, otros por temor a la represión y otros por no estar de acuerdo total o parcialmente, con la evolución tan sustancial que experimentó el carlismo a raíz de los llamados Congresos del Pueblo Carlista realizados en Arbonne entre 1970 y 1971.

Entre los militantes del Partido Carlista surgieron algunos grupos que contribuyeron a radicalizar todavía más la organización. Unos llegaron a tener el carácter de organización armada, como los Grupos de Acción Carlista (GAC) (Onrubia, 2000). Otros intentaron sobrepasar la evolución del Partido con planteamientos de signo marxista, como las Fuerzas Activas Revolucionarias Carlistas (FARC) (Onrubia, 2003). Hubo también un intento de crear un nuevo colectivo obrero, la Federación Obrera Socialista (FOS), en este caso patrocinado ocultamente por el propio Partido Carlista para incidir con su ideología socialista y autogestionaria en el Movimiento Obrero de los primeros años 70 (Miralles, 2007), pero sólo cuajó en Euskalherria, especialmente en Navarra donde el PSOE intentó utilizarla sin éxito para reimplantar la UGT en esta comunidad foral (Iriarte, 1995: 91).

Hacia finales de 1972 el Partido Carlista estaba ya bastante bien organizado. Había quedado depurado de las escisiones más tradicionalistas y había conseguido frenar los intentos de aventuras por su ala izquierda, asumiendo, eso sí, los apoyos a los exiliados y encarcelados de ese sector carlista. Sin embargo, sometido a una clandestinidad –o semiclandestinidad- impuesta por la dictadura, no era fácil su funcionamiento y continuaba siendo el blanco de todo tipo de persecuciones y ataques bien por parte del régimen, bien por parte de algunos de sus antiguos miembros que no habían aceptado la evolución política y organizativa, lo que en muchos casos los hacía coincidir con los franquistas (Miralles, 2015).

Las luchas que el carlismo en general -la Comunión Tradicionalista primero y el Partido Carlista después-, mantuvo contra el régimen dictatorial y la consiguiente represión, se sostuvieron hasta bastante tiempo después de la muerte de Franco. El nuevo régimen -la monarquía que Franco restauró en la persona de Juan Carlos-, continuó con una estrategia de aniquilación de este viejo movimiento, valiéndose tanto de los grupos mayoritarios de la oposición -que le intentaron marginar del campo opositor-, como de la extrema derecha que, a las órdenes de altas instancias del Estado, intentó su destrucción en la llamada «Operación Reconquista» en el acto carlista de Montejurra de 1976 (Aragón y Miralles, 2016).

Con todo, conviene recordar que las referencias al carlismo tanto de la historiografía franquista como de ciertos historiadores es, cuanto menos, confusa. En el propio cine sea de la época franquista –o los famosos «nodos»- como de la democrática «los guionistas asociaban siempre la boina roja con la camisa azul y las flechas de Falange» (Martorell, 2010: 9).

Por eso Julio Aróstegui acierta cuando dice que «durante bastantes años se impuso una "visión franquista del Carlismo"». Además, este autor supo plasmar lo que otros historiadores obvian u ocultan:

En efecto, una cierta conspiración para silenciar la historia de este antiguo y amplio movimiento sociopolítico mantuvieron los liberales y también, muy significativamente, la cultura política oficial del franquismo. Esto afecta, obviamente, a la historiografía específica de la guerra civil, pero también es cierto que, hasta tiempos muy recientes, el Carlismo no ha sido un tema grato en los ambientes académicos, en los círculos de la historiografía convencional y profesional. […] la historiografía oficial de la guerra civil sustentada por los medios del Régimen […] no sólo ignora enteramente tal interpretación, sino que minimiza la intervención carlista en la guerra. De aquí arranca un interesante tema aún por estudiar: la relación tortuosa entre el viejo Carlismo y el Régimen de Franco a partir de 1937 (Aróstegui, 1991: I, 30-31 y 44).

Esta identificación entre franquismo y carlismo, aceptada incluso por algunos historiadores, fue como una pesada losa que el carlismo jamás ha podido quitarse del todo de encima. Y es que, por otra parte, como dice Manuel de Santa Cruz -citado por Martorell-, el régimen de Franco había superado con creces a la Segunda República en sus ataques contra el carlismo. Según cuenta Santa Cruz los gobiernos republicanos hostigaron su existencia con limitaciones y golpes, multas, clausura de círculos, censura de periódicos y denegación de actos y manifestaciones, pero le dejaba vivir y respetaba su ser. En cambio, el ataque de Franco a la Comunión Tradicionalista le negó directamente el ser. A diferencia de las heridas sanables de la República, las de Franco eran mortales de necesidad (Martorell, 2010: 10).

En los capítulos siguientes se expondrán una serie de hechos de distinta índole relativos a todo tipo de enfrentamientos, persecuciones y represión que sufrió el carlismo por parte, tanto de la Falange como del régimen dictatorial del general Franco.

En este volumen se limita el estudio sólo hasta 1955, año en el que Manuel Fal Conde dejó de ser el delegado en España del regente carlista D. Javier de Borbón Parma, (que a partir de 1952 pasaría a ser considerado ya como rey a pesar de sus reticencias a aceptar esta responsabilidad que le hicieron asumir los carlistas). En un segundo volumen se estudiará la continuidad de la represión hasta la muerte del dictador.

La persecución de la que fueron objeto los carlistas se trataría de una represión de bajo perfil si la comparamos con la que sufrieron los republicanos e izquierdistas -perdedores de la guerra-, que no se pasaron al franquismo o a la Falange. Sin embargo, es interesante tenerla en cuenta por cuanto se trató de perseguir a gentes incardinadas a priori en el bando de los vencedores, ya que el carlismo fue un importante sector del pueblo que, habiendo participado muy a su pesar en el encumbramiento del Generalísimo, no quiso plegarse ni a las directrices del dictador, ni a las de su partido único FET y de las JONS, ni más tarde a los tecnócratas del desarrollismo, o a la monarquía instaurada por Franco.

Resultará curioso y aparentemente contradictorio observar cómo, a pesar de lo dicho, algunos carlistas antifranquistas y antifascistas se afiliaron en un principio al partido único y aceptaron algunos cargos de poca monta como alcaldías o concejalías. Lo hacían con el ánimo tanto de combatir desde dentro a dicho partido como de influir en el régimen para que se aceptara la herencia carlista de implantar una idealizada monarquía tradicional. Pero finalmente se dieron cuenta que el oportunismo y el pragmatismo de Franco había conducido al régimen a un estado totalitario a imagen y semejanza del nazi-fascismo en auge, de la mano de la Falange, el partido español equiparable al implantado en Italia y Alemania.

Sin embargo, terminada la guerra, muchos de los que habían aceptado cargos - por lo general-, se dieron cuenta de su error así como de la imposibilidad de cualquier tipo de influencia sobre una maquinaria dominada por una Falange que se mostraba con una virulencia sin límites. Eso fue favorecido por las consignas de la dirección de la Comunión Tradicionalista para que se abandonaran todo tipo de cargos. De este modo, y a pesar del sacrificio que para algunos representaba, dejaron el puesto y el consiguiente sueldo para volver a sus quehaceres de toda su vida (Martorell, 2001: 64). Sólo algunos se quedaron en el Ejército desde donde no dejaron de participar en tareas a favor del carlismo lo que, en muchos casos se traducía en expedientes o arrestos. Muy pocos -de más altas funciones- habían sido autorizados por la Comunión Tradicionalista a permanecer en el aparato para hacer ver al dictador que no había una hostilidad total.

Se ha dividido el libro en tres grandes apartados: el primero relativo a hechos acaecidos durante la Guerra Civil; el segundo a lo ocurrido en los cinco primeros años de la posguerra; el tercero refleja la persecución a los carlistas tras la liberación de D. Javier del cautiverio alemán.

Por lo que se refiere al contenido del texto, hay que decir que se ha basado en fuentes muy diversas que no agotan en modo alguno otras muchas que sin duda darían una visión más amplia del panorama que aquí se trata de mostrar, ya que para dar una visión total habría que buscar en los archivos de los gobiernos civiles de todas las provincias de España -aunque no será fácil que en ellos aparezca especificada la militancia política carlista de los que fueron sancionados, detenidos, multados o encarcelados-. También podrían aportar información los protagonistas de aquella época que todavía queden en vida.

Para la realización de este libro se han utilizado -aparte de una amplia bibliografía-, diversos archivos españoles, el más importante no cabe duda que ha sido el Archivo General de la

Universidad de Navarra, donde se albergan diversos fondos con documentos muy reveladores relacionados directamente con el carlismo, especialmente el Fondo Fal Conde y el de Arrese, en los que no es difícil hallar documentos sobre el tema específico de esta investigación.

Otros archivos como el General de la Administración de Alcalá de Henares y el la Fundación Nacional Francisco Franco de Madrid, contienen también documentos interesantes que aluden al tema de este libro, pero que sin embargo cuesta encontrar por hallarse entre una maraña de otros muchos que no tienen nada que ver ni con el carlismo ni con la represión sufrida por este movimiento.

Se observará que a lo largo del texto se insiste y se repiten muchas veces los mismos argumentos en discursos y documentos distintos respecto a casos generales de represión que, aparte de un claro victimismo, muestran también unos hechos a los que los carlistas fueron muy sensibles (destierros de D. Javier y Fal Conde, incautaciones de prensa, de locales, etc.) Aunque se peque de repetitivo no se han querido obviar, puesto que reflejan también la insistencia de la Comunión Tradicionalista en denunciar -a la menor ocasión, y cuantas veces fuera necesario y de forma clara-, la injusticia a la que les estaba sometiendo el régimen.

Capítulo 1
Guerra civil y resistencia a la unificación

Como ha quedado dicho, el carlismo se levantó con millares de voluntarios (llamados requetés) contra la Segunda República, sin haber mantenido ninguna relación ni compromiso con el que luego se convertiría en dictador vitalicio, el general Francisco Franco. Los carlistas, en su inmensa mayoría, seguían las directrices de la «dinastía proscrita» encarnada por el regente, D. Javier de Borbón Parma, al que había nombrado su tío, el legítimo rey para los carlistas, D. Alfonso Carlos I. Por tanto, aspiraban a implantar una monarquía tradicional que nada tenía que ver ni con la destronada monarquía liberal de Alfonso XIII, ni tampoco con la república, ni mucho menos con una dictadura que fue lo que acabó imponiéndose.

En el contexto de una manida división entre fascismo y antifascismo de los años treinta que la izquierda propagaba, el carlismo de la época no tenía nada que ver con el fascismo. Ya en 1933 los carlistas atacaron al fascismo español visto como una importación extranjera y rechazable doctrinalmente. El defecto principal del fascismo estribaba para los carlistas en la idea que aquellos tenían de «todo para el Estado» y veían difícil escoger entre vivir bajo el fascismo o bajo el comunismo ya que a ambos sistemas los veían igualmente despóticos y autoritarios, rechazando igualmente el caudillaje. Sin embargo, lo que de ningún modo aprobaban -a pesar de su antisemitismo heredado de la tradición católica-, era el racismo nazi al que calificaban de blasfemo; lo que importaba a una nación no era la raza, sino la tradición nacional; no era el color de la piel, sino que la materia fuese unificable (Blinkhorn, 1979: 237-239).

Los carlistas se sentían separados tanto del fascismo italiano como del nacionalsocialismo alemán -como lo estaban, por ejemplo, los marxistas y los anarquistas por aquellos años-, lo cual no impidió que negociaran con Mussolini la compra de armas

para la rebelión antirrepublicana. En una publicación tradicionalista editada en Buenos Aires, titulada *El Requeté*, se decía en el
verano de 1939: «…qué tiene que ver España con nazis y fascistas?
Amigos de Alemania y de Italia; pero no de sus regímenes […] al
diablo con ellos; pues tienen un régimen distinto tan opuesto al
español como el maldito volchevismo» (Vallverdú, 2014: 78).

Con este bagaje antifascista del carlismo, estaba claro que no
iban a aceptar el Decreto de Unificación con Falange y con las
JONS que Franco preparó unos meses después de obtener el poder
absoluto en la zona nacional, al poco de empezar la guerra civil.
Como nos recuerda Aróstegui (1991: I, 41), «la Unificación llevada
a cabo desde el Cuartel General de Generalísimo fue vista como
una clara amenaza, por más que la prensa y sectores "oficialistas"
mostraran otra cosa».

1.1. La sospechosa muerte del rey carlista D. Alfonso Carlos I.

Tal como se ha dicho, D. Alfonso Carlos murió en Viena -donde
vivía exiliado- en septiembre de 1936. Desde allí dirigía al
carlismo a través del regente nombrado por él, D. Javier de
Borbón Parma, y su delegado en España, Manuel Fal Conde. El
rey carlista murió atropellado por un camión militar o -según
Román Oyarzun- de la policía de Viena. Por esta razón algunos
insinuaron la hipótesis de que hubiera sido un atentado mediante
un atropello intencionado.

Según una investigación del historiador Joaquín Cubero (1995),
el que fuera agregado personal de prensa de Goebbels durante los
dos últimos años de la Segunda Guerra Mundial, el nazi Wiffred
Von Oven, (que fue voluntario en la Legión Cóndor y más tarde
miembro del plan estratégico denominado «Félix» para la toma de
Gibraltar), relacionó la muerte de D. Alfonso Carlos con la renovación y activación de la Junta de Defensa, propuesta por Franco en
Salamanca, de la siguiente manera:

> El 29 de septiembre Franco voló con su estado mayor a
> Salamanca para proponerle a la junta, que se encontraba
> en reunión de consejo, una reorganización y reactivación,
> cosa que sin duda necesitaba. El momento elegido era
> propicio porque el día anterior había fallecido en Viena el

pretendiente a la corona Don Alfonso Carlos. Manuel Fal Conde, líder de los carlistas, había viajado a Austria para asistir a las exequias (Cubero,1995).

D. Alfonso Carlos I (Archivo Clemente)

Apenas existieron doce horas de diferencia entre el atropello de D. Alfonso Carlos y el acuerdo de la Junta de Defensa. Puede que fuera una casualidad o simplemente un buen momento para aprovechar un hecho que desviaba la atención de los carlistas, pero también pudiera plantearse la hipótesis de que hubiera sido un atentado perpetrado por agentes cercanos a Franco, con el fin de dividir y debilitar al carlismo, ante la falta de la su cabeza visible que era el símbolo de su unidad.

1.2. Primeras acciones contra el carlismo antes de la Unificación.

Según Joaquín Cubero (1995), los primeros contactos de la Comunión Tradicionalista con Franco después de ser nombrado Generalísimo, no muestran signos de entendimiento. El 7 de noviembre de 1936 la Junta Nacional expresó a Franco su disconformidad sobre la declaración radiada en la que este hablaba de la aconfesionalidad del Estado. Al mes siguiente Fal Conde mantuvo una discusión telefónica con él. Fal se negaba a retirar los requetés del recién tomado Cerro de los Ángeles, al que los carlistas consideraban una conquista simbólica, por hallarse en él el Sagrado Corazón de Jesús y tenerlo como centro espiritual de la Patria. Frente a la obstinación de Franco para que abandonaran el Cerro y avanzaran hacia Toledo, no lo hicieron, consiguiendo mantener la posición. Todo ello respondía al especial sentido religioso que el carlismo dio a su alzamiento contra la República.

Margaritas de Frentes y Hospitales ante el destruido
monumento al Corazón de Jesús en el Cerro de los Ángeles
(Archivo los Arcos)

Cubero menciona la opinión de Javier Tusell cuando dice que Franco se mostró decidido a «liquidar a sus adversarios políticos. El primero que figuró fue Manuel Fal Conde», y añade que, en opinión de Von Oven, Franco temía a Fal. Efectivamente, también Serrano Suñer dice: «Fal Conde era temido en el Cuartel General y su resistencia a la unificación hubiera tenido como respuesta una represión violenta de no haber sospechado Franco, con razón, un verdadero motín en los frentes» (Santa Cruz, 1979: III, 147).

Otro tipo de enfrentamientos se produjeron bien pronto por causas ideológicas, debido al rechazo por parte de los carlistas del nazi-fascismo que quería imprimir la Falange al alzamiento. Así, por ejemplo, el director accidental del diario carlista *La Unión* de Sevilla, Manuel Bellido y Rubert, denunciaba al Comandante Jefe del Estado Mayor, ayudante del general Queipo de Llano -un falangista apellidado Cuesta-, porque en una fuerte discusión «sostiene éste, entonces, que el movimiento es franca y exclusivamente nacional-socialista, lo que me obliga a advertir que eso sería una traición a la Comunión Tradicionalista […] puesto que de ser cierta su afirmación no estarían los requetés donde están, sino enfrente».[19]

Como se ha dicho, uno de los problemas que inquietaban a la Comunión Tradicionalista se hallaba en el peligro de una pérdida de su propia identidad carlista y las difíciles relaciones de sus dirigentes con la cúpula militar, que ponía problemas a la formación de nuevas unidades de requetés como ocurrió en Galicia, pues «allí casi todas las autoridades están en frente de nosotros y a favor de Falange» según escribía un miembro de la Junta Nacional Carlista al coronel Rada (Cubero, 1995).

Este tipo de problemas se incrementó desde el ascenso de Franco y militares afines a Falange, como el coronel Juan Yagüe que, en sus «Directivas para Marruecos», extensibles a la Península, manifestó «conferir el mando del orden público y seguridad en las ciudades a elementos de Falange» (Espinosa, 2002: 61). No en vano los falangistas navarros informaban de choques entre los boinas rojas y el Ejército (Peñalba, 2013: 72). También en Andalucía ocurría lo mismo: «todas las dependencias militares y civiles de por aquí están acaparadas por Falange».[20]

En Euskadi se llegó a fusilar a carlistas. Iñaki Egaña, en su libro *Los crímenes de Franco en Euskal Herria 1936-1940*, hace referencia a varios casos de ejecuciones de carlistas por parte de militares del bando rebelde. En un pasaje refiere que «en Gipuzkoa, donde no triunfó el golpe de Estado, los primeros fusilados lo fueron en Beasain. [Tras] la entrada de las tropas del teniente coronel Pablo Cayuela […] en la madrugada del 27 al 28 de julio, una treintena de beasaindarras, entre ellos […] los dirigentes del Partido Carlista[21] que se habían mantenido leales a la República, fueron fusilados frente a la casa *Albisu Enea*». Más adelante Egaña recuerda que, setenta años después, el Ayuntamiento de Beasain, en un homenaje a las víctimas de Franco, lo hizo también a otro carlista fusilado, con estas palabras: «Entre los ejecutados en 1936 se encontraba Evaristo Mendia Zabalo. Carlista de 58 años y nacido en Legazpia. Había sido acusado de "tener luces sospechosas en su

---

19 AGUN, 133/330: «La persecución interesada de *La Unión*», Sevilla, 11-9-1936.
20 AGUN, 133/330: Carta de un directivo del diario *La Unión* a José Mª García-Verde, Sevilla, 17-11-1936.
21 Uno de estos tradicionalistas fusilados fue el presidente del Círculo Carlista, Guillermo Eizagirre. *El Diario Vasco.com*, 28-julio-2015 (http://www.diariovasco.com/tolosa-goierri/201507/28/ayer-julio-triste-recuerdo-20150728005624-v.html).

establo". Su hijo fue obligado a cavar la fosa que debía guardar el cadáver del padre» (Egaña, 2009: 98-99).

La incipiente dictadura militar neutralizó y reprimió rápidamente, antes incluso del Decreto de Unificación, dos hechos que mostraban la voluntad de independencia del carlismo. Este intentó la creación de la Obra Nacional Corporativa, lo que algunos denominaron el «sindicato del carlismo», que, dicho sea de paso, era algo bien distinto a los Sindicatos Libres creados por los carlistas en 1919 que tenían un carácter exclusivamente obrero y reivindicativo y que casi se había extinguido durante la Segunda República (Winston, 1989). Por el contrario, la Obra, fundada en Burgos por Arauz de Robles en noviembre de 1936, comprendía las agrupaciones gremiales y las secciones obreras de los diversos círculos tradicionalistas, intentando integrar a patronos y trabajadores en una estructura de corte corporativo. A ella se adhirió a principios de 1937, la católica Confederación Española de Sindicatos Obreros, que contaba con medio millón de afiliados. En cualquier caso, este nuevo sindicato de creación carlista fue neutralizado y poco a poco desapareciendo con el nacimiento de FET y de las JONS.

Paralelamente Fal Conde impulsó un proyecto de Real Academia Militar Carlista, al margen e independiente del Ejército, para ocuparse de la formación de oficiales del Requeté y sustituir a los que causaran baja. El modo de hacerlo fue por decreto de D. Javier. Ello y su funcionamiento se podían entender como un intento por parte de Fal Conde de demostrar la singularidad y superioridad del carlismo también respecto a los militares. Con ello los dirigentes carlistas pretendían recordar que había otra autoridad legítima, la Monarquía carlista, superior a la de Franco al que consideraban como provisional, porque además establecían que los nombramientos de los oficiales del Requeté serían competencia del príncipe regente, sin referencia alguna a los militares, ya que los carlistas no veían con buenos ojos ingresar en el Ejército. Como es lógico, Franco recibió pésimamente la noticia, porque ponía en duda su posición como Jefe del Estado (Peñalba, 2013: 31-33).

El dictador en ciernes y flamante jefe de Estado calificó el decreto de creación de dicha Real Academia por parte de la Comunión Tradicionalista, del que responsabilizaba al jefe carlista, de «golpe de Estado de delito de traición, de conducta propia de un anarquista, no de un hombre afecto al Movimiento», ya que suponía una reiteración de la independencia del Requeté respecto al Ejército y la formación, en la segunda mitad de 1936, de un embrión de Estado carlista a modo de una contrasociedad dentro de la sociedad que Franco había decidido eliminar (Canal, 2000: 336-337). La prohibición de dicha Academia propició que la mayoría de los mandos de las unidades carlistas fueran militares profesionales no carlistas, y los requetés que pretendieron inscribirse jamás lo consiguieron como le pasó a Nemesio Andía que consideró que «fue un error muy grande del carlismo no haber contado con oficialidad propia en la guerra» (Larraz y Sierra-Sesúmaga, 2010: 551).

Ello sirvió de pretexto para desterrar al dirigente carlista Manuel Fal Conde, con lo cual empezaba el proceso de remover obstáculos a la inminente unificación, igual que lo fue la militarización de las milicias.

Así pues, el 20 de diciembre de 1936, Franco, por medio del general Fidel Dávila, comunicó a Fal Conde que si quería evitar un consejo de guerra se expatriara a Portugal, lo que Fal Conde decidió aceptar, instalándose en Lisboa.[22]

D. Javier y Fal Conde durante su destierro en Portugal
en febrero de 1937 (Archivo Clemente)

---

22 Durante su exilio en Lisboa, Fal recibió gran cantidad de adhesiones mediante telegramas, tarjetas, cartas, etc. tanto de agrupaciones como personales, de requetés, margaritas y responsables del carlismo. AGUN, 133/177. También se produjeron durante su confinamiento y la policía tomaba nota «de los expedidores para constancia en sus expedientes político-sociales y prevenciones que se estimen oportunas». AGUN, Fondo Arrese, 49, Tradicionalismo: «Asunto: Tradicionalismo intransigente», 7-1-1943. En su exilio de Portugal trabó amistad con Hipólito Raposo quien en 1940 también sufrió persecución por el régimen de Oliveira Salazar, razón por la cual Fal Conde le escribió mostrándole su completa adhesión y recordándole «Yo también vivo perseguido, ahora más que bajo la República». AGUN, 133/109: carta de Fal a Raposo, 22-4-1940.

La ruptura con Franco era ya un hecho: frente al carlismo colaboracionista representado por los navarros seguidores de Rodezno, se alzaba el carlismo legitimista, representado por D. Javier y Fal Conde. La restauración de la monarquía sólo llegaría si el carlismo se mantenía fiel a sus jefes y a sus principios, tratando de evitar que la dictadura de Franco se convirtiera de temporal en indefinida (Peñalba, 2013: 43).

Los desencuentros con Falange Española de las JONS, que sería la gran beneficiaria del posterior franquismo, también comenzaron en los primeros meses de la guerra, antes de la unificación hecha por el dictador en ciernes. En estas tempranas fechas, FE-JONS, ya apelaba al general Franco porque el Gobernador Militar de San Sebastián sólo dejaba usar la bandera nacional y no la de Falange. FE-JONS decía en una nota al «camarada Jefe de la Junta de Mando Provisional en Burgos», Manuel Hedilla, que estaban dispuestos, «si no nos atienden, a llevar al General Franco nuestra queja».[23] Es decir, a diferencia de los carlistas que atacaban sus decisiones, los falangistas recurrían a Franco para conseguir sus objetivos. La Falange se iba imponiendo poco a poco con el respaldo de Franco.

Justamente recién ocupada San Sebastián, se planteó una controversia entre falangistas y requetés en torno a las acciones de una fábrica de papel, que parece pertenecía al nacionalista Manuel de Irujo y que había sido requisada por los requetés. La fábrica acabó siendo controlada por los de Falange, pues de las 600 acciones, hicieron un reparto de manera que, según ellos mismos, «286 acciones que representan la mayoría de las que componen esta sociedad, son de elementos afiliados a la Falange Española de las JONS».[24]

En un informe emitido desde Sevilla -aunque referido a la que suponían inminente ocupación de Murcia-, por el amigo de Queipo de Llano y ex-republicano, que ahora era dirigente de FE-JONS, Joaquín Illán, se solicitaba ayuda a Falange para contrarrestar la influencia carlista en Murcia. Una influencia difícil de digerir para una Falange que quería ser hegemónica, por eso desde su organización «revolucionaria» pro-nazi, imputaba a los carlistas de funcionar «con las pesetas de los capitalistas y terratenientes

---

23 AGA (9) 17.02-51/18946: Nota de Falange Española de las JONS a Hedilla, 8-10-1936
24 AGA (9) 17.02-51/18946: Escritos del Jefe Provincial de FE-JONS de San Sebastián a Manuel Hedilla, 28-9-1936 y 9-10-1936

murcianos, por cuyas razones eran más y estaban mejor organizados que Falange».[25]

En Caparroso, en enero de 1937, con motivo de la bendición de un banderín, los falangistas insultaron a los oradores carlistas y estos intentaron asaltar el local de Falange. Tras los incidentes el Gobierno Militar ordenó retirar las armas cortas de las dos milicias (Urrizola, 2017: 532).

A comienzos de 1937 la Comunión Tradicionalista recibió la incorporación del Partido Nacionalista Español, y sus voluntarios se incorporaron al Requeté y otras organizaciones carlistas como los Pelayos, que agrupaba a niños y adolescentes. Este hecho incomodó a los falangistas hasta tal punto que con motivo de una visita a Valladolid de la banda de Pamplona, Alejandro R. Grijalba, en carta a Fal Conde, explica que:

> Ese día dos de los nuestros que debutaron con la boina roja resultaron heridos. El día 27 del corriente, el hijo del tesorero de nuestro Centro fue herido de una puñalada por la espalda por el hijo de un directivo de Falange, que reprochaba al nuestro su incorporación a los Pelayos.[26]

Concentración de pelayos en Tolosa (Archivo Pablo Larraz)

En el mes de marzo, en Lecároz, la señorita Tuñón -que era maestra y hermana de un requeté de Maya-, fue detenida por haber mirado mal a los falangistas y la amenazaron con fusilarla por ser contraria a Falange. La colocaron «en medio de la plaza desarrollándose un cuadro conmovedor pues la mayor parte del pueblo estaba en expectación de lo que pudiera ocurrir». Tuvieron que intervenir el

---

25 AGA (9) 17.02-51/18946: «Informe confidencial respecto a Falange Española de las JONS de Murcia», 22-11-1936.
26 AJCS. Carta de Alejandro R. de Grijalba a Fal Conde, 31-1-1937

alcalde, el cura y otras personas que lograron que la pusieran en libertad. Por este hecho, el jefe de Falange -teniente Márquez-, fue sancionado con 14 días de arresto (Urrizola, 2017: 233).

Algunos antiguos jefes carlistas navarros como el conde de Rodezno, compartían las opiniones de Franco. No así D. Javier de Borbón Parma, que dio su pleno apoyo a Fal cuando fue desterrado. Este hecho sería el primer eslabón de una cadena de vicisitudes que llevaron al Decreto de Unificación que se produjo el 19 de abril de 1937. Con él, la Comunión Tradicionalista dejaba de existir legalmente.

Previo al Decreto de Unificación, en febrero de 1937, vistas las divergencias de opinión entre los dirigentes carlistas, se realizó una asamblea en Insua (Portugal), donde triunfaron las posiciones antifranquistas –aunque no manifestadas públicamente para que no pudiera ser interpretado como rebeldía ante el poder en tiempos de guerra- de reafirmar la personalidad específica de la Comunión Tradicionalista frente a las propuestas del conde de Rodezno y José María Oriol. A pesar de haber sido derrotadas estas propuestas, Rodezno, Oriol y otros notables, continuaron con su actitud colaboracionista hasta la unificación, impuesta por Franco, que trastocó todo el escenario (Canal, 2000: 336-339).

Mientras los combatientes carlistas luchan en el frente de batalla ajenos a los acontecimientos políticos, en la retaguardia se cocinaba la unificación a espaldas tanto de los dirigentes carlistas antifranquistas, como de los requetés que se hallaban en los frentes. Emilio Herrera, en una biografía de un tercio de requetés en el que estuvo combatiendo, lo expresa así:

> Ese día se conoce en el tercio la noticia de que el 19 se ha publicado un decreto que unifica al requeté y a la Falange. Entre los requetés cae como una bomba; su reacción es de asombro: están desconcertados; no entienden como se ha podido decidir un hecho así sin contar con los hombres del frente [...] piensan los requetés que la expatriación de Fal Conde en diciembre a Portugal está relacionada con esta unificación, a la que era opuesto. No faltan quienes consideran que se debe marchar a la retaguardia para que se vea quienes son los que están reconstruyendo la España [...] Se desfogan cantando estos días, más que nunca,

aquella canción que dice: Es Fal Conde nuestro jefe,/ es el hombre que más vale,/ y a sus bravos requetés/ no se los merienda nadie (Herrera, 1974: 85-86).

La mayoría de los historiadores que tratan de la Guerra Civil y de la represión, se refieren a la ilegalización de las organizaciones republicanas y de izquierda y a la incautación de los medios de que disponían, haciendo referencia a un decreto que decía:

> Artículo primero. Se declaran fuera de la ley todos los partidos y agrupaciones políticas o sociales que, desde la convocatoria de las elecciones celebradas en fecha 16 de febrero del corriente año, han integrado el llamado Frente Popular, así como cuantas organizaciones han tomado parte en la oposición hecha a las fuerzas que cooperan al movimiento nacional.

> Artículo segundo. Se decreta la incautación de cuantos bienes muebles, inmuebles, efectos y documentos pertenecieren a los referidos partidos o agrupaciones, pasando todos ellos a la propiedad del Estado.

Tal como explica acertadamente Iván Medall, con ello se pretendía eliminar al rival, dejándolo fuera de la ley, así como reducir las posibilidades de refundación de estas entidades dejándolas en la ruina (Medall, 2016: 108-109). Pues bien, como se irá viendo, algo similar le ocurrió al carlismo que, como sabemos, ni pertenecía al Frente Popular, ni era republicano, aunque sí se enfrentó al régimen desde el mismo momento en que Franco asumió todo el poder.

Siguiendo al historiador Joaquín Cubero (1995), la idea de la unificación surgió de los miembros pertenecientes a las castas oligárquicas que habían formado el bloque de poder durante la Restauración. Surgió de los medios monárquicos alfonsinos. El dirigente de Renovación Española, Antonio Goicoechea, propuso la formación de un «frente patriótico». En septiembre, en una entrevista entre José María Pemán y Franco, este indicó la posibilidad de alargar la dictadura militar hasta que se pusieran de acuerdo las distintas corrientes políticas y Pemán le mostró la opinión de que los militares deberían imponer ya la unificación. Y, citando al falangista José Pemartín, añade que Pemán le dijo que la Falange debería dominar en todas partes y que se debería unificar en sentido falangista llegando a suprimir el Requeté.

Tampoco el nazismo alemán fue ajeno a los preliminares de la unificación. Para tratar este tema Franco se entrevistó en Salamanca con el almirante Canaris. Este había sido introducido en los años 20 en los círculos financieros de Alfonso XIII, por el agente alemán Von Rollant, cuando el monarca era accionista mayoritario en la compañía Hispo-Suiza. Rollant fue quien, en 1935, negoció con Gil Robles el acuerdo entre la Gestapo y la policía española para intercambio de noticias militares y policiales (Cubero 1995). La documentación italiana también arroja luz sobre los deseos de estos de unificar las fuerzas rebeldes, tal como se desprende de un telegrama del 9 de enero de 1937 de Gluglielmo Danci, un periodista amigo del conde Ciano y encargado de la oficina de propaganda fascista, que se creó en España en ese mes (Peñalba, 2013: 35, 122-123).

Pues bien, tras este tipo de acontecimientos, Franco firmó el Decreto de Unificación nº 255 el 19 de abril de 1937. En él se afirmaba que la Comunión Tradicionalista se integraba en una unidad superior con la Falange Española de las Juntas Ofensivas Nacional Sindicalistas en un partido único llamado FET y de las JONS.

1.3. Represión tras el Decreto de Unificación.

Así pues, tras la Unificación, en la práctica se disolvía la organización carlista al negarle la legalidad de su existencia. Además, en el decreto se primaba el programa de los 26 puntos de Falange y nada decía de las libertades regionales, reconociendo sólo el mantenimiento del catolicismo y una vaga referencia a un futuro monárquico (Peñalba, 2013: 47 y 54).

Por todo ello, el grueso del carlismo no aceptó dicho decreto e intentó como pudo, en el contexto de la guerra, mantener su independencia política al margen del partido único de corte fascista, dominado por los falangistas y neofalangistas. Incluso hubo muchos casos en los que la batalla contra la Unificación se hizo desde dentro de la misma. Quizá por eso, una de las preocupaciones de régimen se dirigía a los problemas derivados de la Unificación, debido a las reticencias de los carlistas, tanto si estaban dentro como si estaban fuera.

En cualquier caso, el acoso a estos particulares enemigos de la Unificación comenzó muy pronto. Conviene recordar que, tal como nos dice Mercedes Peñalba, «a pesar de la inicial resistencia falangista que se produjo inmediatamente tras la promulgación del decreto y que ha sido destacada por todos los historiadores del falangismo, en conjunto, fueron los carlistas los que expresaron mayor rechazo a la fórmula del partido único, que nada tenía que ver con su ideario». Si bien existió un falangismo disidente fue una minoría comparado con el franquistizado, por eso, ante su desca-bezamiento, con la muerte de José Antonio, ni Falange necesitaba deshacerse de Franco, ni éste de aquella. «La única organización que podía estorbar a ambos era la Comunión Tradicionalista, la contraria a la Unificación por rebelde, y la favorable a la unión por juanista» (Peñalba, 2013: 102 y 110-111).

A pesar de que en un principio la Unificación permitió conservar emblemas y signos exteriores, en Andalucía bajo el mando de Queipo de Llano, se produjeron imposiciones como la obliga-ción a los requetés de llevar cuellos y hombreras azules bajo pena de correctivo y se les prohibió utilizar las aspas de borgoña bajo apercibimiento de sanciones. Además se impuso a los requetés los servicios de cocina, comedor y todos los servicios mecánicos del cuartel, exceptuándose por completo a los falangistas, y se arrestó a un requeté por escribir «Viva España» sobre un letrero donde decía «Arriba España» comunicándole tras el arresto que de rein-cidir en dicho delito sería fusilado.[27]

Con el decreto unificador se liquidó también la asociación de mujeres carlistas llamada «Margaritas» que venía funcionando desde muchos años antes de la guerra (Santa Cruz, 1984: 128). La mayor parte de sus afiliadas se dedicaron durante la contienda a labores de enfermería y asistencia, propias del momento, en cola-boración con otra institución creada por el carlismo para la guerra, llamada «Frentes y Hospitales», que, si primero fue integrada en el partido único, sería aniquilada definitivamente al término de la guerra.

> Esta «liquidación» de Frentes y Hospitales tuvo graves consecuencias políticas, porque las despechadas marga-

---

27 AGUN, 133/258/3/16: Reclamación a Queipo de Llano, Sevilla, 15-12-1937

ritas, que eran un elemento esencial para reforzar la peculiar base familiar del carlismo, jugarían un papel de primer orden en el mantenimiento de la Comunión Tradicionalista, erigiéndose en convocantes de actos al margen de las autoridades, así como en impulsoras del boicot a las actividades del Auxilio Social, cuyas postulaciones, comedores y actividades fueron saboteadas por los carlistas, convirtiendo ese boicot en una sistemática forma de oposición al régimen de Franco (Martorell, 2010: 187)

Insignia de Frentes y Hospitales

Margaritas de Alcalá de Guadaria (Archivo Hernández Oter)

Por otra parte, en un documento de agosto de 1953 se recordaba que:

Se prohibió a la Junta Nacional Carlista la recaudación de aportaciones voluntarias de fondos para los requetés en los frentes, y sin consulta con dicha Junta se procedió a la creación de Partido único oficial con lo que se pretendió dar por disuelto al histórico partido Carlista. Aunque en el Decreto de Unificación de los partidos se decía que se «incorporaba la doctrina tradicional», lo cierto es que se impusieron los modos, estilo, doctrina y léxico falan-

gistas, pretendiendo borrar todo vestigio del Tradicionalismo como sistema político (Santa Cruz, 1987: XV, 49).

Lo que sí hizo el franquismo fue apropiarse de los símbolos tradicionalistas, incluido su himno -aunque trastocando la letra-, para
hacer ver a la opinión pública que el carlismo formaba parte del
régimen dictatorial del general Franco. Por eso, en una declaración de la Comunión Tradicionalista de 1942 se decía: «No se diga
que nuestras doctrinas están incorporadas al nuevo Estado. Lejos
de eso, están por él desconocidas y adulteradas y no ha habido
situación en que hayan sufrido más daño».[28]

Tres días después del Decreto de Unificación, el 22 de abril,
empezaron a llegar los nombramientos de los miembros del Secretariado de FET y de las JONS, cuatro de los cuales recayeron en
tradicionalistas, así como casi la mitad de los jefes provinciales
del partido. Cuando en octubre de 1937 se hizo pública la composición del primer Consejo Nacional de FET y de las JONS, otros
doce tradicionalistas se encontraban entre los cincuenta miembros
designados por Franco, muchos de los cuales ni siquiera habían
sido consultados, porque entre ellos se encontraba Fal Conde que,
desde agosto, ya se hallaba en España.[29] Éste solicitó a Franco que
le relevara del cargo y D. Javier desautorizó a la mayor parte de
los que habían aceptado esos puestos expulsándoles de la Comunión Tradicionalista (Canal, 2000: 339-340).[30]

Ante la negativa de Fal Conde a aceptar el cargo, Franco le
escribió una agria carta en la que se quejaba de que en el primer
llamamiento a la colaboración se «permite discutir» porque,
-añadía Franco-:

28 AGUN, Fondo Arrese, 49, Tradicionalismo. «Declaración de la Comunión Tradicionalista», 25-7-1942.
29 «Fal Conde se ha mostrado intransigente enemigo de la reunión de falangistas y
requetés y, junto con otros miembros del Gran Consejo, no asistirá a la reunión. El Gran
Consejo corre el riesgo de quedar reducido a un consejillo» AGUN, 133/258/1/2: «Una
información de la agencia Fabra» publicada por *El Diluvio*, 2-12-1937
30 El régimen intentaba a toda costa implicar a los carlistas en el partido único FET y de las
JONS. Así, en 1939 en Barcelona, muchos que no habían solicitado su ingreso, recibieron
una comunicación del partido en la que se decía que habían sido admitidos (Thomàs, 1992:
369). Este ardid de nombrar sin consultar también se daba en escalones inferiores y es importante porque en él estriban errores que cometen historiadores de este periodo. Por otra
parte, como en el caso de Bilbao, muchos afiliados no carlistas «en unos casos no se dan de
baja por temor a posibles represalias; y en otros por utilizarlo para guardar la apariencia
de afección al Régimen actual, y, además, por lo que les pueda favorecer» AFNFF, doc.
27179, p. 5, 1942.

Soy yo el que con responsabilidad ante Dios y la Historia señala a cada uno el puesto que debe ocupar.

Espero que su sentimiento de español habrá de estremecerse cuando piense que su ausencia de aquél puesto que le señalé sólo ha servido para que los rojos la aireasen en su propaganda contra España, y cuando sepa, además, que su carta era por ellos conocida a las pocas horas de enviármela a mí y que aquella decisión suya de no asistir antes que yo la conociera la publicara ya *La Vanguardia* de Barcelona.[31]

En torno a las desavenencias entre Fal y el régimen de Franco y su represión contra el carlismo, el primero reflexionaba unos años más tarde, no sólo sobre esta carta, sino sobre otras anteriores que se cruzaron o manifiestos que se escribieron:

Para entender el sentido de estas cartas hay que situarse en las circunstancias de la época a que pertenecen:

La unificación amparada por el fuero de guerra. En su consecuencia, la secretaría general del Movimiento me conminaba con la pena de muerte, única del lenguaje jurídico de entonces.

La singularidad que de mí se hizo desterrándome sólo a mí, -singularidad que siguió distinguiéndome en los siguientes destierros y confinamientos, guarda en la puerta de mi casa y atropello de la correspondencia- me imponía el deber de aceptarla evitando que se ampliara a los compañeros de Junta o Comisarios carlistas Regionales o Provinciales.

La Comunión, traicionada por insignes primates, estaba absorbida por Falange. Se nos arrebataron 22 diarios, muchas revistas y los círculos, material móvil, Intendencia, Sanidad...

Los Requetés, en número activo de primera línea no inferior a los 60.000 ultrajados en sus ideales con signos políticos artificiosos impuestos, mandos tiránicos, desconocimiento

---

31 AGUN, 133/258, Carta de Franco a Fal Conde, 9-12-1937

de sus grandes heroísmos y la invención de glorias, héroes y caudillos sacados de la manga.

Resulta pues, que se llegó en el acatamiento hasta el máximo permitido por la conciencia. Incluso se autorizó por Don Javier a un carlista -Baleztena- y por mí a otro -Valiente- para que aceptaran los cargos de consejeros y juraran aquel esperpento de juramento, para que no resultara colectiva la resistencia, y como modo de reverencia a la autoridad militar en tiempo de Guerra. Los demás que aceptaron, declaró Don Javier en San Sebastián el mismo día del ridiculísimo acto de Las Huelgas, que no les expulsaba el, sino que ellos -aludía principalmente a Rodezno y sus compinches del Secretariado de la Unificación- se habían separado de nuestra disciplina al aceptar sin su autorización disciplina política distinta.

También conviene notar, que habíamos sido abandonados en cobardísima sumisión política al nuevo sistema, por la Jerarquía Eclesiástica. El Heraldo de Madrid publicó en primera plana una foto del acto de las Huelgas en la que aparecía la fila de Obispos, el Cardenal Gomá el primero, saludando brazo en alto al canto del famoso himno. Es de imaginar el jolgorio rojo que se expresaba en los titulares. Cuando se lo llevé al Cardenal Gomá lloraba de pena y no acababa de felicitarme y alabarme por mi inasistencia.

Finalmente, el proceder de la Comunión, solo se vislumbra en estas cartas. Tienen mucho de ocasión y salvaguardia ante dichas graves amenazas, de las que lo peor no era que se consumaran en cuanto a mí, sino que significaran el principio de una persecución sangrienta contra los demás leales. El interés político sobre el proceder de la Comunión está en los escritos posteriores y en especial en el memorial de 10 de Marzo de 1939, vísperas de la Victoria.[32]

Tampoco los llamados camisas viejas de Falange aceptaron la unificación, aunque su filo-nazismo estaba en las antípodas del carlismo.

___
32 AGUN, 133/258, Escrito de Fal Conde, s/f

En carta a Hedilla, escrita por un falangista francés, se critica también la Unificación como la «nueva combinación política hecha por decreto». El francés, tras haber pasado la frontera hacia España, le alerta también que los requetés le preparan un atentado y que, en la frontera, a él le han tratado muy mal. Y concluye la carta diciendo que «espero sus órdenes en Berlín, a las señas que yo daba y no aquí».[33]

A pesar de las grandes diferencias entre el tradicionalismo y la Falange, antes del decreto de unificación franquista, se produjeron algunos encuentros voluntarios entre ambas organizaciones con un fin similar. La profesora Mercedes Peñalba ha estudiado el caso constatando las grandes diferencias que les separaban, ya que «la base social del carlismo era la familia y no el individuo como pretendían los fascistas y que el origen del carlismo era puro y tradicional [y] frente al fascismo y el hitlerismo […] el carlismo defendía la monarquía frente a la dictadura como fin, que aspiraban a imponer los fascistas» (Peñalba, 2013: 24). Por su parte, Hedilla no era contrario a llegar a acuerdos con el tradicionalismo, pero siempre y cuando la Falange tuviera la primacía, porque era el lugar que le correspondía como «partido del Estado, como lo es el Fascismo en Italia y el Nazismo en Alemania. A eso aspiramos y no a otra cosa» (Jerez, 1999: 155). Como era de esperar, esa especie de unión voluntaria no llegó a buen fin.

Realizada pues la Unificación por el Decreto de Franco, el 10 de mayo se produjo una vuelta más de tuerca; se ordenó la intervención de las cuentas bancarias de todas las organizaciones suspendidas por dicho decreto, cuestión que preocupó mucho a Fal Conde, así como la institucionalización, el día 14, del sindicato vertical, que absorbió a la Obra Nacional Corporativa.

Emblema de la Obra Nacional Corporativa

---

33 AGA, (9) 17.02-51/18946, Escrito del falangista francés Jesús Zubillaga a Manuel Hedilla, 25-4-1937. Manuel Hedilla, que se hizo con el poder de la Falange tras los sucesos de Salamanca en abril de 1937 y se opuso al Decreto de Unificación, también fue duramente represaliado por Franco.

La rebeldía carlista. Memoria de una represión silenciada

Volviendo a las actividades del frente norte, el ya citado Iñaki Egaña se refiere a otros dos casos de carlistas fusilados tras la promulgación del decreto de Unificación, aunque sin que tuviera una clara relación con ello:

> En Bizkaia, por ejemplo, y entre los que habían pertene-
> cido al bando de Franco, también hubo gentes que fueron
> delatadas y juzgadas por su escasa adhesión al régimen.
> Ernesto Guadilla, carlista y preso en el *Altuna Mendi*, fue
> condenado a muerte por hablar con los funcionarios de
> prisiones republicanos (sic). Entre los argumentos esgri-
> midos por el fiscal en su contra estuvo el que, antes de
> pertenecer al Partido Carlista, había sido afiliado al PSOE.
> También fue condenado a la máxima pena Heraclio
> Sierra, requeté de Barakaldo, acusado de denunciar a un
> dirigente de su partido. Sierra fue ejecutado en Derio el 9
> de septiembre de 1937 (Egaña, 2009: 182).

Curiosamente, estos excepcionales casos de carlistas fusilados por los nacionales, igual que los otros citados más arriba por Egaña -de los que no da más explicaciones-, no aparecen en la amplísima recopilación realizada por el estudioso y afín al tradicionalismo más integrista como es Santa Cruz. Una probable explicación del caso de estos dos últimos pudiera ser que se tratara de carlistas radical y enérgicamente contrarios a la Unificación que, además, denunciaran a antiguos dirigentes que se habían plegado a ella.

La represión, más o menos sutil, se cebó también sobre los Tercios de Requetés, y el de Montserrat fue uno de ellos. A principios de la guerra muchos carlistas catalanes que se sentían perseguidos por las milicias izquierdistas y que consiguieron salvarse de una muerte segura, huyeron a Francia y entraron al País Vasco. En San Sebastián, recién conquistada por los rebeldes, montaron unas oficinas en un piso de la calle Prim como instalación provisional de la Comunión Tradicionalista de Cataluña. Desde allí surgió el germen de la futura organización carlista para cuando se conquistara Cataluña. Con los refugiados catalanes se montó el Tercio de Montserrat que recibió todo el apoyo de este centro donostiarra con voluntarios y enseres. Pero, después de la Unificación, el Tercio comenzó a ser hostigado incesantemente hasta que fue trasladado antes de la ofensiva sobre Cataluña (Santa Cruz, 1984: I, 17).[34]

Por otra parte, al Tercio de Montserrat se le endosaron posiciones especialmente comprometidas y frente a fuerzas enemigas muy superiores, con la evidente intención de acabar con él; en Codo, de los 182 requetés que actuaron, murieron 140; en Villalba de los Arcos, de los 850 requetés de la unidad reconstituida, causaron baja 698, de los cuales 122 resultaron muertos y 576 heridos, y, pese a quedarse sin efectivos, se le puso en vanguardia con sólo 300 hombres (los supervivientes, más nuevos voluntarios incorporados). Le asignaron romper el Frente del Ebro por el sector de *Quatre Camins*, con el nulo apoyo de dos batallones del ejército cercanos y la incumplida promesa de los 14 tanques prometidos (sólo llegaron 2), lo que supuso otra carnicería para los carlistas que avanzaban por la zona en solitario, hasta el punto de que, tampoco desde las trincheras republicanas entendían como no avanzaba toda la línea del frente.

La conclusión fue que aquello formaba parte de un objetivo político, una diabólica estrategia de Franco para acabar con esa unidad catalana de carlistas. Este Tercio, que fue una de las mejores unidades de choque, pudo ser rehecho porque no había problema de voluntarios, pero, para colmo, después, se le negó su participación en la ofensiva final sobre Cataluña, trasladándolo a Extremadura.

Por otra parte, tampoco se permitió entrar y tomar Barcelona a otros tercios de requetés que llegaron hasta sus puertas y consiguieron ocupar los barrios altos de la ciudad, pues la entrada triunfal estaba reservada a la división africana de Yagüe, que la integraban junto al Ejército, regulares, moros, legionarios y falangistas, lo que suponía el anticipo de la exclusión a la que el carlismo iba a ser sometido en Cataluña en los años siguientes (Martorell, 2010; 145-149).

En el País Vasco, al poco de iniciarse la sublevación, la Junta Carlista de Guerra y D. Javier de Borbón Parma iniciaron inmediatamente tanteos para una paz separada con los nacionalistas

---

34 Santa Cruz dice que el Tercio de Montserrat fue «clausurado antes de la ofensiva», pero se equivoca, pues esta unidad carlista no fue «clausurada» sino trasladada a Extremadura para no estar presente en la ocupación de Cataluña.

vascos, muchos de los cuales se sentían más identificados con los carlistas –con quienes ya habían concurrido en coalición en anteriores comicios electorales- que con sus actuales aliados izquierdistas; pero la idea fracasó al ser abortada por el Ejército Nacional. No obstante, muchos nacionalistas vascos se pasaron al bando de los sublevados y en particular a los requetés (Santa Cruz, 1980: VII, 114).

Se dio la circunstancia de que, en los primeros días de abril de 1937, la aviación italiana bombardeó Durango, una ciudad vizcaína de gran tradición carlista, tanto que, en las elecciones de febrero de 1936, de los trece ediles elegidos, ocho eran carlistas, tres nacionalistas vascos y dos del Frente Popular. El bombardeo provocó la muerte de más de trescientas personas y fueron destruidas iglesias y centros religiosos que fue donde se produjeron la mayoría de las muertes. Pareciera como si se quisiera destruir la médula del sentimiento católico carlista.[35]

Poco menos de un mes después, se produjo el bombardeo de Guernica, otra ciudad de tradición carlista. Cuando entraron los nacionales, se produjo un duro enfrentamiento entre el capitán de requetés Del Burgo y un mando militar de artillería. Cuenta el capitán que sus requetés lloraban de rabia e indignación al ver el espectáculo de Guernica y él se quejó de lo inútil del castigo aéreo, a lo que el militar artillero le contestó fuera de sí que lo mismo habría que hacer con toda Vizcaya y Cataluña. Ello provocó la reacción de Del Burgo, produciéndose un duro enfrentamiento, que evitó que pasara a mayores la intervención de otro mando superior que amonestó al carlista. Unos días más tarde, Del Burgo ordenó que se formara una compañía de requetés alrededor de la Casa de Juntas y del «roble sagrado» con el objeto de protegerlo de una columna falangista que, procedente de Pamplona, venía para cortarlo. Pocos días después, en una breve estancia en el País Vaco, el 19 de mayo de 1937, D. Javier juraba los fueros vascos bajo el Árbol de Guernica, lo que denotaba una incompatibilidad y disidencia entre los carlistas y los sectores fascistas del bando nacional (Martorell, 2010: 138-142).

Los enfrentamientos entre carlistas y militares se dieron con bastante frecuencia. En Pamplona «se produjo entre los boinas

35 https://www.religionenlibertad.com/juzgado-investigara-bombardeo-durango-1937-mato--58216.htm

rojas y fuerzas del Ejército, una colisión en la que hubo tiros, a la vez que se proferían los más condenables gritos».[36]

La Unificación tampoco consiguió pacificar a los pueblos. En el pueblo navarro de Ujué los carlistas denuncian, en mayo de 1937, la intención de la Jefatura de Falange de dar órdenes de expulsar del pueblo a diez familias supuestamente de izquierdas. El 9 de julio del mismo año son multadas seis personas por hacer el «saludo requeté» en vez de levantar el brazo al paso de la bandera nacional. Uno de los multados, apercibido por las autoridades, dijo que no iba a hacer el saludo fascista ni ahora ni en el futuro, y el gobernador civil mostraba su disgusto en una carta al ver a «individuos enrolados en la Milicia Nacional desobedecer a los agentes de la autoridad» (Martorell, 2010: 170).

Otro fenómeno importante fue la prohibición de organizar más tercios de requetés. Aróstegui explica que «el reclutamiento de requetés fue obstaculizado por las autoridades militares de Algeciras» (Aróstegui, 1991: II, 373). En el Norte ocurrió algo similar pero a mayor escala, pues en las ciudades que se iban ocupando, tal como nos lo cuenta en sus memorias el voluntario Tomás Martorell, un oficial del Requeté, a propósito de la entrada en la capital cántabra en el verano de 1937:

> En Santander, el carlismo contaba con voluntarios suficientes para organizar cinco o seis tercios de requetés más. El coronel Redondo pidió autorización al mando militar para encuadrarlos pero la solicitud, como en muchos lugares más, fue denegada; quedaba claro que a Franco le molestaba el carlismo para sus futuros planes (Tomás Martorell, 2001: 26).

El historiador Manuel Martorell documenta muchos otros casos de prohibición de formar más tercios. Pone ejemplos de Castellón, Andalucía, Bilbao… En esta capital vasca ya existían dos antes de la ocupación y el organizador del tercero, llamado de Somorrostro, José Luis Berasaluce, fue llamado a la Comandancia en Marina y le comunicaron que estaba prohibido formar nuevos tercios, mien-

36 AFNFF, doc. 6285, escrito dirigido por el jefe de Falange de Pamplona al Gobernador Militar de Navarra -con copia a Manuel Hedilla, preso en Canarias- referente a diferencias entre falangistas y requetés (25-11-1937).

tras sí que se permitían crear nuevas banderas de Falange. Hubo dispersión de mandos y muchos voluntarios requetés acabaron fusionados en unidades del Ejército o de la Falange donde a veces eran humillados.

Lola Baleztena se refiere a la animadversión contra los requetés por parte de algunas esferas del gobierno, que llegó hasta el extremo de prohibir, en el Desfile de la Victoria de Madrid de 1939, que las unidades de requetés portaran los crucifijos que llevaron habitualmente en combate, mientras a los legionarios se les permitía desfilar con el carnero. También se prohibió a varios tercios de requetés acantonados en Tudela, que realizaran un desfile en Pamplona como se había hecho en Madrid. Por el contrario, fueron acuartelados por miedo a que se produjeran incidentes y enfrentamientos con los falangistas como había ocurrido en Estella, Hellín o en Santander (Martorell, 2010: 75-85).

Los enfrentamientos con los falangistas ya venían desde la guerra. Emilio Herrera[37] la cuenta en un testimonio:

> Lo que sí tuvimos fue alguna bronca con falangistas de la división. Ahí tuvimos incidentes y algún día salieron a relucir los machetes. Un día tuvo que ir a buscar Zabala un piquete armado en Navalcarnero porque había un mitin falangista y empezaron a insultar. La gente no aguantó y hubo bastante jaleo. También quisieron sancionarnos en Boadilla del Monte, porque estando allí vinieron unos falangistas con el «Viva el rey, pero de copas!», la gracia de siempre. Y hubo un incidente gordo, entonces el general dijo que había que castigar al tercio por gritar «Viva el Rey», pero el jefe de la división, que no era carlista, dijo: «Mi general, es el grito que dan cuando asaltan las posiciones enemigas», y éste no supo qué decirle.

---

37 Emilo Herrera Alonso publicó, en 1974, uno de los primeros libros que se escribieron sobre la guerra con cierta soltura y sin estar sujeto a censura. Se trata de *Los mil días del tercio Navarra*, que como dice su autor en un testimonio «El libro tiene una particularidad muy curiosa: es un libro de la guerra de 450 páginas sin nombrar ni una sola vez a Franco. ¡Yo creo que es el único libro sobre la guerra de España que tiene esa característica! Al fin y al cabo yo servía bajo las órdenes de Franco, pero Franco no nos gustaba a los requetés... ¡y nosotros a él tampoco! Además, en cierto modo él nos traicionó, porque la unificación fue una absorción» (Larraz y Sierra-Sesúmaga, 2010: 635)

> Para nosotros, la unificación fue una gran traición. Recuerdo cuando nos quisieron poner el yugo y las flechas,[38] y el capitán nos formó y nos dijo aquello de que «la orden se acata, pero no se cumple» (Larraz y Sierra-Sesúmaga, 2010: 638).

A finales de noviembre de 1937 D. Javier entró en España. El 2 de diciembre, después de haberse constituido el Consejo Nacional de FET y de las JONS, hizo en San Sebastián, una declaración ante una numerosa reunión de dirigentes carlistas reiterando la expulsión de los unificados. El mismo día recibió una notificación de Franco que le concedía una entrevista previamente solicitada por la Comunión Tradicionalista. En esta primera entrevista Franco se mostró cordial, pero le advirtió de la inconveniencia de hacer campaña monárquica. A su vez, D. Javier le mostró su actitud crítica ante la Unificación y su resistencia a la construcción de un sistema de carácter fascista ya que no era lo acordado con Sanjurjo, añadiendo que «si no hubiera habido Requetés, dudo mucho que VE estuviera donde está».

Durante esta corta estancia de D. Javier por las Españas, realizó visitas a distintos frentes de la guerra, donde mantuvo varias entrevistas. El día 21 de diciembre tras recibir la noticia de la detención del jefe carlista vasco Arrúe, D. Javier, en San Sebastián, recibió una orden de expulsión de manos de un ayudante de Franco, pero aquél le dijo que la quería por escrito y que se la mandara «un general de mi mismo grado». Volvió un general que le dijo que Franco quería verlo en Burgos, donde tuvieron una segunda y larga entrevista el día de Navidad. Según relato de D. Javier, Franco le pidió que abandonara España por apoyar a los contrarios a la Unificación y por hacer propaganda monárquica, ya que su ejército era republicano, cuestión ésta que D. Javier le contradijo. Franco insistió en que debía expatriarse a lo que respondió el regente carlista que sabía que ello era por una imposición de Italia y Alemania con los que Franco había pactado un acuerdo. Éste reconoció que la expulsión respondía a una imposición de

38 Sobre la obligatoriedad de uniforme unificado y saludo brazo en alto ver AGUN/133/259. Desde el Cuartel General del Generalísimo, un telegrama postal del Estado Mayor fechado en Burgos el 19-12-1937, decía entre otras cosas: «1º) Falange Española Tradicionalista y de las JONS es la nueva estructura de la nueva España. 2º) El emblema oficial de FET y de las JONS es el yugo y las cinco flechas» AGUN, 133/258/3/16

74

Alemania. Y es que D. Javier estaba considerado por los nazis como uno de sus enemigos por su participación en las sociedades católicas movilizadas en Europa contra el nacionalsocialismo.

La política contra el carlismo continuó con el nombramiento de Fernández Cuesta como secretario general de FET y de las JONS; la escasa libertad de los carlistas se vio cada vez más restringida y, con Serrano Suñer como ministro del Interior y jefe de Prensa y Propaganda, la acción de los carlistas se vio prácticamente suprimida.

El conde de Rodezno, que se había convertido en Ministro de Justicia del primer gobierno de Burgos en febrero de 1938, escribía en abril del mismo año: «Un año había bastado para apreciar que era imposible fraguar la unificación y menos en Navarra, donde el desengaño cundía entre los nuestros», es decir, los pocos carlistas que de buena fe lo habían seguido, lo abandonaron. Tan es así que en noviembre de 1938 un grupo de alféreces provisionales, tras la jura de bandera, había intentado asaltar el círculo carlista de Pamplona (Borbón, Clemente y Cubero, 1997: 166-170).[39]

La profesora Mercedes Peñalba, tras consultar diversos archivos saca las siguientes conclusiones:

> Al tomar posesión de la Secretaría General del Movimiento, Fernández Cuesta se enfrenta a la tarea de organizar y mantener la disciplina de una organización política, todavía afectada por los últimos coletazos del proceso de integración. En las milicias se cortaban los suministros necesarios para el uniforme carlista, se amenaza con fusilamientos si se pronunciaba «¡Viva España!» en vez de «¡Arriba España!», e incluso se prohibía a los requetés el uso del aspa de Borgoña. También en la zona «liberada» se retiraban los emblemas carlistas. En respuesta a estos abusos, el nuevo secretario general tuvo que cursar una nueva circular, para recordar que no se podía utilizar boina y camisa por separado, y que las unidades combatientes podían mantener sus antiguos distintivos y prendas (Peñalba, 2013: 85)

---

39 Sobre la expulsión de España de D. Javier, puede verse un relato en la misma línea en Santa Cruz (1984: I, 157-158)

Efectivamente, los carlistas, incluso muchos de los unificados, tuvieron pronto motivos para la indignación, porque, como dice Jordi Canal:

> La estructura de la Comunión había sido desmantelada, suprimiéndose juntas y jefaturas, mientras los periódicos, círculos y las emisoras pasaban a ser propiedad de FET de las JONS. La reparación del nuevo poder, sin embargo, no les fue favorable, y las nuevas maneras exhibidas y la nueva ideología de corte fascista, se alejaba bastante de las suyas. Incluso en Navarra y en el País Vasco abundaban las quejas. El proceso de ocupación del poder, a todos los niveles, tras la conquista de Cataluña –estudiado por Joan M. Thomàs- resulta ejemplar para ver el arrinconamiento parcial al que fueron sometidos los carlistas. Los conflictos con los falangistas eran, cada día que pasaba, más frecuentes, y la palabra «camarada» llegó a convertirse, también en los frentes, en un insulto en boca de los carlistas. Incluso un personaje como Rodezno reconocía el fracaso y confesaba en la intimidad de su diario su tendencia a «cagarme en la unificación». Este desengaño contribuiría en ocasiones a la simple desmovilización. La Comunión Tradicionalista seguía existiendo, al margen de FET y de las JONS. No puede olvidarse, sin embargo, que, al mismo tiempo que unos carlistas empezaban a optar por la resistencia, siguiendo al regente don Javier y a Fal Conde, o la colaboración, o bien intentaban hacer equilibrios compaginándolas, muchos otros seguían combatiendo en los campos de batalla (Canal, 2000: 340-341).[40]

Pero en los campos de batalla también había conflictos con la Falange por causa de la Unificación. Ronald Fraser en su importante investigación de historia oral sobre la guerra civil entrevista, entre otros muchos, a falangistas y carlistas. También hubo una minoría de falangistas que no aceptaron la unificación, aunque

---

[40] Para más detalles sobre las actitudes de D. Javier y Fal Conde, las vicisitudes en torno a la asamblea de Insua, las conversaciones con Falange y con Franco, la Unificación y sus consecuencias, ver María Teresa de Borbón Parma, Josep Carles Clemente y Joaquín Cubero (1997: 110-172) y Cubero (1995)

su mentalidad era igualmente filo-fascista. Uno de ellos, Rafael García Serrano -que trabajaba en el periódico falangista *Arriba* de Pamplona su ciudad natal-, decía de los carlistas que eran unos reaccionarios, aunque lo atribuía más a sus líderes, porque aseguraba que sus bases tenían «en sus profundas raíces españolas ciertas afinidades con el anarcosindicalismo…».

Sea como fuere, existían enfrentamientos, tanto por la prepotencia falangista como por cuestiones ideológicas. El marqués de Marchelina, (Ignacio Romero Ordóñez), que mandaba un tercio de requetés del sur de España, decía que expulsaron de sus filas a los que colaboraron con FET y de las JONS ya que «La Falange la considerábamos una prolongación de los fascismos alemán e italiano. Nada podía estar más lejos de nuestros ideales que el totalitarismo…» Y Ronald Fraser, tras escuchar testimonios de voluntarios requetés se pregunta y explica:

> Pero ¿qué podían hacer? De haberse alzado contra la unificación, los habrían fusilado o, lo que era peor, tal vez se habría perdido la guerra. Consternados, preocupados, siguieron colaborando. Vio que en vez de la justicia social por la que estaban luchando, el viejo orden capitalista cobraba nuevos ímpetus al amparo de la nueva organización.

> En el frente de Guadarrama, Antonio Izu, el campesino requeté, le dijo a su capitán que, si le ordenaban llevar la camisa azul de la Falange (que, con la boina roja de los requetés, era el uniforme del nuevo movimiento) la arrojaría al fuego. Así sucedió en la compañía de su hermano en el batallón América, que luchaba en el frente de Guadalajara. Un alférez requeté fue arrestado por ser el principal oponente a la unificación, tras lo cual sus tropas se negaron a lanzarse al ataque.

> «Se amotinaron. Trataron de desarmarlas, pero dijeron claramente que resistirían. Sólo depusieron su actitud cuando soltaron al alférez. La Falange nunca me inspiró confianza. Era un movimiento totalitario, centralista, sin respeto a los fueros. Y su forma de llevar a cabo la represión durante la guerra… bueno, su mentalidad era tan distinta a la nuestra…» (Fraser, 2005: 438-440).

Julio Aróstegui señala el fusilamiento del oficial de requetés Sarasa, del tercio Nuestra Señora del Camino, en oscuras circunstancias, mientras se hallaba de permiso en Pamplona. Menciona que pudo ser por comentarios derrotistas sobre los ataques a Madrid;[41] también se conjeturó la enemistad de un personaje (Aróstegui, 1991: I, 270-271). Y Martorell refiere, citando la obra *Navarra 1936. De la esperanza al terror*, seis casos de fusilamiento de voluntarios carlistas por sedición, entre agosto y diciembre de 1936. Menciona otros casos de deserción de requetés en el batallón América cuando se hallaba en Aragón. Fue en noviembre de 1937 en que unos falangistas llegaron para darles un mitin. Hubo protestas y follón. Los requetés fueron mandados formar y apareció el general Marzo que les amonestó severamente. Ese fue el detonante del plan de fuga a las Brigadas Navarras; los que se atrevieron a desertar fueron ocho que, cogiendo el tren a Pamplona, se presentaron al jefe de requetés, José Luis Zamanillo, quien los distribuyó en unidades carlistas (Martorell, 2010: 72-74).

En otras ocasiones, por no reincorporarse a sus unidades, sufrieron penas: 129 requetés de los tercios de Navarra, Lácar y Montejurra en octubre de 1938 fueron arrestados durante casi un mes (Urrizola, 2017: 82).

La Unificación llevó a tal paranoia que, en el pueblo burgalés de Bercedo, un jefe falangista -José Andino-, apelando a la Unificación, se quejaba en carta al arzobispo, de que en el interior de la iglesia había una bandera del requeté y de que el cura del pueblo al rezar los responsos por los mártires de la Patria, lo hacía únicamente por los requetés muertos en campaña. El cura se vio obligado a contestar a tal falsedad afirmado que la fórmula empleada era: «Por los Mártires Voluntarios de la Tradición y demás hermanos nuestros muertos en campaña». Y que sólo los días primero y último de cada mes las misas eran por intención de los donantes, o sea, «Para que los Requetés Voluntarios de esta parroquia vuelva a sus hogares como de ellos partieron». Y es que se daba la circunstancia de que los únicos voluntarios que salieron de ese pueblo eran requetés (Santa Cruz, 1979: II, 48-49).

---

41 Téngase en cuenta que estaban prohibidas las noticias «derrotistas que puedan originar a la opinión desaliento o pesimismo» AGUN, 133/330: «Instrucciones para la censura de prensa» s/f (1936)

Hubo todo tipo de denuncias y amenazas por parte de la Falange contra los carlistas, así como enfrentamientos. Todo ello era propiciado por no querer doblegarse ante los que detentaban el poder. Había también muchísimos casos de carlistas que se negaban a recibir órdenes ajenas como el de un jefe de Albacete, «Franciso Navas, que se jacta de no recibir más órdenes que de Fal Conde».[42]

En la isla de Mallorca, donde según informes de FET y de las JONS, «los requetés están perfectamente organizados y desarrollan toda clase de actividades en contraposición al G.M.N.[43]», al jefe de requetés de Capdepera, Antonio García Flequer, en 1938, ya se le había multado con 150 pesetas «por su tacañería en la cuestación pro-Valencia».[44]

Manuel Martorell ha publicado una casuística de relatos sacados del Archivo Real y General de Navarra y de entrevistas personales: en Arguedas, pueblo de la Ribera de Navarra, José María Pérez Sanz, del Tercio de Requetés María de las Nieves, afiliado a Falange sin su consentimiento, al exigir que se le borre, fue insultado y amenazado con pegarle tres tiros. Lo mismo le ocurre a María del Carmen Castilla Delgado, una joven de 18 años a quien, tras ser encañonada, se le obliga a tomar aceite de ricino por pasarse a la Comunión Tradicionalista. En Valtierra, en octubre de 1936, se obliga a cuatro vecinos a tomar el mismo tipo de aceite por pasarse del partido fascista al Requeté. Por la misma razón les ocurre igual a otros jóvenes, chicas y chicos, en Villafranca y en Cortes. En el pueblo de Aibar, los neofalangistas de origen izquierdista[45], detuvieron a la hija del jefe local del Requeté por haber dicho que el pueblo no necesitaba a la Falange. En Aoiz, a otros dos izquierdistas pasados al Requeté, el médico, padre del jefe de Falange, les niega un certificado médico con lo que, pese a estar enfermos, deben ir al frente. También hubo represalias

---

42 AGUN, 133/259/18, «Tradicionalismo en Albacete» s/f (1940).
43 Glorioso Movimiento Nacional.
44 AGUN, Fondo Arrese, 49, Tradicionalismo. «Delegación Nacional de Información e Investigación de FET y de las JONS, Boletín nº 556» sobre Baleares, 15-3-1942.
45 El origen izquierdista de muchos neofalangistas estaba basado en una estrategia de Falange que «consistía en aislar a la población trabajadora de sus dirigentes y propagandistas más influyentes. De esta manera, las masas obreras [...] quedarían inermes ante la campaña de captación del sindicalismo falangista. La Falange intentaría abordar, entonces, la segunda parte de su tarea, sembrar el nacionalsindicalismo entre el proletariado» (González Vázquez, 2006). También porque el general Queipo de Llano «aconsejaba a los obreros, sobre los que ejercía una innegable fascinación, que se pusieran el *salvavidas*, como él llamaba a la camisa azul de Falange» (Jackson, 2005: 266).

económicas como el caso de Lodosa donde el alcalde y un empresario animan a los obreros a afiliarse al sindicato fascista y niegan trabajo a los carlistas (Martorell, 2010: 156-158).

Y es que, en el bastión carlista de Navarra, la expansión de Falange se vio favorecida por la actitud partidista de mandos del Ejército o de la Guardia Civil, que también obstaculizan la propaganda del Requeté.

En la zona fronteriza de Valcarlos los carabineros y policías de Aduana acosan a los requetés; dos de ellos, catalanes, son increpados por no hablar en castellano, otros son sancionados por pasar con el ganado cerca de la línea divisoria de Francia.

En Elizondo un teniente de Falange insulta al padre de un requeté que se halla en el frente, por no apoyar los Comedores de Falange; una chica es detenida por quejarse de la forma de actuar de los falangistas y a otra margarita se le arranca la insignia carlista y se escupe sobre ella. A unos se les pide dinero; a otros requetés, la Guardia Civil les retiran armas o se amenaza a alcaldes que simpatizan con el carlismo de destituirlos y expulsarlos de la localidad.

La Falange realiza verdaderas demostraciones de fuerza en pueblos de larga tradición carlista, impensable antes de 1936; en Lumbier se llega a estar a un paso del enfrentamiento armado por estar prácticamente ocupado por una formación de paramilitares falangistas de fuera del pueblo; en Mues se amenaza al alcalde por no haber saludado a las banderas, en Obanos, Aibar… En San Martín de Unx, falangistas con porras, reprenden a los chicos y chicas por cantar canciones carlistas. En Pamplona falangistas de la Columna Sagardía intentaron asaltar el Círculo Carlista, pero lograron impedirlo, y en otra ocasión similar, los del Círculo se defendieron a botellazos.

Requetés convalecientes junto a margaritas enfermeras del Hospital Alfonso Carlos, se enfrentaron a falangistas que se paseaban por las calles de Pamplona con una pancarta insultante contra los carlistas. Algunos veteranos intentaban impedir alguna que otra batalla campal.

Y es que la animadversión entre las dos fuerzas salía a relucir por cualquier motivo, ya fuese porque los carlistas gritaran «abajo el fascio», como ocurrió en Tafalla, como porque los falangistas trataran de impedir una recaudación de dinero para los requetés en Estella, o por pisotear una boina roja en Villafranca.

Un hermano de la activista carlista Carmen Villanueva termina en los calabozos de la Ciudadela de Pamplona por pegarse con un militar hijo de un general. A pesar de las órdenes dictadas por el gobernador militar, las tensiones no desaparecen: Dancharinea, Zugarramurdi…. (Martorell, 2010: 158-164).

En el libro *Consejo de Guerra. Injusticia militar en Navarra 1936-1940*, Ricardo Urrizola saca a relucir una serie de hechos que corroboran y amplían la extensa casuística de enfrentamientos que tuvieron los requetés con falangistas, legionarios o militares, por causas diversas, pero casi siempre relacionadas con las posturas antiunificación y antifranquistas del carlismo.

Con frecuencia se inician estos incidentes con los gritos por parte de los carlistas de «Viva el Rey» y «Viva España» -frente a los de «Viva Franco» y «Arriba España» falangistas-, o directamente por ser acusados los carlistas de gritar «Muera Franco», algo que las unidades militares o paramilitares ya totalmente integradas en el nuevo régimen no podían consentir.

Tras los enfrentamientos o agresiones, cada vez más frecuentes a medida que avanzaba la guerra, generalmente se abría una instrucción para un consejo de guerra, pero en muchos casos, aunque fueran de mucha gravedad, los jueces no querían llegar al fondo de la cuestión, y los archivaban sin condena con el argumento de que era fruto de malentendidos, o ardores momentáneos.

Los consejos de guerra solían acabar archivados o en sentencias ridículas. Los carlistas los consideraban una burla, cuando no un agravio comparativo, teniendo en cuenta la represión que se ejercía sobre ellos.

Así, por ejemplo, en noviembre de 1938, en la calle Descalzos de Pamplona, un teniente legionario atacó -en compañía de otros-, a un paisano que tuvo que huir cuando realizaron un disparo. Después, en el bar Eslava, dicho teniente se mofó de un celador porque llevaba una boina verde, preguntándole si era de Renovación Española, a lo que el celador respondió que era carlista. Estos hechos provocaron al alférez del Requeté Joaquín Villanueva, que golpeó al legionario. Finalmente, el legionario fue detenido, pero no tuvo ninguna consecuencia penal (Urrizola, 2017: 130).

En diciembre de 1938, en San Martín de Unx, los militares falangistas Francisco Durán, Tulio Perera y Adolfo Faes, insultaron y amenazaron a las personas -incluidos unos niños-, que estaban en el Círculo Carlista, echándoles en cara que tuvieran el retrato de Fal Conde. El incidente comenzó al cantar himnos y cuando algunos de los presentes, gritaron ¡Viva el Rey!, a lo que uno de los militares contestó: ¡Me cago en la Virgen! ¡Muera el Rey!, y otro comenzó a dar golpes con una fusta, sacando a continuación la pistola y apuntando a los niños que salieron corriendo -unos por el pasillo y otros bajando a la calle por el balcón-. Al oír los gritos, bajaron del segundo piso otros carlistas y los militares optaron por marcharse. El 2 de julio de 1940, el capitán general de Burgos impuso un mes de arresto por embriaguez y otros quince por escándalo a Tulio Perea, uno de los militares que habían protagonizado el incidente (Urrizola, 2017: 579).

Otro caso similar se produjo en la calle Descalzos de Pamplona, también en diciembre de 1938, cuando varios legionarios italianos persiguieron a unos requetés que gritaban ¡Viva el Rey! y ¡Viva España! (en vez de los gritos falangistas de ¡Viva Franco! y ¡Arriba España!) Los legionarios lanzaron unas bombas de mano y resultaron heridas las niñas María Pilar Estremera, Amalia Urquijo y Antoñita Fernández que estaban jugando en la calle. El juez militar cerró el caso el 6 de mayo de 1939 por no haber podido identificar a los legionarios (Urrizola, 2017: 136).

En Cascante tuvo que intervenir una fuerza de 24 soldados, a comienzos de diciembre de 1938, debido a los enfrentamientos entre quienes gritaban ¡Viva el Rey! y los que daban los gritos de rigor permitidos. Al sospechar que los incidentes se repetirían en la procesión del 8 de diciembre con motivo del Día de la Inmaculada, la Guardia Civil pidió refuerzos y se envió al Ejército (Urrizola, 2017: 614).

Tras la entrada de las «fuerzas nacionales» en Tarragona, en enero de 1939, hubo en Pamplona una celebración que acabó en enfrentamientos entre carlistas y militares. Hubo gritos diversos: unos gritaban ¡Viva el Rey! otros ¡Franco, Franco, Franco! Hay quienes gritan ¡Franco y Rey! otros ¡Franco y Falange! o ¡Viva el Rey, pero cuando a Franco le salga de los cojones! ¡España, Una, Grande y Libre! Se acusa a los carlistas de gritar ¡Muera Franco! Los incidentes ocurren en la plaza del Castillo y en otros lugares. Cuando desde el Círculo Carlista se corearon gritos de ¡Abajo la Falange!, varios oficiales subieron para castigar esas manifestaciones antifascistas. El 23 de mayo de 1939 el auditor de Burgos decía que los incidentes se produjeron debido a «malos entendidos surgidos de la euforia por la toma de Tarragona». Varios testigos señalaron al sargento Julián Galbete como uno de los responsables de que los soldados se lanzaran contra los carlistas. El resultado del juicio fue el cambio de destino del sargento fuera de Pamplona (Urrizola, 2017: 145).

La celebración en Pamplona de la toma de Barcelona, en enero de 1939, fue también motivo de peleas. Los incidentes ocurrieron entre el cine Olimpia y la Diputación, cuando un grupo se manifestaba dando gritos de ¡Viva el Rey! y otro grupo de falangistas y legionarios se les enfrentó con gritos de ¡Viva Franco!

En la disputa, Feliciano Nieva -mutilado de guerra-, golpeó con un bastón a un soldado que estaba con los falangistas. La reyerta tuvo como resultado la asistencia en la casa de socorro del soldado Rodolfo Armas, el sargento de Flechas Azules Romás Payas y el legionario Emilio Sánchez. La sentencia del consejo de guerra celebrado el 29 de marzo de 1939, fue la condena de Feliciano Nieva a 12 años de cárcel; condena que se le rebajó a un año y tres meses. (Urrizola, 2017: 149).

En enero de 1939 se hallaba de permiso en Olite el legionario Felipe Domínguez. En el bar Egea, junto a su padre Daniel, comenzaron a tirar al suelo las boinas de los requetés que allí se hallaban, por no haberse descubierto cuando cantaban el himno de la Falange. Tuvieron un enfrentamiento con Celestino Montoya -un requeté de 28 años-, enzarzándose en una pelea en la calle Mayor, en la que el padre le decía al hijo: «¡mátalo!». Por estos hechos padre e hijo fueron procesados «por un supuesto delito de amenaza con pistola e incitación al homicidio»; pero el 9 de febrero de 1940 el juez -pese a las graves acusaciones iniciales-, considerando que se había tratado de un «altercado pueblerino» y que no había responsabilidad, decidió que el legionario tenía que incorporarse con urgencia a su bandera de la Legión (Urrizola, 2017: 566).

El 30 de marzo de 1939, cuando desde el Círculo Carlista de Pamplona se daban gritos a favor del rey, Anastasio Lomas -sargento de la 5ª Bandera de Falange- y otros acompañantes, lanzaron gritos a favor de Franco. Entonces, un grupo de requetés les rodeó y les obligó a dar gritos de viva el rey. Anastasio fue golpeado en la Plaza del Castillo, por lo que ingresó en el hospital. Según su testimonio en el juicio, los requetés que le agredieron eran un grupo «muy numeroso» y todos llevaban «boina roja sin camisa azul». El

2 de mayo el juez instructor archiva el caso porque los agresores no habían podido ser identificados (Urrizola, 2017: 155).

Ante la celebración del primer aniversario de la toma de la capital vizcaína, en junio de 1938, y ante el peligro de una concentración masiva de carlistas que habían organizado trenes especiales desde Vitoria, apareció una nota en la prensa local suspendiendo el acto «de orden superior» con la excusa de evitar «aglomeraciones de gente» en Bilbao. Con ello se pretendía evitar una concentración que respaldara las posiciones del carlismo que tanto molestaba a Franco y a Serrano Suñer (Ugarte, 2010: 82).

En la tesis doctoral de Andreu Ginés sobre la instauración del franquismo en el País Valenciano, se hacen algunas referencias a los enfrentamientos entre tradicionalistas y falangistas por causa de la unificación, debido a las reticencias de los carlistas a «sometre's a la disciplina falangista» a pesar de hallarse afiliados al Partido Único, tal como se dice en un informe del servicio de Investigación e Información de FET y de las JONS de Castellón:

> Mucho más numerosos los elementos que integran la Comunión Tradicionalista, se han afiliado en su mayoría al partido y en los pueblos donde su número es más considerable, como Villarreal, Nules, Almazora, muestran cierto desvío por la Organización, que se traduce en la falta de colaboración y en la inexistencia de actos colectivos. Se hace notar, sin embargo, que estos síntomas que revelan falta de entusiasmo son, desgraciadamente, bastante generales. Reclaman atención, hechos recientes ocurridos en el pueblo de Villarreal y de los que la Jefatura Local dio cuenta a la Provincial del movimiento con fecha 7 del actual, mediante oficio que a continuación se reproduce.

Efectivamente, el mismo informe da cuenta de los incidentes de Villarreal y los envía con la reproducción de dicho oficio:

> Te comunico que la noche del domingo 5 del corriente se reunieron los elementos tradicionalistas de esta ciudad en el local denominado «Peña de España», celebrando la Fiesta de la Cruz. Antes y después del acto circulaban por las calles varios individuos de paisano y tocados con la boina roja. A

altas horas de la noche […] molestaron a los vecinos […] con gritos de «Viva el Rey», incluso en la Plaza del Generalísimo […] Muchas veces forman parte de estos grupos individuos que siempre han sido clasificados de radicales y de izquierdas.

Relacionado con los hechos […] los celadores del Sindicato de riegos de esta Ciudad, encontraron en el sifón de la acequia Mayor que atraviesa la Avenida de Calvo Sotelo, la silueta de un falangista, tamaño natural, cortada en madera, la cual llevaba atada al cuello un cordel con unas piedras, a fin de que no flotara […] la silueta pertenecía a la Sección Femenina de FET y de las JONS […] de donde fue robada […] para cometer tan cobarde y antipatriótico acto. Al mismo tiempo, le comunico que en esa noche, estuvieron reunidos los tradicionalistas en el local denominado «Peña España».

Según Ginés, estos conflictos se resolvían casi siempre en contra de los carlistas. El primer testimonio que se tiene en este sentido en el País Valenciano, es una advertencia del Gobernador Militar de agosto de 1938 en el que dice:

Todo aquél que con sus enredos, mala fe o partidismos estorbe la unión, es un traidor y el que no lleve en su alma profundamente arraigado el sentimiento de Unión y hermandad, no puede ser Falangista-Tradicionalista, es decir, Falangista de Franco (Ginés, 2008: 314-318)

Margaritas de Castellón confraternizando con un grupo de requetés en el verano de 1938 (Archivo Miralles)

Los desprecios habidos contra los carlistas en este territorio también son abundantes. Así, en la toma de posesión del gobernador civil de Castellón, en enero de 1939, se produjo un discurso contra los carlistas que cuestionan la «Unidad y servicio de la Falange», asegurando que «merecen el castigo reservado a los traidores», pues por esas fechas, tal como asegura Ginés, *«a Castelló de la Plana, com als conjunt dels Països Catalans, els tradicionalistes s'havien manifetat hostils a la unificació i, sobretot, a l'adopció de discursos i simbología feixista»* recordando, además, la indisciplina de los carlistas a la orden del Caudillo sobre el uniforme falangista (Ginés, 2008: 236).

Sin embargo, como ya se ha dicho -y en contra de las directrices de la Comunión Tradicionalista-, hubo carlistas que en un principio aceptaron cargos, independientemente de que hubieran aceptado o no la Unificación. Este hecho resultaba molesto a muchos de los que combatían en los frentes de guerra. Desde los tercios de Requetés se conocen algunas críticas a los «colaboracionistas» de la retaguardia. Así se expresaba Antonio Miralles, un requeté de 22 años de Castellón, que se hallaba combatiendo en el frente del Alto Tajo -en el Tercio de Santiago- que, en carta a su novia, Amalia Climent, le dice: «a todos los enchufados que hay en esa retaguardia los hemos de hacer desaparecer, pues hartos de enchufados estamos».[46]

Siguiendo a Ginés, en julio de 1939 se produjeron en Morella más enfrentamientos entre carlistas y falangistas. El origen, según telegrama del jefe local de FET y de las JONS al provincial, fue que «Requetés del tercio de Begoña destruyeron placas nombre José Antonio existente en muro Iglesia Arciprestal. Arrancaron rótulo Jefatura Local amenazando Jefes Local Milicias Delegados O.J.» y añade que «tengo confidencias intentaron asaltar Jefaturas» y que los requetés «dan gritos subversivos muera Franco viva FAI[47]». Por otra parte, también explica que en la misma comarca de Els Ports, en Vilafranca, *«hi va haber incidents entre carlistes i falangistes»* y que la Guardia Civil tomó parte a favor de los falangistas.

Otro tipo de incidentes se produjeron a causa de la pervivencia de algunas instituciones carlistas (Frentes y Hospitales o

---

46 ACM, carta Fechada en Lebrancón el 6 de septiembre de 1938.
47 Seguramente sería «Viva FAL», refiriéndose a Fal Conde, y no «Viva FAI» (Federación Anarquista Ibérica).

la Agrupación de Estudiantes Tradicionalistas) con autonomía respecto al Partido Único, que eran combatidas por los falangistas del Auxilio Social o del SEU, como el asalto de estos a un local de la AET en enero de 1939, explicados en otro apartado (Ginés, 2008: 319-320).

También en Vila-real, la Guardia Civil en contradicción con otros criterios, informaba pésimamente de un carlista que se proponía como nuevo concejal argumentando que «por no poseer bienes de fortuna, tener poca instrucción y carácter poco adaptado para cargos públicos le considera incapaz para desempeñar el cargo que se le propone».

Esta animadversión de la Guardia Civil en contra de los carlistas se manifestó también por parte de ciertos militares adictos a FET y de las JONS según se puede ver en otro hecho que acabó a golpes entre carlistas y oficiales del Ejército. En este caso el informe de la Guardia Civil decía:

> El origen de la reyerta parece ser que, hallándose los mencionados Oficiales en el indicado Café, se oyó la voz de «Viva el Rey» a la que uno de los Oficiales contestó «Todos los Requetés son hijos de mala madre», desde ese momento se produjo la batalla [...] habiendo sido desarmado uno de ellos sin que hasta la fecha haya podido ser hallada la pistola (Ginés, 2008: 387-388).

En contraste con los datos aportados por Ginés, otro autor trata de ridiculizar, en un sarcástico artículo, al carlismo de Vila-real. El autor del artículo es el artista plástico José Mª Doñate Sebastiá, que comenzó siendo el jefe de la organización infantil del Partido Comunista (Pioneros) en su ciudad, durante la República (Ortells, 2015: 31), pero acabó como voluntario en la División Azul y adicto falangista al régimen, lo que le valió sin duda para obtener el cargo de cronista oficial de Vila-real.[48] En dicho artículo de 1990 -ya reconvertido a demócrata-, publicó unos recuerdos sobre la guerra civil en los que hace una persecución intelectual del carlismo local, precisamente en una de las ciudades del País Valenciano donde más actividad carlista existía. Doñate afirma que en Vila-real: «El

---

48 Debo la información sobre José Mª Doñate Sebastiá a Vicent Gil, archivero de Vila-real.

alcalde, y quienes llevaron el peso del gobierno eran carlistas»
(Doñate, 1990).

Sin embargo, en la tesis de Ginés se aportan datos que contra-
dicen a Doñate, pues en la tabla 6, donde se anotan los datos de
los miembros de la «*Comissió Gestora de l'Auditoria d'Ocupació*»
aparecen sólo tres «tradicionalistas» entre los doce miembros, y
en la tabla 6.1 de la «*Comissió Gestora del 23 de març de 1942*» ya
sólo aparecen dos «tradicionalistas» entre los -ahora- trece miembros del consistorio (Ginés, 2008: 390 y 394).[49] Sin embargo Doñate
reconoce cierto grado de persecución del carlismo villarrealense
cuando afirma que:

> En la calle, grupitos civiles, apoyados por algunos de los
> oficiales y soldados de guarnición, paseaban farrucos
> con el deseo de enfrentarse con el enemigo, y el *enemigo*
> ya no eran los rojos, ni mucho menos. Una escuadra de
> vigilancia, con un alférez al frente, tuvo la ocurrencia,
> de meterse en el casino carlista, en persecución de no
> sé quién, y salieron sus componentes apaleados, magu-
> llados, rotos y sin el armamento (Doñate, 1990).

Francisco Martín Comba, un sastre de 26 años, de Segorbe, en la
provincia de Castellón, era uno de tantos carlistas que, estando
afiliado a FET y de las JONS, la hostilizaba desde dentro.[50] El
mismo año de la victoria, en 1939, con motivo de un acto oficial,
se le abrió «expediente por grave quebranto de la disciplina». Los
argumentos esgrimidos en el expediente reflejan de manera clara
la actitud general de los carlistas:

---

49 Como es de suponer que se trataría de escoger a los carlistas más significativos de la
ciudad, se han comparado los nombres de los «tradicionalistas» de las tablas de Ginés
con los noventa «fundadores», en 1933, del Círculo Carlista nuevo, y de ellos sólo aparecen tres -aunque sólo uno coincide con los apuntados como «tradicionalista»- en la tabla
6.0 y uno en la tabla 6.1.
50 En otros muchos casos se les afiliaba sin que los carlistas lo supieran, como el caso de
Valladolid que describe Julio Redondo: «Fechado el 16 de noviembre de 1944 recibí un oficio, que guardo, de la Secretaría Local de la Falange en el que comunican que he sido dado
de baja en el partido. Es de suponer que, al amparo de la unificación, se apoderasen del
fichero del Círculo Carlista y a todos nos considerasen dados de alta en FET y de las JONS,
pues resulta curioso que se me dé de baja donde nunca me había dado de alta» (Redondo,
2005: 17-18).

El día 10 de septiembre en que se rendían cultos a la Patrona de esta Ciudad, Nuestra Señora de la Cueva Santa, se ordenó formar a las Milicias de Segunda Línea para que asistieran a la entrega de los títulos honoríficos del Ejército a los veteranos de la Cruzada del siglo XIX contra el liberalismo […]

Al salir de la Catedral de los actos religiosos te encontrabas en los Claustros, vestido de paisano y con boina. [La boina roja carlista] El jefe te hizo saber que tu puesto estaba en la formación y que por tu cargo de abanderado debías dar ejemplo a la vez que te amonestó por el empleo incompleto del uniforme invitándote a que te quitaras la boina. Contestaste que desobedecías sus órdenes y, al pasar por la calle Colón, la más céntrica de esta población y, precisamente en el lugar más frecuentado te encontrabas de nuevo cubierto con la boina roja y vestido de paisano. Salió de la formación de autoridades e invitados el Delegado de Auxilio Social y te indicó la conveniencia de que te descubrieras no haciéndole caso y, ante el escándalo que producía este hecho público se acercó a ti el Sr. Comandante Militar de la Plaza y el Jefe Local obligándote a quitar la boina por no llevarla con el uniforme debido.[51]

Aunque pueda parecer un tema baladí, conviene tener en cuenta que, por medio de una Orden del Jefe Nacional de FET y de las JONS de enero de 1939, se adoptaron medidas sobre uniforme de los afiliados, «según la cual, el uniforme para todos los afiliados ha de ser camisa azul y boina roja, que no podrán llevarse por separado ni yendo vestidos de paisano» (Godes, 1990: 41). Francisco Martín incumplía los dos preceptos: ir de paisano y llevar la boina sin la camisa azul. Y es que, para un carlista, esa combinación era como mezclar aceite y agua. Por otra parte, resulta todavía más sorprendente que su actitud indisciplinada la tuviese en un acto que, supuestamente, era para rendir homenaje a los veteranos carlistas del siglo anterior.

---

51 AFM, FET y de las JONS - Justicia y Derecho – Segorbe, Pliego de cargos contra Francisco Martín Comba, 27-10-1939.

Francisco Martín Comba hacia 1980 (Archivo Martín)

En el pliego de descargo, el carlista defendía el orgullo de llevar la boina roja y denunciaba que también era antirreglamentario lo que hacían otros que iban con la camisa azul pero no llevaban la boina roja, o incluido jugaban con ella, por lo que, si no se los expedientaba a los otros, consideraba un agravio comparativo que se le hiciera a él.

La resolución de la Junta de Depuración de Castellón, que lo retiraba de la militancia, entre otras cosas decía: «La actuación de este camarada se ha caracterizado por su rebeldía a llevar la camisa azul haciendo ostentación de las aspas y la boina roja creando algunos conflictos con pintadas y carteles contrarios en todo al Decreto de Unificación».[52]

Se da la circunstancia que, tres meses antes de que fuera sancionado Martín Comba, el alcalde de Segorbe, que era otro carlista -Bernardo Cortés-, no sólo se negaba a afiliarse a FET y de las JONS, sino que, en junio de 1939 tuvo algunos conflictos con la Guardia Civil y otras autoridades locales. Un informe del Jefe provincial de Falange decía que «el Sr. Alcalde de Segorbe hostiliza continuamente a la obra de FET y de las JONS, no siendo de extrañar, ya que hasta la fecha ni pertenece ni ha solicitado el ingreso en la Organización».[53]

En Cataluña se produjo un hecho grave –aunque poco creíble por no existir más datos que un informe anónimo- en el contexto de un enfrentamiento entre carlistas y falangistas en Barcelona, con motivo de celebrar la ocupación de Madrid con una manifestación en marzo de 1939. Según dicho informe anónimo,

---

52 AFM, Jefatura Provincial del Movimiento. Tribunal Provincial de Depuración. Castellón. 26-1-1945.
53 AHPC, Gobierno Civil, caja, 11.282, oficio del jefe provincial al gobernador civil, 30 de junio de 1939.

resultaron tres falangistas muertos, veinte heridos y la quema de sus estandartes (Vallverdú, 2014: 77-78) y (Thomàs, 1992: 373).

Tomás Martorell (2001:58) refiere otro enfrentamiento sangriento con falangistas; reconoce que los incidentes con éstos, que se estaban imponiendo de la mano de Franco, menudeaban. Sucedió en Hellín, cerca de Tobarra, donde, recién acabada la guerra, se encontraban dos tercios de requetés y unas banderas de Falange. Como quiera que los carlistas no aceptaban la autoridad de la nueva fuerza política, discutieron y en la bronca se pasó de las manos a las pistolas. Martorell no se encontraba en ese momento, pero supo que hubo dos falangistas muertos.

Sin embargo, los enfrentamientos, aunque menos sangrientos, fueron una realidad y tuvieron serias consecuencias, sobre todo por el poder que tenían los falangistas. Un carlista de Valls escribía en junio de 1939 a otro quejándose del trato que recibían:

> He estado 15 días preso en el Cuartel de Milicias de Falange, junto a seis requetés. El motivo de nuestro castigo es el haber llevado la borla dorada en la procesión del Corpus. ¡Ya ves qué crimen! También nos han cortado el pelo [...] en Barcelona tienen los locales cerrados y los jefes están amenazados.[54]

Y es que tradicionalmente, desde antes de la guerra, los requetés siempre habían asistido a la procesión del Corpus -para protegerla de los anticlericales- con sus propios emblemas, entre otros boina roja con borla amarilla o dorada, pero desde la conquista de Barcelona y también años después, además de ello, se negaban a portar la camisa azul, lo cual provocaba enfrentamientos con los falangistas según testimonio de Felio A. Vilarrubias a Joan M. Thomas (1992: 373).

Otros enfrentamientos se produjeron al negarse los carlistas a participar en la conmemoración oficial del intento de alzamiento en Barcelona del 19 de julio, por no aceptarse sus condiciones. Como consecuencia de ello fueron sancionados con quince días de

---

54 AMF (Después AGUN, 158) Carta de 30 de junio de 1939, citado por Borbón, Clemente y Cubero (1997: 175-176)

reclusión domiciliaria dos jefes carlistas: Ortiz Estrada,[55] sustituto de Sivatte -que se hallaba desterrado por segunda vez- y Cunill Postius.

Luis Ortiz Estrada (Archivo Ortiz)

Hubo más conflictos en septiembre de 1939 en los funerales en honor al fallecido rey de los carlistas, D. Alfonso Carlos, donde se dieron gritos a favor del rey y hostiles a la Falange. También en octubre hubo fuerte tensión con los falangistas en una ofrenda que hizo el tercio de Montserrat de su bandera en el monasterio de la Moreneta.

La policía, así como los servicios de información del Partido Único, estaban muy obsesionados con la idea de conspiraciones políticas de los carlistas. Llegó a tal punto que algunos fueron detenidos. Uno fue un carlista apellidado Busquets, antiguo miembro de la quinta columna que ya había sido detenido por ello y torturado por el SIM. Ahora, en mayo de 1939, se le detenía acusándole de formar una organización clandestina de carácter tradicionalista. También fue detenido, en aquella época, Sagrañes, jefe carlista de Reus, y la policía visitaba con frecuencia a Ortíz Estrada (Thomàs, 1992: 373-376).

Conviene recordar que el argumento principal de los falangistas en contra del carlismo catalán era la acusación de ser una fuerza catalanista y anticuada, frente a la Falange que se consideraba a sí misma la única fuerza con una doctrina capaz de resolver el «problema catalán» y de ir integrando al «Nuevo Estado» al grueso de la población catalana. Esto impresionaba al pro-nazi Serrano Suñer y al mismo Franco. No cabe duda que fue por eso por lo que dieron soporte a los falangistas catalanes a pesar de

---

55 Ortiz Estrada fue sancionado en dos ocasiones según refleja en una carta de protesta al Gobernador Civil de Barcelona, Correa Veglisson (Santa Cruz, 1979: III, 102).

estar en minoría y no tener el arraigo popular que tenía el carlismo (Thomàs, 1992: 428-430). En esto coincide Robert Vallverdú afirmando que «*el carlisme català comptava amb un potencial de base molt superior al de la Falange*». Sin embargo añade que esta tildaba a los carlistas de izquierdistas e independentistas por haber formado en el pasado candidaturas con ellos, y en un informe llegaron a la paranoia de afirmar que:

> Otra prueba de la posición catalanista del Tradicionalismo –dados sus antecedentes- la tenemos en *El Correo Catalán*, escrito en buena parte en lengua catalana [...] de todo ello se deduce su adscripción a la Lliga y su oposición a los partidos que en Cataluña signifiquen el ideal español (Vallverdú, 2014: 50-53).

Informes de los años 1937 y 1938 a la Secretaría General del Movimiento desde la Delegación Territorial de Cataluña de FET y de las JONS –con sede en Burgos-, denunciaban las tradicionales alianzas electorales del carlismo catalán con la Lliga catalana y «con Esquerra en las municipales», pactos que, según esos informes, empezaron ya antes de la Dictadura de Primo de Rivera, en el periodo del jaimismo, cuando carlistas y nacionalistas vascos y catalanes formaban alianzas electorales defendiendo la reintegración foral plena. En dichos informes se menosprecia al Requeté Catalán y concluyen que, ese conglomerado de viejos políticos carlistas «no se resignan a someterse a la disciplina del Estado Nacional-Socialista» (Martorell, 2010:143-144).

Por causas como esta, los carlistas recibían de la Falange acusaciones de separatistas y traidores a la Patria. El jefe falangista Giménez Caballero, desde *Radio Nacional,* los tachaba de hipócritas y de intentar romper la unidad de España por la defensa que hacían de los fueros. Los carlistas le respondían considerándolo un ignorante desconocedor de la historia (Vallverdú, 2014: 79).

Era obsesiva la preocupación del régimen por el tema, hasta el punto de ver separatismo por todas partes, como puede observarse en una denuncia que se hacía en un informe, porque Fal Conde había mandado delegados para una entrevista «en el conocido Centro Carlista y vascófilo Convento de los Capuchinos de Legaroz (Navarra)», donde había asistido «el famoso

Padre Olavide, acompañado de uno de los no menos famosos Bengoechea, que como se sabe son destacados personajes nacionalistas» que venían del extranjero y «al regresar a España, se encuentran haciendo campaña en pro de una situación que pueda favorecer el separatismo del que son partidarios».[56]

Las suspicacias del gobierno llegaban a ser delirantes. Un informe reservado dirigido a las autoridades de FET y de las JONS, denunciaba a los carlistas como integrantes de un grupo clandestino junto a organizaciones católicas y clero, que tenía por objetivo el retorno del cardenal Vidal y Barraquer. El informe se refería al cardenal como «de tristísima memoria por su labor catalanista que tantísimo daño causó a toda Cataluña» (Vallverdú, 2014: 9).

Otro informe dice que:

> Se ha iniciado una maniobra para despertar en los tradicionalistas y catalanistas el sentimiento de Patria Catalana, para lo cual se dice que existe ya en Barcelona una insignia que con las cuatro barras catalanas lleva una leyenda en la parte inferior que reza: «Preparémonos», escrita en catalán. Con ello se trata de envenenar a la juventud.
>
> Parece que intervienen también ciertos religiosos. Además, intentan envenenar a los descontentos, ciertos Maestros nacionales, empleados de Casas de Comercio y, aunque la cosa parezca broma, también intentan atraerse a los socios del Futbol Club Barcelona, diciéndoles que se emprende una ofensiva contra su Club decano.
>
> Recomienda medidas fulminantes y duras, pero al propio tiempo con forma jurídica y que no se crean mártires ni perseguidos, pues es arma de dos filos.[57]

---

56 AGUN, Fondo Arrese, 49, Tradicionalismo. «Resumen de actividades monárquicas (Sector Falcondista)», 1943-1944. Fal Conde, en carta al portugués Hipólito Raposo decía: «Las fuerzas políticas de tipo centralista, totalitario o antiforal, falangistas o monárquicos son las que han caído en el incomprensible absurdo de propugnar uniones forzadas o anexiones territoriales que constituirían un intento injusto y abusivo» AGUN, 133/109: Carta de Fal a Raposo, 1-8-1942.

57 AGUN, 133/259/18: Informe sobre carlistas catalanes, mayo 1939.

A pesar de la situación de semiclandestinidad y represión, en Cataluña se consiguió volver a realizar el tradicional *Aplec* carlista de Montserrat donde, entre otras cosas se dijo:

> Aquellos hombres que han salvado a España están perseguidos, vejados, apartados. Desde la clandestinidad tiene que organizarse el Aplec que está prohibido, por la incomprensión y la ignorancia ¿Puede ser por otra cosa? Pero el Aplec se hace... Sólo que es un Aplec chiquito y heroico este de 1939. Es el del triunfo y parece ser el de la derrota (Borbón, Clemente y Cubero, 1997: 176).

A pesar de todo, y contra viento y marea, en los años siguientes el Aplec de Montserrat se seguirá celebrando con proclamas políticas, incidentes y sanciones.

Sobre los constantes incidentes entre carlistas y falangistas, con los menores pretextos o sin ninguno, la prensa guardaba un silencio hermético. Santa Cruz lo explica de la siguiente manera:

> Era una especie de inercia de la agresividad desarrollada por la guerra, que acabada esta, no tenía cauce propio y lógico y buscaba salidas extemporáneas a nivel popular. Es verdad que las innumerables gentes advenedizas que constituyeron la Falange después del Alzamiento no podían ser consideradas a la ligera como su verdadera representación. Pero no menos cierto que eran respaldadas por su hostilidad a los carlistas en sus más altos mandos, y que, por otra parte, éstos con sus propagandas de estilo totalitario les producían una rigidez mental y una intransigencia rayanas en lo patológico.

Como se puede observar, la casuística de comportamientos en los primeros años de la unificación fue muy diversa. En Villavedón (Burgos) el tradicionalista Lucinio Fuente obtuvo el cargo de Jefe Local de FET y de las JONS, pero en 1938 escribía al dirigente carlista José María Valiente -entonces ocupando un puesto de Consejero Nacional de FET y de las JONS, aceptado por D. Javier-

sobre una denuncia que le habían puesto «algunos caciques de esta Jefatura Local [porque Vd.] me nombró jefe local del Requeté».[58]

Precisamente por su condición de Consejero Nacional, Valiente recibía muchas peticiones para interceder por terceras personas, tradicionalistas o no, con problemas diversos como el que desde Barcelona le escribe Perfecto S-Bustamante, un maestro carlista que le pide la «pronta revisión de su injusta sanción» al «compañero y amigo Sr. Martínez Fernández» por el «expediente que se le instruyó por esa Comisión Depuradora».[59]

Como se menciona en otro lugar, en los primeros años, simples afiliados a la Comunión Tradicionalista, sin renunciar a sus principios, aceptaron la Unificación e incluso obtuvieron algunos cargos de poca monta. Sin embargo, fueron igualmente acosados por los jefes falangistas. Ese es el caso del agricultor Juan Gayubo Fuentenebro, que después de ser nombrado por José María Valiente, secretario del partido de su pueblo, Aranda de Duero, se lo negó el jefe local. Tres años más tarde, en 1940, fue detenido, encarcelado e incomunicado. Luego, llevado ante el Gobernador Civil de Burgos; fue insultado por este llamándole canalla y bandido, y acusado de ser el «jefe y socio capitalista de una banda de estraperlistas con ramificaciones en Madrid», siendo por ello encarcelado siete días y «expulsado de la Organización». Recurrió y ganó el recurso, pero al año siguiente fue de nuevo detenido a punta de fusil, para ser conducido «para Falange» donde el jefe local de nuevo «me llenó de improperios llamándome "chulo", diciéndome además que allí me daba voces porque era el Jefe y el amo». Sintió la amenaza de ser golpeado «pues no sería la primera vez que en el mismo local y por el mismo individuo se ha maltratado a personas honradísimas».[60]

El flamante Consejero Nacional, mientras lo fue, tal como se ha dicho, recibió muchas peticiones para interceder por gentes carlistas en situaciones difíciles o de acoso. El teniente de caballería Constantino Gómez Ramos -que ahora se hallaba en el Fuerte de Rapitain, en Jaca-, remitió a Valiente otra de esas peticiones: «Ya sabe Vd. que en Coruña grité en público ¡Viva el Rey! y me ha

58 AGUN, 127/026/7, 1-3-1938.
59 AGUN, 127/026/10, 22-2-1941
60 AGUN, 127/026/11: Escrito de Juan Gayubo al Presidente de la Junta Política de FET y de las JONS, Aranda de Duero, 18-4-1941.

perjudicado bastante». Dice que «yo que todo lo sacrifiqué por España y por la Causa de la Tradición, no encuentro hoy ya quien se haga cargo de mis sufrimientos». Pidió que intentase el traslado de su Causa a la Auditoria de Madrid, y que «fuesen admitidas allí ciertas pruebas [...] pues mi defensa de Zaragoza renunció a ellas. «Aquí saldría muy mal, pues hay mucha gente interesada en perjudicarme». Y le pide que interceda «para desentrañar esta maraña que hace 29 meses que me tiene en prisión».[61]

El 12 de marzo de 1942, en Madrid, fueron detenidos por colocar carteles de propaganda carlista, los hermanos Hernando de Larramendi. «Conducidos por una pareja de Asalto al Juzgado Militar de Guardia»; «en la declaración dicen: que ignoran la procedencia de los pasquines. Que el declarante es y ha sido siempre de ideología tradicionalista por la cual ha luchado en los frentes de combate de la España Nacional. Que esta ideología no la cambian. Que sus principios tradicionalistas no le permiten transigir en algunos de los puntos del Decreto de Unificación y que por tanto no se adhieren al citado Decreto».[62]

Ignacio Hernando de Larramendi (Archivo Larramendi)

Las actividades carlistas tenían una vertiente pública y otra clandestina; unas veces se actuaba a cara descubierta, incluso desde dentro del sistema, y otras clandestinamente. Esa posición ambivalente o de duplicidad, con infiltraciones en ambas direcciones

---

61 AGUN, 127/27/2: Carta de Constantino Gómez Ramos a José Mª Valiente, s/f.
62 AGUN, Fondo Arrese, 49, Tradicionalismo. «FET y de las JONS. Secretaría General. Información. De la Causa instruida contra Luis Manuel e Ignacio Hernando de Larramendi» s/f (13-3-1942).

(carlistas en Falange o agentes falangistas en el carlismo), favorecía que la policía acabara conociendo, en muchos casos, los tinglados montados por la Comunión Tradicionalista, con lo que podía transmitir informes sobre los mismos y sobre sus intenciones, tal como se muestra en un documento de mediados los años cuarenta:

La CICA domiciliada en la carrera de San Jerónimo, camuflada en los elementos disidentes del Carlismo, sigue actuando dirigida por el Sr. Pfeiffer y haciendo propaganda de la división del Partido y, sobre todo, del escrito de Don Manuel Fal Conde al Caudillo.

Se ha montado un sistema de enlace para comunicarse con los diversos elementos confinados en diferentes sitios de España. Los enlaces son antiguos requetés de las Brigadas Navarras, muchachos, generalmente, de traza aldeana, y que, por lo tanto, no pueden levantar ninguna sospecha a la policía.

Han llegado ya las consignas de Don Manuel Fal que, por ahora son dos:

1ª Una fuerte presión, incluso con visitas a su casa, a los elementos carlistas unificados para que abandonen la unificación y 2º Realizar una intensa propaganda de la figura de Fal Conde, como capaz de solucionar los problemas planteados actualmente.

Se van a abrir más centros en Madrid parecidos a la CICA, destinados a organizar Tercios clandestinos. Dirige esta organización Don Tomás Lucendo Muñoz, persona de la confianza del General Rada, y Eduardo Gil de Santibañez.

Seguramente habrán llegado a la Dirección General, noticias de la propaganda universitaria y de la actitud fundada del Rector de Madrid don Pio Zabala, que ha leído el escrito de Don Manuel Fal Conde y lo ha exaltado como paso maestro de la política. Parece ser que Don José Gascón y Marín, incluso el Decano de la Facultad de Derecho Don Eloy Montero Gutiérrez (este más bien por ignorancia) secundan estas actitudes.[63]

Las imposiciones del Decreto de Unificación afectaron inclusive al carloctavismo, -ese carlismo minoritario afecto a Franco-,[64] toda vez que, a la muerte de su pretendiente en 1953, en la esquela mortuoria hacían referencia a «la antigua Comunión Tradicionalista Española», expresión ésta que los jerarcas de FET y de las JONS imponían para que quedara claro que después de la Unificación ya no existía la Comunión Tradicionalista (Santa Cruz, 1987: XV, 168).

En definitiva, que el decreto 255 de la Unificación no sólo disolvió las organizaciones del carlismo tratando de meterles con calzador en FET y de las JONS, sino que proporcionó la base legal para una represión más amplia, incluso con destierros y cárcel -como se expondrá más adelante-, toda vez que también afectó a algunos símbolos carlistas utilizados de forma independiente – otros los hizo suyos el régimen- como el uso de la boina roja con borla amarilla, la asistencia a concentraciones de significación exclusivamente carlista, o la difusión de impresos, hojas, folletos o boletines, al considerar el régimen que eran actos contrarios a las normas contenidas en dicho decreto unificador.

1.4. Incautación, prohibición, persecución y clandestinidad de la prensa carlista.

El carlismo intentó en todo momento, tanto durante la guerra como después, mantener su independencia respecto del régimen franquista no sólo organizativamente, sino también en cuanto a

---

63 AGUN, 133/259, s/f. La CICA era una agencia-gestoría de Madrid, tapadera de la Comunión Tradicionalista. Para el lenguaje gubernamental cuando se habla de «elementos disidentes del Carlismo» se refieren a los partidarios de D. Javier y de Fal Conde, y cuando se habla del «Partido», se están refiriendo al partido oficial de FET y de las JONS.
64 La afección a Franco de los carloctavistas tampoco fue tan incondicional, tal como se puede observar en una carta del doctor Gassió al general Cora y Lira (ambos dirigentes carloctavistas) en la que se confirma que entre sus partidarios había bastantes que eran menos franquistas que Cora y Lira, sobre todo después de la muerte de su pretendiente, que pasó de relación cordial a fría (Santa Cruz, 1987: XV, 194, 196-197). Este hecho favoreció que muchos antiguos carloctavistas acabaran en las filas del carlismo antifranquista que seguía a D. Javier.

sus puntos de vista e ideología, que no dejaba de manifestar en su prensa clandestina o, de forma más o menos sutil, en la tolerada.

Hay que tener en cuenta que según unas instrucciones para la censura de prensa, en su apartado décimo, se decía que quedaba «terminantemente prohibido todo artículo que directa o indirectamente tienda a rebajar o disminuir la estrecha unión que reina entre todos los elementos que luchan por la salvación de España». Y en el apartado catorce decía que «la responsabilidad por el incumplimiento de estas instrucciones subsistirá a pesar de no haber sido censurado el artículo en que no se hubiera cumplimentado dichas instrucciones».[65]

El carlismo fue víctima de esas instrucciones en su prensa tolerada, como *El Pensamiento Navarro* o *La Unión*, de Sevilla, pero hubo también incautación de muchos de sus medios de propaganda. Por este medio se perdieron:

> Tres emisoras de radio de onda normal, once radios de onda ultracorta, setenta y siete radios de campaña, tres aparatos de impresión cinematográfica y, al menos, ocho diarios, dieciocho revistas y seis boletines. Algunos de estos medios, aunque carlistas, no eran propiedad de la Comunión Tradicionalista sino particular como el caso de *La Voz de España* de San Sebastián, y otros como *El Alcázar* que, aunque propiedad del Requeté, constaba como sociedad anónima con nombres interpuestos. Pero a pesar de esa situación jurídica también fueron incautados de una forma u otra. [...] Lo poco que pudo salvarse de la incautación desaparecería poco después al serle negado el cupo de papel para su impresión. La excepción fue *El Pensamiento Navarro*[66] de Pamplona [...] En fecha cercana al Decreto de Unificación se creó la sociedad Editorial Navarra para evitar su incautación por el Partido Único repartiéndose las acciones entre varias personas, algunas

---

65 AGUN, 133/330: «Instrucciones para la censura de prensa» s/f (1936)
66 Este periódico, aunque legal, estuvo tan sometido a la censura -y a los avatares del dividido carlismo navarro- que muchas veces no podía manifestarse en ciertos aspectos como genuinamente carlista y defensor de la Regencia, lo que fue criticado por algunos carlistas en 1947 con motivo de sus bodas de oro, en cartas privadas a su director, Francisco López Sanz, por haberse manifestado en privado, aunque como una «vacilación pasajera», por la candidatura de D. Juan de Borbón (Santa Cruz, 1981: IX, 261-272).

de las cuales ostentaron cargos en el Partido Único. Aunque formal y externamente siguió conservando su carácter carlista [...] como toda la prensa quedó sujeto a la censura, a la inserción obligatoria y al resto de medidas de la Dirección General de Prensa (Borbón, Clemente y Cubero, 1997: 174-175).[67]

Efectivamente, la censura en *El Pensamiento Navarro* la pone también de manifiesto Nemesio Andía Larraya, un voluntario requeté de Olite que mandaba crónicas desde el frente Norte: «Luego dejé de ser corresponsal de guerra, no porque dejara de mandar relatos, sino porque *El Pensamiento Navarro* recibió orden de la censura de suprimir la sección donde se publicaban las crónicas» (Larraz y Sierra-Sesúmaga, 2010: 554).

En agosto de 1936, la censura militar denegó la publicación de una carta que todos los requetés voluntarios, que habían salido de Pueyo, escribieron -con buen humor y alta moral- a *El Diario de Navarra* dese el frente de Oyarzun, dando noticias a las familias de sus situaciones particulares y del ambiente de hermandad que reinaba entre ellos (Larraz y Sierra-Sesúmaga, 2010: 684-687).

Hubo, además, durante la guerra, unas directrices de los responsables de prensa y propaganda del Estado -que obligaba a la prensa-, tendentes a imponer a Franco y al Nacionalsindicalismo. Dichas directrices se plasmaron de forma concisa en los siguientes términos:

> Hasta nueva orden y sin excusa ni pretexto alguno publicarán en sitio preferente a varias columnas los martes, jueves y sábados la siguiente inscripción en grandes caracteres, comillas, Saludo a Franco, dos puntos, Arriba España con dos exclamaciones, y los miércoles, viernes y domingos, en la misma forma, comillas, Una Patria, Un estado, Un Caudillo. La Patria España, El estado Nacionalsindicalista, El Caudillo Franco.[68]

Con todo ello la prensa carlista era mirada con lupa o simplemente machacada sin motivos aparentes. Periódicos como *La Unión* de

---

67 Para este tema ver también Vallverdú (2014: 74 y 77)
68 AGNU, 133/330: Telegrama del Delegado de Estado de Prensa y Propaganda, Salamanca, s/f.

Sevilla, que apoyaba a los requetés tradicionalistas, el día 3 de noviembre de 1936 era sancionada por el general Queipo de Llano imponiéndole una multa de 5.000 pesetas y «amenazaba con la suspensión del diario» sin haber indicado ni «la falta cometida», ni «la disposición que se ha contravenido para merecer la sanción, ni el recurso que pueda caber contra ella, ni siquiera el lugar y forma en que debe hacerse efectiva la multa», lo que dejaba a «nuestro periódico en completa indefensión». Eran las palabras que el redactor jefe utilizaba en el recurso ante el general. Pero es que, tal como recordaba el periodista en su escrito, ya se les había maltratado y amenazado el 7 de septiembre con otra multa también de 5.000 pesetas «por la publicación de un artículo de D. Fernando de Contreras» sobre el saludo fascista, y al día siguiente con «otra multa de doble cantidad por otro artículo del referido ilustre colaborador de *La Unión*» en las que se condenaban doctrinas nazis «extrangerizantes».

Estas sanciones y algunas otras contrastaban con las que había recibido el diario -incluso durante la República- hasta septiembre. Así, en el escrito de queja, el redactor jefe se lamentaba del «contraste entre la paz magnífica que habíamos gozado hasta entonces con la magnitud de estos hechos y rapidez con que se habían producido» las sanciones, así como la «advertencia de suspensión del periódico, gritos, amenazas, llamadas ante las autoridades, todo ello en dos días […] había de producirnos una conturbación que lejos de disminuir, se ha acrecentado con hechos posteriores». Se quejaba también del trato discriminatorio respecto a Falange, pues «a *La Unión* no se le permite exponer la doctrina del Requeté […] como tratando de evitar que la Comunión Tradicionalista tuviera la más leve influencia».[69]

Parece que al menos una de las sanciones fue condonada, pues en una carta de un directivo de *La Unión* a José Mª García-Verde, se decía que el general Queipo de Llano le llamó a su despacho para amonestarle en una entrevista «tan dura que me tuvo a dos dedos de la cárcel». Se asegura que había «tomado partido a favor de Falange» -a pesar de su origen republicano y masón-, y que, sin embargo, «logré amansarle y conseguir la condona de la multa de *La Unión*».

Y es que, en Sevilla, según denunciaba el periodista de *La Unión*, «declarado el Estado de Guerra, no hay más ley ni derecho ni justicia

---

69 AGUN, 133/330: Escrito del redactor jefe de *La Unión* al general Queipo de Llano, 6-11-1936.

ni nada que se le parezca que el capricho del General, que interpreta libremente los escritos y conductas y resuelve como le da la gana [...] y nos perdona la vida por la misericordia infinita del General» considerando además «insignificante las atrocidades que comete Falange y escribe en su periódico».[70]

En 1939, en un discurso del falangista Giménez Caballero concorde con su ideología estatalista y centralista, este aconsejaba a Navarra que tuviera generosidad y renunciara a sus fueros con el fin de contribuir voluntariamente a la mayor unidad española. Rodezno le contestó en una carta publicada en *El Pensamiento Navarro* defendiendo el régimen foral, carta que Serrano Suñer no se atrevió a censurar. A partir de ahí se publicaron otros artículos de navarros de ideologías distintas en defensa de los fueros. Aunque se hizo en todos los periódicos de Pamplona, la censura determinó intervenir y su primera víctima fue un artículo de Francisco López Sanz, director de *El Pensamiento Navarro* (Santa Cruz, 1984: I, 136 y 139).

En los años sucesivos hubo más enfrentamientos entre los gobernadores de turno y las instituciones navarras, respondiendo al espíritu de participación cívica organizada en la sociedad navarra. Así, en agosto de 1948 el gobernador prohibía la inserción en el Boletín Oficial de la Provincia de ninguna disposición que no hubiera sido aprobada por él. Como consecuencia, la Diputación Foral protestó y en una circular de la misma denunciaba el contrafuero. En esta ocasión la respuesta no fue solo de las instituciones forales y municipales -alguna de las cuales se hallaba bajo control carlista-, sino que hubo también respuestas en la calle, como la de jóvenes carlistas navarros que encendieron hogueras en calles y montes, evocando un rito ancestral de aviso de contrafuero (Santa Cruz, 1980: X, 153).

En realidad, la prensa carlista desapareció mucho antes del final de la guerra. Como se ha dicho, fue incautada al ser incorporada al Partido Único. En la zona republicana lo fue desde el principio. A medida que se iban ocupando las ciudades, la prensa de propiedad particular o de empresas mercantiles era devuelta a sus dueños, o era incautada en algunos casos -y sólo hasta la Unificación-, a beneficio de los requetés, pero, como en todos los casos, sometida a la censura militar y, más tarde, a la inserción obligatoria de anuncios, textos y comentarios enviados desde la Dirección de Prensa. La que

70 AGUN, 133/330: Carta de un directivo de *La Unión* a José Mª García-Verde, Sevilla, 17-11-1936.

incautaban a los partidos y organizaciones republicanas, pasaron a la Prensa del Movimiento (Santa Cruz, 1984:189).

En Sevilla el diario carlista *La Unión*, que, tal como ya se ha dicho, sufrió multas y una fuerte censura[71] por parte del régimen, estuvo también -según carta del periodista Manuel Bellido y Rubert-, a punto de sufrir la suspensión definitiva «para favorecer el diario de Falange Española». *La Unión* dejó de publicarse definitivamente a finales de 1939 tal vez por lo que ya intuía Manuel Bellido: «temo que se produzca el caso en ocasión más favorable para los que nos persiguen».[72] Y es que este periódico también sufrió una fuerte discriminación respecto a otros de curso legal como el *FE* o *La Hoja de los Lunes*, pues mientras en éstos hubo casos de publicación de noticias o hechos inconvenientes o falsos sin ser sancionados, *La Unión*, en cambio, fue sancionada con 5.000 pesetas y amenazada de suspensión por publicar una caricatura que no debió gustar.[73]

Carta de Manuel Bellido a Lamamie de Clairac sobre la represión
al diario *La Unión* de Sevilla en septiembre de 1936 (AGUN)

---

71 Por ejemplo, hasta fue censurada la inserción de una frase de Calvo Sotelo, sin duda por tener ciertas connotaciones autonomistas que coincidían con los anhelos carlistas: «Creo en la existencia de la región como personalidad natural y en que tiene derecho a su gobierno propio dentro de los límites de su autarquía» AGUN, 133/330/ *La Unión*, Sevilla/2. También fue obligada a retirar, con el consiguiente retraso de salida a la calle, una fotografía de portada con unos artilleros manejando un cañón, y un pie de foto que decía: «El Requeté -que ya sirve en todas las armas, infantería, caballería, artillería, ingenieros, marina y aviación-, ha cambiado su clásica boina roja por el casco, que despista al enemigo» AGUN, 133/330: texto y foto, s/f (1936)
72 AGUN, 133/330: carta de Manuel Bellido y Rubert a José María Lamamie de Clairac, Sevilla, 12-9-1936. Ver también AGUN, 133/330: «La persecución interesada de *La Unión*», Sevilla, 11-9-1936 (Informe de Manuel Bellido, director accidental de *La Unión*).
73 AGUN, 133/330: «Una demostración de la irritante desigualdad de trato de que es víctima *La Unión*», Sevilla, 6-11-1936.

Además de su prensa, a la Comunión Tradicionalista le fueron incautados otros bienes de distinto tipo, mediante formas y maneras diversas. Todavía está por cuantificar de manera exacta el valor de las pérdidas económicas y de patrimonio, que supuso el Decreto de Unificación para el carlismo.

En Cataluña, los carlistas se vieron privados también del control de su antiguo portavoz de la Ciudad Condal, el diario *El Correo Catalán*, al que, en virtud de la Ley de Prensa de 1938, las autoridades impusieron una dirección ajena a la organización.[74] En un escrito a Franco se quejaban en general de «la orientación dada a la prensa» así como, refiriéndose a *El Correo Catalán,* tener que «aceptar la imposición de una dirección sin la menor intervención de sus propietarios, que no pueden encontrar acogida en la masa carlista, cuya dirección irremediablemente determinará la muerte del diario». Por ello se vieron obligados a hacer llegar a Barcelona *El Pensamiento Navarro,* vendiéndolo por las calles (Thomàs, 1992: 371-372).

Dos autores carlistas escribieron durante los años de la guerra sendos libros críticos con el fascismo y el nazismo, pero no pudieron publicarlos hasta los años cincuenta, cuando el régimen de Franco ya había perdido su carácter más falangista. Uno era *El sistema tradicional,* de Hernando de Larramendi, que critica el ascenso irresistible del totalitarismo en la Europa de los años treinta. Además, ponía en cuestión las dictaduras tanto de Primo de Rivera, como de Stalin y de Hitler. Por su parte, Marcial Solana, en *El tradicionalismo y la Ciencia Hispana*, pone especial interés en deslindar el corpus teórico del carlismo de los movimientos totalitarios de moda en el bando nacional, analizando y criticando algunas de las obras de Hitler y Mussolini (Martorell, 2010: 300).

Una vez concluida la guerra, en el año 1939 y siguientes, la severa censura se exacerbó más si cabe. Por lo que respecta a la Comunión Tradicionalista, no fue sólo contra publicaciones exclusivas de esta organización, sino contra todas las que insertaran cualquier noticia que tuviera algún aire carlista. Además, esto se reforzó con una Orden del Ministerio de la Gobernación de 19 de

---

74 La Ley de Prensa, promulgada el 22 de abril de 1938, derogaba una ley de 1883, y tenía el objetivo de instaurar la censura previa y colocar la prensa bajo el control directo del gobierno que tenía la prerrogativa de nombrar y cesar a los directores de los diarios (Pagès, 2016: 46)

abril de 1940, donde se incluían: propaganda oral, conferencias y otras formas de expresión oral del pensamiento que fueran ajenas a la Iglesia, la Universidad o el Partido Único.

El que fuera durante 50 años director de *El Pensamiento Navarro*, Francisco López Sanz, ha dejado escrito que, junto a un grupo de amigos carlistas, proyectaron escribir una serie de libros sobre la historia de cada uno de los tercios de requetés. López Sanz escribió el primero sobre el tercio de Montejurra. Una vez redactado, a mediados de enero de 1940, mandó el original a Madrid para que lo revisara la censura, convencido de que no había nada impublicable. A la sazón era Ministro de la Gobernación Serrano Suñer, y sus dos primeros directores nacionales de Prensa los hermanos Jiménez Arnau, con los que López Sanz ya había sufrido varias multas y llamadas al Ministerio cuando todavía se estaba en guerra. Pues bien, la obra que debía tener 96 páginas y se solicitaba una tirada de 2.500 ejemplares, no pudo salir a la calle porque la resolución fechada el 5 de febrero de 1940 decía: «suspendida su publicación». Consecuentemente hubo que desistir de aquel empeño editorial (Santa Cruz, 1979: II, 18-19).

Francisco López Sanz (Archivo Montejurra)

La prensa navarra también silenció el acto inaugural del Museo Carlista de Pamplona -que tuvo que llamarse oficialmente Museo de Recuerdos Históricos, porque la nueva situación política impedía llamarle por su nombre- que abrió sus puertas, al margen de las autoridades, el 1 de julio de 1940. Fueron alma de este proyecto Ignacio y Lola Baleztena. Tuvo una gran acogida popular y sus fondos llegaron a alcanzar gran magnitud, tanta que requería ayuda institucional, pero el Ayuntamiento y la Diputación Foral se desentendieron del problema y en los años sesenta tuvo que cerrar (Martorell, 2005)

Por otra parte, existía una gran cantidad de boletines clandestinos carlistas que, en la posguerra, solían ser de publicación fugaz. Muchos de ellos no llegaron a editar más que unos cuantos números, por el acoso policial a sus impresores, editores y distribuidores.

Entre los de mayor éxito, por su larga duración, figura el titulado *Tiempos Críticos*, que apareció por primera vez el 10 de marzo de 1943, llegando hasta finales del franquismo. Aunque *Tiempos Críticos* decía en su cabecera -evocando al Quijote-, «En un lugar de la Mancha», en realidad se hacía en un lugar de Cataluña fruto de catalanes tenaces y metódicos. Estaba muy bien editado y fue perseguido sin descanso por los recursos del régimen que sólo consiguió alterar la frecuencia en su publicación, pues siempre volvía a aparecer. Algunos números están impresos en papel de estraza y a partir de 1960 se hacía a ciclostil. Su línea ideológica fue siempre de duro fustigamiento a los colaboracionistas con Franco, pero, a partir mediados de los años cincuenta del siglo XX -ya vinculado a la Regencia Nacional Carlista de Estella-, se opuso también a la Comunión Tradicionalista, por considerarla colaboracionista y desviacionista (Santa Cruz, 1980: V, 235-236).

Para la redacción de las publicaciones y para las reuniones se utilizaban diversas tapaderas. Informes de factura gubernamental mencionan, en el caso de Madrid, la agencia y «gestoría denominada "CICA"» donde «se solían reunir los Consejeros y Delegados Provinciales de la Comunión [...] De esta gestoría, salía toda la propaganda clandestina».

En Cataluña, en la imprenta del semanario *Familia Católica* que era propiedad del escritor carlista Antoni Pérez de Olaguer Feliu, «Los falcondistas hacen gran parte de la propaganda clandestina, que después circula por toda España». También se menciona «una imprenta establecida en la C/ Claris y titulada "Casulleras"» y «en el círculo e imprenta titulado "España Cristiana" que está presidido por Mercedes Montoliu [...] se celebran reuniones clandestinas de los tradicionalistas y se hace gran propaganda a base de escritos clandestinos». Y añaden que eran frecuentes los «actos culturales y piadosos, que bajo cuerda, tienen un cariz político requeté».[75]

---

75 AGUN, Fondo Arrese, 49, Tradicionalismo. «Resumen de actividades monárquicas (Sector Falcondista)», 1943-1944.

Clandestinas o semiclandestinas, algunas publicaciones eran muchas veces interceptadas y retiradas o censuradas como le ocurrió al «*Boletín de Información de las Juventudes Carlistas de España* que ha sido intervenido por la censura».[76]

El dinero para los gastos de publicaciones y otros de organización, salía de los bolsillos de algunos carlistas con posibles, o incluso de negocios montados para tal fin. Informes de seguimiento a los carlistas decían que «tienen establecido un negocio de importación de productos extranjeros, con el que han obtenido grandes beneficios, pasando un tanto por ciento de estos para la organización falcondista. Los negocios se hacen bajo la orientación de D. Manuel Fal Conde, que aprovecha al mismo tiempo para relacionarse políticamente con casas extranjeras».[77] Algunos carlistas ofrecían anónimamente aportaciones dinerarias como se pone de manifiesto en una carta interceptada donde «un carlista ejemplar "de los de siempre" y que no quiere dar su nombre» aporta «las primeras 1.000 pesetas» y más adelante dice: «Dígame si le interesa que estos donativos aumenten, pues hay muchos amigos que no saben cómo acudir en su ayuda y en el de la Comunión».[78]

En 1948 otra publicación carlista tuvo que cerrar por presiones del gobierno. Se trata de *Misión*, una cabecera ya existente de Orense que no tenía nada que ver con el carlismo pero que éste compró en plena guerra, en 1938, con el fin de eludir trabas burocráticas.

Así, de la mano del escritor y periodista Manuel Cerezales como nuevo propietario-director, *Misión* se convirtió en una revista cultural carlista que primero en Pamplona y luego en Madrid editaba más de 10.000 ejemplares, la mitad de los cuales eran adquiridos por suscriptores.

Escribieron en ella intelectuales como Gerardo Diego, Díaz Plaja, Manuel Machado, Eugenio D'Ors u Otero Pedrayo. En 1944 fue designado nuevo director Juan Peña Ibáñez, siendo el alma de la misma Luis Ortiz Estrada, dándole, además de cultural, también carácter religioso. Fal Conde escribía defendiendo la neutralidad

---

76 AGUN, Fondo Arrese, 49, Tradicionalismo. Escrito del Gobernador, Jefe Provincial de FET y de las JONS de Navarra, al ministro Arrese.
77 AGUN, Fondo Arrese, 49, Tradicionalismo. «Resumen de actividades monárquicas (Sector Falcondista)», 1943-1944.
78 AGUN, Fondo Arrese, 49, Tradicionalismo: carta oculta dirigida a Fal Conde, interceptada por la censura postal, 13-11-1942.

de España en la Segunda Guerra Mundial. En Madrid ocupaba unos viejos locales en la calle de la Cruz donde, también de forma camuflada, operaba la Comunión Tradicionalista.

El Director General de Prensa exigió que la revista publicara unos artículos suyos, a lo que la dirección de *Misión* se negó, lo cual produjo un forcejeo que inequívocamente señalaba el fin de la revista. En esta tesitura se publica una pastoral del Cardenal Segura en contra del protestantismo, lo que sirvió de pretexto para negar papel para su publicación lo que supuso convertirla de semanal en quincenal. Más tarde el número del 1º de diciembre de 1947 fue censurado reteniendo las galeradas sin explicación alguna. Como quiera que continuó con su actitud contraria al Gobierno, se le impuso un nuevo director en contra del criterio de la propiedad de la revista. Después de una serie de vicisitudes -incluido su paso por el juzgado-, se decidió que la publicación dejara de aparecer por no poder seguir siendo fiel a sus lectores, y ello a pesar de no haber perdido la esperanza durante casi un año de conflictos con el poder (Santa Cruz, 1980: X, 7-13).

En febrero de 1950 apareció el primer número del *Boletín de información del Principado de Cataluña*. Como quiera que el año anterior se habían producido los primeros pasos de la futura escisión de los sivattistas, este boletín, fiel a la nueva Junta de Cataluña, nació testimoniando su adhesión a D. Javier de Borbón Parma y a su Jefe Delegado, D. Manuel Fal Conde. En el editorial, titulado «Nuestro propósito», se manifestaba la pretensión de «mantener periódica comunicación con los carlistas, supliendo en la medida de lo posible lo que antes teníamos con nuestros círculos y nuestra prensa, rigurosamente prohibidos hoy por el régimen en su intento de acabar con la Comunión Tradicionalista» (Santa Cruz, 1980: XII, 202).

Dos años más tarde, los carloctavistas, adictos a Franco, aunque cada vez menos, en plena crisis organizativa en la que algunos ya se estaban pasando al javierismo, se plantearon también la edición en la capital del estado de un periódico de lucha que, conscientes de la censura, hiciera una labor de crítica al régimen y de defensa de la causa carlista, de carácter fuerte en el fondo, aunque suave en la forma (Santa Cruz, 1986: XIV, 191).

En la Ciudad Condal aparecieron también, desde la clandestinidad sui generis del carloctavismo, dos boletines regionales titulados *Requetés de Cataluña* y *¡Firmes!*

En la línea de D. Javier apareció en el País Valenciano *El Requeté*, subtitulado *Requetés de Valencia publicación quincenal,* que tuvo vida hasta 1954. El mismo equipo dirigido por José Romero Ferrer, de Liria, sacó entonces *El tradicionalista*. Ambos se editaban clandestinamente en una finca de otro pueblo de Valencia.

En Cataluña aparecieron los boletines *Lealtad* y *Pelayos*, ambos vinculados a la Comunión Tradicionalista de D. Javier y Fal Conde.

En Euskalherria apareció en octubre de 1952 el boletín -órgano de la AET vasco-navarra-, titulado *AET*. En su primer número ya llamaba a D. Javier «Rey de las Españas» y a su hijo Carlos Hugo -que sería nombrado presidente de las AAEETT- «Príncipe de Asturias». En este boletín se criticaba el totalitarismo, se pedía la elección de los alcaldes por el pueblo y se defendían los Fueros y una Monarquía federal. También se reivindicaba la universidad libre, unos sindicatos libres en contra de la sindicación vertical única, y cauces de expresión de la opinión pública (Santa Cruz, 1986: XIV, 213-216).

A principios de 1953 nació la revista *Boina Roja* con los subtítulos «Portavoz político del Carlismo combativo» y «Javier de Borbón, Rey de las Españas» su aspecto en tamaño y presentación fue cambiando por la necesidad de andar de una imprenta a otra debido a la clandestinidad. Sin embargo, era ya una época en la que Franco había atenuado sus bríos dictatoriales y los representantes de D. Javier buscaban una distensión, con lo que *Boina Roja* ni atacaba excesivamente, ni era demasiado perseguida, pasando de la clandestinidad a una tolerancia o libertad vigilada. Algo similar aconteció con la revista *Montejurra* que apareció poco después. Sin embargo, *Tiempos Críticos* órgano de los carlistas sivatistas, enemigos acérrimos de Franco, atacaba duramente y era perseguida en serio (Santa Cruz, 1987: XV, 216-217).

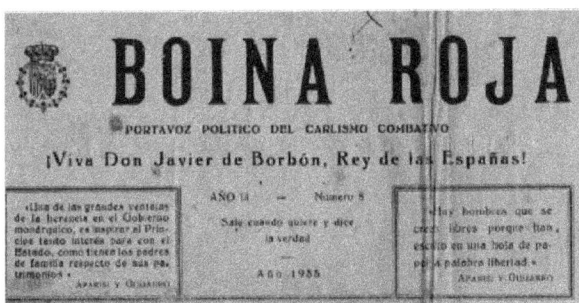

Conjunto de manchetas de *Misión* (1946), *Boletín Carlista* (1948)
y *Boina Roja* (1955) (Archivo Miralles)

Según Santa Cruz, desde 1954 el País Valenciano era uno de los principales lugares donde se editaban gran parte de los boletines clandestinos de todas las Españas y también hojas volantes y otros documentos. Un carlista de Puzol llamado Manuel Bayarri Esteve, que antes ya había regalado una multicopista, hizo un donativo de cincuenta mil pesetas para montar una imprenta, que quedó instalada clandestinamente en el domicilio de Joaquín Gimeno en la localidad de Venta del Emperador. Otra de las imprentas estaba en Liria y la tercera en la capital del Turia, propiedad de Matías Real. Los boletines se enviaban en sobres desde diversas provincias en unos casos, y en otros, con grandes paquetes o maletas a través de viajantes o camioneros que viajaban de unas regiones a otras. En estas imprentas se editaron títulos como *El Requeté*, *El Fuerista*, *El Tradicionalista*, *18 de Julio* o *¡Avant!* (Santa Cruz, 1988: 263-265).

Portada de El requeté de 10-3-1953, en la que ya se le atribuye a
D. Javier el título de rey (Archivo Miralles)

Los boletines clandestinos que se editaban o distribuían por todas las regiones de España fueron muchos. Los reflejados aquí son sólo unos pocos ejemplos de la diversa variedad y que, en mayor o menor grado, incomodaban al régimen, por lo que en función de ello eran perseguidos con mayor o menor saña.

Además de la persecución de la prensa carlista, también la prensa oficial trataba de silenciar todo lo relacionado con el carlismo disidente e incluso con los requetés:

> Se ha postergado y envuelto en el silencio a los requetés, no sólo procurando no mencionarlos en los documentos oficiales y oficiosos, sino llegando incluso al extremo de haber hecho desaparecer sus recuerdos y trofeos militares de esta guerra, con el cierre e incautación del Museo del Requeté de Sevilla.[79]

1.5. Clausuras de círculos carlistas.

A pesar de las incautaciones y persecuciones, los carlistas en las diversas zonas no se resignaban a la desaparición y utilizaban el menor resquicio para mantenerse a flote o para poner de manifiesto su independencia. Uno de los métodos era la apertura o mantenimiento de locales o círculos carlistas. Ya hemos mencionado el intento de asalto al de Pamplona por un grupo de alféreces provisionales.

Todos estos hechos ponen de manifiesto el enfrentamiento que se produjo entre carlistas y falangistas dentro del bando de los vencedores de la guerra. Mientras la Falange –o el neo-falangismo- asumiendo la Unificación se hizo con el control político en el bando franquista, el carlismo, pretendiendo ser fiel a sus principios, rechazó la Unificación y con ello la posibilidad de alcanzar cuotas de poder, lo que le supuso no sólo ser marginado sino perseguido por el régimen.

Ya se ha hablado de la clausura de un local del carlismo catalán exiliado en San Sebastián, pero tras la ocupación de Cataluña, fue el Ejército el que se encargó de cerrar los círculos que los carlistas habían abierto, apelando al mismo motivo de «atentar contra la Unificación»:

---

79 AGUN, 133/259/13: Informe de la Comunión Tradicionalista s/f (1944)

> A los pocos días de la entrada del ejército vencedor en Cataluña, pese a la prohibición que había de hacer propaganda carlista se abrieron los círculos carlistas de Barcelona, unos doce, y se repartieron boinas e insignias carlistas. También se abrieron círculos en algunas localidades como Reus, que tuvo que cambiar su nombre por el de Frente y Hospitales para subsistir. Dos semanas más tarde serían cerrados los círculos de Barcelona por orden del jefe militar de las fuerzas de ocupación y desterrado el jefe regional carlista don Mauricio de Sivatte (Borbón, Clemente y Cubero, 1997: 175).

Efectivamente, una vez ocupada Barcelona, el general Monasterio prohibió al jefe carlista Sivatte cualquier reparto de símbolos carlistas. Sivatte no le hizo caso y además se abrió un círculo principal en la Rambla de Cataluña, número 6, y otros diez en distintos barrios. Pero a los 15 días Sivatte fue llamado por el general Eliseo Álvarez Arenas, jefe civil y militar de ocupación de Barcelona, que le ordenó salir de Cataluña en el plazo de cuarenta y ocho horas por atentado contra la Unificación. Al salir de esta entrevista se dirigió al Círculo del barrio de Gracia y se encontró con la policía que lo estaba clausurando, igual que ocurrió con el resto de los círculos (Santa Cruz, 1984: I, 16-17).

El acoso oficial no debilitó a los carlistas catalanes. Intentaron abrir locales con apariencia legal para evitar ser perseguidos y sancionados. En la capital de Lleida se abrió uno con el nombre de Círculo España, aunque la censura local no permitió publicar en la prensa los componentes de su junta directiva. El círculo fue sometido a una estrecha vigilancia y, poco después, como consecuencia de una protesta delante de la jefatura provincial de FET y de las JONS, fue clausurado por el gobernador civil.

El ejemplo de Lleida cundió y se abrieron centros en otras localidades, algunos de los cuales también fueron clausurados como el de Llardecans; otros en cambio lograron sobrevivir por más tiempo (Vallverdú, 2014: 80-81).

En Pamplona existía una peña dedicada a actividades deportivas y al montañismo que se había fundado durante la República por un grupo de jóvenes carlistas. Se llamaba *Denak-Bat* («Todos a una», en euskera). Al estallar la guerra la mayoría de sus socios marcharon como voluntarios requetés, integrados en la Primera Compañía del Tercio de Navarra. Muchos de ellos fallecieron.

Al terminar la guerra, en 1939, dicho local que tenían en la calle mayor fue clausurado por orden del Gobierno Civil alegando «motivos de salubridad». Algunos de los requetés supervivientes, al ver que el poder ya no les necesitaba, forzaron la puerta del inmueble clausurado y escribieron en sus paredes frases de protesta, una de las cuales decía: «Mientras los Requetés mueren por Dios, la Patria y el Rey Carlista, hay granujas sin Dios y si Rey que sólo saben explotar el Sagrado nombre de Patria. El Requeté» (Larranz y Sierra-Sesúmaga, 2010: 925).

Los carlistas pensaban todo tipo de estratagemas para conseguir locales o para poder reunirse, aunque los servicios de información solían acabar descubriéndolos. Según escrito del informante del sector K-L de Barcelona, «en la barriada de Casa Baró se ha inaugurado un colegio donde se reúnen los tradicionalistas los domingos. El Jefe de dicho centro se llama Camps».[80] Este mismo informante ya había escrito en marzo sobre la «peligrosa libertad de acción de los que se dicen representantes de la Tradición Sres. Sivate y Cunill [que] promueven disturbios, editan hojas clandestinas, etc.»[81]

En 1942 se clausuró el círculo carlista de Burriana, una ciudad de las comarcas castellonenses del País Valenciano, y se desterró a su presidente. El oficio del gobernador civil, dirigido al «Sr. Presidente del Centro Cultural "Centro España" de Burriana», aducía que su actividad «se produce en forma de "centro político" del más viejo estilo, contrario a los principios de la unificación, que no encaja en la realidad presente, por lo que me hallo dispuesto a que tal estado de cosas termine de un modo absoluto» Aunque tal como dice el oficio se determinó «disponer la clausura del citado Centro por el plazo de dos meses», lo cierto es que al volverse a abrir, el gobernador impuso una «nueva Junta Directiva que ha de regir el mismo»,[82] con lo que en la práctica el hecho represivo seguía siendo una realidad.

Tal como escribe Manuel de Santa Cruz, el carlismo se encontró con la trágica paradoja de que, entrando las tropas vencedoras en las ciudades -en muchos casos con Tercios de Requetés-, los

---

80 AGUN, 133/259/18: Información sobre la Comunión Tradicionalista, Sector K-L, Barcelona, 4-4-1940.
81 AGUN, 133/259/18: Información Sector K-L, Barcelona, 15-3-1940
82 AGCC, Gobierno Civil, caja 11277, orden Público, expedientes de confinados y desterrados. Notificación 7221, año 1942.

círculos carlistas que habían funcionado con la República hasta la sublevación, ahora resultaba que no podían ser abiertos o, si se abrían, acababa cerrándolos la policía, en virtud del Decreto de Unificación. Se cumplía así lo dicho por un jefe carlista navarro, Joaquín Baleztena: «cada victoria militar es para nosotros una derrota política porque nos necesitan menos» (Santa Cruz, 1984: I, 17). Y es que, como repite este autor, «los Círculos Carlistas fueron cerrados a partir de la Unificación (19-4-1937) [y que] muy pocos sobrevivieron a aquella fecha» (Santa Cruz, 1980: VI, 94)

Sin embargo, hubo algunos casos en los que se utilizaron estrategias para abrir o mantener alguno de los círculos. El de Vila-real se mantuvo creando la Sociedad Civil Pro-Patria mediante aportaciones de 500 pesetas realizadas por carlistas a título particular, creando también una sociedad recreativa denominada Peña España. Todo muy patriótico, pero con ello se consiguió evitar que estos bienes quedaran afectados por el Decreto de Unificación (Vilar, 2002: 13-15). A pesar de que dos de sus dirigentes fueron desterrados, igual que lo fue el presidente del círculo de la vecina Burriana, en este caso no clausuraron el círculo, tal vez porque aquellos fueron acusados de actividades carlistas fuera de sus locales.

El Círculo carlista de Villarreal

El recurso a denominaciones patrióticas debió darse en otras latitudes con el fin de intentar ocultar bajo esos nombres los círculos carlistas. Tal fue también el caso del de San Sebastián llamado Círculo España,[83] nombre bajo el que se ocultaba, desde el Decreto

---

83 Según Santa Cruz, el nombre de Círculo de España fue impuesto por las autoridades de Franco al Círculo Carlista de San Sebastián después de la Unificación, y añade que era un viejo caserón de la parte vieja carente de subvenciones (Santa Cruz, 1987: XV, 22).

de Unificación, el Círculo Tradicionalista. Otros estaban camuflados bajo el nombre de centros de FET y de las JONS como los de Azcoitia y Mondragón (Villanueva, 1997: 637).

Recibo del Círculo España, nuevo nombre impuesto
al de Círculo Tradicionalista de San Sebastián (AGA)

En Bilbao había un centro llamado «Casa de la Cruzada», calificado por el partido único FET y de las JONS, como «Centro disidente del Partido», que, a raíz de los incidentes entre carlistas y policía en esa ciudad, el 22 de agosto de 1943, fue clausurado por el Gobernador Civil. Esto fue al año siguiente del crimen de la Falange en Begoña.

Como en tantos otros casos, el antiguo círculo de Zaragoza se mantuvo al amparo de «Casino Cultural Español». Bajo este nombre «se filtraban en el local elementos falangistas», provocando discusiones, lo que, con el respaldo de la policía con que contaban, producían el consiguiente malestar. La posición de la organización del Requeté en el círculo molestaba a los falangistas, por lo que «los reptiles que frecuentaban el local se vieron echados abajo por aquella juventud tan entusiasta», lo que disgustó a la Falange y al Gobernador, por lo que este puso a la Junta ante el dilema de que o se prohibía la entrada a los requetés, o se cerraba. «La Junta, dignamente, respondió que los requetés están en su casa cuando van al Círculo. ¡¡Y nos cerraron el Círculo, señores, que para eso somos una democracia orgánica, cristiana, y tal!!»[84] De esta manera fue como el 8 de febrero de 1945 fue clausurado por el gobernador, Baeza Alegría, el Círculo Carlista de Zaragoza (Clemente, 2003: 279).

---

84 AGUN, Fondo Arrese, 49, Tradicionalismo: *Por Dios, por la Patria y el Rey, Órgano oficial de los Requetés*, marzo de 1945.

El Círculo de Zaragoza CLAUSURADO

El antiguo Círculo de Zaragoza, que vivía al amparo de un nuevo nombre: "Casino Cultural Español", ha sido clausurado por la autoridad gubernativa.

Al amparo de su nombre un tanto incoloro, se filtraban en el local elementos falangistas, provocando discusiones, las que con la sartén de la policía cogida del mango por ellos producían el consiguiente malestar.

Desde que la organización del requeté comenzó a dar señales de vida, comenzaron los muchachos a dar calor a los salones del Círculo, con sus canciones y con la réplica a todo intento de conversación tendenciosa. Los reptiles que frecuentaban el local, se vieron echados abajo por aquella juventud tan entusiasta cuan poco amiga de medias tintas. Y esto disgustó a la Falange y al Gobernador y ortopédico zaragozano.

Vino después el primer número de "Por Dios, por la Patria y el Rey" a poner más los puntos sobre las íes, "colmando" la paciencia de las jerarquías.

Se le puso a la Junta ante el dilema de que si prohíbía la entrada a los requetés continuaría abierto, pero que en caso contrario el cierre iba a venir. La Junta, dignamente, respondió que los requetés están en casa cuando van al Círculo, ¡¡Y nos cerraron el Círculo, señores, que para nos somos una democracia orgánica, cristiana y tal!!

Noticia de 1945 en el Órgano Oficial de los Requetés (AGUN)

Otra estrategia para poder abrir un local donde reunirse los carlistas de Barcelona, fue la creación de una asociación de tipo familiar para actividades de carácter lúdico o cultural. Para ello se creó una sociedad sometida a la Ley de Asociaciones civiles. Así nació el *Círcol* Familiar Montserrat, presentando los estatutos un respetable cabeza de familia inofensivo políticamente como fue el señor Boleda, padre del verdadero fundador, Lluís Boleda Mauri. No se inauguró el local hasta 1951 pero tuvo una gran actividad.

Antes de la apertura de *Círcol* Familiar Montserrat, se realizaban reuniones en el despacho del jefe regional Mauricio de Sivatte, pero el despacho no pudo continuar siendo tapadera del carlismo cuando su titular fue detenido (Feliu, 2002: 171-173).

En otros casos se reunían en centros culturales o deportivos como el caso de Granada donde, según se puede leer en las actas de septiembre de 1953 de la Junta carlista de esta ciudad, «se estudia la posibilidad de reunirse en los locales de la Junta de Cofradías o en los locales del Club Ciclista» (Santa Cruz, 1987: XV, 23).

Uno de los pocos Círculos que seguían abiertos tras la guerra era el de Pamplona que fue clausurado por el gobernador civil, Juan Junquera, tras los enfrentamientos con la policía del 3 de diciembre de 1945, de los que se hablará más adelante. El llamado Círculo Tradicionalista de Pamplona mantenía en 1945 la misma junta directiva desde los años de la República y, a pesar del control de facto de los carlistas javieristas, albergaba otras sensibilidades. Tan es así, que el tesorero de dicha junta, en declaraciones prestadas ante el juez tras los sucesos del acto del 3 de diciembre, manifestó su descontento con las actividades preparatorias de aquel acto y las denunció primero a la Guardia

Civil y después se presentó ante el gobernador comunicándole su intención de abandonar la directiva. Pero el gobernador le hizo desistir al decirle «que en manera alguna había que abandonar el puesto y que había que dar la cara más que nunca, a fin de dar la batalla a todos esos elementos revoltosos». Y es que el gobernador estaba empeñado en una tarea de captación e integración de tradicionalistas y ex-combatientes requetés en FET y de las JONS, para hacer frente a los carlistas seguidores de D. Javier. (Villanueva1998: 256-257).

Sin embargo, los sucesos de ese año provocaron el cierre del círculo. En 1953, en vista de que no se podría reabrir, los propietarios alquilaron los locales del piso, donde se instaló una biblioteca del Frente de Juventudes. Por tal motivo, un comando de jóvenes carlistas, hicieron estallar, el 19 de julio, un artefacto para perjudicar a los nuevos inquilinos falangistas (Santa Cruz, 1987: XV, 58).

Hubo también una peña sanferminera de Pamplona ligada al carlismo que fue cerrada, según el testimonio de Pablo Cirauqui Mújica: «la unificación fue fatal, una maniobra de Franco para tener a todos controlados. Al terminar la guerra nos cerraron el Círculo de la Plaza del Castillo, clausuraron los locales del *Denak Bat* -nuestra peña carlista- y nos hicieron muchas judiadas» (Larraz y Sierra-Sesúmaga, 2010: 728).

La obsesión del régimen contra el carlismo era tal que, en Madrid, llegaba al punto de dificultar la apertura de un círculo de los carloctavistas que, como se ha dicho, eran profranquistas. En este caso los carloctavistas tuvieron la prevención de cambiar la denominación de «Círculo Carlista», por el de «Centro Colaborador de Estudios Sociales, Políticos y Económicos» para no molestar a las autoridades (Santa Cruz, 1980: VI, 150).

Otro tipo de problemas lo constituían centros carlistas como el de la calle de la Cruz en Madrid, donde se publicaba la revista carlista *Misión*. Este local de la Comunión Tradicionalista era un piso disimulado, informal y no declarado, donde tenían lugar tertulias por parte de los numerosos carlistas que pasaban por Madrid. Sin embargo, también se detectaron confidentes de la policía, por lo que las decisiones importantes había que tomarlas en casas particulares (Santa Cruz, 1980: X, 9).

En Cataluña los carlistas seguidores de Sivatte, utilizaban su despacho de abogado de la Plaza Urquinaona de Barcelona.

Aunque no ejercía la abogacía, estaba colegiado y el local era utilizado para sus actividades políticas. El caso es que dos días después del *aplec* de Montserrat de 1954, el Gobernador Civil, general auditor del Aire, Felipe Acedo Colunga, mandó clausurar el despacho-tapadera de Sivatte.

Por causa del *aplec* -donde los carlistas tuvieron de soportar un ataque de Falange y de la policía-, fueron detenidos varios carlistas, entre los cuales se encontraba Mauricio de Sivatte. Este mandó un escrito a la Junta de Gobierno del Colegio de Abogados denunciando el caso y solicitando la defensa por su condición de colegiado; manifestaba que, en su ausencia, el 4 de mayo, «Agentes de la Jefatura Superior de Policía de esta Capital […] procedieron a practicar un registro en las dos piezas que ocupa el despacho», precintándolo posteriormente «con los sellos de la "Dirección General de Seguridad-División de Investigación Social-Sexta Brigada - Barcelona". En su escrito manifestaba también que:

> Desde la indicada fecha no he podido disponer, ni utilizar, mi despacho, que sigue cerrado y sellado, ignorando por entero lo que haya podido ocurrir con los documentos, papeles y efectos que tenía en aquél al efectuarse su clausura.

> De los hechos expuestos se desprende la realidad de hallarme privado desde el día 4 de mayo de 1954 de mi bufete, sin causa, razón, ni resolución conocida, por lo cual es bien visto que aquéllos constituyen un ataque a la tradicional, siempre digna de mayor respeto, inmunidad de todo Abogado al impedir el mantenimiento de estudio abierto, obligación impuesta por el artículo 33 del Estatuto General de la Abogacía y que correlativamente es un derecho reconocido por el mismo a todo Letrado colegiado.

> En defensa de los derechos que me asisten como ciudadano español y también para alcanzar el exacto conocimiento de los hechos expuestos, así como la Autoridad que diere la orden de registro y clausura de mi despacho, formulé denuncia criminal que originó el oportuno sumario seguido bajo el número 266 de 1954 por el Juzgado de Instrucción núm. 11, de los de esta Capital, que dictó auto de conclu-

sión después de haber comprobado que la anotada orden provino del Excmo. Sr. Gobernador Civil y de cuya Autoridad solicitó el Juzgado a mediados de noviembre próximo pasado en atento oficio, informe sobre las actuaciones a que hubiere dado lugar la referida diligencia policial y si había recaído sobre aquéllas alguna resolución y cuyo oficio no ha merecido contestación alguna hasta el presente.

El despacho estuvo clausurado durante muchos meses toda vez que, al año siguiente, en el mes de marzo, y en solidaridad con Sivatte, un nutrido grupo de abogados de Barcelona, remitieron otro escrito al Decano del Colegio en el que se le instaba a intervenir para «que se levante la clausura del bufete del citado compañero» (Santa Cruz, 1988: XVI, 89-92).

1.6. Un escrito a Franco.

Con fecha 10 de marzo de 1939 se publicó un texto –una de cuyas ediciones se hizo en Argentina- con tres anexos: uno sobre el Partido Único, el segundo un bosquejo sobre la futura organización política tradicionalista y el tercero sobre la sucesión dinástica. En total 120 páginas, que se distribuyeron clandestinamente por toda España. El título decía: «Manifestación de los ideales tradicionalistas al generalísimo y jefe del estado español».[85]

No está claro si este texto se entregó a Franco o no, pero lo que es evidente es que iba dirigido también a la opinión pública española. En el texto principal, se vierten quejas y ataques contra el sistema político fascista y de partido único y en contra de la restauración alfonsina.

En las primeras páginas del texto –así como en el tercer anexo- se habla de la restauración monárquica «que puede cotejarse en una amplia información que puede abrirse, que deberá abrirse, en defecto de una consulta nacional, ahora imposible» puesto que aún no había acabado la guerra.

Más adelante después de criticar los regímenes del pasado liberal, parlamentario y dictatorial, así como reconocer la ayuda recibida de países totalitarios que, sin embargo, no debían condi-

85 El texto completo puede verse en SantaCruz (1984: I, 18-100)

cionarles, hace también la crítica al presente, afirmando que «ante la reacción actual producida del lado de los totalitarios, estatistas, desconocedores de las libertades de las sociedades infrasoberanas, volvemos a decir: "¡Tampoco es eso!"».

Asegura que se determinó una unificación cuyos «ritos y extrínsecas formas, fueron el signo de adscripción, menospreciándose el variadísimo albedrío individual en pensar, querer y aspirar. Nada menos que, con juramento aprobado oficialmente por VE», y que, con una «literatura de empalagosa adulación divinizó la figura […] del Caudillo».

Critica los intentos de los «conciliábulos de "monárquicos", altos dignatarios del Estado, en la maquinación de las Cancillerías» para restaurar un rey liberal –Alfonso XIII o su hijo Juan-, añadiendo luego: «Todo menos su rehabilitación por derogación de la ley de le República que le desposeyó», porque para el tradicionalismo, «la Monarquía no es un Rey, es un conjunto de instituciones sobre las que aquél es piedra clave si están armónicamente combinadas. Los Consejos, las Cortes, los Municipios y Regiones, las Corporaciones», sin las cuales «acabaría en el absolutismo del déspota, o en la oligarquía de una camarilla». Y proponen la instauración de la Regencia en la persona del príncipe D. Javier de Borbón Parma.

Hablando del Partido Único dice:

> En España se está viendo patentemente el divorcio entre la sociedad española y el nuevo Estado y no se ha intentado construir un solo órgano natural que establezca esa comunicación. El partido se ha interpuesto, y so pretexto de conveniencias sociales sirve sus propios intereses, de colectividad, generalmente, y en infinito número de casos los intereses personales de sus componentes.

Para los carlistas el Partido Único «divide a la sociedad entre los afiliados y los que no lo son […] y estos tienen las dos soberbias virtudes naturales de pensar y de saber discrepar de lo imperante». Sin embargo, en las democracias, el mal «lo causa de manera inmediata el partido de gobierno, pero los de la oposición, con ser tan malos como aquél, tiene una razón de menos mal, porque limitan el albedrío del gubernamental fiscalizando sus actos [...] En España la constitución del partido único ha defraudado los anhelos más legítimos [...] Lejos de conquistar amor, el partido está provocando los mayores odios [...] El instrumento de gobierno apto es el conjunto de organismos del Estado mismo. En orden al movimiento de abajo arriba, las organizaciones sociales, gremios o corporaciones [...] Sería gravísimo derrocar el partido falangista para dar el poder al tradicionalista, sin más ni más, porque el partido tradicionalista únicamente podría triunfar si hacía desaparecer la concepción del partido oficial [...] De ahí que no es lo interesante sustituir un ensayo por otro ensayo. Lo que importa es concebir de una vez el régimen tradicional» Finalmente los carlistas exponen «tres gravísimas razones» para no incorporarse al Partido Único que sin duda fueron también las de haberse negado a aceptar la Unificación:

El partido, dijimos, corrompe. Nadie debe entrar donde vea probable su corrupción.

El partido, con la aquiescencia de la autoridad, ha atentado contra las ideas y sentimientos más caros de los carlistas. ¿Habremos de acudir a socorrerles?

Si la autoridad no se da al convencimiento con fuerza de razones, servidas noblemente desde fuera, ¿se dejará convencer porque desde dentro se las repita? No hay razón más poderosa para convencer de que el partido estorba, que hacer ver al gobernante que fuera de él está lo más genuino español y lo más abnegado, los que podrían colaborar en obra de gobierno si no lo impidiera la condición sine qua non de estar unificados.

En el bosquejo que se hace de lo que debería ser una organización inspirada en los principios tradicionales -siguiendo las teorías de Vázquez de Mella-, se concibe al Estado no como un ente opresor todopoderoso, sino como una organización jurídica que tiene el encargo de ordenar un conjunto social al que define como Nación, pero sin tener el derecho a intervenir ni mermar la autonomía de las partes que lo constituyen, es decir, que el Estado debe estar al servicio de la sociedad. Por eso «propenderá a la descentralización administrativa, repasando a las regiones cuanto les corresponde en este orden y aún en lo concerniente a la administración central, creando Comisarías, Centros y entidades de carácter público […] con participación de los usuarios y copartícipes…» Y precisamente en lo tocante a la descentralización, cuestión históricamente importante para el carlismo, en un apartado dedicado a la organización regional dice:

> La Región es una persona jurídica creada por la Historia, definida por sus límites geográficos, por su lengua o dialecto vernáculo, por sus usos, costumbres y producciones propias, por sus particularismos fueristas que la caracterizan y diferencian distintamente dentro de las restantes de la Nación

> En consecuencia, el Estado ha de reconocer la autarquía de las personas jurídicas o sociedades infrasoberanas, tanto naturales como históricas, que le han precedido o que vivan lícitamente dentro de la Nación, como las regiones, los municipios, las familias, los gremios, corporaciones, etc.

Todas estas cuestiones son las más importantes de las que, groso modo, diferenciaban en aquellos años del final de la guerra, a la Comunión Tradicionalista del Partido Único, y así se lo quisieron exponer al general Franco, que a la sazón era el máximo responsable del mismo.

No cabe duda que este documento y otros que se fueron generando en la posguerra –que tendremos ocasión de ir exponiendo-, muy críticos con el régimen dictatorial y de partido único de Franco, no contribuían en nada a que la Comunión Tradicionalista y los carlistas más activos gozaran de las mieles de la victoria, sino todo lo contrario: fueron perseguidos, sancionados, expulsados de sus pueblos o encarcelados, tal como se irá viendo a lo largo del presente estudio, cumpliéndose aquello que se ha dicho repetidamente que el carlismo fue, en la guerra civil española, el gran perdedor en el campo de los vencedores.

Conviene no olvidar tampoco que muchos de los generales que durante le guerra llegaron a admirar a los requetés y que se codeaban con dirigentes de la Comunión Tradicionalista llegando incluso a bromear acerca de Franco, después no tenían inconveniente en informar al Generalísimo de todo. Con el tiempo estos generales fueron recibiendo, inesperadamente ante los ingenuos dirigentes carlistas, todo tipo de prebendas. Por otra parte, Franco pronto creó para sí unos servicios de información que recogía detalles olvidados por los generales en los informes sobre sus contactos con los tradicionalistas. Tales noticias contribuían a aumentar la indisposición del dictador contra los carlistas (Santa Cruz, 1984: I, 119-120)

Capítulo 2
Enfrentamientos y persecución
en la posguerra

Como se ha dicho con anterioridad, la represión y los enfrentamientos con los que detentaban el poder comenzaron ya en 1936 -por tanto, antes de la Unificación-, pero continuaron después de la misma.

Mercedes Peñalba en su investigación a partir del análisis de la documentación en sólo tres archivos, ha logrado recopilar un total de 1.450 registros que reflejan quejas, conflictos, tensiones e incidentes que se produjeron entre Falange y Comunión Tradicionalista, solamente en un periodo de poco más de cinco años, desde julio de 1936 a diciembre de 1942. Con todo, reconoce la impracticabilidad de realizar un estudio de esos conflictos, localidad por localidad. En cualquier caso, saca las siguientes conclusiones:

> Así, se observa claramente que prácticamente todas las quejas sobre comportamientos violentos o abusivos son protestas del carlismo contra el falangismo. También las quejas sobre la falta de religiosidad, el caciquismo, la corrupción, la parcialidad de las autoridades o la presencia de indeseables son mayoritariamente del carlismo sobre Falange. Por el contrario, las quejas sobre la resistencia a la Unificación o el carlismo disidente son principalmente del falangismo en relación al carlismo (Peñalba, 2013: 91 y 101).

Y es que, encontrar este tipo de hechos que se dieron en toda la geografía española, supone un esfuerzo tal, que es como encontrar una aguja en un pajar.

2.1. Enfrentamientos y persecución política.

El 30 de abril de 1939 se produjeron enfrentamientos entre carlistas y la Guardia Civil. Ese día fueron detenidos los requetés Ricardo Osés Jiménez, Jesús Sota Ventura, José María Ojer Avínzano y Felipe Sota Garayoa por un incidente con el sargento de la Benemérita durante la romería de Ujué.

Todo comenzó cuando en el acto religioso, el sacerdote mencionó que una cruz que había en el pueblo la habían colocado los requetés y uno de los asistentes dijo que también habían colaborado falangistas. Ello provocó que se lanzaran contra él, porque -decían- «no había ningún falangista». Al parecer uno de los asistentes dijo que había que fusilar al falangista que había hablado. Ante estas palabras, un sargento de la Guardia Civil se encaró con él, pero huyó y comenzó a perseguirle, mientras otros romeros intentaban impedir que lo detuvieran con el consiguiente enfrentamiento. Fue un espectáculo tragicómico porque, siguiendo la tradición, todos los romeros -perseguidos y perseguidores- iban con las túnicas preceptiva puestas (Urrizola, 2017: 587).

El historiador vasco Iñaki Egaña, especialista en represión franquista en Euskal Herria, refiere el trágico caso de la ejecución de un carlista por parte de los franquistas en el pueblo guipuzcoano de Lazkao:

> La guerra civil y el franquismo están repletos de muestras de olvido que aún hoy no hemos podido superar. Me voy a detener en el caso del miquelete Pedro Telletxea, cuya memoria su viuda, Benita Etxeberria, quiso recuperar para su familia. Telletxea era un carlista que fue fusilado por los franquistas «por equivocación» en Lazkao. Al parecer, le confundieron con su hermano que era abertzale.
>
> Su viuda removió cuarteles y juzgados para que el nombre de su marido, ya que no le podía devolver la vida, fuera al menos reconocido. La respuesta de los tribunales, reconociendo «digno de todo encomio el natural deseo de la mencionada señora de rehabilitar la memoria de su indicado marido», fue la negación. Pedro Telletxea fue arrojado al baúl del olvido, con miles de republicanos, comu-

nistas, anarquistas, socialistas y abertzales. Su «pecado»: haber sido ejecutado por los mercenarios de la época.[86]

Terminada la guerra, cuando los requetés ya no son necesarios, se incrementan los desprecios y las vejaciones al carlismo. Los primeros roces aparecen con ocasión del desfile de la victoria que había de realizarse el 19 de mayo de 1939.

Había rumores sobre los problemas que acarrearía la participación de los requetés tal y como ellos deseaban.

Según cuenta el cronista del Tercio de Navarra, Emilio Herrera, tuvieron conocimiento de que el desfile había de hacerse con la camisa azul falangista, lo que produjo un gran malestar, hasta el punto de que los requetés se negaban a desfilar si se hacía con la vestimenta de la Unificación. Parece que finalmente tal reacción disuadió a los mandos correspondientes, que tuvieron que ceder (Herrera, 1974: 305).

Sin embargo, a otros tercios como el de Burgos-Sangüesa se les impusieron las camisas azules, lo que compensaron con unos grandes símbolos carlistas –las aspas rojas- cosidos a toda prisa sobre las camisas.

Durante el desfile se produjeron muestras de gran tensión entre falangistas y requetés, lo cual no era ninguna novedad ni sería la última vez que ocurriera, puesto que la Falange y sus autoridades no estaban dispuestas a la más mínima discrepancia con el Partido Único (Santa Cruz, 1984: I, 123-124).

Tan es así que en marzo de 1940 los servicios de información de FET y de las JONS presentaron denuncias en Pamplona porque había carnets de Pelayos incumpliendo ostensiblemente la legalidad de la unificación, y además, según Alejandro Sanjulián -que era el jefe de la banda de tambores y cornetas de los Pelayos-, «el Requeté no se puso nunca en la guerra una camisa azul, ni el cuello azul ni nada azul» (Martorell, 2010: 164).

El 19 de junio de 1939, en la Plaza del Castillo de Pamplona, hubo un acto de homenaje a Ruiz de Alda, cofundador de Falange. Por este motivo llegaron a Pamplona gran cantidad de falangistas -5ª Bandera de Falange-, que se dedicaron a provocar a los carlistas a las puertas de su Círculo -situado en esa misma plaza-.

---

86 *Gara*, 10-12-2011.

Según el testimonio de Benigno Saldías Iñarreta, -presidente de la Sociedad Tradicionalista- gritaban: «Muera Valiño», «Muera Navarra» y «Muera el Rey». El alcalde, Tomás Mata, testificó que los incidentes fueron graves, porque «hubo muchos golpes, pero cuando culminó la cosa fue en el momento en que varios falanges irrumpieron hasta el portal de la Sociedad Tradicionalista y con sillas tomadas de la terraza del *Dena Ona* comenzaron a silletazos con los que allí se encontraban y estos respondieron a la agresión tirándoles algunas botellas. La cosa se generalizó y en aquel momento vio a dos falanges que desenvainaron los cuchillos o machetes que llevaban al cinto y blandiéndolos se acercaron al grupo de la puerta». Máximo Larrea fue perseguido por varios falangistas con sillas, le derribaron y le dieron puñetazos, ocasionándole erosiones en la cara y una herida punzante en la cadera izquierda, de la que fue curado por los vecinos del quinto piso del número 32 de la Plaza del Castillo.

Varios carlistas fueron cacheados por los militares y, a las 8 de la tarde, la plaza del Castillo fue desalojada por patrullas de la Guardia Civil y el Ejército. Pero por la noche, unos trescientos falangistas volvieron a reunirse -con intención de provocar-delante del Círculo donde permanecían los requetés.

Al final, Antonio Lizarza negoció con el oficial de vigilancia de la Bandera de Falange y ambos grupos se retiraron de la plaza para evitar más incidentes (Urrizola, 2017: 173).

En Tarragona, según una investigación de carácter falangista, como consecuencia de inscripciones murales de «propaganda de FET y de las JONS», que borraban los carlistas «y pusieron en su lugar el emblema del desaparecido Requeté», que luego borraban los falangistas, «se produjo un enfrentamiento entre ambos grupos y hubo varios tiros» que «se repitieron una o dos noches más y han resultado un muerto y varios heridos, pero la Falange es la que se ha impuesto y ha mantenido los postulados impuestos por el Caudillo».[87]

No era de extrañar la aparición de armas, porque varios informes de los primeros meses de 1940 de Barcelona, hacen alusión a reuniones de antiguos sindicalistas carlistas y requetés en los que elementos de la Comunión Tradicionalista «van reuniendo municiones y posiblemente armas» y que «tienen en preparación

---

87 AGUN, 133/259/18: Investigación sobre sucesos desagradables entre falangistas y requetés, 21-2-1940.

las listas que constarán los cuadros de mando del requeté [...] en averiguación de los cuales se está trabajando». Y uno de los informes continuaba diciendo:

> Actualmente trabajan en la sombra, elementos adiestrados al objeto de atraerse las simpatías de todos los elementos rojos que hoy existen en Barcelona y que aprueban los clandestinos trabajos que se realiza para la desmembración de la Unión Falange y Requeté, y con ello introducir elementos para sus exclusivos fines.

> También se tiene noticias de que tratan de reclutar elementos de acción entre los antiguos componentes del Sindicato Libre y existe la impresión de que una vez atraidos, trataran de sembrar en España un estado constante de alarma con atentados y otros hechos análogos.

> Desde luego los elementos del Sindicato Libre se están poniendo apresuradamente en contacto, siendo una incógnita hasta ahora las actividades de los conocimientos (sic) «libres» Cano y Marín, aún para los que se reúnen en el antiguo local de la calle de la Unión.[88]

Emblema de los Sindicatos Libres

Efectivamente, en el número 9 de la calle Unión hubo una convocatoria en la que se tuvo contacto con «los antiguos componentes de los Sindicatos Libres, cuyas concomitancias con los requetés son bien conocidas» dado que su presidente «Ramón Sales era requeté» habiendo hecho una «labor de aproximación hacia la

---

88 AGUN, 133/259/18: Información, Barcelona, 20-2-1940

Comunión Tradicionalista», con lo que con esta confluencia de viejos sindicalistas y carlistas se pretendía «producir un estado de opinión favorable a los ideales tradicionalistas».[89]

Otro de los informes vuelve a repetir lo de las armas unido a los sindicalistas: que un tal Velilla «procura armas y municiones» y «por otra parte los elementos tradicionalistas tratan de acercarse a los antiguos componentes de los Sindicatos Libres» y particularmente a los que se distinguieron como elementos de acción, cosa relativamente fácil habida cuenta que «Sales procede de la Comunión Tradicionalista».[90] Y termina diciendo que:

> Aprovechándose de los elementos rojos dará comienzo una serie de actos bien conocidos ya en Barcelona para luego insinuar como solución la instauración carlista. El malestar de Cataluña le hace terreno abonado para estos manejos.

> No nos puede sorprender por todo ello que los elementos marxistas tengan gran alborozo al ver como sus amigos tratan de socavar los cimientos de la Falange pretendiendo llevar a cabo un estado de cosas anterior al Glorioso Movimiento Nacional.[91]

En Calig, un pueblo del Maestrazgo castellonense, en una fiesta allá por el año 1939, alguien gritó «¡Muera Franco y Viva el Rey!». Las autoridades locales trataron de averiguar quién había sido el autor de tales gritos para denunciarle y para ello detuvieron a la carlista de 27 años, Consuelo Anglés Gascó -huérfana de padre y con su madre ciega-, que también había participado en la fiesta y le obligaron a decir, bajo amenaza de encerrarla, quien había sido el autor. La madre les echó en cara que parecía mentira que hicieran eso con su hija habiendo sido amigos de su padre y aprovechó también para acusarlos de ladrones por los abusos y hurtos que hacían desde sus puestos en el Ayuntamiento.[92]

---

89 AGUN, 133/259/18: Informe sobre reuniones clandestinas entre carlistas y sindicalistas, Barcelona, 24-1-1940
90 Aunque el informe habla en presente de Ramón Sales, hay que tener en cuenta que fue asesinado en 1936.
91 AGUN, 133/259/18: «Tradicionalistas y disidentes» s/f (1940)
92 La actitud depredadora de estas autoridades locales de Calig que denunciaba la mujer, era tan evidente que en 1941 fueron condenados por ello en un consejo de guerra (Capita-

Oriundo también de Calig, pero residente en Benicarló, era otro carlista multado en diciembre de 1940 por la autoridad gubernativa provincial. Se trata de Joaquín Anglés Pedra (alias l'Amelero) quien fue sancionado con 150 pesetas «por negarse a pagar los recibos de Ficha Azul»,[93] la cuestación falangista para el Auxilio Social.

En Almazora, un pueblo cercano a Castellón, fue sancionado en julio de 1940, el carlista José Martinavarro Cantavella con «mil pesetas de multa "por negarse al abono de las cuotas que tiene pendientes de pago por Ficha Azul" así como por hacer propaganda aconsejando a los vecinos para que no contribuyan a la misma».[94]

En Barcelona los informantes del sector K-L de los aparatos del estado, también se quejaban de la negativa de los carlistas a colaborar con el Auxilio Social, amén de otras provocaciones, en día tan señalado como el de los Mártires de la Tradición de 1940:

Sector -K-L

El día 10 del actual y con motivo de la fiesta conmemorativa de los Mártires de la Tradición, se han producido algunos incidentes promovidos por los elementos procedentes del antiguo Requeté y que son los mismos que en cada fiesta del Partido dan lugar a ellos con su actitud de provocación e intransigencia.

Desobedeciendo las órdenes dadas por el Caudillo, no acatan estas en ninguna forma. Visten «su» uniforme, dan gritos que son subversivos, según las leyes del Estado; no cumplen, ni siquiera exteriormente, la unificación. Su actitud contrasta con la disciplina que la inmensa mayoría de los Afiliados a la Organización cumple. Se censura cada vez más y más agriamente esta

---

nía General de la 3ª Región Militar. Juzgado Militar nº 6 de Castellón. Reg. Sal. 19753, 23-7-1941, y testimonio del hijo de la víctima, Iciar Anglés, en 16-3-2017).
93 AHPC, Gobierno Civil, Caja 11329, 1º/5260
94 AHPC, Gobierno Civil, Caja 11329. Se trata de una carta de su hijo, dirigida al Gobernador Civil de Castellón, para que se le condone la multa a su padre. La militancia carlista, que por razones obvias no consta en el escrito, ha sido confirmada al autor por su nieta, Carmen Martinavarro.

tolerancia para con elementos tan provocadores, hoy día, como si fuesen elementos rojos. Estas censuras no parten solo de los Falangistas, sino de todas las personas sensatas y que reconocen que el Caudillo de España es Franco y que hay que cumplir lo que él manda. Unos achacan esta pasividad de las autoridades a miedo; otros a partidismos, que no se pueden admitir en organismos del Estado, y otros a que pasa lo de siempre, al deseo de «vivir en paz».

Este estado de cosas puede llegar a tomar caracteres graves, si no se pone medida a los desmanes.

Además, otro hecho vergonzoso. El mismo día, la mayoría de los grupos que tales elementos constituían, se negaban a admitir la insignia de Auxilio Social. Buen ejemplo de hermandad y Caridad Cristiana![95]

La resistencia carlista a colaborar en las cuestaciones a favor de organizaciones del Movimiento fue una constante. Algunos documentos informan de multas de diversa cuantía a varias personas que por su *modus operandi* se puede deducir que también eran carlistas. Tal es el caso de Enrique Comes Monfort, de Burriana, al que el Gobernador Civil de Castellón le impuso, en noviembre de 1941 una multa de 1.000 pesetas «por haberse negado a que le colocaran el emblema de Auxilio Social».[96] En otro pueblo castellonense, La Jana, fue multado por el mismo gobernador con 500 pesetas, en diciembre del mismo año, Domingo Vallés Saurina, alegando que «con motivo de la cuestación verificada en beneficio del Frente de Juventudes, se negó Vd. a adquirir el emblema que le fue ofrecido por las señoritas postulantes de esa localidad, pronunciando en la negativa frases que [...] demostraron en poco aprecio que siente Vd. por las Organizaciones del Movimiento».[97] El tortosino Miguel Llopis Riba, fue sancionado en junio de 1941, por el Gobernador Civil de Tarragona, con multa de 500

95 AGUN, 133/259/18: Informe sobre incidentes, 12-3-1940.
96 AHPC, Gobierno Civil, Caja 11329, 1/4071
97 AHPC, Gobierno Civil, Caja 11329, Negociado O.P. núm. 7493

pesetas, por su participación en «un acto público con escándalo sin la debida autorización».[98]

Notificación de multa a Miguel Llopis Riba en junio de 1941

Miguel Llopis Riba (Archivo Llopis)

Otro tortosino, Juan Segarra Prats, vendedor ambulante, fue multado con 250 pesetas, por gritar ¡Viva España! y ¡Viva el Rey! -frente al oficial grito de ¡Arriba España!-, en «el lugar donde fueron asesinados cuatro requetés de Morella» en un acto de homenaje y en el contexto de una romería en esa ciudad, el 5 de mayo de 1945,

---

98 AMALL Documento del Gobierno Civil de Tarragona, sin referencias, pero con membrete y sello, facilitado por su hijo Miguel Ángel, de su archivo particular, que confirma tanto la militancia como que se trataba de un acto carlista no autorizado.

según consta en la carta del sancionado al Gobernador Civil de Castellón, donde también afirma que «carece de medios el recurrente para hacer efectiva en depósito la sanción impuesta». Sin embargo, la denuncia oficial decía que había sido multado «por atentar contra el orden público». En la respuesta del Gobernador se le comunica que no se le admite el recurso porque «debe ir dirigido al Excmo. Sr. Ministro de la Gobernación, acompañando el resguardo del Depósito del importe de la referida multa» o «acreditar la insolvencia».[99]

En febrero de 1942 José María Valiente interpelaba por escrito al presidente de un tribunal académico que, cediendo a presiones superiores, marginó de manera notoria al carlista Elías de Tejada. «No todos los derechos están en el que manda», terminaba su escrito.[100]

Este tipo de sanciones y marginaciones que se han expuesto, de diversa índole y cuantía y por motivos diversos, trataban de minar la moral de los carlistas que en aquellos años eran los únicos que, desde dentro del conglomerado vencedor de la guerra, podían y querían cuestionar al régimen franquista y enfrentarse a él.

La Delegación Nacional de Información e Investigación de FET y de las JONS era uno de los muchos organismos que perseguían a los opositores al Régimen haciendo labor de policía política, informando periódicamente a sus superiores. Uno de sus casos de investigación por propaganda ilegal carlista en Madrid, les llevó a una portería donde se custodiaba la misma. La investigación les condujo a la pensión Senyera, donde vive el responsable, «Jefe de propaganda de Castilla» un escritor llamado Edmundo Aragonés Merodio, que visitaba frecuentemente a Fal Conde en su destierro de Ferrerías, de quien «emanan todas las órdenes que ejecutan». Se dice que Aragonés «ha demostrado ser sumamente sagaz y peligroso» y deducen que «ha comprado al portero y obtenido de la dueña de la pensión (que es esposa de un Teniente Coronel rojo) la autorización para celebrar sus reuniones».[101]

Esa misma Delegación Nacional informaba ampliamente, en marzo de 1942, sobre recientes actividades carlistas en las Islas

99 AMALL Carta del sancionado y Documentos del Gobierno Civil de Castellón, negociado 3°, números 3661 y 193
100 AGUN, 127/026/13: Carta de José María Valiente a Carlos Ruiz del Castillo, 3-2-1942.
101 AGUN, Fondo Arrese, 49, Tradicionalismo. Informe de FET y de las JONS, Información e Investigación, 5-1-1942

Baleares. Concretamente sobre la extensa difusión de propaganda clandestina contra el régimen y en favor del Tradicionalismo aparecida en los municipios de Artá, Manacor, Llubí, Lluchmayor, Benisalem, Valldemosa, La Puebla, Soller, Pollensa, Campanet, etc. Se emiten informes detallados de los movimientos que por la isla de Mallorca realizan los carlistas, con nombres y domicilios de los principales miembros del requeté y de los sospechosos de colocar los pasquines - algunos de los cuales fueron detenidos por la Guardia Civil-. Así por ejemplo, se cita que en Palma «el domicilio de María Quiles Alomar, calle Hernabeque, 10 [...] es centro de reunión de elementos carlistas. Igualmente se celebran reuniones en la Casa Rectoría de la Parroquia de San Nicolás»; de Artá se dice que «se practicó un registro en la casa de Juan Sancho Muntaner [...] el posible enlace entre aquélla villa y los Jefes de Palma»; de Manacor, donde, tras una misa por los Mártires, «se dieron gritos de Viva el Rey y Viva Fal Conde y Muera el Estado Totalitario», se comenta que Jaime Bover Ferrer, fue interrogado por la Guardia Civil; que Juan Massanet Perelló, «uno de los elementos más destacados del Requeté de Manacor» manifestaba que «España entera estaba cansada del Estado Totalitario; de Benisalem se menciona que un tal Juan Aloy Vallés, amenaza a los falangistas y «ha sido varias veces castigado por haberse manifestado contra el régimen y nuestra organización»; en La Puebla, la Guardia Civil registró el domicilio de Pedro Bisquera Gual, encontrándosele pasquines por lo que «se le instruye atestado y en la mañana del lunes fue conducido a Palma, donde está detenido»; en Valldemosa la Guardia Civil detuvo a Antonio Gelabert Florit, Juan Estarás Mateu y Bartolomé Darder Trías a quienes se les trasladó a Palma «convictos y confesos de la colocación de los pasquines en Valdemosa».

El domingo 8 de marzo, organizado por la Comunión Tradicionalista -y al margen de la celebración oficial que fue suspendida-, se había celebrado una misa por los Mártires de la Tradición en Palma, donde acudieron carlistas de todos los pueblos. Se daba la circunstancia de que también acudió el Gobernador Militar, uniformado, pero calando boina roja. Este hecho, que muestra la simpatía que algunos militares tenían por los requetés, exacerbaba a los falangistas que denunciaban hechos como que uno de aquellos dirigentes «ha visitado con frecuencia la Capitanía General, se supone que al Exmo. Sr. Gobernador Militar General Utrilla y al objeto de recomendarle a los detenidos con motivo del asunto de los pasquines».[102]

Un seguimiento similar a los de Mallorca y a otros muchos carlistas, se realiza de forma mucho más exhaustiva con un sacerdote y predicador de Valencia llamado Juan Benavent. Un escrito de la Delegación de Información e Investigación se inicia con la participación del sacerdote en un triduo en Almería entre los días cinco y siete de marzo de 1942. El Jefe Provincial de Almería informa que «a través de su oratoria, se advirtió una tendencia político-social encaminada a glorificar la idea tradicionalista desde el púlpito […] todo expuesto con hábil donosura». A dicho Jefe le llama la atención también que hable de sus semejantes como hermanos y que, en conversaciones privadas, haga «afirmaciones de una concepción socialista y material por completo de la vida», así como que considere como un gran hombre de Estado a Fernando de los Ríos; que Falange, a la que censura, está fracasada y que «los Requetés vamos a un movimiento para deshacer el sistema político actual», así como que «el Caudillo ha fracasado como político, al igual que Serrano Suñer y Arrese». El jefe provincial de Almería añade: «La campaña reiterada de tipo Requeté, que no es otra cosa que un motivo del juego inglés, de acuerdo con la Masonería y el elemento rojo, plasma en las manifestaciones de este Sacerdote en quien se entrevén condiciones especiales de masón» por despedirse con un efusivo abrazo y con la frase de «Hermano». Continúa el informe recordando que es «amante de la comodidad y del lujo»; que en su domicilio «recibe frecuentes visitas de gran número de personas de todas las clases sociales»; que durante 1940 hizo uso de la palabra en más de seiscientos actos, criticando veladamente el actual sistema de gobierno. Dice que sus tendencias son monárquicas y que capta «la voluntad

---

102 AGUN, Fondo Arrese, 49, Tradicionalismo: «Delegación Nacional de Información e Investigación de FET y de las JONS, Boletín n° 556» sobre Baleares, 15-3-1942. En este escrito debe existir una confusión ya que no es el mismo el Gobernador Militar y el Capitán General, puesto que un escrito anterior que sintetizaba estos hechos y que también menciona al «Gobernador Militar de esta plaza General Utrilla, persona de acusado matiz carlista», decía que «El Capitán General de estas islas, Excmo. Señor. Don Eugenio Espinosa de los Monteros, perfectamente identificado con el Movimiento, ha expresado a esta Jefatura Provincial su firme propósito de esclarecer los hechos». AGUN, FondoArrese, 49, Tradicionalismo: Escrito de FET de las JONS, Jefatura Provincial de Baleares, 10-3-1942. Un adjunto a este escrito transcribe los textos de los «diferentes pasquines subversivos» todos ellos de carácter genuinamente carlista de la época e implícitamente anti-régimen.

de los elementos capitalistas que no ven con gusto la Revolución Nacional Sindicalista. También capta adeptos entre los elementos izquierdistas, utilizando el señuelo de que con una restauración se promulgaría una amnistía general». Y para ganárselos «califica como represalias la justicia del Nuevo Estado y su Jefe nuestro invicto Caudillo». También dice el informe que es «gran enemigo de Alemania» y «se sabe que guarda estrecha relación con Fal Conde con quien permanece en continua comunicación». Y, refiriéndose a un viaje que realizó por Galicia, lo califica de «agitación y propaganda, llevando consigo folletos y un manifiesto del Partido Tradicionalista Español contra la situación actual». Pero en el informe no sólo abordan aspectos políticos, sino que también se quieren recrear en «su aspecto moral» del que dicen «se conocen nuevos detalles» cuyo conocimiento atribuyen, no al seguimiento personal de la Falange, sino «a sus compañeros de profesión». Por ejemplo, la costumbre de «frecuentar uno de los lugares más desiertos de la playa del Saler, donde, en unión de dos jóvenes naturistas, se bañaba sin ropa alguna. Luego del baño, friccionaba con colonia a las referidas jóvenes quienes, a su vez, le friccionaba a él». O cuando informan que estuvo en una vivienda de un «opulento comerciante de Valencia» donde «habita la querida de ese señor, la cual es hermana de un destacado dirigente del Partido Comunista», y que estuvo «hasta muy entrada la noche». En cualquier caso, el seguimiento de este sacerdote parece que fue una obsesión por parte de los falangistas, ávidos de destruir su reputación. Así, entre últimos de marzo y el 23 de abril de 1942, especifican los días y las horas de sus viajes, entradas y salidas de casa, a donde va, con quienes, lo que predica, como viste, cómo vive, etc.[103]

Como sabemos, este tipo de seguimientos, con sus correspondientes informes, eran frecuentes también con diversos dirigentes de la Comunión Tradicionalista y de forma muy especial con D. Manuel Fal Conde, amén de todo tipo de opositores que se hallaran en régimen de libertad por las Españas.

En la madrugada del 10 al 11 de agosto de 1942, en Jerez de la Frontera, fueron detectados por la policía «grupos de individuos pertenecientes al Requeté que transitaban por la vía

---

103 AGUN, Fondo Arrese, 49, Tradicionalismo: Informe de la Delegación Nacional de Información e Investigación, 24-4-1942.

pública procurando hurtarse al servicio de vigilancia, y distri-
buyéndose los componentes de los grupos en parejas» que
repartían por debajo de las puertas un manifiesto de la Comunión Tradicionalista. Fueron detenidas dos de estas personas:
Manuel Gutiérrez Troncoso y un Teniente de Infantería apellidado Quesado Calvo. El primero quedó a disposición de la
Dirección General de Seguridad y el segundo, por su condición,
a la del Gobernador Militar.

El control que se tenía sobre los grupos carlistas opositores era
bastante detallado, pues, en un informe del Negociado de Orden
Público del Gobierno Civil de Cádiz, dirigido al «Señor Ministro
Secretario del Partido», se indicaba:

> Los antecedentes que se tienen del Teniente Quesado
> Calvo son: Pertenece al Requeté desde antes del Alza-
> miento y es de los más destacados en los grupos clan-
> destinos del Requeté de Jerez de la Frontera, habién-
> dose reunido el día 6 último, en unión de Francisco
> Contreras, Teniente Médico Militar y destacado
> tradicionalista no unificado, y el también Teniente de
> Infantería don José María Chacón Molina, en el domi-
> cilio del procurador de dicha plaza, Pedro Lassaleta
> Muñoz Seca, en la calle de Juan Gavala, 16, durando
> la entrevista desde las 2 de la tarde, hasta las 8:30 de
> la noche.- En cuanto a Manuel Gutiérrez Troncoso,
> figuraba afiliado a Falange Española con el número
> 233 y en su ficha, en sentido diagonal, figura la palabra
> «baja», sin más explicaciones, por lo que fue llamado
> en 6 de septiembre de 1940, e invitado para que expli-
> cara su situación como afiliado e hiciera efectivas sus
> cuotas pendientes, contestando que en 1936, solicitó al
> entonces Jefe Local Antonio Vega Calero, su baja, y que
> no quería seguir perteneciendo a Falange, con quien no
> está conforme, y que es Requeté.[104]

En 1943, al año siguiente del atentado falangista en Begoña,
los carlistas volvieron a organizar un acto similar para el 22

104 AGUN, Fondo Arrese, 49, Tradicionalismo. Escritos del Gobierno Civil de Cádiz al
Ministro Secretario del Partido FET y de las JONS, 12-8-1942

de agosto en el mismo santuario y en el centro de Bilbao. En la convocatoria ilegal se pedía la asistencia a la misa por los requetés muertos del Tercio de Begoña, y aparecía también una relación de todos ellos. En ella se hacía una petición a la Virgen de Begoña con «nuestra oración cristiana sin odios y rencores, con la promesa cumplida del perdón de hace un año os ofrendamos aún, para aquellos que quisieron impedir que llegáramos a Vos».

Tras un permiso inicial, posteriormente fue prohibido el acto. Los organizadores dijeron que se realizaría con permiso o sin él. El Gobernador de Vizcaya dio órdenes a la Policía de que impidiera los accesos al recinto, pero el poco celo de la Policía Armada propició que los carlistas pudieran llegar escondiendo sus boinas rojas. En las puertas del templo el Teniente Coronel Purón se enfrentó al Jefe Superior de Policía que intentaba impedir la entrada, lo que envalentonó a los asistentes forzando la entrada. A la salida hubo gritos subversivos, «iniciándose ya la rebeldía».

Más tarde se dirigieron a la «Casa de la Cruzada, Centro disidente del Partido y lugar de donde parten los bulos y noticias tendenciosas contra el Caudillo y la Falange». De allí se dirigieron «a la plaza de Santiago, donde se reunieron formando una manifestación que se puso en movimiento hacia el Arenal a los gritos de Viva el Rey, Viva Fal Conde, Abajo los Traidores y Franco no». En la manifestación un cartel decía «Todo el poder para la Comunión Tradicionalista» y la encabezaba el capitán mutilado de requetés Luis Elizalde. «Incidentalmente pasaron tres camaradas del Frente de Juventudes, los cuales reaccionaron dando un ¡Viva Franco! por lo que fueron agredidos violentamente».

Se dieron situaciones esperpénticas como el de la Policía Armada que, al mando de un sargento, invitó al capitán Elizalde a que se disolvieran, pero este se impuso obligando a cuadrarse al sargento, lo cual desmoralizó a los guardias que no se atrevieron a actuar, teniendo que aguantar, además, que un «grupo de muchachos y mujeres de entre los manifestantes, jugaban al corro en torno a una pareja de guardias entonando el Oriamendi».

Finalmente llegó una dotación con el Jefe Superior de Policía, que detuvo al capitán ante las protestas de los manifestantes, que golpeaban el coche policial mientras Elizalde, desde dentro, continuó animando a los carlistas. A mediodía se disolvió la algarada y tras una reunión de la Asamblea del «Consejo Territorial Carlista», para debatir los hechos, fueron detenidos sus treinta y cuatro componentes. Por la tarde fue clausurada la Casa de la Cruzada.

Como se ha dicho, algunos militares carlistas, antiguos oficiales de Tercios de Requetés, estuvieron presentes en alguno de estos acontecimientos, lo que les supuso también su detención, abriéndoseles unas diligencias que iban a ser tramitadas por un Teniente Coronel de caballería llamado Santo Domingo. Ante el temor de que este militar pudiese ser también el instructor de la Causa, la Delegación de Información e Investigación de Falange lo ponía en entredicho porque «fue Jefe de Miñones de la Diputación de Vizcaya cuando ésta estaba regida por elementos nacionalistas».[105]

Los enfrentamientos entre carlistas y falangistas continuaron después de la guerra civil. Tal como se ha venido apuntando, el grito de «Viva el Rey» era todo un símbolo de antifranquismo. Por un hecho así se podía incluso ser sometido a consejo de guerra como ha puesto al descubierto Ricardo Urrizola en su exhaustiva investigación ya citada.

Así le pasó a Martín Ortiz que gritó: «¡Viva el Rey» y «No hay más que el Rey!». Al ser requerido por la Guardia Civil para que se callara, dijo que «gritaba porque le daba la gana y que lo haría siempre que quisiera». Fue detenido, sometido a juicio militar el 21 de junio de 1939 y encarcelado (Urrizola, 2017: 519).

Por eso el 7 de julio, la delegada de Frentes y Hospitales de Artajona, María Urra, escribe a Dolores Loberente[106] de Lizarraga, delegada de Pamplona -donde Martín Ortiz se halla en prisión-, y le pide que:

---

105 AGUN, Fondo Arrese, 49, Tradicionalismo. Diversos documentos del Gobierno Civil, de la Jefatura Provincial y de la Delegación de Información e Investigación de FET y de las JONS de Vizcaya.
106 Parece que el apellido era Lorente.

haga algo en favor del requeté de esta villa, Martín Ortiz Mendiroz, que fue detenido en esta por gritar ¡Viva el Rey! y más tarde trasladado a Pamplona, y en una de sus cárceles se encuentra hoy.

Es hijo de una pobre viuda que con sacrificio sublime ha criado sus 4 hijos plenos de honradez; como comprenderá es una mujer pobre y no puede atender a las necesidades de su hijo, ropa, dinero, etc. etc. que necesariamente le pide. Este es el motivo por el que le escribo para que […] favorezca todo lo que pueda […] por un gran requeté voluntario desde el amanecer glorioso y épico de aquel inolvidable 18 de julio del 36 en que al grito de ¡Viva el Rey! y con una trompeta corrió a llamar a los hombres que se encontraban trabajando en el campo. ¡Han cambiado las cosas! Y hoy, por ese mismo grito glorioso que lo daremos siempre y aunque nos maten, lo conducen a la cárcel como un criminal.

[…] estoy en el deber de manifestarle que haga todo lo que pueda materialmente por él y que Dios se lo pague con creces como lo hará con el heroico partido carlista español cuyos actos quieren dejarlos anónimos.[107]

Se da la circunstancia de que los requetés de Artajona, insertos en el Tercio de Lácar, tuvieron durante la Guerra Civil un protagonismo importante. Lo describe de forma épica, Jose Mari Esparza Zabalegui y se refiere a la entrada de los cuarenta de Artajona en San Sebastián:

Dicen de ellos que cuando entraron en Donostia en 1936, el mayor número de bajas que tuvieron fue en las puertas giratorias de la Diputación, por querer entrar todos a la vez. Que se llevaron las máquinas de escribir pensando que eran acordeones. Que quisieron rebautizar la Concha llamándola Playa de Artajona. «Navarro ni de barro», se decía en Vascongadas, recordando aquella avalancha de requetés aldeanos,

---

107 AVS, carta manuscrita con sello de la Asociación de Margaritas de Artajona (Navarra).

diablos de boina roja. En cuántas cenas no hemos cantado, hartos de vino y de guasa, aquello de «Cantad valientes hijos de Artajona, cantad a la Virgen de Jerusalén...»

Lo que no se dice es que, en los pueblos más carlistas de Navarra, comenzando por Artajona y Mendigorria, no hubo fusilamientos. Que lo primero que hicieron al entrar en Gernika fue acudir bajo el Árbol a jurar los Fueros. Que atacaron Bilbao, corazón del liberalismo, empujados por la misma inercia atávica de sus padres y abuelos. Que cuando saldaron el comunal navarro para que lo compraran los ricos, Artajona fue de los pocos pueblos que supo mantener sus tierras, comprándolas de nuevo, de forma colectiva, con una singular Sociedad de Corralizas, poder popular, equitativo y democrático vigente todavía, del que deberíamos aprender muchos revolucionarios de boquilla.

Requetés navarros y gudaris nacionalistas se llevaban el canto un duro: sus genes políticos eran los mismos. Entre ellos sólo mediaba la industrialización. Los gudaris perdieron, y entraron en la Historia. Los de Artajona en cambio, ganaron la única guerra en siglo y medio, y la victoria supuso su desaparición.

La Falange y Franco les quitaron el pan del morral. Cuando quisieron reaccionar era tarde. Algunos de sus jefes medraron, como siempre, pero ellos volvieron al surco igual de pobres, rumiando amarguras. Creían haber hecho lo que debían hacer, y de nuevo les habían engañado. Para cuando Montejurra floreció como foco antifranquista y sus grupos de acción llegaron incluso a plantear la lucha armada, el desengaño les había raído todas las ilusiones.

El carlismo navarro tiene raíces más profundas que las que hemos representado en nuestras chanzas. El PNV los machacó porque eran cuña de la misma madera. La izquierda abertzale sólo supo hacerles chistes. Ahora votan a siglas extrañas, aunque ninguna les reconoce su pasado, pero el país carlista sigue ahí. Se expresa de vez en cuando, en el no a la OTAN; en los datos de escolarización en euskera; en los nombres vascos de sus nietos; en el apego a la tierra; en mil datos que no se explican con los resultados electorales...

Algún día habrá que repasar la historia. Saltar por encima del franquismo y reencontrarnos con esa parte del país que dejamos atrás. Y tal vez volvamos a cantar el Gernikako Arbola con los valientes hijos de Artajona.[108]

Volviendo a la investigación de Ricardo Urrizola, hubo un consejo de guerra contra unos legionarios que el 23 de julio de 1939, al grito de «¡Muera Navarra!» y «¡Muera el Rey!» y armados con fusiles, se dedicaron a «limpiar» las calles de Pamplona, dando culatazos, golpes e incluso disparando al aire -atemorizando a la gente-, en «venganza» por una agresión anterior a otros legionarios. También dijeron que los incidentes comenzaron cuando les provocaron gritando «¡Viva el Rey!» y ellos contestaron «¡Muera el Rey!» y «¡Viva Franco!».

A Ángel Yoldi -mutilado de guerra-, le cogieron de la solapa y le obligaron a gritar «muera Navarra, muera el rey y mueran los requetés». Al decir que era requeté mutilado le contestaron: «¡Qué requetés ni qué ostias!», dándole un golpe en la nariz que le hizo sangrar.

Recibieron golpes también, el fotógrafo Javier Gómez Cerdán, Francisco Marculeta -que tuvo que ser ingresado en el hospital- y los panaderos Isaac Martínez y Mariano Toribio Beroiz cuando iban a trabajar. A Antonio Irujo, que se quedó para protegerse junto a un guardia municipal, primero le dieron una bofetada y luego un culatazo. Miguel Lusarreta, de 34 años, tuvo que escapar porque le dieron dos culatazos en la espalda y varias bofetadas. A Vicente Aldabe le encañonaron y recibió un culatazo y un puñetazo en la cara, cuando salía de la peña Irunsemes. Otros paisanos sin identificar también fueron agredidos.

A pesar de la virulencia de estos actos, los legionarios procesados quedaron absueltos en sentencia de 17 de diciembre de 1943 (Urrizola, 2017:189).

Otra de estas agresiones se produjo en Estella, cuando un grupo de militares entró en plan amenazante en el bar La Moderna, el 24 de septiembre de 1939. Profirieron insultos y lanzaron gritos de

---

108 http://www.eka-partidocarlista.com/40.htm

«¡Muera el Rey!» «¡Viva Franco!» «¡El cabrón que diga Viva el Rey lo mato!» y «¡Todos los de Estella sois unos cabrones!». También gritaban por la calle «¡Fuera los requetés!» y «¡Requetés de mierda!».

A Jesús Larrainzar -que era uno de los dirigentes carlistas de Estella- le siguieron hasta el portal de su casa. Entre insultos y golpes le tiraron el reloj y las gafas al suelo. Con la ayuda de un vecino -Jesús Gómez de Segura- logró Larrainzar meterse en casa. Al rato volvieron los militares dando gritos y llamando al timbre. Salió su madre y al ver la actitud de los militares, intentó cerrar la puerta sin conseguirlo; entraron violentamente en la casa, con la intención de encontrar a Jesús, que salió al pasillo junto a su hermana Josefina. Resultó que Josefina conocía a uno de ellos, por lo que se quedaron cortados y se fueron no sin antes decir: «¡Te libras por las señoritas!» «¡Mañana nos veremos!»

Tres militares fueron detenidos por los incidentes -los tenientes Vicente Galindo y Víctor Fe y el alférez José Larín- que, tras ser sometidos a juicio en febrero de 1940, quedaron en libertad (Urrizola, 2017: 475).

En Pamplona hubo algunos incidentes menores en el verano de 1939 entre carlistas y falangistas. En uno de ellos, según cuenta el Conde de Rodezno en sus memorias, los falangistas que lo provocaron salieron escaldados. Durante las fiestas de San Fermín, en las corridas de toros y a su salida, los mozos de las peñas coreaban con retintín desafiante ¡Viva el Rey! En cambio, en el aniversario del 18 de julio a un falangista que gritó ¡Arriba España! le dieron una paliza y desaparecieron las pocas camisas azules que había porque las gentes ya excitadas no las toleraban.[109]

Conde de Rodezno (Archivo Miralles)

---

109 Este hecho es mencionado por Ricardo Urrizola (2017: 181)

Unos días antes se le había hecho un homenaje a Rodezno en la Diputación de Navarra, pero su discurso no agradó a Serrano Suñer, que prohibió su publicación y cualquier comentario del acto en toda España. Era algo insólito someter a censura y prohibir la publicación del discurso de un ministro como lo era entonces Rodezno. Éste, aunque tradicionalista, había aceptado la Unificación, había sido nombrado ministro y apartado por ello de la Comunión. Sin embargo, se sentía aún apegado al carlismo de sus conciudadanos. Como ya se sentía fuera del Gobierno, optó por no contestar a Serrano y despreciar el incidente (Santa Cruz, 1984: I, 153-154).

En la misma Pamplona, con motivo del traslado de los restos del general Sanjurjo desde Portugal, tampoco faltaron los incidentes -también en los pueblos por donde pasó la comitiva donde los carlistas hacían manifestaciones paralelas- con una espontánea concentración de carlistas que aclamaban a Fal Conde, a pesar de que éste no quiso aceptar el nombramiento que le hizo el general Varela para ir a Lisboa a recoger los restos, ni tampoco para formar parte de la comisión. Aquellas aclamaciones le costaron a Fal Conde en 1939 el confinamiento en Sevilla durante siete años,[110] sólo interrumpidos por el destierro, en agosto de 1941, a Ferrerías, en la isla de Menorca. Durante el confinamiento, el año 1940, parece que se le negó un permiso para ir a Málaga, así como otro para veranear con su familia (Santa Cruz, 1984: I, 181-182 y 1979: II, 104). Este confinamiento fue acompañado de otras medidas gubernativas como la censura de su correspondencia, la vigilancia personal y de su domicilio y la sujeción a trámites dilatorios para viajes profesionales y medidas policiales en relación con sus visitantes (Villanueva, 1989: 254-255).

La censura de la correspondencia a Fal Conde y los cortes de comunicación se manifiestan en distintas ocasiones, hasta el punto de no haberle transmitido el telegrama sobre la noticia de la muerte de la esposa del rey D. Alfonso Carlos, María de las Nieves, que murió en febrero de 1941. Tampoco pudo ir a Viena a su entierro (Santa Cruz, 1988: XVII, 200 y 203). Los carlistas se quejaban de que más de la mitad de las 60.000 comunicaciones postales de adhesión a la «reina María de las Nieves»,

110 Sobre el origen de confinamiento de Fal, ver también AGUN, 133/187/1939/3, escrito de 7-11-1939.

mandadas a Pouchhein durante su enfermedad, habían sido interceptadas.[111]

Poco antes del primer aniversario de la entrada de los nacionales en Barcelona (el 26 de enero de 1940), el presidente de la Junta Carlista de Cataluña, Mauricio de Sivatte, fue encarcelado en la Modelo de Barcelona sin haberle explicado los motivos. Permaneció allí una semana, por lo que pasó allí el día de dicho aniversario.

Parece ser que algunos presos políticos de izquierda que se hallaban en la misma cárcel, pensaron en la posibilidad de una nueva alianza con los carlistas. Tan es así, que el domingo siguiente, después de la misa, al cantar los reglamentarios himnos «patrióticos» como lo eran a la sazón el «Cara el Sol» falangista y el «Oriamendi» carlista, boicotearon el primero y cantaron con especial énfasis el himno carlista, razón por la cual fueron amonestados por el director de la prisión (Santa Cruz, 1979: II, 103). Estos intentos de alianza con los carlistas -especialmente por parte del Partido Comunista-, no son inverosímiles, pues tres años más tarde, en 1943, lo intentó también el dirigente comunista Jesús Monzón –el que dirigió en 1944 la invasión del Valle de Arán por el maquis-, al impulsar la «Unión Nacional» (Martorell, 2000: 119-120).

Mauricio de Sivatte (Archivo Sivatte)

Otro hecho similar de confraternización entre presos políticos republicanos y carlistas, se dio en la prisión de Pamplona entre los más de cien carlistas encarcelados a raíz de los enfrentamientos con

---

111 AGUN, 133/179/1941/1, escrito de 30-1-1941.

la policía del 3 de diciembre de 1945 y los presos políticos, tal como lo explica el carlista Artur Juncosa -que estuvo en esa prisión-, al afirmar que cuando pudieron salir al patio, después del periodo de incomunicación, con la entonación de la Marcha Real, se daban los consabidos gritos de: España, Una, Grande Libre, Viva Franco y Arriba España. Sin embargo, los carlistas quedaron en silencio al grito de Viva Franco y contestaron al de Arriba España (el típico falangista) con un Viva. Al día siguiente, el resto de presos políticos secundaron a los carlistas, lo que propició que a partir de entonces se suprimieran esos rituales gritos en la prisión.

Juncosa explica también como llamó la atención de los presos políticos que en la misa de la Purísima los carlistas comulgaran, ya que aquellos identificaban religión con franquismo. Por hechos como este y otros que cuenta Juncosa, algunos presos de izquierdas manifestaron una cierta admiración por los carlistas (Martorell, 2010: 337)

El 22 de mayo de 1940, los falangistas de Barcelona se organizaron para impedir que los carlistas desfilaran en la procesión de Corpus, para lo cual reunieron a dos centurias de choque «azules». Cuando los requetés que participaban en la comitiva llegaron a la calle del Obispo, camino de la Piedad, fueron atacados al grito de «Aquí la Falange» y «Camaradas al asalto». Se inició una batalla campal que ni la fuerza pública pudo parar a pesar de que el general Orgaz pidió contundencia por miedo a que le ocurriera algo al Ministro de Obras Públicas, presente en el acto. Llegó el jefe accidental de FET y de las JONS con su escolta y con armas en la mano, lo que aún excitó más a los carlistas.

El resultado fue el encarcelamiento de cuarenta y tres requetés a los que paradójicamente se les acusó del desorden. Un requeté que no participó en los hechos, Agustí Rubio, fue deportado a Mahón. En días posteriores, la policía, a altas horas de la madrugada y pistola en mano, procedió de nuevo a la detención de treinta y uno de los cuarenta y tres requetés que fueron interrogados en las dependencias policiales. Algunos eran excombatientes y mutilados de guerra.

Por atentar a la unificación, el 26 de agosto, fueron severamente amonestados por el Gobernador Civil de Gerona dos ex-requetés de Olot por haber organizado un funeral y publicado una esquela en *El Pensamiento Navarro*, en memoria de los requetés de aquella comarca -del tercio de Montserrat-, fallecidos en Codo. Por el mismo motivo fue censurada una misa en memoria de María de las Nieves, esposa del rey carlista Alfonso Carlos, por parte del Jefe Provincial del Movimiento de Tarragona (Vallverdú, 2014: 87-89).

Desde el Hospital Militar de Zaragoza, el comandante Ruiz Hernández escribía a Fal Conde lamentándose de su situación y recordando a sus hermanos muertos por la Causa: «se nos persigue, ello es ya indudable, a los mejores, a los que como en mi caso juramos luchar hasta el fin y así lo hemos cumplido. Mis dos hermanos muertos, uno en Barcelona [...] Otro, Teniente de Infantería, al frente de sus Requetés del Tercio María de Molina, al ocupar una posición abandonada por fuerzas de Falange».[112]

Tal era la presión ejercida contra el carlismo que incluso dos miembros del tradicionalismo pro-franquista como Iturmendi y Ortigosa, se reunieron con Arrese, Ministro Secretario de FET y de las JONS, denunciando los «agravios inferidos a los tradicionalistas en sus símbolos y sentimientos [...] que ya tuvo su culminación mucho tiempo atrás, cuando incluso durante la guerra [...] aquella persecución llegó sin embargo a alcanzar extremos realmente vejatorios».[113]

También dos miembros de la Junta Superior de la Comunión Tradicionalista, Lamamié de Clairac y Ortiz Estrada, se encararon con las autoridades, denunciando atropellos a diversos carlistas de distintos lugares de España.

Así, a mediados de 1940, Lamamié había escrito a José Finat, a la sazón Director General de Seguridad, denunciándole algunos abusos producidos contra carlistas, que según sus informes, se habían dado en Ciudad Real, Salamanca y Murcia, cosa que Finat negaba en su contestación. En una nueva carta, Lamamié concretaba otras denuncias, como la de Palma de Mallorca contra José Zaforteza Musoles, a quien «alguien muy significativo de la Falange de allí dijo, disculpándose, que a él se le había dicho de Madrid que "mucho ricino"» y que «había habido más casos en

112 AGUN, 133/113/3/5, carta de Ruiz Hernández a Fal Conde, Zaragoza, 29-3-1940.
113 AFNFF, doc. 64, notas sobre la conversación entre Arrese y Ortigosa e Iturmendi, 24-11-1940. Otro carlista pro-franquista y más tarde Juanista, Jesús Elizalde, también se quejaba al ministro Arrese de la discriminación en la ocupación de cargos en Cataluña, AGUN, 133/258/3/16: Carta de Jesús Elizalde al Excmo. Sr. Secretario General de FET y de las JONS, 2-3-1939.

Mallorca» y en Zamora a otros, entre los cuales «a un Requeté, todo ello por un grupo en el que figura el chófer del gobernador de aquella provincia».

Lamamié describe otro abuso de un Gobernador de provincias sobre «detenciones bastante arbitrarias, incomunicaciones hasta de veinte días en los calabozos de la Comisaría (una de ellas de una señorita), las cuales mantenía con tan absoluto rigor que no permitía ni pasar comidas, ni ropa ni siquiera un colchón; purgas de ricino dadas en el propio Gobierno Civil, cortes de pelo ordenados por él y ejecutados en el domicilio de Falange». Y denuncia también que el dicho Gobernador «cobra las multas en dinero y no en papel de pagos y hasta ha reaccionado contra un recurso por imposición de mil pesetas de multa, encerrando incomunicado en los citados calabozos al Registrador de C…..». Sobre el mismo Gobernador Ortiz Estrada testifica que «sigue haciendo de las suyas» como ha hecho en «los diversos gobiernos que ha ido desempeñando».

En otro caso fue el presidente de la Adoración Nocturna de una diócesis, quién en carta al Ministro de Justicia, denunciaba a un Gobernador Civil, porque en la noche del 30 al 31de mayo fue escarnecido un miembro de dicha asociación religiosa, tras una fiesta de la misma: «fue detenido por agentes de la autoridad antes citada, y llevado a su presencia como reo por el delito de haber llevado en el pecho, con anterioridad al acto, las insignias pertenecientes a los gloriosos Requetés». Por dicho «delito» según la versión del detenido «fue injuriado, mofado y escarnecido en el despacho del Gobernador, y después le dieron una gran poción de aceite de ricino, que ha puesto en peligro su salud, y a continuación fue encerrado en un calabozo donde estuvo toda la noche, llevándolo por la mañana a otro alto tribunal (jefatura de Falange) donde lo pelaron, y con ludibrio fue echado a la calle con la cabeza que parecía afeitada» (Santa Cruz, 1979: II, 94-103).

Eran tales los excesos de ciertos gobernadores y falangistas, que un informe de un «destacado monárquico» adicto al régimen, decía que, para favorecer la unificación de los tradicionalistas «sería muy conveniente cortar de raíz el procedimiento de aplicar FET procedimiento (sic) y castigos personales de propinar palizas [y] hacer ingerir aceite de ricino».[114]

---

114 AGUN, 133/259/18: «Informe del Sr. Llanas de Niubó», Barcelona, 26-4-1940.

En Murcia varios jóvenes fueron encarcelados en mayo de 1940, por pasearse por las calles luciendo emblemas carlistas porque consideraron que había llegado el momento de combatir la Unificación.[115]

Jesús Lasanta, un combativo joven carlista riojano que con 12 años -aunque aparentaba más-, se había alistado como requeté en el tercio de Lácar, estuvo sometido a dos consejos de guerra. El primero en 1941, por repartir un manifiesto en el que se criticaba a Franco por no cumplir los acuerdos del carlismo con Mola y Sanjurjo. Dice Lasanta: «vinieron a casa a buscarme y me llevaron a comisaría para intentar sacarme de dónde habían salido los papeles y quien estaba detrás». Como mutilado de guerra que era exigió que le llevaran al Gobierno Militar, y allí «me citaron para un consejo de guerra por hacer propaganda contra el jefe del Estado. Pedían para mí 21 años de cárcel y 100.000 pesetas de multa»[116] pero, según cuenta Lasanta, el defensor alegó que ni le habían leído el Código Penal Militar, ni había jurado bandera, y al final todo quedó en ocho días de arresto.

El segundo fue en 1943, en Logroño, a la salida de misa por los Mártires de la Tradición, por dar gritos subversivos y negarse ante un comandante de la Policía Armada a hacer el saludo fascista. «Me llevaron detenido al Cuartel de Infantería, me cortaron el pelo al cero, y me levantaron otro consejo de guerra por gritar "viva el rey Javier", aunque al final quedó en nada» (Larraz y Sierra-Sesúmaga, 2010: 403-404).

Días después de ingresar en la cárcel provincial de Castellón, al carlista de 76 años, Juan Bautista Lloret Manrique, natural de Villarreal, se le abrió, en enero de 1940, el consejo de guerra sumarísimo 8829-C. Durante la República se había afiliado al sindicato CNT por necesidad laboral.

Curiosamente, el que lo denunció era un sacerdote, Antonio Pons García, rector de Villarreal y residente en Almazora, donde también residía Lloret. Le acusaba de amenazas y persecución a gentes de derechas. El sacerdote aporta nombres de falan-

---

115 AGA, (9) 17.10-51/20557, Informe mensual dirigido a la Delegación Nacional de Provincias, mayo de 1940.

116 Hay que tener en cuenta que el edicto del Estado de Guerra de 28 de julio de 1936 legitimaba los consejos de guerra, incluyendo, en su artículo 6°a, a «los que propalen noticias falsas o tendenciosas con el fin de quebrantar el prestigio de las fuerzas militares y de los elementos que prestan servicios de cooperación al Ejército» (Medall, 2016: 149). En cualquier caso la cantidad de la multa debe ser un error o una exageración.

gistas locales que pueden corroborar su acusación. Le acusa de ser vanguardista y de que, tras la ocupación de Villarreal, fue nombrado guardia municipal, actuando contra sus anteriores aliados. Lloret se defiende diciendo que es falso de lo que se le acusa porque en aquel tiempo estuvo gravemente enfermo y encamado y aprovecha para decir que como guardia municipal -cargo del que dimitió voluntariamente- sabía que el sacerdote vendía jabón sin pagar las contribuciones pertinentes. Todos los testimonios de gentes de Villarreal y Almazora coinciden en su buena conducta y le consideran incapaz de haber coaccionado a nadie en favor del voto al Frente Popular en 1936. En este caso, y gracias al soporte de la sociedad civil de ambos pueblos, Lloret quedó en libertad después de pasar varios meses en la cárcel y el sumario se cerró (Medall, 2016: 155-156).

En los primeros meses de 1942, diversos informes de provincias, bien de gobernadores civiles o del Servicio de Información de Falange, daban cuenta de movimientos tradicionalistas que apuntaban a un levantamiento o golpe tendente a derrocar a Franco y sobre todo su régimen falangista.[117]

El Gobernador de Málaga en carta al Ministro del Movimiento le informaba de que «He podido conseguir de una determinada persona perfectamente documentada, el programa de lo que ha de ser el movimiento a que propende el Requeté. Te adjunto copia del mismo». Decía que «entre las personas comprometidas en Málaga, figura Doña Concha Rein de Santos Ayuso[118]», que tenía intervenido el teléfono por orden suya. Y pedía: «necesito se me diga qué debo hacer con ella. Imponerle una multa o detenerla 15 días, me parece una medida contraproducente […] con ello no conseguiríamos más que exacerbar sus sentimientos. De hacer algo con ella, debería ser ponerla a disposición de la jurisdicción de guerra por manejos subversivos» porque consideraba que «la propaganda es criminal, ataca al Régimen en lo más sagrado y llega incluso a la persona del Caudillo; en su programa le amenazan con decisiones extremas, caso de no avenirse a sus manejos», y sugería al Ministro que «hay que emplear toda la fuerza» o de lo contrario se produ-

117 Desconocemos si este movimiento tuvo algo que ver con el llamado «Plan Azor», ligado a la acción de los maquis y de la *Intelligence Service*, de la que se hace referencia en otro capítulo.
118 Era la delegada en Málaga de las «Margaritas».

cirá «la caída vertical de un Régimen que no tiene ni tan siquiera reservas para defenderse». Finalmente comunicaba que tenía «la evidencia de que toda esta propaganda procede de Sevilla, donde se encuentra la cabeza de la organización».[119]

En el texto del «programa de lo que ha de ser el movimiento a que propende el Requeté», se adjunta primero una circular, la nº 7, en la que puede leerse:

> Dentro de poco muchos de vosotros vais a extenderos por los pueblos de la provincia, otros quizá iréis a ciudades lejanas y muchos os quedaréis en vuestra residencia habitual.
>
> Para los que parten y para los que se quedan ahí van un puñado de consignas concretas y precisas.
>
> Poneos en comunicación con el pueblo. Ya sean obreros o comerciantes, pescadores o industriales. Hablad a todos. Discutid con tesón.
>
> Recordad bien lo que somos y lo que queremos, que no pedimos una Monarquía como la que se fue el 14 de abril, tras haber llenado el país de caciques. Que luchamos por encima de todo para que nuestra Patria sea independiente y no tenga que ir debiendo la vida a Alemania. Que si vamos a echar a la Falange a puntapiés no es para poner en su lugar otro «Partido único» y repartirnos los enchufes.
>
> Para los que os quedáis en vuestra residencia normal, este será vuestro objetivo y vuestra nota. Vuestra ciudad este verano tiene que llenarse de vuestras ideas, de vuestro ímpetu y afán de proselitismo, de vuestra discusión ágil, de vuestra disciplina y de vuestro afán de tener al mando siempre en conocimiento de lo que ocurra.
>
> Y para los que os vais a un pueblo serán estas últimas consignas.

---

119 AGUN, Fondo Arrese, 49, Tradicionalismo. Escrito del Jefe Provincial del Movimiento y Gobernador Civil de Málaga, Emilio Lamo de Espinosa, al Ministro Secretario General, José Luis Arrese. 23-1-1942.

Vais a poneros en contacto con la España de las hambres
y de las sequías. La que aligeró muchas veces en un relám-
pago de local ferocidad embalses seculares de cólera. Pero
no os desaniméis con vuestra labor. Fuerza ante fuerzas.
Vosotros que quizás habréis dado cara al falangista o rugido
en las paredes la imprecación contra el mundo estúpido y
cobarde que os rodea vais a redimir a esas pobres gentes en
un desesperado horror. Vosotros vais a ir a esos campos y a
esos pueblos de España a convertir en impulso su desespe-
ración. Para trocar en ímpetu lo que hoy es justa ferocidad en
alimañas recluidas en aduares, sin una sola de las gracias y
de las delicias de una vida de hombres.[120]

En lo que parece una síntesis -interpretada por el Gobernador-
del posible movimiento cívico-militar para derribar el régimen,
se mencionan varias versiones o alternativas en relación con
la actitud del Ejército: de manera activa, pasiva o en contra. En
el primer caso, con la colaboración del Requeté; en el segundo,
tomando este la iniciativa; y el tercero, contra el Ejército, poco
posible por motivos prácticos.

En cuanto a los fines, se proclamaría la Monarquía Tradicional,
cuya regencia la asumiría D. Javier de Borbón Parma hasta encontrar el rey de mejor derecho (algunos parece que todavía no descar-
taban a D. Juan); España se dividiría en regiones coincidentes con
los antiguos reinos, con usos de las lenguas propias y autonomías
administrativas. Limitación del Poder Real por los Fueros regionales y municipales y por las corporaciones en Cortes.

Se planteaban algunos objetivos previos al movimiento, como
convencer al pueblo de los fines; fomentar el descontento popular;
denuncia de la Falange y del estado de corrupción; preparar a
gente joven instruida militarmente.

Tras el movimiento se preveía el arresto de los gobernadores,
alcaldes y demás jefes de Falange. Respecto a Franco, en caso de
oponerse, se le fusilaría. Y por lo que respecta a la guerra mundial
en curso, se mantendría la neutralidad.[121]

---

120 AGUN, Fondo Arrese, 49, Tradicionalismo. Dios-Patria-Rey. Sección 2ª.- Circular nº
7, s/f
121 AGUN, Fondo Arrese, 49, Tradicionalismo. Síntesis del posible movimiento militar
para derribar al Régimen.

En una línea similar a lo denunciado por el Gobernador de Málaga, en Albacete, el 20 de febrero de 1942, el Servicio de Información e Investigación de Falange informaba que había detectado, a través de un infiltrado, una organización clandestina de carlistas que se reúne «en el domicilio social de las Juventudes de Acción Católica». Dice que algunos de ellos están afiliados a FET y de las JONS. Se informa que disponen de «armas cortas y que constantemente hacen propaganda de dicha Organización clandestina para la recluta de afiliados» y que extiende sus ramificaciones por algunos pueblos de la provincia, para organizar la Comunión Tradicionalista», como es el caso del pueblo de Madrigales, donde un tal Galdón Galdón, «uno de los más destacados de dicha Organización clandestina» ha logrado alistar a dieciocho. El informe dice que Luis Navas Freyjó ha recibido información de Argentina «que comprende la forma en que ha de llevarse a cabo el levantamiento tradicionalista, así como sus normas y directrices». Todos estos datos demuestran el grado de radicalidad contra el régimen en que parece se encontraba en carlismo de aquellos años, y que no dudaba en aprovechar tanto la afiliación al Frente de Juventudes o a FET, como los locales de Acción Católica.[122]

Tal vez relacionado con los casos de Málaga y Albacete, el Vicesecretario General del Movimiento, José Luna, daba una «voz de alarma» al Ministro Secretario porque el día 10 de marzo de 1942 hubo por muchas provincias de España «un reparto profuso de pasquines con textos alusivos al Requeté y en los que no dejan bien parada a nuestra organización y al Caudillo»; que lo hacían envalentonados, con «gran violencia» y «en forma descarada y exenta de todo temor». Añadían que «acaso los pasquines y propaganda salga de la Embajada Inglesa». Esto último parece poco probable dado que las consignas de la dirección del carlismo -aunque incumplidas en algunos casos a favor de Inglaterra-, era la de neutralidad respecto a los contendientes en la Segunda Guerra Mundial, a pesar de su claro posicionamiento antinazi.[123]

Sea como fuere, la persecución continuaba. En Sevilla, en marzo de 1942, «la Policía Armada en la madrugada del día 10

---

122 AGUN, Fondo Arrese, 49, Tradicionalismo. Informe de la Delegación de Información e Investigación de la Jefatura Provincial de Albacete, de FET y de las JONS, 20-2-1942.
123 AGUN, Fondo Arrese, 49, Tradicionalismo: Carta de José Luna a José Luis Arrese, 16-3-1942.

sorprendió a un grupo de individuos cuando fijaban pasquines» en el aniversario de los «Mártires de la Tradición». De entre un numeroso grupo que salió esa noche, se detuvo a los jóvenes Rodrigo Bethencourt, Angel Onrubia y Aníbal González; otros se dieron a la fuga. Ingresaron en los calabozos y posteriormente, con el material de propaganda, «fueron entregados con las diligencias a la Autoridad Militar de la Región, por ser asunto en el que ha de intervenir la Jurisdicción Militar».[124]

El ya mencionado Tomás Martorell Rosáenz -teniente de Requetés-, al término de la guerra se quedó en el Ejército, lo cual no supuso el freno de su militancia carlista contra el Régimen. Primero estuvo destinado en la Jefatura de Milicias de Logroño y mandado allí como jefe local de Excombatientes en Arnedo. Lo primero que hizo en la oficina fue darle la vuelta al cuadro de José Antonio, el fundador de Falange, que presidía todos los centros oficiales. Por este acto fue trasladado inmediatamente de nuevo a Logroño, desde donde se dedicó a reorganizar clandestinamente el carlismo. Más tarde, en 1942, fue destinado a la Jefatura de Milicias de Castellón, donde continuó su actividad carlista. Denunció las corruptelas y los abusos del Gobernador Civil, José Andino, hasta tal punto que en una ocasión la policía hizo un registro en su domicilio para buscar ese tipo de propaganda ilegal. No la encontraron porque su mujer la había escondido. A pesar de que un tiempo más tarde el gobernador militar le nombró Jefe de Milicias de Castellón, se negó a darse de alta en FET y de las JONS como era preceptivo y además, desde ese momento convirtió dicha jefatura en el cuartel general de los carlistas de la localidad. Enterados de sus actividades en las altas esferas, fue llamado primero a Valencia, donde fue amonestado. Después recibió la visita de cuatro altos mandos de Falange que le interrogaron durante varios días. Finalmente, parece que intervino el coronel Iglesias, jefe del Regimiento «Galicia», que frenó el asunto hasta donde pudo, pues le condenaron a ocho días de arresto domiciliario. El Gobernador Civil dio orden de que abandonara la Jefatura de Milicias y la vivienda asociada, teniéndose que marchar con su mujer y tres hijos al vecino pueblo de Almazora, donde un carlista de este municipio le facilitó una

---

124 AGUN, Fondo Arrese, 49, Tradicionalismo: FET de las JONS, Delegación Nacional de Información e Investigación. Resumen de provincias, 12-3-1942 y 18-3-1942.

casa donde vivir, hasta que fue de nuevo destinado a Villaverde (Madrid) (Tomás Martorell, 2001: 65-73).

El teniente Tomás Martorell Rosáenz (Archivo Martorell)

En febrero de 1942 la hija de Carlos VII, doña Blanca, visitó con su familia algunas ciudades de España. En Málaga tenían prevista una recepción en el hotel Miramar pero, por causa de un retraso imprevisto, sólo quedó un grupo reducido de carlistas que coincidió en el tiempo con un homenaje al falangista Arrese en el mismo hotel. Cuando estos cantaron el Cara al Sol brazo en alto, los carlistas se sentaron como muestra de desprecio, razón por la cual fueron agredidos por los falangistas allí presentes.

En marzo de 1942, una escueta ley concedía una pensión a unos pocos veteranos de la última guerra carlista. El carlismo burgalés aprovechó esta ley para organizar un acto político que el Gobernador Civil no pudo prohibir por su carácter militar y la asistencia de ayudantes del gobernador militar y capitán general. Sin embargo, al término del acto político, el capitán de la Policía Armada ordenó que desaparecieran las boinas rojas, a lo que los asistentes se negaron, siendo entonces disuelta violentamente la multitud y detenidos los organizadores. Fueron conducidos ante el Gobernador Civil quien les ordenó que le saludaran brazo en alto, pero se negaron. Como consecuencia los organizadores fueron encarcelados durante una semana y la presidenta de las Margaritas y otra señora carlista fueron multadas con dos mil pesetas cada una (Santa Cruz, 1979: IV, 144, 203).

La Fiesta de los Mártires de la Tradición[125] era el día 10 de marzo. Conviene recordar las razones de la represión contra los carlistas en torno a esta fecha. Esta fiesta la quiso hacer suya también el Estado después de la Guerra Civil. Sin embargo, los carlistas no querían participar en los actos oficiales y siempre la organizaban por su cuenta, al margen de las organizadas por el Gobierno Civil donde acudían las autoridades civiles y militares. Por esta causa todos los años la policía vigilaba las convocatorias e intentaba reprimir los actos organizados por la Comunión Tradicionalista. Algunos informes oficiales se hacían eco de esta división organizativa. Por ejemplo, en Segovia, en 1942, «se celebraron los funerales ordenados por la Jefatura Provincial del Movimiento asistiendo a los mismos las autoridades Militares y civiles» y añadían que «se ha observado y comentado la falta de asistencia de antiguos elementos pertenecientes a la Comunión Tradicionalista, creyéndose que ha sido debida esta falta de asistencia a una consigna toda vez que el pasado día 8, domingo, fue organizada por algunos elementos de dicha organización». Normalmente las organizadas por los carlistas eran más concurridas que las oficiales: «En los pueblos de la Provincia como Irún, Tolosa, Mondragón, Beasain, etc. han conmemorado los Mártires de la Tradición [...] Los asistentes, en crecido número, lo hicieron llevando únicamente la boina colorada, pero sin el uniforme ni camisa azul».[126] En algunos casos este hecho era motivo de enfrentamientos callejeros con la Falange a la que le tocaba hacer el papel de mamporreros del Gobernador Civil de turno toda vez que acudía a las celebraciones organizadas por los carlistas con el fin de provocar o para contrarrestar los gritos y consignas tradicionalistas:

> Los movimientos de tipo Tradicionalista, en lo que va de
> mes, han culminado en una extensa y activa propaganda

---

125 Miguel Delibes cita la prohibición de publicar noticias referentes a las misas por los Mártires de la Tradición siguiendo las instrucciones de la vicesecretaría de Educación Popular del partido Único en notas como la siguiente: «Por la presente pongo en su conocimiento que con referencia a la fiesta de los Mártires de la Tradición sólo publicará ese diario la reseña de la misma que con tal motivo se ha celebrado en la iglesia de El Salvador, quedando por tanto suprimidos todos los comentarios relativos a la citada misa. Lo que le comunico para su conocimiento» (Delibes, 1979).
126 AGUN, Fondo Arrese, 49, Tradicionalismo: FET de las JONS, Delegación Nacional de Información e Investigación. Resumen de provincias, 12-3-1942.

desarrollada simultáneamente, obedeciendo a una consigna en casi todas las Capitales y pueblos importantes de España.

Con alardes tipográficos han sido fijados infinidad de pasquines con diversos textos, todos coincidentes en contra del Régimen actual y propugnando una restauración.

En algunas localidades, en las que la propaganda no llegó a tiempo, se recurrió a procedimientos más primitivos, fijando los textos con minio o alquitrán en las fachadas de las casas.

Con motivo de la solemnidad de los Mártires de la Tradición, los elementos requetés, anticipándose a la disposición de la Secretaria General del Movimiento para que en todas las Provincias se organizasen funerales, organizaron ellos por su cuenta diversos funerales encubiertos con un pretexto diferente, a la calidad de los cuales se ha dado lugar a pequeños incidentes en los que los falangistas al grito de Franco, Franco, Franco, han respondido a los gritos de «Viva el Rey» de los requetés, motivo que fue aprovechado para que ambos bandos de contendientes se agrediesen mutuamente.[127]

El año 1942 la conmemoración carlista fue prolija por todas las Españas, pegándose, alrededor de esa fecha, pasquines y carteles por doquier. En Madrid hubo misa, manifestación y enfrentamientos con falangistas y la policía, produciéndose cinco detenciones de carlistas.

En torno a esta misma fecha, en Cuatro Caminos, un grupo de requetés que cantaba el Oriamendi y gritaba Viva el Rey, fue increpado por otro grupo de falangistas que pretendían oponérseles.[128]

En Córdoba, con motivo de la misma fiesta carlista «el Gobernador ordenó una tenaz persecución contra los que imprimieron y pegaron los pasquines. Hubo trece detenidos que fueron maltratados y mezclados con presos comunes[129] cuando ingresaron en la cárcel.

---

127 AGUN, Fondo Arrese, 49, Tradicionalismo: FET de las JONS, Delegación Nacional de Información e Investigación, 18-3-1942.
128 *Boletín de Información del Requeté*, nº 31 de marzo de 1942.
129 *Boletín de Información del Requeté*, nº 31 de marzo de 1942.

En la misma fecha, en Valladolid, se detuvo a siete[130] dirigentes carlistas por cantar el Oriemendi y gritar Viva el rey. Julio Redondo cuenta que los detenidos fueron: «Sánchez, Bastardo,Barranco, Pascual, Jiménez y el que fue rector de la universidad, González de Echebarri[131] [...] y me cayó el honor de ir detenido junto a ellos» (Redondo, 2005: 13).

En la misma ciudad y en la misma conmemoración del año siguiente, por hacer propaganda fueron detenidos cuatro carlistas: Mariano del Mazo, Ramón González de Echávarri, Antonio Lana Besumont y Crescencio Negro Chicote. Ingresaron en la prisión provincial durante treinta días. El Gobernador Civil era el falangista Tomás Romojaro Sánchez. Poco después otros tres estudiantes, por la misma causa, fueron encarcelados por la misma autoridad durante quince días: Julio Roldán González, José Luis González Echávarri y Alfonso Treviño de Villalain, a quien se le añadieron quince días más de cárcel y al año siguiente sería expulsado de la Universidad de Valladolid.

El 10 de marzo de 1943 los carlistas organizaron en Tarrasa un acto religioso en honor a los Mártires de la Tradición. Según parece, como era día laborable «varias industrias de la ciudad tomaron la resolución de suspender el trabajo a esa hora, como así mismo lo hicieron la Escuela de Ingenieros y todos los colegios locales a excepción de los oficiales». Las autoridades exigieron a los organizadores la suspensión del acto amenazándoles con sacar a la Fuerza Pública para impedirlo. Como quiera que se negaron, el día señalado, la ciudad de Tarrasa amaneció «con un lujo extraordinario de fuerzas de la Guardia Civil y Policía Armada vigilando las bocacalles que conducían a la Iglesia del Santo Espíritu». Pero no pudieron evitar que accediera mucha gente a la iglesia, por lo que la policía se vio obligada a entrar para desalojarla. Este atropello enfureció a los carlistas que, a los quince días llenaron la ciudad de letreros y carteles. El Gobernador Civil ordenó la detención de los responsables y lo hizo hasta un número de cuarenta, de los cuales nueve quedaron incomunicados por un tiempo. La prensa se hizo eco de las sanciones: «Multas de 10.000 pesetas a D. José Tapiolas Castellet, y ocho días de arresto a Manuel Roig Llopart, Ramón Agut, Joaquín Tapiolas, Jaime Verdaguer, Antonio

130 Diez, según el *Boletín de Información del Requeté*, nº 31 de marzo de 1942.
131 Se trata de José Mª González de Echávarri.

García Elías, Francisco Gircha y Joaquín Bellés, a cuyas costas se practicará además la reparación de los desperfectos causados o en todo caso a la de sus respectivos familiares».[132]

En el *Boletín de Información de las AA.EE.TT. de España*, nº 5 de julio de 1942, se denunciaba que el Director General de Seguridad reunió en Oviedo a los jefes de la Falange asturiana y los amonestó por no haber podido impedir actos y propaganda clandestina de los carlistas del Principado de Asturias, pues la Falange podía disponer de procedimientos expeditivos para cortar eso de raíz, y que a los carlistas había que tratarlos igual que a los republicanos.

Dos años más tarde los falangistas trataban de impedir un acto de los carlistas asturianos. Tal como se describe en un boletín del Principado de 1945, un acto de los excombatientes del Tercio de Requetés de Covadonga, a manera de desagravio y como «homenaje a la Excelsa Madre de los asturianos» se acabó convirtiendo en «una explosión ardorosa de afirmación carlista», cuando estos trataron de contrarrestar «la torpeza de nuestros adversarios y las medidas desacertadas del Gobierno». Por lo visto, días previos a dicho acto «los falangistas atrincherados hoy en un parapeto pseudo carlista inventado por Arrese», debieron hacer tal contrapropaganda que encendió «un ardiente deseo de acudir al acto de Covadonga».[133]

Paralelamente a este acto de Covadonga la policía estaba investigando a un carlista que trabajaba de peón en «las Hulleras de Naredo». Se trataba de Pablo Robiedo Fernández que hacía «manifestaciones en el taller y entre otros obreros como desafecto al régimen». En un principio la policía pensaba que se trataba de algún comunista, pero «parece que no se trata de un marxista, si no de un tradicionalista de la facción de Fal Conde». Y se le atribuía «haber lanzado propaganda de este matiz en la localidad donde en la actualidad reside» -Pola de Lena-, en «una habitación para él y su esposa». Y terminaba la nota policial con otra del Gobernador Civil: «Pase al Negociado de Orden Público, para que se traslade a la Delegación de Orden Público del Gobierno Militar, para conocimiento y efectos que por la misma se estime oportuno».[134]

---

132 AGUN, Fondo Arrese, 49, Tradicionalismo, Copia del *Boletín de Información de las Juventudes Carlistas de España*, nº 25, 1-5-1943.
133 *B. de O.C. Principado de Asturias*, 15-9-1945
134 Parte del Servicio de Información Policial núm. 324, Oviedo, 24-11-1945 (en Martorell, 2010).

«En un claro de su constante estado de perseguido, D. Manuel Fal Conde», desde su confinamiento en Sevilla, había llegado a Barcelona. Para el 10 de mayo de 1942, los requetés de la ciudad organizaron una de sus significativas misas a la que estaba prevista la asistencia de correligionarios y también la de Fal Conde que sugirió fuera discreta. Parece que en estas condiciones el Gobernador la había autorizado, aunque se temía una suspensión. No fue así y se hizo la misa solemne. Una hora antes del acto, fueron detenidos en la Diagonal «ocho muchachos de quince a diez y siete años. Eran estudiantes carlistas. Y se proponían asistir a la Misa de la Concepción». Los responsables «del Frente de Juventudes barcelonés tenían escogidas previamente a las víctimas». Los llevaron a la Escuela Industrial donde se hallaba el local del Frente. Posteriormente los incluyeron en una cuerda de presos comunes, procedentes de una redada del día anterior, todos con un pico al hombro y rodeados por tres centurias de Falange, que se dirigían a hacer trabajos forzados de repoblación forestal al Tibidabo. En cuanto se supo, el jefe carlista del requeté José Mª Cunill, organizó grupos para que los encontraran y pusieran en libertad. Uno de los grupos, compuesto de dos requetés, encontró a la columna. Preguntaron por el jefe, al que golpearon con la culata de una pistola y lo tiraron al suelo. Sonó un disparo, se desbarataron las centurias y rescataron a los carlistas. Algunos presos escaparon. Posteriormente la policía detuvo a los ocho carlistas evadidos y a dos más, que pasaron diez días incomunicados en la Jefatura Superior de Policía de Barcelona y multados con cinco mil pesetas cada uno por negarse a delatar a los que les liberaron. A raíz de aquel hecho, hubo muchas más detenciones de carlistas (Borbón, Clemente y Cubero, 1997: 178 y 180).

En una hoja titulada «A la conciencia de los buenos Españoles» en la que se denunciaban esos hechos se decía también:

A la hipocresía responderemos con la verdad. A los hechos responderemos con los hechos. A la propaganda escrita al amparo de una ley inicua responderemos con la propaganda escrita al margen de esta ley […] Nosotros no provocaremos. Pero que se sepa que, si se nos provoca a nosotros, el Carlismo estará donde le corresponda (Santa Cruz, 1979: IV, (107).[135]

Cuenta Hartmut Heine que el resentimiento falangista después de los incidentes de Barcelona los llevó a intentar volar un museo carlista (Heine, 1983: 258).

El 25 de julio se produjo en Bilbao una de tantas manifestaciones de carlistas de contenido legitimista en las que no faltaron los acostumbrados gritos, que tanto molestaban al régimen, de ¡Viva el Rey! y ¡Viva Fal Conde! Las fuerzas policiales resultaron impotentes para disolver a la avalancha de miles de boinas rojas que asistieron al acto a pesar de que, dos días antes, las autoridades controlaron las comunicaciones telefónicas, de ferrocarril y carreteras.

También el 9 de agosto hubo un acto en Tolosa con motivo del aniversario de la ocupación. Acudieron miles de carlistas y se produjeron enfrentamientos verbales entre estos y los seguidores de las autoridades (Alcalde, Presidente de la Diputación y Gobernador Civil), que habían prohibido aclamar a Fal Conde. Al saltarse dicha prohibición, los falcondistas fueron tachados de anglófilos por los fieles a las autoridades (Porro, 2007: 1-3). En un informe secreto de la Dirección General de Seguridad se dice que «la Autoridad dispuso que, por la Guardia Civil, se procediera a la detención de los que los proferían [los gritos subversivos]. Fueron detenidos un hombre y dos mujeres; pero inmediatamente fueron puestos en libertad, y los gritos siguieron con más intensidad, y no se volvió a hacer ninguna detención».[136]

El Presidente de la Diputación se lamentaba en un escrito a Iturmendi de que «hemos llegado con la condescendencia e incomprensión con estas gentes hasta lo inconcebible». Y sigue diciendo que aprovechándose de su benevolencia les tildan de traidores, juanistas e indeseables, para finalizar diciendo que «así pagan la preocupación constante y diaria por mi parte de desviar la interven-

---

135 También en el *Boletín de Información de las AET de España*, nº 3, del 1 de junio de 1942, p. 4, y en AGUN, Fondo Arrese, 49, Tradicionalismo: «A la conciencia de los buenos Españoles» s/f.
136 AFNFF, doc. 27179, informe secreto de la Dirección General de Seguridad (se trata de un informe incompleto sin fecha; aunque en la portada pone «Estado Mayor del Ejército» fechado el 20-4-1942, no se corresponde con las hojas siguientes que se refieren a actos de agosto de 1942.

ción gubernativa que contra ellos se concita» (Santa Cruz, 1979: IV, 108-109). Y es que los seguidores de Fal y D. Javier no soportaban a los que se habían unificado en FET y de las JONS y habían conseguido cargos, aunque, por mala conciencia, alguno de ellos intercediera, a veces, para evitar que los carlistas fueran sancionados.

En septiembre de 1942 los carlistas organizaron en Valls un homenaje al hijo de este pueblo, Tomàs Caylà, jefe de Cataluña, que había sido asesinado tras su detención en 1936. La prohibición gubernamental del acto provocó unos incidentes a resultas de los cuales fue encarcelado durante más de tres meses, Joan Guinovart, un joven carlista, discípulo de Caylà, quien en 1936 le había acompañado a su escondite hasta el momento de su detención (Campàs y Gómez, 2007: 111).

El Partido Comunista de España, en su afán por congraciarse con los carlistas navarros por causa de su expansión y popularidad en ese territorio, publicaba en su periódico España Popular, toda una serie de noticias sobre enfrentamientos con la Falange, reivindicaciones y luchas populares, con la consiguiente represión, de las que también eran partícipes los carlistas.

Una de esas algaradas se produjo en Lerín la noche entre el 27 y el 28 de noviembre de 1942, con la protesta de los mozos contra la movilización de jóvenes, alguno de los cuales ya habían estado luchando como requeté durante la Guerra Civil. Pero ahora, debido a la situación internacional, llamaron a varios reemplazos con vistas a su posible participación en la guerra que asolaba Europa.

La protagonizaron dos cuadrillas de jóvenes, una de ellas integrada, entre otros, por varios vecinos de izquierda, pero los que «abrieron el fuego» fueron los quince de la cuadrilla vinculada a los requetés. Uno de los requetés era Urbano Borja Gorricho, de 24 años; otro Gregorio Chocarro, de 22, -quien ya con 17 años había sido voluntario requeté combatiendo en el Alto del León-. Otros eran Joaquín Lezaun Moreno y Pablo Yanguas, que fueron los principales acusados

Fue antes de irse a la mili, durante una cena de despedida en la que se dieron gritos contra Franco. Después, en el bar La Rana, Pablo Yanguas, con una botella «dio de beber» al retrato de Franco. En otro bar, El Valentinillo, Joaquín Lezaun, lanzó su vaso rompiendo el cristal del cuadro de Franco mientras decía «bebe cabrón; por ti vamos a la guerra».

Parece ser que fue el sereno quien dio parte del hecho al alcalde, Eladio Beraza, que, como era carlista, no quería dar continuidad a la denuncia -Gregorio Chocarro había estado con él en la guerra y lo definía como una persona buena que no hacía otra cosa que trabajar para el pueblo-, pero fue presionado por el maestro con amenazas de delatarle si no lo hacía.

Fueron detenidos los quince, prestando declaración en el cuartelillo de la Guardia Civil; luego llevados a la cárcel de Pamplona y después a Burgos donde se celebró un consejo de guerra.

El defensor, capitán Palomares, basó su defensa en que todo había sido consecuencia de una borrachera y presentó como atenuantes que habían combatido como requetés.

Cinco de ellos fueron exculpados, pero al resto se les condenó a penas diversas. De entre los dos de mayor condena, uno estuvo en Burgos junto a presos republicanos -algunos condenados a pena de muerte- con quienes se llevaba bien, llegando a hacer amistad con uno del pueblo navarro de Sartaguda. El otro fue enviado a la fortaleza de La Mola, en Menorca, donde llevaban en el uniforme de preso la iniciales de «Trabajadores Penados» y tenían que hacer ocho horas de trabajos forzados.[137]

Cuatro de los protagonistas de la algarada de Lerín, cuando se les entrevistó en 2002.
De izquierda a derecha: Gregorio Chocarro Ramos, Joaquín Lezáun Moreno, Jesús Solano Rodríguez y Urbano Borja Gorrichode (Archivo Martorell)

El Gobernador civil de Guipúzcoa, el 6 de enero de 1943, mandó «suspender el acto preparado por el "Círculo España" de San Sebastián (derivación del antiguo Círculo Tradicionalista) […] por

137 Entrevista con cuatro de los protagonistas de estos incidentes utilizada en la elaboración de la tesis doctoral *La continuidad ideológica del carlismo tras la Guerra Civil*, presentada por Manuel Martorell en la UNED el año 2009.

el sentido sectario que trataba de darse al acto y la posibilidad de que en el mismo se produjeran expansiones inoportunas». Se pretendía hacer una misa y descubrir una lápida en el Círculo en memoria de los socios muertos durante la guerra.[138]

En Pamplona también se intentó suspender una misa con concentración y desfile de requetés durante las fiestas de San Fermín de 1943. Para impedirlo, el Gobernador amenazó con encarcelar a los concurrentes. Después, de acuerdo con el Vicario, mandó cerrar la catedral; llamó a destacadas personas del carlismo -como Rodezno- para contar con sus buenos oficios y anunciarles que «la violencia de la represión sería la necesaria para imponer el orden». También se dio conocimiento a la Autoridad Militar por si necesitaba su concurso y decidió «organizar con los elementos a mi disposición -Policía, Guardia Civil, Policía Armada- los servicios de retén y vigilancia para impedir el acto y detener a los trasgresores». Finalmente, la cita fue en la iglesia de San Agustín, aprovechando la misa ordinaria de las 12 horas, por lo que «no pareció oportuno el cerrar la iglesia». Según el Gobernador hicieron el ridículo, pues sólo acudiendo doscientas personas que después se concentraron en el Círculo Tradicionalista.[139]

En junio de 1943 era «detenido e ingresado en los calabozos de la Comisaría de Policía» de Sevilla, y luego multado con quinientas pesetas, José Antonio Gentil Palomo, mecanógrafo del bufete de Fal Conde. Lo decidió el Jefe Superior de Policía por haber «comentado públicamente y en tono irónico y de burla» el servicio de la Policía Secreta que vigilaba el despacho de Fal Conde. En su descargo al Gobernador Civil se quejaba de la multa impuesta, ya que él era un «modesto empleado cuyo sueldo mensual es de 450 ptas.»[140]

En la comarca del Bajo Ebro, «por orden del Ministro de Gobernación y transmitida por el Gobernador Civil de la Provincia» fue prohibido un acto religioso en acción de gracias, organizado por los excombatientes de los Tercios de Requetés de dicha comarca, previsto para el 22 de agosto de 1943, en el ermitorio de *Mitg-camí*

138 AGUN, Fondo Arrese, 49, Tradicionalismo: «Información de Guipúzcoa. Asunto: Tradicionalismo intransigente». 7-1-1943.
139 AGUN, Fondo Arrese, 49, Tradicionalismo: Información gubernamental del acto, 12-7-1943.
140 AGUN, 133/109: Notificación policial de la multa a José Gentil y pliego de descargo al Gobernador, Sevilla, 21-6-1943.

de Tortosa, destinado a todos los carlistas comarcanos. Los organizadores esperaban una masiva asistencia a pesar de que «para reunir ocho mil requetés en Tortosa no se necesita pagar viajes ni zapatos ni camisas ni dar raciones de pan». El acto se realizó, pero con carácter menos masivo de lo que se esperaba, por la inasistencia de los que «por la presión oficial no pudieron congregarse».[141]

En Valencia, por negarse a cantar el «Cara al Sol», fue sancionado con la pérdida de curso en el campamento de la Milicia Universitaria otro estudiante carlista. Exigía que en el mismo acto se cantara también el «Oriamendi».

A finales de ese mismo año -1943- fue cuando se produjo el destierro de la dirigente carlista valenciana Sara Peris durante más de dos meses (Santa Cruz, 1980: V, 227-229).

Durante la festividad de Cristo Rey de 1943, se produjeron nuevos enfrentamientos entre carlistas y falangistas con motivo de una misa organizada por la Comunión Tradicionalista en Madrid. Cuando los carlistas estaban concentrados, apareció en compacta formación, la centuria de choque «Franco», parece que con intención de «participar» en la misa; luego se les unió la centuria «José Luis Arrese». Agentes de investigación de FET trataron de desmoralizar a los carlistas. Estos consideraron una provocación tales hechos y se produjeron enfrentamientos. Cuando los carlistas ya estaban en el templo -custodiada la puerta por unos requetés-, a la voz de uno de los mandos falangistas, se intentó entrar con la bandera a guisa de lanza; lograron penetrar unos metros, pero luego fueron rechazados, excepto uno, que fue echado fuera junto a dos agentes de investigación. Sin embargo, la bandera de la falange fue arrebatada por los carlistas que la mantuvieron en su poder hasta el final del acto, momento en que tuvieron que entregarla a la policía que había entrado en la sacristía e impedía la salida de los carlistas si no devolvían la bandera sustraída que estaba ya hecha jirones (Santa Cruz, 1980: V, 229-230). Como consecuencia de estos hechos fueron detenidos varios carlistas entre los cuales había una mujer; los varones fueron puestos en libertad «bajo la amenaza de una multa», pero la mujer permaneció detenida.[142]

---

141 AGUN, Fondo Arrese, 49, Tradicionalismo: Copia oficial de la información de la suspensión difundida por los organizadores el 23-8-1943.
142 AGUN, 133/179/1943/2: «Las consecuencias de la misa de Cristo Rey no han terminado aún…», 14-11-1943.

Este tipo de actos de carácter religioso-conmemorativo, organizados de manera descentralizada por los carlistas de cada lugar, eran bastante frecuentes en los años de posguerra. Solían ser seguidos y observados por policías o emisarios del Gobernador Civil. Al término de dichos actos, si había mucha gente, se prolongaba con un desfile cívico de los carlistas tocados con las boinas rojas. A veces al desfile se acababa espontáneamente, pero en otras ocasiones había escaramuzas con la fuerza pública o con falangistas que acudían a provocarles (Santa Cruz, 1980: V, 237).

A primeros de marzo de 1944 fue detenido por la policía un jefe carlista de Toledo apellidado Hernández Peinado, «por reparto de hojas y manifiestos clandestinos de la organización "falcondista"».[143]

La celebración de la fiesta de los Mártires de la Tradición de 1944 se saldó con un buen número de carlistas detenidos en Madrid, encerrados en calabozos e incluso encarcelados en el campo de concentración de Nanclares de la Oca. También se tienen noticias de detenciones en Orense y de nuevo en Valladolid. En Madrid el acto se hizo el domingo 12 de marzo en la iglesia del convento de la Encarnación, donde, además de los carlistas, se desplegaron en el exterior fuerzas de la Policía Armada. A la salida, al gritar las típicas consignas carlistas de la época, entre las cuales el tradicional ¡Viva el Rey! que tanto molestaba al régimen, fueron detenidos allí mismo treinta y dos jóvenes carlistas entre los cuales había también cinco margaritas. Estuvieron encerrados durante quince días en la Dirección General de Seguridad. Además, se les impusieron multas por un valor total de 151.000 pesetas.[144] Tras los quince días encerrados, cinco de ellos fueron deportados al campo de concentración de Nanclares de la

---

143 AGUN, Fondo Arrese, 49, Tradicionalismo. «Resumen de actividades monárquicas (Sector Falcondista)», 1943-1944.
144 El Gobierno quería atribuir los disturbios y conspiraciones a agentes ingleses de acuerdo con diversos informes; el nº 180 decía: «El rojo-masón Juan de Peñalba, se reunió el domingo día doce, con individuos que por la mañana habían tomado parte en los disturbios promovidos a la salida de la misa celebrada en la Iglesia de la Encarnación. Peñalba les entregó dinero por la participación que habían tenido en los incidentes de la mañana [...] El mencionado Peñalba, estuvo condenado a treinta años de cárcel por su actuación durante el dominio rojo, actualmente está al servicio de la Embajada Británica, a la que visita diariamente». Otro informe, el nº 59 dice: «El Presidente "Oficial" de la Junta "falcondista" de Madrid, es el Capitán Zabala [que] tiene una estrecha relación con un individuo llamado Darío Fernández Solano [que a su vez] tiene relación con la Embajada Norteamericana, de la que percibe *treinta y tres libras esterlinas* semanales, por sus trabajos en la conspiración "falcondista", pues en su domicilio se realizan reuniones clandestinas» AGUN, Fondo Arrese, 49, Tradicionalismo. «Resumen de actividades monárquicas (Sector Falcondista)», 1943-1944.

Oca, por orden del Francisco Rodríguez Martínez -a la sazón Director General de Seguridad-, a las órdenes de Blas Pérez Gonzáles, que era el Ministro de la Gobernación. Los deportados fueron: Pedro Ruíz, excombatiente de un tercio de Requetés; Arturo Márquez, delegado de la AET en la Facultad de Derecho; Alfonso Carlos Hernando, hijo de dirigente Luis Hernando de Larramendi; Gabriel Díez y Calixto López. En este caso, todos ellos fueron uniformados con la camisa de tres barras horizontales que les distinguía –como políticos- de los presos comunes, pero igual que los demás tuvieron que realizar trabajos forzados. Sin acusación concreta alguna, fueron puestos en libertad el 19 de abril, no sin antes ser sancionados con importantes multas, alguna hasta de 30.000 pesetas. Al ser puestos en libertad, de camino a Madrid, tres centenares de requetés salieron a saludarles en Miranda de Ebro, donde se celebró un acto de solidaridad, pero sin discursos políticos.[145]

Alfonso Carlos Hernando de Larramendi
(Archivo Larramendi) hacia 1936

Alfonso Carlos Hernando de Larramendi (derecha),
«Cote» Jaurrieta (centro) y otro compañero del campo
de concentración de Nanclares de la Oca, hacia 1944

145 El Informe nº 233 habla del «pánico que se registra entre los dirigentes en vista de las fuertes multas y concentraciones en Anclares de Oca, con que han sido castigados los detenidos del acto de la Iglesia de la Encarnación». AGUN, Fondo Arrese, 49, Tradicionalismo. «Resumen de actividades monárquicas (Sector Falcondista)», 1943-1944.

Unos meses después apareció una información de *Associated Press* sobre los presos políticos en el campo de concentración, que desmintió el Ministro de la Gobernación con una enérgica nota en la que se decía que allí no había más que sujetos incursos en la republicana Ley de Vagos y Maleantes. Uno de los carlistas deportados a Nanclares, Arturo Márquez, aprovechó para escribir al ministro informándole de lo contrario, basándose en su propia experiencia, y le exigía una rectificación. Aunque su carta no tuvo contestación, le citó el Director General de Seguridad y de forma conciliadora trató de hacerle comprender que ellos habían sido detenidos por alterar el orden público y no por delitos políticos. A pesar de la actitud dialogante del citado Director, el carlista se mostró duro y volvió a ser detenidos unos días después (Santa Cruz, 1980: VI, 106-109).

Y es que en el campo de Concentración de Nanclares de la Oca hubo más carlistas internados, según se puede deducir de una carta que, desde Salamanca, escribía un tradicionalista a uno de sus dirigentes en Madrid, para interceder por otro correligionario salmantino preso allí:

> Salamanca, 19 de enero de 1944.- Sr. José María Lamamie de Clairac.- Madrid.- Querido amigo y correligionario: en este momento -5 de la tarde- llego de la Comisaría donde está detenido Ribera, al cual se llevan detenido esta noche a Nanclares de la Oca (Álava) a un campo de concentración. He estado con él personalmente, el cual está sereno y tranquilo y no sabe por qué razón se lo llevan. No me ha sido posible hablar confidencialmente por la vigilancia que tiene a la vista [...] me apresuro en ponerla en su conocimiento por si le fuera posible hacer algo por él. Un saludo cariñoso, extensivo a su familia, de su buen amigo y correligionario. Carlos V. de Aldama (Santa Cruz, 1980: VI, 107-100).

A pesar de la realidad de la existencia de presos políticos en Nanclares de la Oca, vivida por los carlistas legitimistas partidarios de D. Javier y Fal Conde, los carloctavistas subvencionados por el Régimen, trataban de contrarrestar a los primeros. La propaganda que lanzaron estos escindidos, trataba de ocultar la realidad represiva del franquismo y por eso, en su *Boletín Carlista* de 20 de junio de 1945, aparece un artículo titulado «Nanclarismo desenfrenado» que intenta desmentir la realidad del campo de concentración donde dieron con sus huesos algunos de los carlistas antifranquistas (Santa Cruz, 1980: VI, 109-110).

Toda esta acción represiva propiciaba la elaboración de denuncias como la que se anota en un manifiesto firmado por *El Requeté* de agosto de 1943 que, entre otras cosas, dice:

> Volvemos nuevamente -triste es decirlo- a los días aciagos de la nefasta República. Ha desaparecido la libertad de acción, de sentimientos patrióticos, de personalidad española. Todo es bajo el yugo de los que gobiernan contra los ideales sagrados de los españoles, sobre todo de los carlistas. Se nos persigue otra vez con saña y crueldad. Porque somos enemigos de los «enchufistas» cobardes y «camuflados».

Otra hoja de denuncia sin fecha, titulada «¿para eso el 18 de Julio?» ponía de manifiesto la corrupción del régimen franquista:

> Con poco pan, escasas patatas, casi sin judías, bacalao, arenques… y todo a precios altísimos ¿qué comerá el pueblo?

> Los hospitales y asilos carecen de fondos para atender a quienes a ellos acuden.

> En cambio, se han multiplicado los organismos y empleados públicos, Falange paga muchos y crecidos sueldos, corren por la carretera miles y miles de coches oficiales cuya gasolina y conservación se pagan con muchos millones de dólares que luego faltan para las necesidades más apremiantes.

> ¿Cuándo en España se habían visto tantas y tan crecidas fortunas como las que ahora se hacen al amparo de cargos y oficinas públicas?

> El Requeté se alza contra tan escandalosa corrupción.

¡Viva Fal Conde! ¡Viva España! ¡Viva el Príncipe Regente!
(Borbón, Clemente y Cubero, 1997: 199-200)

Aparte de las denuncias, en otras ocasiones se tomaban iniciativas contra Falange, como en Andalucía, donde un grupo de carlistas entró en la Delegación Sindical Provincial de Sevilla, y tras juntar todo el mobiliario en un patio interior, le prendieron fuego.[146]

Un relato de las «actividades desplegadas por el Requeté durante la segunda quincena del mes de julio de 1944» en carta dirigida por Miguel Matas a Fal Conde desde Pamplona, expone una serie de acciones clandestinas de aquéllos jóvenes, como: pegada de pasquines, pintadas, colocación de letreros, enfrentamientos con falangistas en las calles, etc. que terminaron en detenciones y estancias en comisaría. En concreto, se mencionan las detenciones y encarcelamiento del sargento de requetés Armendáriz la noche del 18 al 19, y la de otros cuatro requetés la noche siguiente. También una multa a la Peña *Muthiko Alaiak*, cuyas circunstancias se explican en el siguiente relato:

> A la citada peña, formada exclusivamente por requetés, le fue comunicado por el secretario del gobernador en persona que haría su presencia en la Plaza de Toros en ministro Arrese y que, por tal motivo y al momento de aparecer éste en el palco presidencial, se debía dar los gritos de «Franco, Franco, Franco», «¡Arriba España!» y ovacionarle (ello iría gratificado metálicamente). Cuando el ministro penetraba en la Plaza, un silencio sepulcral le recibió y sólo la banda de el «*Muthiko*» hizo oír sus acordes, acompañados de estentóreos gritos de «¡Viva el Rey!» (Villanueva, 1998: 226-227).

En uno de los primeros actos del Montejurra de la posguerra, cuando todavía no estaba politizado, una información de la Guardia Civil ponía de manifiesto el temor que se tenía ante las concentraciones carlistas. Así, la Benemérita informaba que: «montado el servicio de forma análoga al pasado año, con las mismas medidas restrictivas como, por ejemplo, al impedir la llegada de vecinos de otras

---

146 AGUN, Fondo Arrese, 49, Tradicionalismo, 3-1-1942

provincias, la romería de Montejurra que se celebró el pasado día 14»[147] no se pudo contener.

Aspecto de la primera ascensión a Montejurra
el 3 de mayo de 1939 (Archivo Municipal de Pamplona)

No cabe duda de que hubo muchas más persecuciones, multas y encarcelamientos por parte del régimen de los que no se tiene noticia alguna. De vez en cuando aparecen referencias no aclaradas en algunos textos sin demasiados datos, como por ejemplo cuando en los sucesos del 3 de diciembre de 1945 –antes de la detención de más de un centenar de carlistas-, al dirigir la palabra Zamanillo a los congregados en la Plaza del Castillo de Pamplona, se dice que «leyó un telegrama del navarro Luis Elizalde, jefe del Requeté vizcaíno, preso por sus actividades carlistas» (Villanueva, 1997: 640).

Una síntesis del sentido de la persecución franquista contra el carlismo y de la frustración de la victoria, la hace la enfermera del hospital Alfonso Carlos de Pamplona, Rosario Jaurrieta, en un testimonio:

> Luego, con la guerra ya terminada, disolvieron Frentes y Hospitales, y todos a casa, sin pizca de agradecimiento por parte de Franco.

> Para celebrar la victoria, trajeron a desfilar en Pamplona varias banderas de Falange, pero a los tercios de requetés que se encontraban concentrados en Tudela, a ésos, no los dejaron venir a Pamplona. A la muerte fueron los primeros, pero luego, el día del triunfo, en Pamplona no dejaron desfilar a los requetés.

---

147 AGUN, Fondo Arrese, 49, Tradicionalismo, s/f (1944)

Al final de la guerra sufrimos mucha decepción, por la ingratitud de Franco con nosotros. Franco nunca nos gustó, los carlistas nunca hemos sido muy de militares -toda la vida han luchado contra nosotros-, y nunca tuvo un detalle con nosotros. En cambio, Mola -y eso que era republicano- comprendió que la situación de los primeros días fue salvada por el Requeté y nos tenía otro afecto. El 19 de julio pidió requetés, pero cuando vio la cantidad de voluntarios que iban llegando... quien vivió eso no puede olvidarlo. Parecía que aquella vez era la definitiva, pero la dirección hizo mal las cosas desde el principio. El carlismo siempre ha tenido muchos enemigos: se acuerdan de ellos cuando los necesitan y luego, el día que ya no nos necesitan, patada.

Durante la posguerra nos hicieron pasar la pena negra. Tristeza, decepción y mucha persecución, como cuando cerraron el Círculo Carlista, nuestro lugar de reunión, y metieron a tantos carlistas en la cárcel, muchos de ellos antiguos voluntarios.

Paradójicamente, se dio el caso de que mis dos hermanos pequeños -José e Ignacito- estaban en la cárcel por defender las ideas por las que habían muerto sus hermanos mayores, y eso a pesar de que habíamos ganado la guerra. A José lo habían detenido en Pamplona el día que cerraron el Círculo Carlista, y a Ignacito en Madrid el día de los Mártires de la Tradición [...]

Nos relegaron, a pesar de que continuamos con nuestras cosas y con las concentraciones de Montejurra, que eran preciosas, y que habíamos comenzado ya durante la guerra [...]

Ahora, al recordar la guerra, siento mucha tristeza. Por los sufrimientos que pasamos, los dos hermanos que perdí, pero además por no ver el reconocimiento de las cosas [...] Tantas familias que perdieron a sus hijos y ver ese desprecio... (Larraz y Sierra-Sesúmaga, 2010: 613)

La enfermera de Frentes y Hospitales, Rosario Jaurrieta
(Archivo Jaurrieta)

Enfermeras del Hospital Alfonso Carlos de Pamplona
(Archivo Pablo Larraz)

2.2. Tormentoso renacimiento de la AET.

Como quiera que, durante la guerra los estudiantes universitarios estaban en edad militar, las organizaciones estudiantiles dejaron de funcionar; también la de los carlistas, llamada Agrupación de Estudiantes Tradicionalistas (AET). Sin embargo, existía un embrión de la misma entre los escolares y bachilleres, al igual que lo tenían los del falangista Sindicato Español Universitario (SEU) y los estudiantes católicos. Ello hacía que las discusiones políticas fueran a nivel de adolescentes o niños.

Un primer incidente se produjo el 12 de octubre de 1937. Hubo una concentración estudiantil en Burgos y Franco se presentó vestido con la camisa azul y gorra militar. Al verlo así, los estudiantes carlistas abandonaron la concentración y se marcharon lanzando improperios. Algunos testigos dicen que falangistas y carlistas se habían puesto frente a frente y que mientras los unos gritaban «Franco y Falange», los otros decían «Franco y Rey».

Sin embargo, la activista carlista de la AET, Carmen Villanueva -presente en el acto-, se acercó a un lugar cercano a Franco y dice: «me hinché de gritar "¡Muera Franco, Traidor!". Nos decían que teníamos que desfilar delante de Franco, pero no desfiló ningún requeté y nos fuimos».

Por estos hechos fue detenido Miguel Ángel Astiz, jefe de la AET de Pamplona y directivo de la sociedad *Muthiko Alaiak*, y el jefe nacional de la AET, José María Zaldívar fue encarcelado, saliendo a relucir de nuevo la petición de pena de muerte para un dirigente carlista (Martorell, 2010: 163-166).

Según Josep Carles Clemente «se suceden en todo el territorio dominado por Franco diversas manifestaciones antifranquistas protagonizadas y organizadas por la AET [y] se realizan detenciones en Pamplona, Burgos, San Sebastián y Vitoria» (Clemente, 1992: 376). Durante el resto de los años de guerra parece que todo transcurrió con incidentes menores.

La versión oficial sobre los hechos acaecidos en «la concentración de estudiantes del SEU celebrada en Burgos el Día de la Raza», se centra en la sanción a cuatro dirigentes carlistas, como autores o inductores, por los «actos de indisciplina producidos en Burgos por algunos estudiantes de la AET, organización afecta a la extinguida Comunión Tradicionalista».

Según esta versión el delito fue por tres hechos: 1º «Intento de abstención de la AET en la concentración», 2º «Retirada de la AET en el campo», 3º «El no desfile de la AET ante el Caudillo».

Por tales causas los sancionados fueron José María Zaldívar Arenzana, jefe nacional de la AET que había recibido el «veneno de descontento» que le «habían inyectado la noche antes las personas de más edad y de más responsabilidad con que se había entrevistado», es decir, José María Arauz de Robles, Mariano Puigdollers y Oliver y Tomás Lucendo Muñoz Carmona, que fueron los otros tres sancionados. La sanción no debió importar mucho a las víctimas al tratarse de la prohibición para el desempeño de cargos políticos. Pero Zaldívar fue condenado -en lenguaje de FET y de las JONS- a la «última pena» que para ellos era peor que la «pena de muerte física» pues, según decían, «sobre ella se yergue todavía más implacable esta otra: pena de la expulsión del Movimiento».[148]

---

148 *Boletín del Movimiento* nº 7, 1-11-1937, en AGUN, 133/258/1/2

Sin embargo, acabada la guerra, el SEU se dispuso a imponer su monopolio en el campo de los estudiantes, tratando de absorber a los demás, apelando al principio unificador. Ello se concretó el 23 de septiembre de 1939 con una Ley de la Jefatura del Estado que confirmaba la unidad política de los estudiantes, encomendándola al SEU. La suspensión del pluralismo afectó tanto a carlistas como a los estudiantes católicos. Aunque la jerarquía católica defendió muy débilmente a sus estudiantes por causa de los grandes favores que les hizo el régimen, no ocurrió lo mismo con los carlistas, claramente marginados y perseguidos por su indisciplina ante la Unificación.

Un primer caso de persecución bien documentado es el asalto a un local de la Agrupación Escolar Tradicionalista (AET) en Castellón de la Plana, que se había abierto cuando Castellón cayó en poder de los nacionales. En este caso, el asalto y destrozo se produjo por parte de elementos de la Falange. Es un hecho que se inscribe en la confrontación que el carlismo mantuvo con la Falange, que se había convertido en hegemónica y que no podía permitir que los carlistas no se disolvieran en FET y de las JONS y que siguieran manteniendo su autonomía y la de sus organizaciones. En este caso concreto, fueron elementos del SEU quienes realizaron la agresión.

Como la situación era todavía de guerra, parece ser que las autoridades del momento no se atrevían a un enfrentamiento directo con los carlistas, so pena de aumentar aún más su oposición; se les toleraba e incluso se coqueteaba con ellos. También dependía de quien fuera el Gobernador Civil. En este caso, se denunció al de esta provincia a través de los que, al parecer, eran los únicos cauces legales, es decir, la Secretaría Provincial de FET y de las JONS.

Según se desprende de la documentación[149] que se generó a partir de la denuncia de José Crespo -jefe provincial de la AET-, el 5 de enero de 1939, a las 8 de la noche, un grupo del SEU, entre los que se encontraba, según testigos, el jefe provincial José Chillida, acompañado por los señores Trias, Fabregat, Huguet y otros, rompieron los cristales del local. Al día siguiente, a medianoche otros testigos vieron como unos individuos armados con pistola, penetraron

---

149 AGCC, Caja, 11323, Correspondencia diversa entre Ministerios y autoridades. Años 1938-1939.

por el balcón en el local, llevándose documentación, robando un banderín carlista, rompiendo el retrato de Carlos VII y desparramando por el suelo el resto de la documentación que había.

La denuncia llegó al General Jefe del Cuerpo de Ejército de Galicia –que por entonces mandaba las fuerzas de ocupación–, quien, en escrito del 14 de enero, solicitaba información al Gobernador para saber si la AET tenía existencia legal. Parece ser que la AET evacuó la consulta aportando algún documento –que no aparece en los archivos– sobre su legalidad. Acto seguido, cumplimentando órdenes de la superioridad militar, el Gobernador solicitó informes sobre los sucesos al Comisario Jefe de Investigación y Vigilancia de Castellón.

Este en un primer informe dice: «Aun cuando no se puede precisar quienes hayan sido los autores del asalto al indicado local, hay sospechas de que estos sean individuos afiliados al SEU, por existir enorme descontento en el repetido sindicato porque se ha constituido la Agrupación Escolar Tradicionalista en esta capital».[150]

Sin embargo, en una ampliación del oficio anterior, cita algunos nombres de los asaltantes y aporta más datos. Nombra expresamente a Manuel González Espresati[151] y a Miguel Trias Temprado, miembros del SEU, pero que sólo fueron a acompañar a otros que en realidad fueron los verdaderos y únicos asaltantes, «dos individuos que vestían de falangistas y que vinieron aquella noche del frente, en donde dijeron estar de voluntarios, ignorándose sus señas y el sitio donde se encuentran actualmente». Como guinda a este oficio de ampliación, se dice: «También tengo el honor de remitir a VE una copia de otra existente en los archivos de esta Comisaría, del Acta de incorporación de la AET al SEU».[152]

Como puede verse, una cosa era lo que se decía en los documentos oficiales y otra bien distinta la realidad, es decir, la negativa de los carlistas de la AET a dejarse absorber por el SEU.

---

150 AGCC, Oficio de la Jefatura del Servicio Nacional de Seguridad al Gobernador Civil, 26-1-39, número 815. Se puede observar que este hecho se inscribe en la preocupación por parte de Falange por erradicar todo tipo de organización vinculada al carlismo.
151 Según otra documentación vista por la historiadora María Folch, Manuel González Espresati, siendo delegado del Auxilio Social, se negará a poner la bandera del requeté en los locales de la provincia y hará mofa en público de la boina roja carlista (Folch, 2001: 49).
152 AGCC, Caja, 11323, Correspondencia…, Oficio de la Jefatura del Servicio Nacional de Seguridad al Gobernador Civil, 26-1-39, número 816.

Para concluir, un oficio del Cuerpo de Ejército de Galicia, firmado el 27 de enero de 1939 por el General Aranda, dirigido al Gobernador Civil, dice que en relación a «los atropellos de que ha sido objeto la Agrupación Escolar Tradicionalista, le comunico que por el Jefe Provincial de Falange han sido sancionados los individuos promotores y ejecutores de los mismos, habiéndose prevenido la necesidad absoluta de cortar radicalmente estas divisiones».[153] Todo indica a que con este oficio se dio por concluido el asunto sin ningún tipo de compensación a los carlistas de la AET.

Por mucho menos otros estudiantes de la AET fueron encarcelados. Sucedió en Valencia en 1939, tras la ocupación de esta ciudad. También allí renació esta organización en situación ilegal o semiclandestina, pues todo dependía del talante del gobernador o de las órdenes que recibiera de Madrid.

El que fuera jefe regional de la AET de Valencia, Felipe Pérez Fuster, publicó una reseña en la revista *Maestrazgo* n° 2 de agosto de 1972, con motivo del aniversario del fallecimiento de un notable carlista, donde recordaba que «el entonces gobernador civil [coronel Planas de Tovar] encarcelaba a nuestros estudiantes de la AET, cerraba su local de la calle del Mar y se incautaba de sus ficheros». Al ver clausurado su local, se trasladaron las reuniones del numeroso grupo al bar «El Murciélago» de la calle D. Juan de Austria. Al inicio del curso académico 1939-1940, el numeroso grupo de estudiantes carlistas se situó en el centro del Paraninfo de la Universidad, y al acabar la ceremonia todos se pusieron la boina roja y cantaron el Oriamendi, lo que provocó la reacción falangista que les atacó, generándose un gran altercado. Lo cuenta Alberto Ruiz de Galarreta (Santa Cruz, 1984: 168-169) que estuvo presente, siendo testigo directo de los hechos, y añade que fue una importante y trascendente fe de vida del carlismo valenciano.

A la ciudad de Tortosa acudió un delegado del SEU a impartir una conferencia con el fin de crear esta entidad. En su charla, a la que se quiso dar gran solemnidad, acudieron un buen número de carlistas seguidores de Fal Conde. Como quiera que el conferenciante ofendió a los carlistas, «el público en masa se levantó incre-

153 AGCC, Cuerpo de Ejército de Galicia, Estado Mayor, dirigido al Gobernador Civil, 27-1-39.

pándole, el primero el jefe de FET [carlista unificado]». A partir de entonces se empezó a organizar la AET.[154]

En otro orden de cosas, en un lugar no identificado, una «Delegada Provincial» de la Sección Femenina de Falange, escribía una carta a la Secretaria Nacional, Dora Maqueda, en la que tras decirle que «aquí existe otra Asociación, la AET, la cual a pesar de que parece no hace nada nos juega malas pasadas» por lo que le preguntaba «¿Qué debo hacer con ella? ¿Darme por aludida de que existe? o ¿no hacer caso?» Luego añadía: «El día pasado hablé con la Delegada y no conseguí sacarle nada en limpio pues se encerró en una reserva muy cortés». Dice después a Dora: «Pregúntale a Pilar a ver si quiere que haga con ellos lo que me dijo cuando estuve en casa» y finaliza diciendo «Esperando vuestra contestación se despide brazo en alto tu camarada».

La contestación de Dora Maqueda es muy terminante:

…voy a decirte el plan a seguir.

Desde luego, ya sabes que nosotros queremos un Estado completamente sindicalista y marxista por lo cual ellos hacen sombra a nuestros planes.

Harás ver como que ignoras la existencia del AET y procurarás con todo tu tacto y cariño romper la fría y cortés reserva de su Delegada.

Dificultarás todas sus labores como también todo aquello que pueda beneficiarles.

A la gente que les quiere y siga, les harás resaltar los defectos de los Jefes y por tanto de la Asociación.

Fíjate bien en lo que ahora voy a decirte pues es lo más importante.

Tratarás por todos los medios habidos y por haber de *DESTRUIR LA AMISTAD*[155] que me decías (en una carta

154 AGUN, 133/259, «Acto del SEU en Tortosa», 8-4-1939
155 En mayúsculas y subrayado en el original.

anterior) existe entre el presidente y la presidenta, cosa esta muy necesaria pues rota esta relación ¡desecha la asociación! Porque has de saber que me he informado y son una pareja de lo más peligroso.

Lo demás dejo a tu tacto, pero ten en cuenta esto último, sobre todo.

Te saluda brazo en alto tu camarada.[156]

En unas breves memorias del jesuita catalán Artur Juncosa, éste recuerda que, tras la guerra, eran conscientes de que los carlistas se hallaban en la ilegalidad y que por entonces comenzaban a reorganizar la AET. Habla de dos frentes dentro de la organización, uno de acción directa y otro de carácter más intelectual, pero ambos combatían, en primer lugar, a la Falange y en segundo lugar a los monárquicos alfonsinos. Cuenta también que el 11 de julio de 1939, cuando el conde Ciano -yerno de Musolini- fue a Tarragona, a uno de sus compañeros de la AET no se le ocurrió otra cosa que escribir sobre la bandera de la Falange que había en su local, la frase, en catalán: «Visca el rei», cosa que en aquellos años ni se podía decir. Lo detuvieron durante unas horas. Sólo tenía 14 años.

Juncosa fue a estudiar ingeniería a Madrid. No era el único carlista catalán que estudiaba en la capital. Como miembro de la AET, recuerda como editaban los boletines y la propaganda a multicopista en la terraza de la casa de uno de sus compañeros, que luego lanzaban por las calles y en los cines desde el gallinero. Los detuvieron en alguna ocasión, aunque reconoce que no estaban muchas horas en comisaría. Sin embargo, en otra ocasión fue detenido junto a otros compañeros catalanes, por hablar en su propio idioma cerca de la Puerta del Sol de Madrid. Fueron llevados a la Dirección General de Seguridad, en la calle Pontejos. Exigieron a la policía que les indicaran qué ley había para prohibir

---

156 AGUN, 133/259/conspiración falange (7), s/f. Resultan sorprendentes en estas misivas dos cosas: en primer lugar, que desde Sección Femenina de Falange se diga que desean un Estado marxista. También sorprende que den a entender que hubiese una «Delegada» y «presidenta» de la AET que fueran mujeres.

hablar en catalán, pero ante la ilegalidad de la detención, decidieron dejarlos ir.[157]

Otro de sus recuerdos se refiere al enfrentamiento que tuvieron con un profesor, Federico de Castro, porque este había dicho que los carlistas no eran foralistas. Irritó tanto a los estudiantes de la AET que le pidieron explicaciones, pero al negarse a dárselas, la cosa desembocó en una pelea que terminó con el confinamiento en Toledo de León Lizaur, uno de los estudiantes (que era de Montilla). Durante los tres meses de confinamiento Juncosa y sus compañeros le visitaban asiduamente (Juncosa, 2002: 207-211).

También Santa Cruz explica como en Madrid comenzó a reorganizarse la AET en 1939 de manera clandestina. Se reunían en la academia Mella de la calle Barquillo, que era propiedad de un sacerdote que les cedió el local para que pudieran tener unos círculos de estudio carlistas. Más tarde, por necesidades económicas, se vendió el colegio con la condición de que los compradores continuaran amparando en él a los de la AET -indicando que eran reuniones de estudios católicos-. Poco después, la policía -que sabía que no eran reuniones religiosas sino carlistas-, empezó a molestar a los nuevos dueños hasta que consiguieron acabar con las actividades y que se marcharan del local (Santa Cruz, 1984: 166-167).

Agentes del Servicio de Información del Movimiento, daban parte de las comparecencias que prestaron en el Departamento, cuatro individuos «acusados de hacer propaganda y repartir hojas clandestinas» en Alcalá de Henares el 9 de diciembre de 1941. Se trataba de «una organización clandestina de estudiantes de la AET» cuyo enlace era Manuel Zabala de Castella. En su domicilio se personaron los agentes que «fueron tratados muy groseramente de palabra por su padre (Coronel retirado) y por el hermano de dicho individuo (Capitán del Ejército) [...] el cual expresó que no volvieran a aparecer por allí [...] que a él no le importaban absolutamente nada las órdenes del Secretario General ni de ningún otro Secretario del Partido».[158]

---

157 Otros carlistas tuvieron problemas similares durante la guerra; requetés vascos, catalanes o valencianos, protagonizaron incidentes defendiendo sus respectivos idiomas. Vicent Cantavella, requeté de Villarreal y otros dos compañeros, fueron pelados al cero por hablar en valenciano en Soria, por orden de un coronel. (Martorell, 2010: 143)

158 AGUN, Fondo Arrese, 49, Tradicionalismo. «Parte extraordinario del día 19 de diciembre de 1941»

Sobre actividades de los universitarios carlistas, tenemos también el testimonio del estudiante de Derecho, Ignacio Hernando de Larramendi, que habla de las acciones carlistas llevadas a cabo en el Madrid de la posguerra, en las que también participaba su hermano Luis Manuel. Durante la guerra, viviendo en Guipúzcoa, fue Requeté Auxiliar a los 16 años y también llegó a ser jefe de la AET de Madrid en el «exilio». Después se incorporó voluntario al tercio San Miguel hasta el final de la guerra. Ya en Madrid continuó su labor como estudiante carlista:

> En aquella época también hacíamos lo que llamábamos «saltos» un grupo pequeño, generalmente los domingos, en el Retiro o en el Paseo de Recoletos, que empieza a gritar en contra del régimen y a favor del carlismo […] También editamos algunas publicaciones clandestinas, y una de ellas, en el año 1942, fue un artículo que pedimos a mi padre, que he considerado pieza maestra. En esos días, algunos domingos íbamos al viejo estadio de Chamartín […] Mi hermano Luis Manuel y yo no levantábamos el brazo cuando tocaban los himnos al final del partido.

> En ocasiones salíamos a repartir folletos y, hacer pintadas. En 1942, no sé exactamente la fecha, a las once de la noche comenzamos en la Puerta del Sol y aún con gente cerca seguimos haciendo el camino. Iba conmigo mi hermano Luis Manuel y el mayor de los Perreau de Pinnick, a quien no he vuelto a ver. Ya estábamos acabando, cerca de nuestra casa en la calle de Velázquez, cuando nos dimos cuenta de que dos números de la Policía Armada nos apuntaban con los fusiles y nos detuvieron. Nos llevaron a los famosos calabozos de la Dirección General de Seguridad en la Puerta del Sol, donde estuvimos cuatro días […] Después nos llevaron a un juzgado militar para tomarnos declaración; […] Me interrogó un juez militar, parece que era su última actuación en esa función; comenzó diciéndome que era inexplicable con todo lo que se había hecho en la guerra que personas como nosotros tuviésemos esa

actitud. Le dije que aceptaba sus decisiones, pero no las lecciones [...] Después nos tuvimos que presentar cada quince días durante casi un año. Recibimos anónimos de grupos falangistas amenazándonos; no les hacíamos caso ni realmente nos acobardaban. Fue un periodo interesante del que ahora tengo nostalgia; el 10 de marzo de 1942 mi hermano fue apaleado en la Cibeles. Ocurría siempre algún incidente en esa fecha, día de los Mártires de la Tradición[159] para los carlistas; en Cibeles vio cómo desfilaba un grupo de falangistas y él no quiso levantar el brazo, como exigían a todos los transeúntes, y cargaron contra él llevándole después a una comisaría. Hacia las cuatro de la tarde llegó a casa con la cara absolutamente desfigurada.

Él dedicaba más tiempo que yo al estudio [...] En una clase en la Facultad de Medicina en 1940, con el anfiteatro completamente lleno, sin utilizar el primer banco, que era el de los «caídos», que como respeto así se conservaba, se sentó un estudiante y el matón de turno le increpó durísimamente diciendo que era intolerable hacerlo. Entonces, mi hermano, que estaba en la última fila bajó saltando por encima de los bancos se sentó en el prohibido sin que nadie se atreviese a decirle nada.

En esta época se creía que podía haber una invasión alemana, y recuerdo que empezamos a pensar en prepararnos para organizar alguna clase de resistencia; afortunadamente no fue necesario (Larraz y Sierra-Sesúmaga, 2010: 327-328).

Durante el año 1942, el embajador británico, Samuel Hoare, informaba a su gobierno de la situación en España. Fernández-Longoria

159 Aunque la fecha de los Mártires de la Tradición era el 10 de marzo, se solía celebrar el domingo más próximo; en 1942 fue el día 8 donde, en Madrid, se produjeron enfrentamientos con los falangistas. AGUN, Fondo Arrese, 49, Tradicionalismo. Delegación Nacional de Información e Investigación, 9-3-1942; otro informe de 18-3-1942 hace referencia a las mencionadas detenciones de los hermanos Hernando de Larramendi «cuyas actuaciones se sustanciaron en el juzgado n° 50»; y un tercero sin fecha «De la Causa instruida contra Luis Manuel e Ignacio Hernando de Larramendi», especifica que fueron detenidos el 12 de marzo de 1942.

ha estudiado estos casos en relación a la caída de Serrano Suñer. Entre otros informes hace referencia a los incidentes con los falangistas. Habla de enfrentamientos en Madrid, disturbios reprimidos en la Universidad de Santiago, refriega en Burgos, disparos en las calles de Barcelona, disturbios en Pamplona y cierre de la Universidad de Madrid durante tres días por «enfrentamientos entre falangistas y monárquicos». Hoare resalta la gravedad de este último caso, el 19 de mayo de 1942, en el que resultaron heridos dieciocho estudiantes y «un carlista muerto». Entre los problemas en la Universidad de Madrid se cita también una manifestación de los carlistas que distribuyeron panfletos y colocaron carteles recordando que los requetés no habían derramado su sangre para implantar un régimen nacional-sindicalista (Fernández-Longoria, 2004: 261).[160]

En Asturias el 10 de marzo de 1942 hubo actos en la Fiesta de los Mártires de la Tradición. «En la Universidad de Oviedo la AET defendió a palos los pasquines carlistas» que se colocaron con motivo de dicha Fiesta.[161]

El día 8 de octubre de 1942 la Jefatura Superior de Policía notificaba una multa de 2.000 pesetas al estudiante de Gerena Juan Gutiérrez Montesinos, de 20 años de edad, que trabajaba como «Auxiliar de maestro en las escuelas de la Purísima Concepción», en aplicación de la Ley de Orden Público, por el motivo de cantar el Oriamendi en el comienzo del curso en la universidad de Sevilla, donde, junto a otros alumnos y profesores lo entonó -era un himno de rigor- por el desdén con que la Banda Municipal lo estaba interpretando. En el pliego de descargo al Gobernador Civil se decía que «su padre es un modesto empleado que con una numerosa familia viven acogidos casi en precario en una casa propiedad de las Hijas de Nuestra Señora de los Dolores y San Felipe Neri». Se decía también que por su trabajo el chico percibía «un salario de tres mil pesetas anuales [...] es decir que gana en un año ¡mil pesetas más! que la multa que se le impone» por lo que «imposible me será satisfacer dicha sanción». Y recordaba también que le llevaría «irremediable-

---

160 Sobre los incidentes en la Universidad de Madrid en mayo de 1942, puede verse una versión de la «Central de Propaganda de la AET» en la que explican que fue un enfrentamiento entre estudiantes del SEU y juanistas que se hacían pasar por carlistas seguidores de D. Juan. AGUN, Fondo Arrese, 49, Tradicionalismo: «Boletín de noticias» s/f.
161 *Boletín de Información del Requeté*, nº 31, marzo- 1942, en AGUN, Fondo Arrese, 49, Tradicionalismo.

mente ante el arresto subsidiario por no tener materialmente medios con qué pagar».[162]

En Valladolid había un importante grupo de jóvenes estudiantes, alguno de los cuales había participado en la guerra de requeté como el caso de Julio Redondo, quien cuenta en un libro autobiográfico, algunas de las dificultosas actividades de la AET en esa ciudad:

> Muy pronto como grupos de oposición al SEU (sindicato falangista) apareció la AET. En la universidad, estudiantes de todas las facultades fueron engrosando el grupo. La dirección se confió a los tres julios: Julio Roldán, Julio Gil y Julio Redondo, con la eficaz colaboración de José María Alonso Buenaposada, Alfonso Treviño, Astaburuaga, Ángel Escudero, los hermanos Gonzáles de Chávarri,[163] etc. Muy pronto surgió la inquietud en el SEU. Se nos insultaba y amenazaba buscando el enfrentamiento que en algunos casos se produjo. Recuerdo aquél de la Romería del Carmen por el cual fuimos detenidos mi hermano Gregorio y yo, pasando varios días en los calabozos del Gobierno Civil […].

> Cuando el pueblo español pasaba hambre es fácil suponer como sería la comida en los calabozos, unas lentejas sin grasa y algunos bichitos, servidos en una lata de escabeche poco limpia.

> El gobernador bajó un día para darnos una lección de patriotismo. Que eso de monarquías y reyes era cosa de ilusos e idiotas, pues en España el rey era Franco […].

> Las detenciones y sanciones solo conseguían aumentar nuestro ánimo luchador. Pasadas las navidades de 1943 organizamos unos actos (charlas, comentarios de prensa, etc.) que fueron la causa de otra detención. Fuimos tres en esta ocasión, pero como yo era el delegado de propa-

---

162 AGUN, 133/109: escrito de Juan Gutiérrez al Gobernador de Sevilla, 10-10-1942
163 Se trata de los hermanos González de Echávarri, hijos del que fue rector de la universidad de Valladolid.

ganda, fui el único que ingresé en la cárcel el 28 de enero y fui puesto en libertad el 16 de febrero […] Pasaron las vacaciones veraniegas dedicadas a preparar las actividades para el curso siguiente. Apenas iniciadas las clases, los enfrentamientos fueron más duros y frecuentes.

El SEU publicó un panfleto donde se nos acusaba de anti-españoles y otras lindezas similares. Tuvimos la suerte de hacernos dueños de todo el paquete panfletario y hacer con él una hoguera. La reacción no se hizo esperar, al día siguiente, creo que fue a primeros de noviembre de 1944, el conserje, Sr. Cano, me dijo al final de las clases: sube al rectorado que te esperan.

Me recibió el Rector. D. Cayetano Marguelina, y me comunicó lo siguiente: el Excmo. Sr. Gobernador (Tomás Romojaro, tengo la creencia de que aún vive) me ha ordenado que comunique a usted que a partir de ese momento tiene prohibida la entrada en la universidad.

Nuestro grupo crecía constantemente, todos apiñados en torno a los tres julios y de un modo especial con el jefe, Julio Roldán, estudiante de medicina y líder indiscutible de la AET (Redondo, 2005: 15-17).

Miembros de la Junta de la AET de Valladolid, en febrero de 1945. De izquierda a derecha, arriba: Julio Gil, Alfonso Treviño, Enrique Campo, Ruíz de Gauna, González de Echávarri y Jesús; sentados: Julio Redondo, José Mª Alonso, Julio Roldan, Astaburuaga y Ángel Escudero (Herrera, 2008: 79).

El texto del mencionado panfleto del SEU de la universidad de Valladolid donde los falangistas acusaban a los estudiantes carlistas es el siguiente:

> Nosotros estamos con Franco. Si esta cuadrilla de topos, que no ven más allá de sus narices, continua en su actitud dentro de la Universidad, se encontrarán con nosotros, como nos encontrarán en cualquier sitio y usando cualquier procedimiento los que atenten contra España, la Falange o el Caudillo.
>
> Y no crean que nos vamos a dedicar a denunciarles, sino que le romperemos la crisma.
>
> Para nosotros tiene más eficacia el parte facultativo que el parte a la policía.
>
> La Guardia está montada y la consigna es clara: a los enemigos de España, vengan con el disfraz que vengan, ¡aplastadlos![164]

En febrero de 1945, el catedrático de economía política, Vicente Gay Forner, dio una conferencia en la universidad de Valladolid en la que trató sobre el estudio del Plan Beveridge, que habían adoptado los ingleses sobre seguridad social. Al término de la conferencia, hizo también un elogio de la monarquía tradicional atacando al sistema totalitario y a la Falange. A la salida, un grupo de falangistas disconformes con la conferencia, provocaron un altercado, donde salieron a defender al catedrático los militantes carlistas de la AET, que tuvieron que acompañarlo al hotel donde se alojaba para evitar que fuese agredido. Sin embargo, ya a las puertas del hotel, fueron objeto de una violenta agresión por parte de miembros de las Escuadras Volantes Onésimo Redondo, generalizándose el altercado con resultado de algunos heridos leves por ambas partes. En la refriega intervino la fuerza pública, que detuvo a todos los estudiantes de la AET dejando libre a los falangistas; a las pocas horas fueron

---

164 Texto reproducido en el *Boletín de Información de las Juventudes Carlistas de España*, 1 de febrero de 1944, pág. 2

puestos en libertad excepto dos de los carlistas, Julio Roldán y Alfonso Treviño, que, por encontrarse en el servicio militar, fueron sometidos a consejo de guerra, con arresto de treinta días, Roldán a Valencia y Treviño a Segovia. Sin embargo, parece ser que, por intervención del general Solchaga, el caso se sobreseyó, aunque los acusados tuvieron que abandonar la universidad de Valladolid, teniendo que ir uno a Valencia y el otro a Madrid (Santa Cruz, 1980: VII, 209)

El año anterior, en abril de 1944, el carlista Francisco Elías de Tejada, catedrático de Filosofía del derecho en la Universidad de Salamanca, fue secuestrado y agredido por agentes de la policía. Lo relata así *Hojas informativas*:

> El Sr. Elías ha recibido el día 1 de abril, la visita de dos agentes que, previa exhibición de sus placas, le sacaron de casa alegando debía quedar detenido durante el desfile. En el Retiro, el Catedrático de Salamanca se vio de pronto con los brazos inmovilizados por otros dos individuos que caballerosamente se le colocaron por la espalda, mientras un tercero le invitaba, en nombre de la Secretaría del Movimiento, a beber una botella de ricino, y uno de los agentes le agredía con unas tijeras; todo ello encañonándole con las pistolas.

> Como la acción fue rápida y enérgica, el Sr. Tejada pudo verse libre sin haber sufrido más que la vejación moral. Y como este hecho es de los que hacen ocioso el comentario cerramos su objetivo relato con el siguiente dato elocuente:

> D. Blas Pérez, ministro de la Gobernación, ante la protesta de su compañero de Cátedra, le ha mostrado su afectuosa condolencia, pero manifestándole que no puede ofrecerle garantías.[165]

Gil Robles corrobora el hecho y añade que, en la prensa del SEU, se jactaron de la agresión a Elías de Tejada (Gil Robles, 1976: 86).

---

165 *Hojas Informativas*, nº 3, abril-mayo, 1944. Santa Cruz dice que, tras sufrir el asalto a su domicilio de Madrid por un grupo de falangistas, le sacaron a la fuerza de su casa y le llevaron al Parque del Retiro donde le dieron una paliza. (Santa Cruz, 1981: IX, 124).

En marzo de 1946 reapareció clandestinamente, tras mucho tiempo de ausencia, el boletín *AET, Órgano de la Secretaría Nacional*. Salió como número 116. En su editorial decía entre otras cosas:

> Después de la guerra, con todas las traiciones y arbitrariedades que se han cometido desde el Poder, no pudimos dejar de sentir las consecuencias de una fatal unificación, mejor podríamos decir *absorción*, de la Agrupación Escolar Tradicionalista, con este apolítico SEU; Las AAEETT no quedaron unificadas, quedaron dispersas. Los estudiantes que antes formaron la milicia de la Ciencia y de la Tradición, al encontrarse con un sindicato falangista, no pudieron menos que guardar, por el momento, cuidadosamente las Boinas Rojas, como tantas veces se ha hecho en nuestra historia, y pensar que alguna vez, porque España lo necesitase, habría que desempolvarlas de nuevo. Ningún auténtico carlista fue a la unificación, quedaron esperando… Hemos atravesado años dificilísimos: persecuciones, cárceles, registros, confinamientos, campos de concentración. Pero la labor que nos impusimos hoy la vemos casi realizada. Empezamos a trabajar con el único apoyo y material de nuestro entusiasmo. No había más recursos. Hoy podemos ofrecer a la auténtica España una organización y un modesto periódico (Santa Cruz, 1981: VIII, 196-197).

Al comienzo del curso 1946-1947 se celebró en Madrid un Congreso de la AET. En él se abordaron diversas cuestiones que imposibilitaban que la organización acabara de cuajar. Había que reorganizarse en ese ambiente hostil del SEU -que continuaba con modos y maneras filonazis-, y había que afrontar el ya endémico tema de las actividades semiclandestinas y con escasos medios económicos. Se protestaba «con toda energía, contra la legislación de un Estado que, jactándose de católico y llamándose defensor de la Iglesia, nos obliga a actuar clandestinamente al no admitir más agrupación escolar que el SEU» (Santa Cruz, 1981: IX, 30).

Con todo, un boletín carlista de 1948, bajo el título de «Violencia falangista del SEU», daba cuenta de las reivindicaciones y enfrentamientos en la Universidad de Madrid, en los siguientes términos:

El martes 13 de enero el SEU convocó cámara sindical: unánimemente se acordó declarar la huelga y nombrar una comisión para comunicar al ministro de Educación Nacional el acuerdo, solicitando la supresión del examen de reválida y la anulación de los aumentos de matrícula de la clase de prácticas. La huelga continuó hasta el día 15 en el que el SEU se volvió atrás, después de embaucar a todos los estudiantes. Estos se resistieron y entonces apareció una Centuria del Frente de Juventudes a la que echaron por las escaleras, continuando la huelga, que sólo terminó, cuando, el lunes 19, el Decano de la Facultad aseguró que obtendría lo pedido o, si fracasaba, él dimitiría. El martes 20 se declararon en huelga los de la Facultad de Ciencias Políticas y Económicas ante la falta de salidas para su carrera.[166]

Boletín de la AET vasco-navarra de octubre de 1952
(Archivo Porro)

2.3. Castigos a mujeres carlistas.

Como se ha dicho repetidamente, las mujeres carlistas estaban encuadradas en una organización llamada «Margaritas» desde muchos años antes de la guerra, y durante la misma, se implicaron fuertemente como enfermeras en otra organización creada en guerra por el carlismo llamada «Frentes y Hospitales», una obra asistencial para mutilados y huérfanos que, aunque unificada, continuaba dependiendo oficiosamente de la Comunión Tradicionalista.

---

166 *Información Carlista*, nº 6 (1948)

No cabe duda de que Frentes y Hospitales, de haberse mantenido, hubiera constituido una infraestructura para la reorganización del carlismo y por eso había que desmantelarla (Santa Cruz, 1984: I, 123 y 127-128). Mientras Frentes y Hospitales existió, hubo una orden que no se cumplió: que las enfermeras se quitaran la cruz de Borgoña que lucían en sus uniformes.

Como ya se ha dicho, con la Unificación se liquidó también la organización de las Margaritas. En estas circunstancias mantuvieron, como el resto de las organizaciones carlistas, enfrentamientos con los Falangistas y con su Sección Femenina -tal como lo relata la historiadora Antonieta Jarne para el caso de Lleida-, así como su actuación independiente. Jarne cuenta dos anécdotas del testimonio de Noeli Bahillo, una margarita que explica sendos choques que tuvo su hermana Julia tras la conquista de Lleida en abril de 1938; uno el tercer día de la ocupación, cuando un militar le reprochó que no llevara una insignia de Falange cuando sí llevaba la del requeté; otro cuando un falangista llamado Piñeiro le tiró al suelo la boina roja que llevaba diciéndole: «¡Tomates fuera!», a lo que Júlia le contestó con una sonora bofetada y con la frase «¡Chulo de retaguardia!». Julia también protagonizó otros enfrentamientos con la delegada provincial de la Sección Femenina, negándose a confeccionar jerséis para la División Azul (Jarne, 1993: 190-193 y 202).

En julio de 1939 fueron denunciadas y tildadas de «raposas» otras dos mujeres carlistas, Josefina Falcó y Àngels Pocarull, por no adquirir insignias falangistas y por su actitud de indiferencia ante las autoridades unificadas (Vallverdú, 2014: 80).

A mediados de 1940, la dirigente de la Sección Femenina de Falange, Dora Maqueda, visitó a la carlista Lola Baleztena con el fin de unificar la Sección Femenina en Navarra. A pesar de la negativa de esta, unos días más tarde recibió el nombramiento de jefa de la Sección Femenina de Navarra. Entonces, la señorita Baleztena cambió en los membretes de los impresos que le fueron facilitados, la frase «Revolución Nacional Sindicalista» por la de «Dios-Patria-Rey», motivo por el cual, a los pocos días fue destituida, pero al mismo tiempo se le impuso una fuerte multa que se negó a pagar, aunque finalmente el asunto se sobreseyó (Santa Cruz, 1979: II, 104).

Dolores Baleztena durante uno de sus mítines
(Archivo Baleztena)

Con las mujeres, margaritas de Frentes y Hospitales, hubo otro tipo de discriminación con respecto a las falangistas. María Luisa del Castillo, que estuvo como enfermera durante la guerra en el Hospital Alfonso Carlos lo describe en un testimonio:

> Todas las que estábamos allí éramos voluntarias y no cobrábamos un duro. Hubo gente que dejó sus labores y trabajos por ir a ayudar al hospital. Eso lo hacíamos por gusto y convicciones, pero lo que sentó mal es que después de todo no me sirvió como Servicio Social.[169] No me sirvió porque contra las margaritas pegaban. Amigas mías de Falange que salían una vez al mes con hucha a la cuestación les sirvió de Servicio Social, y a nosotras, que estuvimos de enfermeras prácticamente toda la guerra, no nos lo convalidaron. Una vez, estando en Cizur, una amiga falangista que tenía me invitó a salir con la hucha y fui con ella. Luego lo menté en casa… y ¡qué disgusto! Sobre todo mi tía. Toda la familia éramos muy carlistas y que yo saliera a aquello les pareció muy mal. No volví a salir, claro.

---

169 El Servicio Social era un servicio obligatorio para las mujeres durante el franquismo (como la mili para los hombres). Dependía de la Sección Femenina, una rama de la Falange Española dirigida por Pilar Primo de Rivera, que tenía entre sus cometidos la formación de la mujer española bajo los principios inspiradores del franquismo. Su cumplimiento, de entre tres y seis meses de duración según las épocas, era obligatorio y requisito previo imprescindible para acceder a un puesto de trabajo en la administración o cualquier esfera vinculada al Estado, e incluso en la empresa privada, así como para la obtención de distintos certificados o carnés. (https://www.elespanol.com/espana/20161026/165984230_0.html)

María Luisa del Castillo (Archivo Sagüés)

Foto de clausura del Hospital Alfonso Carlos 4-5-1939
(Archivo Larraz)

En una carta de queja del carlista Ortiz Estrada –publicada por Santa Cruz en su obra, donde oculta los nombres de los implicados- se hace mención a otro caso de una chica represaliada, y escribe Ortiz Estrada que «se niega en absoluto a interponer el recurso, aunque me he ofrecido a presentarlo yo mismo, porque sabe lo ocurrido al señor… y al Registrador de C… y le asusta el pensar en que nuevamente le llame el Gobernador. Estoy seguro de que si se entera de esta intervención mía habría de dolerle por miedo a las consecuencias» (Santa Cruz, 1979: II, 101,103).

Todo ello parecen cuestiones insignificantes, pero llevarlas a cabo en aquellos años de fanatismo nacional sindicalista y dictadura militar, significaba tener un valor considerable, máxime si era protagonizado por mujeres supuestamente dóciles.

En septiembre de 1939, tras la toma de Barcelona, comenzaron a reorganizarse en la Ciudad Condal. Activistas como Ángeles Janer, Basilisa Inchausti, María Rosa Torras o María Teresa Trabal, habían empezado a trabajar en la clandestinidad (Alcalá,

2001: 46). Llegaron a tener 525 socias que pagaban cuotas regulares que, junto con la recaudación de festivales, tómbolas, fabricación y venta de insignias, etc., conseguían una cantidad de dinero considerable para la causa, colaborando en la organización de actos carlistas y con sus actividades. En la casa de Basilisa Inchausti guardaban una multicopista con la que editaban escritos carlistas y religiosos, como las pastorales críticas con el franquismo del cardenal Segura o las del obispo Antonio Pildain (Santa Cruz, 1981: XI, 99).

Poco después, iniciaron un proyecto de dar cristiana sepultura a los carlistas fusilados en los fosos de cementerio de Montcada; la exhumación comenzó en marzo de 1940.

A diferencia de los mausoleos oficiales del franquismo pagados por el régimen, el carlismo catalán se hizo cargo de enterrar y levantar un panteón en Montcada, a la memoria de los asesinados. Pero al terminar las obras en marzo de 1941, las autoridades prohibieron el acto de la bendición del mismo, que hubo de hacerse tiempo después. Para pagar los gastos de dicha operación, las margaritas tuvieron que hacer recaudación de fondos de manera privada, con cartas y visitas, ya que las autoridades no permitieron hacerlo de manera pública. En 1946, el Gobierno Civil de Barcelona todavía prohibió una misa y Vía Crucis en ese cementerio, que fue tomado por la policía que impidió la entrada (Borbón, Clemente y Cubero, 1997: 176-177).

En la propia Barcelona, a principios de 1940, cuando ya se habían clausurados los centros carlistas, estos hacían reuniones clandestinas en lugares como el «Café La Rambla», según se decía en informes de servicios del Gobierno, los cuales añadían que debería someterse a vigilancia un grupo tradicionalista llamado «Altamira» en el que, además de Ortiz Estrada y un tal Canes, hay una señorita «llamada Enriqueta Piquer, entusiasta requeté y que varias veces, en público y en privado, ha dicho que prefiere que la fusilen a ponerse la camisa azul […] Esta señorita, antes del Movimiento, era modista. Su madre hace algunos años fregaba y limpiaba pisos, y siendo como ella de clase humilde […] era la encargada en la antigua delegación de Frentes y Hospitales […] una perfecta Margarita, de la organización de los hogares para heridos […] Actualmente tiene huéspedes en su casa, lo que nos podría servir como medio de introducción para nuevas informaciones». Y termina el informe diciendo que «El elemento femenino tiene también sus actividades, teniendo lugares de reunión, datos que también se darán más completamente, ampliándose estos informes».[170]

Otro informe de seguimiento sobre actividades carlistas menciona como sospechoso requeté a Valentín Velilla que «recibe unos boletines editados en Buenos Aires con propaganda carlista». Y sobre las implicaciones femeninas, añade que «los trabajos realizados por Velilla son escritos a máquina por Teresa Ger...[171] Fradaque en una zapatería de la calle San Gervasio número 108, llevándolos a cabo actualmente la telefonista María Verdert».[172]

En Valencia, Sara Peris Calvet era la presidenta de las Margaritas del Viejo Reino en los años de la inmediata posguerra. Enfrentada a la política pro-nazi del régimen y al Decreto de la Unificación franquista, mantuvo la actividad a favor de la causa carlista de aquellos años, por lo que fue represaliada en varias ocasiones.

La primera detención fue a principios de 1940 por orden del Gobernador Civil de Valencia -coronel Javier Planas de Tovar-, a resultas de unos enfrentamientos con la fuerza pública, en una nutrida manifestación carlista que se formó para acompañar los restos de unos carlistas valencianos muertos durante la Guerra Civil.

Al año siguiente, Sara Peris junto a la secretaria de las Margaritas valencianas, Pilar Sendra y otras chicas de la misma organización, embarcaron en el puerto de Alicante como polizones en el Jaime II, para acompañar al dirigente carlista Manuel Fal Conde en el destierro que Franco le impuso a Ferrerías (Menorca). Cuando el buque hizo escala en Palma de Mallorca, le esperaba una nutrida representación de carlistas mallorquines y para evitar manifestaciones de protesta y adhesiones, Fal Conde fue trasladado al Gobierno Civil. Allí amenazaron a las mujeres que le acompañaban con que serían también confinadas si no abandonaban al deportado, pero ellas manifestaron que no les importaba, por lo que se empecinaron en acompañarle hasta el domicilio de Ferrerías donde Fal Conde se instaló. Luego regresaron a Valencia (Santa Cruz, 1979: III, 158).

---

170 AGUN, 133/259/18: Información sobre actividades en Barcelona, 9-3-1940
171 Ilegible en el original.
172 AGUN, 133/259/18: «Tradicionalistas y disidentes», s/f. (1940)

En octubre de 1943, siendo Gobernador Civil de Valencia Ramón Laporta Girón, Sara Peris estuvo nueve días en la cárcel Modelo del Paseo de la Pechina de donde salió para ser confinada en Burriana hasta el 25 de febrero de 1944 (Santa Cruz, 1979: III, 158).[173] El oficio de confinamiento, con membrete de la Jefatura Superior de Policía de Valencia, sección Orden Público, está fechado el 15 de diciembre de 1943 y dice: «El Excmo. Ministro de la Gobernación ha sancionado a usted con la pena de confinamiento en el pueblo de Burriana (Castellón de la Plana) a donde deberá trasladarse en el plazo improrrogable de cuatro días [...] se presentará en el Cuartel de la Guardia Civil, cuyo jefe le designará los días en que debe hacer las sucesivas presentaciones, no pudiéndose ausentar por ningún motivo...» El 25 de febrero de 1944, cuando ya Alemania agonizaba, se le levantó la sanción mediante un nuevo oficio que terminaba con una amenaza que no cumplió: «Lo que me complazco en participar a usted esperando que su conducta, en lo sucesivo, sea de completa adhesión al Régimen» (Santa Cruz, 1980: V, 228-229).

Sara Peris (detrás) en 1951, con D. Javier
y su hija Francisca María (Archivo Ferrer)

---

173 Un escrito de fuentes carlistas refiere la detención en Valencia de «unos cuantos tradicionalistas, entre ellos una señorita y a todos han soltado ya menos a ésta [...] porque la califican de "antifranquista". Esta señorita de Valencia está detenida desde hace cinco días, *incomunicada*, en la cárcel de mujeres»; aunque no especifica el nombre puede tratarse del mismo caso. AGUN, 133/179/1943/2: «Las consecuencias de la misa de Cristo Rey no han terminado aún...», 14-11-1943.

En un acto conmemorativo el día de Cristo Rey de 1943, en Madrid, apareció una centuria de Falange que provocó un enfrentamiento con los carlistas. Como consecuencia, varios de estos, entre los cuales había una mujer, fueron detenidos y después puestos en libertad, excepto la mujer, pues la «señorita a la que no se le acusa más que de "haber encargado la misa"» permaneció detenida, revelando «la debilidad que demuestra un régimen que se ensaña con mujeres».[174]

Allá por 1944, «los Falcondistas» tenían en Madrid dos academias; una de ellas llamada «Santa Margarita» era para chicas y estaba «dirigida por una Srta. apellidada Valls». Fal Conde utilizaba las academias como tapadera para actividades diversas, con riesgo también para las titulares. Allí se recogía «dinero para el "socorro blanco" tradicionalista», para poder hacer frente a posibles detenciones, pues las consignas eran «que se armen alborotos y se detenga a gente, para que las autoridades se den cuenta de que existe una opinión fuerte contra el Régimen actual, al que consideran como el más tirano que ha habido en España en todos los tiempos». Luego, la señorita Valls pasó a ser la titular del hotel «Laris», otra tapadera carlista, «con el objeto de que puedan hospedarse allí, todos los tradicionalistas que vienen a Madrid de las distintas provincias».[175]

El 17 de abril de 1945 fue detenida en Tolosa Juana Alberdi Arteche -junto a otro carlista-, que fue confinada en Lugo. En ambos casos no hubo ningún cargo de acusación ni posibilidad de defensa. La señorita Alberdi pudo volver a Tolosa pasado más de un año, el 14 de junio de 1946 (Santa Cruz, 1980: VII, 208 y XVII, 136).

2.4. Fal Conde en el punto de mira.

Tal como ya se ha dicho, el delegado de D. Javier en España, Manuel Fal Conde, era una persona no grata al régimen franquista. Ya en las tempranas fechas de noviembre de 1936, y según decía en una carta un directivo del periódico sevillano *La Unión*, había un informe en el que «se acusa a D. Manuel de desprestigiar

---

174 AGUN, 133/179/1943/2: «Las consecuencias de la misa de Cristo Rey no han terminado aún…», 14-11-1943.
175 AGUN, Fondo Arrese, 49, Tradicionalismo. «Resumen de actividades monárquicas (Sección Falcondista)», 1943-1944.

al Ejército y al general Franco, de tratar insolentemente al general Mola y otras atrocidades por el estilo».[176] Seguramente había algo de exageración en el informe, pero lo que sí existió fue el temor del régimen hacia él y la consiguiente persecución, hasta el punto de sufrir varios intentos de asesinato.

Aunque Fal Conde fue siempre muy crítico con el régimen, a pesar del acoso, intentaba respetarlo, al menos, frente a posibles intereses extranjeros - ya fueran alemanes o ingleses-, durante la Segunda Guerra Mundial.[177] De ahí su posición neutral en este conflicto que fue precisamente lo que le valió el destierro a la isla de Menorca durante cuatro meses por orden de Franco. Si Franco le temía, la Falange le odiaba, razón por la cual los nazis no parece que fueran totalmente ajenos a los atentados que sufrió.

Más arriba ya se han ido desgranando los avatares de sus conflictos con el régimen: exilio en Portugal, confinamiento en Sevilla, destierro a Menorca. Pero hubo también varios intentos de asesinarle. Ya había tenido un primer intento en Córdoba durante la República, el 2 de mayo de 1936 -mediante un disparo fallido a dos metros de distancia-, pero con el franquismo hubo más intentos.

Ya en septiembre de 1936, con motivo de asistir al entierro del rey carlista D. Alfonso Carlos en Viena, sufrió un atentado en la estación de La Negresse de Biarritz, mediante un disparo de pistola que le rozó la cabeza. El hecho no fue denunciado a la policía francesa para no retrasar su llegada al entierro en Viena (Santa Cruz, 1979: IV, 31).

Como se ha dicho repetidas veces, el 20 de diciembre de 1936, Fal Conde tuvo que exiliarse a Portugal por orden de Franco. Sin embargo, acusado de alta traición, estuvo a punto de ser ejecutado. Si ello no se llevó a cabo fue, según Serrano Suñer y Maximiliano García Venero, por miedo a un levantamiento de los requetés. Éste último autor pone de testigo para ello al embajador alemán Wilhelm von Faupel, quien en un informe aseguraba que Franco

---

176 AGUN, 133/330: Carta de un directivo del diario la Unión a José Mª García-Verde, Sevilla, 17-11-1936.

177 El embajador de EEUU señor Hayes intentó un contacto con Fal Conde «manifestando su deseo de acercarse al grupo carlista, que considera formado por personas de gran honradez y patriotismo: se ha dirigido a Fal Conde, que se ha excusado manifestando no deseaba dar la impresión de que su actividad se respaldaba en una Embajada extranjera». Conversación del Director General de Asuntos Eclesiásticos, D. Mariano Puigdollers con el Embajador de EEUU, señor Hayes, 3-11-1943, AFNFF, doc. 27310.

estuvo a punto de «ordenar inmediatamente el fusilamiento de Fal Conde por el delito de alta traición» (Martorell, 2010: 55).

Sin embargo, cuando Franco nombró a los miembros del Consejo Nacional de FET y de las JONS en octubre de 1937, incluyó a Fal Conde sin consultárselo previamente. La respuesta al enterarse de su nombramiento fue clara: «Se me quiere sumar a eso porque hace falta mi aprobación para que cese la protesta de tantos amigos nuestros».

Evidentemente Fal Conde no aceptó porque no estaba dispuesto a hacerle el juego a Franco y en carta a D. Javier, le recomendaba que no aprobase la aceptación de ningún cargo de carlistas en los organismos del Estado y los pocos que aceptaron cargos fueron expulsados de la Comunión Tradicionalista por D. Javier.

Pocas semanas después, D. Javier era expulsado por Franco por apoyar a los que se resistían a la unificación (Peñalba, 2013: 81-82).

Y es que, como decía una circular del Secretariado o Junta Política,[178] «toda resistencia pasiva, toda tibieza o estratagema para aplazar o desviar la tarea unificadora debe, por eso, considerarse como acto de deslealtad para el Caudillo y, por consecuencia para la Patria».[179] Y es que, cuando fue nombrado Consejero Nacional sin consultarle, Fal Conde escribió una carta a Franco en la que no sólo rechazaba el nombramiento en el Consejo de FET y de las JONS, sino que se quejaba de la «absorción de que se está haciendo objeto el Tradicionalismo y a sus requetés o ante los atropellos y violencias registrados en todas partes».[180]

Pocos meses antes, en la primera mitad de 1937, estando Fal Conde todavía desterrado en Lisboa, sufrió un intento de envenenamiento, que supuestamente, fue obra de la masonería a la que años atrás, antes de dedicarse a la política, había estado investigando.[181]

En 1941, cuando Fal fue desterrado a Menorca, se produjo un nuevo intento de asesinarle. La orden de destierro la dio el

---

178 Organismo transitorio previó a la Secretaría General del Movimiento
179 AGA, (9) 17.12-51/21102, Circular n° 14, 9-9-1937; *Boletín del Movimiento*, n° 4, 15-9-1937
180 AGUN/133/258, escrito de Fal Conde a Franco el 28-11-1937.
181 En contraste con esta información, existe un documento manuscrito del Presidente del Tribunal Nacional de Responsabilidades Políticas en el que se pone de manifiesto que «han aparecido últimamente algunos -pocos- casos de requetés masones. Todos son catalanes». Ello debió molestar a los carlistas porque el escrito continúa diciendo que «han comenzado a surgir cerriles ataques de los de Fal Conde contra el Tribunal tachándole de ineficaz». Carta manuscrita del Presidente del Tribunal Nacional de Responsabilidades Políticas, dirigida a Franco, 13-5-1944, AFNFF, doc. 14036.

Gobernador Civil de Sevilla, Francisco Rivas, que estaba bajo las órdenes del Ministro de Gobernación Blas Pérez, responsable del hecho -sin salvar la responsabilidad superior de Franco-. Estas noticias las aporta en unas declaraciones Domingo Fal, uno de sus hijos, realizadas en una entrevista a *El Correo de Andalucía* del 20 de noviembre de 1979. Según él, el Gobernador dio instrucciones claras del recorrido que debían realizar. El atentado debía producirse durante el viaje por carretera de Sevilla a Alicante, donde había de embarcar, y concretamente entre Sevilla y Málaga; pero no se ejecutó el plan porque se equivocaron de carretera.

En el coche viajaba Fal, su chofer y un capitán de la Guardia Civil que, aunque era conocedor de plan a través de los servicios de información de la Benemérita y pudo haber pasado el servicio a otro compañero (por encontrarse su mujer enferma de gravedad), no quiso dejar el riesgo a otro colega y, por otra parte, «se sentía en la obligación de conducir a un señor al destierro, pero defendiendo la vida de ese señor y sin entrar en las razones de su detención y destierro». Por eso antes de la salida introdujo armas automáticas en el coche y le ofreció una pistola a Fal Conde que éste rechazó (Santa Cruz, 1988: XVII, 205-207).

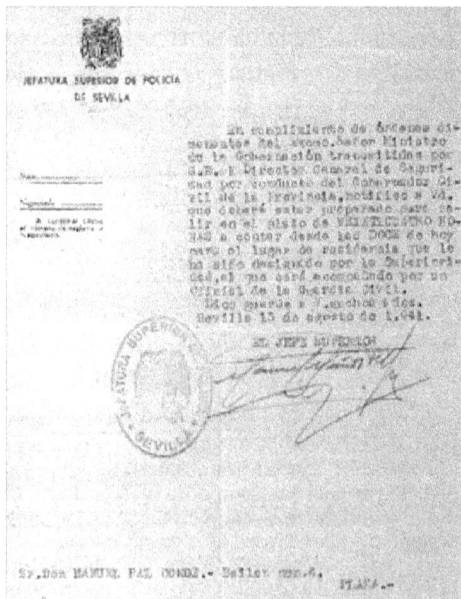

Orden de destierro de Fal Conde a Menorca (AGUN)

Manuel Fal Conde (Archivo Fal Conde)

Según un escrito que parece de algún servicio de información gubernamental, cuando Fal Conde regresó a Sevilla de su confinamiento en la isla de Menorca, en la estación le «esperaban en número de unas ciento cincuenta personas, abundando la gente joven de ambos sexos». Después de descender del tren, en contra de los deseos de Fal Conde, se organizó una manifestación «dando gritos de ¡Viva Fal Conde! y ¡Viva el Rey! y cantando el Oriamendi». La policía ordenó que se disolvieran y lo hicieron, pero cuando se retiraron las Fuerzas de Orden Público, los manifestantes aprovecharon para reagruparse, por lo que «avisada por la Jefatura Superior de Policía, la Fuerza de la Policía Armada de retén, ésta salió y disolvió la manifestación, así como a un grupo bastante numeroso que se hallaba en la puerta de la casa del Sr. Fal Conde».[182]

Fal Conde, al ser liberado del destierro de Ferrerías en diciembre de 1941, dio órdenes para que se evitaran todo tipo de manifestaciones y adhesiones a su persona. Sin embargo, y a pesar de estrategias para evitarlo, no pudo conseguirlo ni en Mahón, ni en su trayecto en tren y automóvil desde Barcelona a Sevilla. En Tarragona, Castellón, Valencia, Córdoba y diversos pueblos -se le prohibió pasar por Madrid-,[183] no pudo evitar que las masas carlistas se arremolinaran en estaciones por donde supuestamente había de pasar, aunque finalmente, por causa de algunas incidencias, o no pasó o pasó a horas imprevistas.

A pesar de sus intentos de evitar esas manifestaciones, tras su regreso a Sevilla, por una orden del Ministerio de la Gober-

---

182 AFNFF, doc. 11067, 23-12-1941; también AGUN, Fondo Arrese, 49, Tradicionalismo: Informe sobre manifestación por el regreso de Fal Conde del destierro, 24-12-1941
183 Pueden verse los oficios sobre la expulsión a Menorca, levantamiento de la misma, condiciones del viaje de regreso y régimen de continuación del confinamiento en Sevilla, en AGUN, 133/179/1941.

nación, se le impuso una nueva sanción. Fal escribía: «Otra vez más se me vuelve a privar de libertad, con inestimables perjuicios, sin decirme por qué delito, ni oírseme defensa, ni permitírseme recurso, ni concretar la duración de la misma», y hacía referencia al agravio comparativo que se producía entre él y los presos republicanos por el «durísimo contraste entre esta política que conmigo se sigue y la ley de 2 de septiembre de 1941, dictada para los rojos a fin de "mitigar el rigor de las sanciones impuestas por los tribunales castrenses, encargados de enjuiciar los *crímenes y desmanes* producidos por la revolución marxista"».[184]

Otro intento de asesinarle fue en realidad un complot. Lo publicó Manuel de Santa Cruz utilizando diversas fuentes, pero queda la duda si la idea surgió del mismo Franco o de uno de sus ministros. Santa Cruz explica que fue el propio Franco la persona quien lo comentó, en enero de 1942, al general Varela, su Ministro del Ejército, diciéndole que otro de sus ministros planeaba asesinar a Fal Conde. El dictador le dio el nombre del ministro y del colaborador, quien ya había contratado a un pistolero para tal fin. Aunque Santa Cruz omite dichos nombres, se deduce claramente que el ministro en cuestión era Serrano Suñer. ¿Por qué se lo dijo Franco a Varela? Santa Cruz cree que fue con la secreta intención de que fuera él el encargado de desbaratar el complot, sabiendo de la amistad que existía entre Fal Conde y Varela. Pero también pudiera ser que Franco abrigara la esperanza de que el general Varela, que le era fiel, optara por no decir nada y participara así en la traición a su amigo Fal Conde. Pero Varela movió los hilos pertinentes para poner a Fal en antecedentes del complot. Años más tarde el ministro que concibió el atentado (Serrano), intentó darle a Fal una explicación de lo sucedido, pero este la rechazó de manera despectiva.

No cabe duda de que el ambiente político de aquellos años era de una tensión extraordinaria, y los falangistas pro-nazis en general, y Serrano Suñer en particular, se sentían fuertes como para imponerse por encima de todo y de todos, especialmente sobre los carlistas que no hacían más que atacarles, o cualesquiera que se les opusiera por causas menores.

---

184 AGUN, Fondo Arrese, 49, Tradicionalismo. «Nota sobre las manifestaciones de simpatía producidas con motivo de mi regreso a la Península» s/f

Ese extremo envalentonamiento de Serrano Suñer lo ratifica el dirigente de Acción Española, Eugenio Vegas Latapié, que publicó en vida de Serrano -sin que este lo desmintiera ni le denunciara por calumnias-, que «Serrano Suñer era un hombre que jugaba descaradamente con las vidas ajenas» y añade que el Jefe Superior de Policía, Orbaneja, le había dicho: «Tengo entendido que usted cree que había una orden de asesinato del Generalísimo contra usted, y no es cierto; el que la dio fue Serrano Suñer» (Santa Cruz, 1979: IV, 27-31).

Parece que el atentado a Fal era una posibilidad que preocupaba al Ministro del Ejército, el anti-nazi Varela -amigo de Fal-, tal como se desprende de un documento-informe escrito desde Sevilla, al parecer por un militar, «cumpliendo órdenes dadas por el Sr. Ministro y por Vd., [un coronel del Ejército] llamé a mi llegada a D. Manuel Fal Conde […] le hice saber […] ante la insistencia de las noticias que se recogían sobre un posible atentado, de tomar cuantas medidas fueran necesarias para protegerle. Este hombre reaccionó rápidamente […] sobre la carencia de fundamento de tales noticas […] rechaza la tal protección […] me respondió que si el asunto era por establecerle vigilancia sobre sus actividades, no tenía nada que oponer, pero si en realidad era por protegerle, me rogaba no tomase ninguna medida hasta que él le escribiera al Ministro».[185] En esta misma línea le escribía Fal Conde al ministro de la Gobernación, Valentín Galarza, que con la excusa de «los riesgos que parece me rodean» se ocultara «una vigilancia de mis actividades». Y añadía: «a mí no me preocupa que me vigilen. Lo que no puedo consentir es protección de ese estilo, precisamente por lo que tiene de escolta [ya que] en muchas docenas de veces he vivido bajo la espada de Damocles de listas negras, pistolerismo, dos atentados milagrosamente infructuosos [pues] cuando se pisa el terreno que yo ando, las satisfacciones morales […], la confianza de unas masas, no pueden lograrse sin el desprecio a ciertos peligros». Y tras decir que «tengo yo mejores medios que los oficiales que V. dispone» terminaba con que «de igual manera que rehúso la protección ofrecida, tengo adoptadas mis medidas para sujetar el brazo criminal».[186]

---

185 AFNFF, doc. 27169, carta sobre conversación con Fal Conde, Sevilla, 4-3-1942.
186 AGUN, 133/179/1942/1: Carta de Fal Conde a Valentín Galarza, Sevilla, 2-3-1942.

En una carta de los miembros de la Junta Auxiliar de la Jefatura Delegada a D. Javier, fechada el 23 de junio de 1942, se le informa entre otras cosas:

> Tal vez le habrá llegado a V.A. noticia del malestar general que hay en nuestra Patria producido por este Régimen que contra toda razón y todo derecho se ha impuesto, bastardeando y contrariando los móviles que llevaron a derramar su sangre y a sufrir sacrificios de toda clase a tantos y tantos españoles; Régimen verdaderamente intruso y usurpador, que ha llevado al desgobierno y el malestar a todos los órdenes de la Administración pública y de la vida nacional.
>
> Con poquísimas excepciones, todos nosotros hemos permanecido apartados de él; y aún algunos de los que creyeron que su cooperación pudiera ser beneficiosa, comprenden su error y con toda lealtad vuelven a nuestras filas.
>
> Esta resuelta actitud nuestra, inspirada tan sólo en el bien a nuestra Patria, nos ha originado persecuciones y atropellos, que han culminado en los que se han cometido con el mismísimo Jefe Delegado de V.A., que ha sufrido destierro y confinamiento, que aún dura (si bien en los últimos tiempos se ha atenuado), y hasta se le ha querido hacer víctima de un atentado que proyectaron personas destacadas de la actual situación, y que conocido a tiempo, pudo ser, gracias a Dios, evitado. (Santa Cruz, 1979: IV, 89).

Efectivamente, un año más tarde, Fal continuaba siendo vigilado y controlado de cerca por la policía política del régimen, amén de impedírsele viajar fuera de Sevilla sin pedir autorización al Gobernador Civil de la provincia. Entre el 20 de mayo y el 1 de junio de 1943, una decena de informes de la policía dan cuenta de los movimientos en el domicilio de Fal, así como del hotel donde se aloja Rodezno que ha viajado a Sevilla para entrevistarse con aquél.[187]

Sea como fuere, el régimen utilizaba todo tipo de operaciones para imponer sus criterios y que nadie se saliera de su redil.

---

187 AGUN, Fondo Arrese, 49, Tradicionalismo: «Jefatura Superior de Policía-Sevilla. Vigilancia del Sr. Fal Conde»

En diciembre de 1944 -según denunciaba una hoja del Requeté-, un grupo de falangistas se plantaron ante el domicilio de Manuel Fal Conde en Sevilla, gritando «Viva la Revolución y la Falange», «Muera el Rey» y «Muera el Requeté». Al oír los gritos «Fal y su familia salieron al balcón y en ese momento hicieron varias descargas de pistola sobre ellos» sin causar víctimas. La hoja, que transmite una gran rabia, terminaba diciendo: «¡¡Cuidado jerarquías de la vil canalla, evitad días de luto en España pues estamos en pie de guerra!! ¡¡Quieran o no nuestros mandos, dispuestos a todo!!».[188]

Sin embargo, los carlistas tampoco se conformaban con ser víctimas pasivas del régimen e intentaban contrarrestar, dentro de sus menores posibilidades, la acción de sus poderosos enemigos políticos. Así, si hemos de hacer caso a informaciones de funcionarios que se encargaban de controlar a la oposición, el agente «B.03 dice que Fal Conde tiene montado dentro de la Falange una red de información».[189]

2.5. El sangriento atentado falangista de Begoña.

Sobre estos hechos se han escrito varias versiones. Aquí se han utilizado las fuentes que están basadas en la información publicada y propagada por los carlistas, que tiene un carácter más coherente, y otras muy diversas y contradictorias propagadas por la Falange y afines. De ambas se hacen eco tanto Santa Cruz (1979: IV, 111-134), como Porro (2007: 1-29). Este último utiliza en su versión una bibliografía más amplia. También se ha tenido en cuenta la versión del catedrático Martínez Roda (2012: 239-349) y de Fernández-Longoria, quien recuerda, siguiendo a Payne, que este atentado «provocaría una de las mayores crisis de la historia del franquismo» y que, sin embargo, acabaría reforzando a Franco, «Apoyándose en los sectores moderados de la Falange como contrapeso a las aspiraciones monárquicas» (Fernández-Longoria, 2004: 263 y 266).

---

188 AGUN, Fondo Arrese, 49, Tradicionalismo: «La más vil cobardía» 10-12-1944. Otro escrito juanista sin fecha también relata este tiroteo a Fal Conde. Y es que, en 1944, hubo un cierto acercamiento entre carlistas y juanistas, dado que estos ya habían adoptado posiciones antifalangistas, antifranquistas y anticarloctavistas: ver AGUN, Fondo Arrese, 49, Tradicionalismo: «Para que se enteren los españoles».
189 AGUN, Fondo Arrese, 49, Tradicionalismo, «R-B, Informe nº 1003, 29-mayo-1945»

Como ya hemos visto más arriba, en el verano de 1942, el ambiente en el País Vasco estaba bastante tenso debido a las recientes manifestaciones carlistas de Bilbao y Tolosa –así como en el resto de las Españas-, y los enfrentamientos y escaramuzas que tuvieron con la policía y las autoridades, por lo que había una cierta preocupación de cara al nuevo acto previsto, como todos los años, en el santuario de Begoña, en sufragio de los requetés del Tercio de Nuestra Señora de Begoña muertos en el frente o asesinados.

En el contexto del acto de ese año, flotaba también el ambiente de enfrentamiento entre una Falange germanófila y pro-nazi, con un carlismo anti-nazi y no intervencionista al que aquéllos calificaban de anglófilo. A ese acto asistió también el general Varela que, sin ser anglófilo, se oponía a entrar en la guerra por razones profesionales y técnicas. Eran, además, días en los que se preparaba el desembarco aliado en África, y Madrid era un hervidero de espías. Probablemente Varela asistió al acto de Begoña –igual que otros cargos del régimen- porque «aunque nunca fue carlista adscrito al movimiento político legitimista […] tenía gran simpatía hacia él» a pesar de que «el carlismo en 1942, en general, se sentía maltratado por el nuevo régimen» (Martínez Roda, 2000: 339-340).

Aunque cuidadosamente silenciadas por la prensa y la propaganda oficial, al Partido Único le preocupaban mucho las constantes manifestaciones carlistas, así que se pensó en impedir el acto de Begoña. Todo aquel ambiente presagiaba que algo grave podía pasar, pero en ningún momento se suponía que se produjera un cambio cualitativo como el que ocurrió.

Si hemos de hacer caso a los datos de un informe del Jefe Provincial de Milicias de Bilbao, del día 14 de agosto, sobre el acto de Begoña que iba a realizarse dos días después, decía que «se prepara algún acto-manifestación de elementos contrarios al Régimen» por parte del Requeté que quiere demostrar «la potencia de su organización». Decía también que «elementos nacionalistas de Vizcaya han repartido entre sus adeptos boinas rojas y armas cortas; concretamente se dice del personal obrero de la factoría "Aurrerá"» y que «el personal de la embajada y consulado inglés reparten en abundancia dinero y armas cortas entre elementos rojo-separatistas». Añadiendo que «se ha dicho también que elementos carlistas reciben fusiles de Navarra». En un totum revolutum, afirma que «los partidos que componían el "Frente Popular", disponen de depósitos de armamento: fusiles, ametralladoras, bombas de mano, municiones, que tienen escondido desde el derrumbamiento del frente vasco» y, finalmente, hace un llamamiento para que la Guardia Civil «aumentase la guarnición en la provincia, sobre todo en las zonas fabriles, no olvidando el cuadrilátero Guernica, Marquina, Eibar, Durango».

El documento tiene una coletilla en la que se dice que «Este informe lo recibió el Jefe Regional, comandante Murga, en Burgos, el día 15 a primera hora de la mañana» y que lo llevó a la Capitanía General, entregándolo al Jefe de Estado Mayor; luego lo llevó «al Gobierno Militar e hizo presente al General Gobernador las noticias y los temores de que hubiese alguna alteración del orden público al día siguiente».[190] Sin embargo y a pesar de la gravedad de los informes, no parece que los militares tomaran ninguna medida. No así los falangistas que, sabedores o no de estas noticias, decidieron actuar por su cuenta o tal vez por cuenta de algún ministerio del gobierno.

Así las cosas y viéndose impotentes los pocos falangistas vizcaínos que había, solicitaron ayuda por medio de su jefe, el camarada Maíz, al Vicesecretario General del Movimiento, el teniente coronel camarada Luna, que a su vez pidió refuerzos a Valladolid, Santander, Vitoria y otras provincias. Luna que tenía fama de franquista duro, antes de encaminarse hacia Bilbao -donde no pudo llegar por una avería del coche-, tuvo una entrevista con su íntimo amigo Serrano Suñer en Benicàssim (Castellón) donde este veraneaba. Sin embargo, ya tenía organizado el atentado contando con Juan Domínguez Muñoz -inspector nacional del SEU y agente de los servicios de información alemanes-, el jefe provincial del SEU de Vizcaya –Berástegui- y otro exaltado falangista -Hernando Calleja García, amigo de Girón de Velasco-, que era subjefe provincial de Valladolid, a quien le faltaba una pierna (era mutilado de guerra).

De Valladolid partió el coche oficial nº 565 con guion de mando de la jefatura provincial de FET y de las JONS, ocupado por los citados Berástegui y Calleja, que recogieron en San Sebastián a Domínguez y salieron para Bilbao donde se hospedaron en una

---

190 AFNFF, doc. 27156, Informe del Jefe Provincial de Milicias de Bilbao, comandante Churruca, al Jefe Regional de Burgos, comandante Murga, 14-8-1942.

«casa de mala fama». A la mañana siguiente, desde el bar Amaya, salieron junto a otros tres camaradas que llevaban otro coche oficial con el nº 51. Llegaron al santuario de Begoña y aparcaron en la entrada prevaliéndose de las insignias y uniformes oficiales que ostentaban y amparados por un grupo de guardias.

El día 16 de agosto, poco después de las once, dio comienzo la misa con un templo abarrotado y mucha gente en el exterior que no pudo acceder. Presidía el acto el ya teniente general Varela, Iturmendi, gobernadores militar y civil, y alcalde. Enfrente de esta presidencia oficial, se colocaron los oficiales del tercio de requetés de Nuestra Señora de Begoña, presididos por el carlista Arauz de Robles.

Al término del acto religioso, con la explanada llena de gente y en el mismo momento que salía Varela -que era aclamado-, los falangistas lanzaron una bomba de mano al pórtico y otra al centro de la multitud donde la mitad eran mujeres, niños y familiares de los requetés muertos. Las bombas eran de las utilizadas por la infantería alemana. La primera no llegó a estallar, pero sí lo hizo la segunda aunque desviada a un lado por la mano de alguien. Según otra versión, «no pudieron seguir lanzando bombas porque la gente se les echó encima y hubieran sido linchados si no los hubiera amparado la Policía Armada que les metieron en el mismo coche dejándoles detenidos».[191] Hubo 117 personas heridas, 80 de carácter grave, y el resto heridos leves. En los meses siguientes murieron 3 de estos heridos: Francisco Martínez Priegue, de 30 años, casado, de Baracaldo; Roberto Mota Aranaga, de 32 años, casado, de Erandio; y Juan Ortuzar Arriaga, de 24 años, soltero, de Rigoitia.[192]

La reacción del público, en su mayoría familiares de los requetés muertos durante la guerra civil, fue diversa: mientras unos atendían a los heridos y aclamaban a Cristo Rey, a España, al Ejército, al Rey Javier y a Fal Conde, otros se dirigieron, violentamente, hacia los agresores.

Paradójicamente, 20 carlistas fueron detenidos y encarcelados durante varios días acusados de la masacre, pero ante la evidencia,

191 AGUN, 133/179/1942/2: «Este hecho criminal se ha fraguado por altos jerarcas…», s/f.
192 AGUN, 133/179/1942/2: «Lista de los heridos en Begoña el día 16 de agosto de 1942 al tirar las bombas cuando los carlistas salían de misa, celebrada por los requetés del Tercio de Begoña». Se trata de una lista nominal con datos concretos de 85 de los más graves.

fueron puestos en libertad. Sin embargo, el jefe carlista de Vizcaya, Pedro Gaviria, fue desterrado durante varios meses en Madrigal (Ávila) y en los primeros años, al acercarse la fecha del acto de Begoña, el gobierno impedía su asistencia.

Por la tarde del día del atentado, en los centros carlistas de Bilbao, se formaron grupos de carlistas para tomar represalias llegándose a repartir armas. Enterado Varela, trató de disuadir a los organizadores, prometiéndoles que, si no había represalias, intercedería ante Franco para que hiciese justicia. Ello no impidió que, al día siguiente, 17 de agosto, los carlistas editaran una hoja denunciando el atentado y explicando lo sucedido. En las conclusiones de esa hoja, entre otras cosas, decían:

> Un hecho tal, un crimen así, no lo hubo nunca ni en la República [...] Los atentados en tiempo de aquélla, tuvieron lugar generalmente en mítines y actos de lucha política, rara vez en templos, jamás en actos de piedad como este, y en tales, proporciones en las que la rabia de los criminales y sus inductores impotentes, parece haber querido aniquilar a los requetés [...] El crimen de la Falange en Begoña pasará a la Historia como la vergüenza más grande de nuestra vida pública. Vergüenza que el cinismo del régimen más repugnante que ha padecido nuestro pueblo, querría mantener oculto, como un nuevo Casas Viejas, pero que la Nación entera debe conocer y conocerá pese a quien pese. [...] Los carlistas no piden amparo ni protección alguna; se saben defender y lo harán en toda la medida necesaria [...] En nombre de estas nuevas víctimas carlistas, tenemos derecho a preguntar: ¿hasta cuándo va a durar esta farsa sangrienta que está hundiendo a España en la vergüenza y la ruina?[193]

La versión falangista la escribieron el 19 de agosto, desde la cárcel de Bilbao, los acusados de los hechos.

Dicen en un escrito que, camino de Archanda, el día de los hechos, se encontraron con una multitud de paisanos tocados con boinas rojas y ostentando enormes pancartas con las frases: «Viva

---

193 AGUN, 133/179/1942/2: «El crimen de la Falange en Begoña. Un régimen al descubierto», 17-8-1942.

Fal Conde», «Viva el Rey», «Queremos una Regencia» y «Mueran los traidores». Sin embargo, de entre la multitud, oyeron también dos gritos de «Arriba España» y «Viva Franco», que fueron contestados con los de «Viva el Rey» y «Viva Fal Conde» por los carlistas.

Los carlistas, acto seguido, agredieron a quienes habían lanzado los primeros gritos por suponerles falangistas. Los que se dirigían a Archanda se unieron a los falangistas para defenderlos frente a la multitud carlista, que contestaba con mueras a España, a Franco y a la Falange.

Ante la imposibilidad de las fuerzas de la Policía Armada de contenerlos, estuvieron a punto de perecer linchados y, a uno de ellos, mutilado, sin una pierna y con muletas (Hernando Calleja), estuvieron a punto de arrancarle su camisa azul y además, recibió varias heridas de arma blanca en la espalda.

Finalmente consiguieron huir en el vehículo oficial de FET n° 51, incluso con las ruedas del coche en mal estado por haber sido reventadas a navajazos. Fueron a la Casa de Socorro a curarse y después a denunciar los hechos, donde quedaron detenidos y por la noche ingresaron en la cárcel, acusados de la explosión de un artefacto mientras eran linchados.

Añaden, que en la iglesia el sermón fue una diatriba contra Falange. Que antes de explotar el artefacto, uno de los falangistas consiguió hablar con el Gobernador Militar allí presente diciéndole que estaban siendo agredidos por gritar Arriba España y Viva Franco y que el Gobernador, de mala manera le contestó que quedaba arrestado y detenido. Aseguran que la acusación contra el falangista Juan José Domínguez de ser el autor del lanzamiento de la bomba es falsa y que lo que se pretende con ello es atacar a la Falange. Al final del escrito de la versión falangista, incidiendo en lo subversivo y la ilegalidad del acto, dicen entre otras cosas que:

> Hay que añadir que entre los boinas rojas que a aquel acto asistieron había, sin duda, numerosos elementos rojos y separatistas que serían sin duda, quienes con más ahínco gritaban Muera Franco, la Falange y España, y sin embargo han decidido achacar a uno de los siete falangistas que defendieron hasta el máximo límite, como era nuestra obligación, los nombres del Caudillo y de la Falange.

Acusan al Tribunal que les va a juzgar de que estará influenciado por quienes autorizaron el acto y las autoridades que lo presidieron, como el general Varela, el Gobernador Militar, etc., añadiendo que:

> Ellos son también los que permitieron el 25 de julio pasado que estos mismos boinas rojas cantasen en su manifestación por las calles de Bilbao una canción cuya letra en su parte esencial dice: Tres cosas hay en España/ que no aprueba mi conciencia/ El Subsidio/ La Falange/ El cuñado de su Excelencia.

Serrano Suñer, a la sazón Presidente de la Junta Política de FET y de las JONS, aceptó la versión de la Falange expuesta, que fue sin duda la que hizo llegar a Franco, al igual que otras versiones de personas de su círculo.

El 24 de agosto, el mismo día que comenzó el consejo de guerra a los acusados del atentado, Franco llamó a Varela y ambos mantuvieron una acalorada discusión telefónica entorno a lo sucedido en Begoña, que fue grabada por los servicios de seguridad.[194]

Franco insistía en que los carlistas, a los que no llamaba por su nombre sino por el de «cierta secta», quisieron aprovechar «para provocar con sus gritos subversivos», cosa que Varela no lo consideró así, como tampoco hubiera permitido gritos de mueras a Franco.

Discuten sobre algo que parece baladí, pero que no lo era entonces; para Franco había que decir «Arriba España» y no «Viva España» que, según él, era decadente.[195] El primero era el grito distintivo de Falange que los carlistas rechazaban. Varela le dijo que, si había que prohibir el segundo, «ten el valor de dar una orden y crea la figura de delito».

Después Franco trata de justificar la reacción falangista porque no se podía permitir la frase de «Viva el Rey».

Cuando Varela le dice que «el grupo lanzó una bomba a diez pasos del grupo en que estábamos las Autoridades», Franco se sorprende

---

194 Esta conversación, recogida taquigráficamente, se puede leer en López Rodó (1977: 503-507)
195 El grito de «Arriba España» fue el que «como invariable y obligatorio impuso la Jefatura Nacional de Prensa y Propaganda» AFNFF, doc. 6285, escrito dirigido por el jefe de Falange de Pamplona al Gobernador Militar de Navarra -con copia a Manuel Hedilla, preso en Canarias- referente a diferencias entre falangistas y requetés (25-11-1937).

diciendo: «Ellos no atentaron contra ti, pues tú mismo, cuando hablaste conmigo, no me dijiste nada de eso». Varela le responde:

> Porque yo todos esos detalles los supe después, porque yo entonces no sabía ni que el hombre desvió el brazo, ni había hablado todavía con mi mecánico, que fue el que le encañonó a uno de ellos.
>
> Pero ya veo el plan en que estás, mi General… Te he escuchado estos días tus discursos y no has tenido una palabra de consuelo para esas pobres víctimas, todos ellos obreros, y muchos de ellos muy graves, que probablemente se morirán, entre ellos una madre de doce hijos y un soldado que estaba allí a visitar a la Virgen y que perderá la pierna, pero nadie ha tenido una frase para ellos ni una condenación para los criminales asesinos, sino que tú por el contrario los has maltratado hablando de posiciones y banderías, y eso no es justo mi General, esa no es la contestación adecuada, todo ello para decir en nombre de una revolución que tú proclamas, cuando tú sabes muy bien, mi General, que soy cincuenta mil veces más revolucionario que tú pero en revolucionario consciente y en responsabilidad y, por tanto, no podré nunca estar con esos criminales y asesinos.

Franco dice a Varela que de los gritos subversivos no le había hecho ningún comentario, pero este insiste en que ya se lo había comentado, pero recalcando que no eran subversivos. Después Franco expone que fue un complot de rojos y separatistas, insinuando que bien pudo intervenir alguno de estos elementos. Varela hace hincapié en que no hay separatistas, sino tradicionalistas; que él los ha ido a ver al hospital y lo sabe, no como las jerarquías del Partido, que no sólo no se han preocupado por las víctimas, «sino que sólo se han interesado por los asesinos tratando de desviar la atención de la justicia, como Guitarte».

En este momento empiezan a discutir sobre algunos de los presuntos implicados desde la retaguardia, a los que Franco trata de justificar añadiendo que «ni las jerarquías de Madrid ni las de Bilbao tuvieron nada que ver en este asunto, pues no hay nadie en

Bilbao». Varela dice que sí hay gente de Falange en Bilbao, pero que «no hay una persona decente que los siga».

Franco le habla de la contradicción sobre las circunstancias de la detención. Varela le dice que «nuevamente te han informado mal» pues, contra la versión falangista, él fue testigo de que fueron detenidos allí mismo y entregados a la policía, y que tenían los coches preparados para la huida en dirección contraria a Bilbao. Insiste también en que la cosa estaba muy preparada.

Franco le pregunta por el tribunal militar que les va a juzgar y Varela le informa que el presidente es Camisa Vieja –cosa que Franco no cree- y el fiscal de Falange, «para que veas que se ha obrado con toda imparcialidad». Al preguntarle por los demás miembros del tribunal, Varela le dice que no los conoce.

Como consecuencia del atentado y ante la indiferencia de Franco, el general Varela le presentó su dimisión como Ministro del Ejército, que fue aceptada, lo que provocó a Franco un problema difícil de resolver por las características irrepetibles de Varela (Martínez Roda, 2000: 343-348).

El consejo de guerra fue sumarísimo. Los acusados que tomaron la palabra en el juicio, apelaron a su condición de Falangistas de primera hora, a sus sacrificios por la patria o a su condición de mutilado en la guerra o en la División Azul, donde alguno de ellos había estado, como Virgilio Hernández Ribadulla que manifestó «la alegría que nos proporcionó el general Muñoz Grandes y el general alemán que nos despedía en nombre del Fhurer» manifestando finalmente que si «defender a los caballeros mutilados por España y gritar "Viva Franco" y "Arriba España" es delito, yo señores he delinquido».

Por su parte, Luis Lorenzo Salgado dijo que «después de 9 años de lucha incesante por la Falange, es decir, por España […] quedar mutilado en los campos nevados de Rusia, no podía consentir el espectáculo del día 16 en Begoña donde los gritos de "Viva el Rey", "Viva Fal Conde" y mueran los traidores, seguidos de muerias a Franco y a España fueron dados en presencia de personas que todos sabemos».

Juan José Domínguez se limitó a decir: «somos inocentes. Pido a Dios les ilumine para dictar sentencia. Arriba España».[196]

---

196 AGUN,133/179/1942/2: «Declaraciones de los camaradas procesados por el acto de Begoña», Bilbao, 1942.

Habían querido que les juzgara el Tribunal Supremo, invocando que eran jerarquías del Partido y no militares.

El fiscal pidió la pena de muerte para los seis falangistas acusados de participar en el atentado y 20 años para los conductores de los vehículos. Finalmente, el tribunal redujo a dos las penas de muerte, pero la de Calleja fue conmutada, y sólo fue ejecutado Domínguez el 2 de septiembre.[197] Los demás procesados fueron finalmente condenados a penas menores y uno de los conductores absuelto.

Varela se mostró indignado por la actitud de Franco y por la excesiva permisividad hacia Falange.

Ingresaron en distintos penales, pero todos fueron puestos en libertad en 1944 y recibidos como héroes por los falangistas de las respectivas zonas. La Sección Femenina organizó en cada sitio una asistencia permanente para ellos. Tanto de esto como de la amnistía que Franco les aplicó, los carlistas tomaron amarga nota.

Años más tarde se insinuó en círculos próximos al general Varela, que el atentado había sido cosa de la Gestapo -tal vez como inductora-, lo cual no exculparía a la Falange como posible autora material. En cualquier caso, la Falange en aquellos años se hallaba hermanada con el nazismo alemán de una manera muy explícita. Fuera cual fuere el fondo del asunto, Franco tampoco quiso que se indagara demasiado.

Para Santa Cruz, en el atentado de Begoña se mezclaron dos realidades: por una parte, la tensión entre carlistas y falangistas y por otra la actividad de los servicios secretos de las potencias europeas en guerra -apoyándose en las rivalidades políticas locales- que trataba de conseguir el apoyo del Gobierno de España. En el caso del nacional-socialismo alemán, el apoyo a la España Nacional contó desde el principio con la simpatía de la Falange, lo mismo que Rusia apoyaba a los comunistas dentro del bando republicano.

Por otro lado, el atentado coincidió con las primeras convicciones de que Alemania no iba a ganar la guerra, y a Franco le vino

---

197 Sobre la persona de Juan José Domínguez pueden verse dos informes de la Delegación Nacional de Información e Investigación de FET y de las JONS, ambos con muchas contradicciones e incoherencias, en las que se insinúa su condición de «Agente al Servicio de Inglaterra», lo cual se hace inverosímil; más bien parece que se trate de justificar el ajusticiamiento ante sus «camaradas». AFNFF, doc. 27174, Informe del camarada, 20-8-1942 y ampliación del informe, 28-8-1942.

muy bien para enmascarar el giro que empezó a dar a su política nacional e internacional con unos cambios que no los justificaba el atentado.

Como consecuencia del atentado y sus coletazos, se produjeron dimisiones y destituciones. Tal como ya se ha dicho, el general Varela dimitió de ministro y para compensar, Serrano Suñer, que también lo era, fue destituido, lo cual fue un gran alivio para los carlistas. Fueron desalojados de sus puestos otros jerarcas como Arrese y Jato y dimitieron algunos falangistas de menor rango como Perales, Luna[198] y Ridruejo. Dimitió también el filotradicionalista Iturmendi. Se renovó un mastodonte inoperante como era el Consejo Nacional de FET y de las JONS. En él aparecían menos tradicionalistas que en el anterior pero que, en su mayoría, eran gentes que sólo habían tenido algún contacto con el carlismo, y que, en cualquier caso, todos habían sido expulsados del mismo, exigiéndose a todos los que se habían separado de cargos públicos y querían reingresar en la Comunión Tradicionalista, que habían de retractarse por «una labor política nefasta» y habían de solicitarlo por escrito.

Sobre el atentado de Begoña hay otras versiones actuales pro falangistas, basadas, en parte, en la versión que de los hechos dieron los camaradas detenidos. Así, Gustavo Morales (2007), dice:

> Tres falangistas bilbaínos paseaban con sus novias por las inmediaciones [...] Ante la algarabía tradicionalista, gritan "¡Viva la Falange!", y "¡Arriba España!", lo que los carlistas tuvieron por provocación, enzarzándose en una ensalada de golpes. Pasaron por la zona otros cinco falangistas, que acudían a Archanda, para ir después a Irún, a recibir a algunos repatriados de la División Azul [...] apercibidos de la paliza que les daban los carlistas a sus camaradas, por inferioridad numérica, ante los gritos de sus novias, acudieron en su ayuda. Juan José Domínguez dispersó a los carlistas tirando dos granadas.

---

198 Menos de dos años después del atentado de Begoña, Franco designó a este falangista de los duros «Inspector General del Partido». Aunque su nombramiento apareció en el *Boletín Oficial del Movimiento,* fue silenciado por la prensa, fiel a las consignas recibidas (*Hojas Informativas,* nº 3, abril-mayo, 1944)

Morales da otros datos basados en un artículo del periodista Ignacio Amestoy publicado en *El Mundo*. Amestoy había entrevistado a la viuda de Domínguez. En su artículo, Amestoy minimiza el número y la gravedad de los heridos, afirmando que hubo «más de 70 heridos leves, carlistas en su mayoría» pero no habla de los tres muertos como consecuencia del atentado, y añade que «el general Varela, presente, se adjudicó sin razón ser él el objeto del supuesto atentado» porque la granada se arrojó en el exterior, en la explanada, «cuando Varela aún no había pisado la calle».

Más adelante y haciéndose eco de las palabras de la viuda de Domínguez, escribe que «un grupo numeroso de generales, manejados por Varela, le amenazan [a Franco] con ir al Pardo, exigirle la disolución de la Falange y el establecimiento de una dictadura militar». También escribe Amestoy que la respuesta de Franco al obispo de Madrid, que pedía el indulto para Juan José Domínguez, fue: «Tendría que condecorarle, pero le tengo que fusilar». Y el periodista añade que «Hitler, desde Alemania, pondría en ridículo al Caudillo concediendo a Juan José Domínguez, el mismo día de su ejecución, el 1 de septiembre de 1942, la Cruz de la Orden del Águila Alemana».

Más adelante pone en boca de la viuda de Domínguez que «vivimos de una paga que me consiguió Girón, en un piso de la Obra Social del Hogar que él me facilitó y estiramos [ella y su hija] durante 10 años las 90.000 pesetas[199] que nos dieron para salir adelante» (Amestoy: 2002).

Sobre el atentado de Begoña hubo otras versiones que trataban de dar una explicación diferente o incluso disculpar a los acusados, siempre desde posiciones falangistas-franquistas. Así, por ejemplo, Sánchez Mazas, culpaba a falangistas disidentes y requetés -aliados éstos a potencias extranjeras como Inglaterra- contra el régimen de Franco.[200]

Otra versión es la del capitán de infantería Mario de Hormaechea y Camiña, Delegado Provincial de Excombatientes de Bilbao que, en carta dirigida al auditor, denuncia la injusticia que se iba a cometer contra los acusados. La base de sus argumentos son

---

199 Aunque «circuló el rumor de que habían recibido el desagravio de nueve millones de pesetas» (Amestoy:2002), la cantidad de 90.000 pesetas tampoco era ninguna miseria para la época teniendo en cuenta que un trabajador normal podía ganar unas 300 pesetas al mes.
200 AGUN, Fonde Arrese, 49, Tradicionalismo.

siempre indirectos como por ejemplo decir que «han llegado a mi conocimiento detalles», o «conozco la existencia de tres testigos» -cuyos nombres cita-, aunque, dice, «no he hablado personalmente», pero «tengo conocimiento de cuanto vieron y ellos lo han relatado». Continúa diciendo que uno de ellos «parece ser que había presenciado el hecho y visto como el autor de la criminal hazaña, lanzó la bomba, dicen que acudió al Juzgado no siendo escuchado»; de otro dice que «es fotógrafo del diario "Hierro"» y que «vio al lanzador de la bomba pudiendo dar detalles completísimos de su persona» lo que «demostrarían la inocencia de los detenidos», añadiendo que «tengo entendido que ha manifestado esto ante diferentes personas»; y del tercero, «el camarada Vilariño», que es «sargento licenciado y Secretario de la Delegación Provincial de Excombatientes quien ha oído decir a un convecino suyo de Dos Caminos que un hijo de este fue testigo de cómo se lanzó la bomba».

El relato sigue con explicaciones como que «existe el rumor público» de que antes del estallido de la bomba, «elementos incontrolados […] de la misma ideología que los organizadores», desplegaron unas pancartas con textos «extremadamente subversivos» que «de ser cierto esto, el delito que supone este hecho es aún *más grave*[201] que el del lanzamiento de la bomba porque va dirigido contra la esencia del Estado y la Gloriosa persona de su Jefe nuestro Caudillo».

Sigue diciendo que de las intenciones y del carácter subversivo de esta manifestación, «todo Bilbao lo sabía de antemano» incluso que «ocurrieran hechos luctuosos» que «iba a ser aprovechado el acto por enemigos de la Causa Nacional (rojoseparatistas y al servicio de potencias democráticas extranjeras)». Todo resultaba «sumamente sospechoso» porque a las 4:30 de la tarde «me enteré de ello por la radio inglesa». Evidenciando una «campaña contra la Gloriosa persona de nuestro Caudillo […] alentada y preparada, quizás, por naciones históricamente enemigas de nuestra Patria».[202]

Tras el crimen de Begoña, la Comunión Tradicionalista emitió una circular instando a la dimisión de quienes habían aceptado

---

201 Subrayado en el original.
202 AGUN, Fondo Arrese, 49, Tradicionalismo: Escrito del Delegado Provincial de Excombatientes, al Auditor de la Causa, 21-8-1942.

cargos políticos o administrativos de nombramiento gubernamental y la consecuente separación de FET y de las JONS, porque
«se impone una decisión rotunda, y ésta no puede ser otra que la
ruptura total y definitiva con la actual situación política» (Santa
Cruz, 1988: XVII, 207).

Un escrito -que posiblemente sea de un tiempo posterior al atentado de Begoña-, cuya autoría pudiera ser de algún verso suelto
del carlismo bajo el nombre de «Junta Española de Ofensivas Liberadoras», habla de un «Requeté agreste y heroico, irreconciliable
con la plutocracia, irreductible ante el dominio del dinero y la
tiranía de Francisco Franco. Unos cuantos jóvenes que caemos día
a día entre el silencio de la prensa, sin odio y sin rencor. Franco
nos asesina. Las fuerzas de orden tachan de revoltosos a los que
no aceptamos esta atmósfera de opresión».[203]

Los sucesos de Begoña redoblaron el profundo descontento de
los carlistas. Por eso, los dirigentes de la Comunión Tradicionalista dieron por imposible el hecho de infiltrarse exitosamente en
el partido único (cosa que se les había permitido a algunos, como
Valiente o Baleztena).

En cualquier caso, muchos de los adheridos al partido sin el
consentimiento de la Comunión Tradicionalista, fueron readmi-
tidos bajo ciertas condiciones, a excepción del conde de Rodezno[204]
y sus seguidores (Peñalba, 201: 90).

Por otra parte, el Servicio de Información de la Dirección General
de Seguridad, en su resumen mensual secreto, emitía un informe
sobre «actividades de agrupaciones disidentes del Régimen» en
las que se reconocía la crisis «que encontró su mayor grado en los
sucesos de Begoña», añadiendo que: «Se ha intensificado notablemente la campaña de propaganda desarrollada por los elementos
tradicionalistas que tratan de justificar sus derechos a la instauración
en España de la Corona legitimista, habiéndole servido de acicate
los hechos de Begoña que enarbolan en desprestigio del Partido».
Y que «estos actos se han acentuado en Navarra y Vascongadas».[205]

---

203 AGUN, Fondo Arrese, 49, Tradicionalismo: «Junta Española de Ofensivas Liberadoras» s/f.
204 A pesar de su colaboracionismo y de haber sido nombrado por el dictador -esta vez
para el Consejo Nacional de FET y de las JONS-, Rodezno escribió a Franco expresando
su incompatibilidad con el partido. AFNFF, doc. 27167, Carta manuscrita del Conde de
Rodezno a Franco, 24-11-1942.
205 AFNFF, doc. 27176, Dirección General de Seguridad. Servicio de Información sobre
actividades disidentes

En Gerona la policía detenía a tres jóvenes -Güell, Plana y Molina- autores del lanzamiento de hojas denunciando los crímenes de la Falange en Begoña, los cuales ingresaron en la cárcel a disposición del Capitán General.

Unos días más tarde, la madre de Güell insultaba y amenazaba, en un acto público, al Delegado de Justicia y Derecho -que era Tradicionalista unificado-, por considerarlo responsable de las detenciones. Y por si esto no fuera bastante, una vez liberados, los mismos acusados volvieron a increpar al citado delegado y a un jerarca falangista que le acompañaba. Como quiera que dicho jerarca consideraba que el Gobernador se inhibía de hechos como este, telegrafiaba al ministro comunicándole que «en lo sucesivo prescindiendo fuerza pública formaré grupo [choque con][206] el que reprimir por violencia provocación hasta ahora soportadas por no crear conflictos Gobierno».[207]

Al año siguiente del atentado falangista, desde el llamado «Consejo Territorial Carlista» de Vizcaya, se volvió a organizar, para el 22 de agosto, un acto igual, que terminó con enfrentamientos, detenciones, procesamientos, destierros y clausura de un local en Bilbao.[208]

Aspecto del acto carlista de Begoña en 1958
(Archivo Clemente)

2.6. Repercusiones de la oposición carlista al nazi-fascismo.

Tal como dejó claro Martin Blinkhorn en la investigación que hizo sobre el carlismo entre los años 1931 y 1939, el tradicionalismo carlista rechazaba el nazi-fascismo de manera inequívoca, tanto por razones filosóficas como ideológicas, al rechazar lo mismo el

---

206 Ilegible, aunque parece querer decir lo anotado.
207 AGUN, Fondo Arrese, 49, Tradicionalismo: telegrama «Al Ministro del Jefe Provincial Gerona», s/f.
208 AGUN, Fondo Arrese, 49, Tradicionalismo.

sentido de raza como el culto al Estado. «El principio del caudillaje era extraño también a los miembros de una causa que se basaba en la monarquía hereditaria». Además, «allí donde el carlismo defendía la delegación de poderes, el fascismo se proponía la "totemización" del Estado y la absorción de las corporaciones, de las regiones y de los individuos» (Blinkhorn, 1979: 238-241).

Efectivamente, no se puede decir -como a veces se dice tan a la ligera-, que el tradicionalismo carlista fuese fascista. Lo que pasa es que durante la guerra estuvieron luchando en el bando de los vencedores, de los franquistas, quienes paulatinamente fueron adoptando un régimen parafascista a imitación de las potencias del Eje. Ese es el motivo por el que la Comunión Tradicionalista decía:

> Por eso, lo que el General Franco llama la victoria, no es más que una Gran Estafa.
>
> Mientras los españoles defendían en la línea de fuego sus altares y sus bogares, los alemanes, los italianos, una minoría ridícula de falangistas y el General Franco, montaban en la retaguardia este armatoste totalitario para explotar en su provecho el esfuerzo de todos a espaldas de todos, y en contra de todos.
>
> Los alemanes quisieron su nazismo, y los italianos su fascismo. Pero los españoles no han querido nada de esto, sino que se les ha impuesto durante la guerra […]
>
> Esta política de la victoria no es de la guerra, sino de la retaguardia explotadora y exótica. No es la de España, ni la de los católicos españoles, sino la de los embajadores italianos y alemanes.
>
> […] hay que empezar a desmontar, desde los cimientos, la política falangista de la retaguardia.209

Ya cuando el Papa Pío XI publicó la encíclica *Mit brennender sorge*, en marzo de 1937, criticando la idolatría a la raza y al Estado que

---

209 AGUN, 133/259/13: Informe de la Comunión Tradicionalista, s/f (1944)

propugnaban el nazismo y el fascismo, los carlistas se sintieron inmediatamente identificados y redoblaron sus temores hacia la Falange por el miedo a que desarrollara un movimiento totalitario al estilo alemán. Además, el carlismo, que no era sólo un fenómeno político sino también cultural, no podía tolerar que unos recién llegados como los falangistas, vinieran a despojarles de su identidad y de su historia.

El cardenal de Sevilla, Pedro Segura sentía el mismo miedo a Falange que sentían los carlistas. Además, Segura era amigo de Fal Conde, ambos miembros del consejo de administración del periódico *La Unión* (portavoz del carlismo andaluz, hasta que dejó de existir por falta de papel que el gobierno suministraba a su discreción).

El propio Franco se quejó ante el papa Pio XII, por la colaboración del cardenal Segura con Fal Conde (Martorell, 2010: 324-325).[210] Este cardenal, desde posiciones conservadoras, fue uno de los pocos prelados díscolos de una iglesia prisionera de Franco y de su sistema político.[211] Como es sabido, ya se había opuesto a las políticas religiosas de la República, razón por la que fue desterrado de España.

Por causa de su integridad religiosa e interpretación de los cánones católicos, así como por su oposición a la impregnación nazi en el partido único de FET y de las JONS, se negó a que en los muros de la catedral de Sevilla se inscribieran los nombres de los «Caídos» con José Antonio Primo de Rivera a la cabeza, tal como decía el Decreto de 16 de noviembre de 1938, según el cual, habían de figurar en los muros de cada parroquia «previo acuerdo con las autoridades eclesiásticas». El cardenal Segura se negó bajo amenaza de excomunión a los responsables.

---

210 Según Santa Cruz, Franco elevó un Despacho reservado a Pio XII a través de su embajador, Yanguas Messía. Se quejaba de unas conferencias que habían dado en Sevilla Fal Conde y Zamanillo, en unos actos de Acción Católica. Los había invitado el cardenal Segura, cuya sede eclesiástica estaba, para Franco, «absolutamente desligada de la Nacional dependiente del Primado». Fal Conde y Zamanillo eran a ojos del gran público, como el propio cardenal, símbolos de resistencia al Poder. (Santa Cruz, 1988: XVII, 199). Sin embargo, unos años más tarde parece que las relaciones Fal-Segura se habrían deteriorado según «R-B Informe n° 1004, Madrid, 29-5-1945» que dice que el cardenal Segura «dio a entender que las relaciones con Fal Conde no eran muy cordiales» AGUN, Fondo Arrese, 49, Tradicionalismo.

211 En 1956, un año antes de la muerte de Segura, *Il Paese*, un diario italiano «filocomunista», según comunicado del embajador español en Roma, se hacía eco de las quejas del cardenal por los diecinueve años de «terrible persecución» del régimen en su archidiócesis de Sevilla. AFNFF, doc. 16483, 14-6-1956.

Los carlistas, conocedores de este hecho y de que el protagonista hubiera sido alguien al que no se podía calificar ni de rojo ni de masón, difundieron y realzaron cuanto pudieron el episodio protagonizado por el cardenal Segura.

El falangista Sancho Dávila acusó a Manuel Fal Conde de ser el instigador secreto del hecho. Se dio el caso de que en Valencia fue detenido el requeté Pepe Soria Sebastián por el simple hecho de haber pintado un letrero que decía: ¡Viva el cardenal Segura!

Finalmente, el nuncio apostólico intervino para mandar suspender la ejecución del decreto de excomunión que había dictado el cardenal de Sevilla, y Segura concluyó el asunto con una Pastoral en la que trataba de justificar su actuación. En dicha Pastoral, entre otras cosas, decía que la Iglesia no usa la palabra «caídos» sino la de «fieles difuntos» por lo que dichas cruces e inscripciones no debían figurar adosadas a las iglesias ni en terreno de los templos.

Tampoco se explicaba el cardenal, como con el pretexto de la Unificación se hubiera marginado por vía legal a asociaciones católicas como las de estudiantes, maestros u obreros. (Santa Cruz, 1979: II, 37-47).

Estos hechos acaecidos en Sevilla dieron lugar a protestas falangistas como la del «agente informador del Servicio antimasónico de esta Delegación Provincial de Información e Investigación de FET y de las JONS» José López Durendes, que escribió a Franco quejándose tanto del cardenal Segura como de «unos traidores disfrazados de personas respetables».[212]

Un caso similar ocurrió con la difusión por parte de los carlistas de una Pastoral del obispo de Calahorra, de febrero de 1942, en contra del nacional socialismo alemán cuando éste se hallaba en el cénit de su gloria. La censura de prensa había suspendido su publicación[213] y sólo apareció en dos o tres boletines eclesiásticos de otras tantas diócesis que tuvieron el valor de reproducirla. Los carlistas la divulgaron, no sólo por celo eclesial, sino también

---

212 AFNFF, doc. 5088, carta de López Durendes a Franco (9-5-1940) e informe sobre un masón en la Mesa de una cofradía sevillana, criticando al cardenal Segura por no impedirlo (3-4-1940)

213 Un informe secreto de la Dirección General de Seguridad se queja de que «El Obispo de Calahorra, ha publicado una larga pastoral contra los "errores del racismo" [...] y se observa claramente en las entidades de Acción Católica, un marcado carácter antinazi» (AFNFF, doc. 27161, p. 6). Por otra parte, la prensa española ya había silenciado en su momento la Carta Encíclica de Pío XI que, en 1937, denunciaba la situación de la Iglesia Católica en el III Reich.

como desahogo, réplica y revancha contra la Falange (Santa Cruz, 1979: IV, 33-34).

Un sector importante de la Iglesia católica se manifestó contra el nazismo, pero algunos obispos lo hicieron con gran contundencia; también muchos sacerdotes -especialmente los carlistas-, como el jesuita vasco Miguel Zubiaga, que había vivido en Alemania y en un sermón dijo que el nazismo era un monstruo de la maldad, razón por la cual le desterraron de San Sebastián y lo enviaron confinado a Canarias (Martorell, 2010: 322-323).

Manuel de Santa Cruz hace referencia a un libro de Antonio Marquina titulado *La diplomacia vaticana y la España de Franco (1936-1945)*. Marquina hablando de la actitud del conde de Rodezno en el gobierno, ratifica que la gente carlista «estaba aguantando menosprecios y persecuciones en el nuevo Estado» y poco después añade:

> La postura del Conde de Rodezno tenía algo de explicable, sobre todo habida cuenta de la pugna cada vez más manifiesta entre carlistas y falangistas y la enorme prevención carlista contra las influencias neopaganas nazis difundidas en medios falangistas. Tanto era así que un importante sector carlista, el genuino, había establecido en el extranjero una organización presidida por el Príncipe Javier de Borbón Parma que estaba tratando de conseguir un cambio de política exterior española, atenazada por Alemania e Italia. (Santa Cruz, 1986: XIV, 204).

El año 1940 fue brillante para Alemania y los falangistas estaban eufóricos. La sensación de seguridad que les daba este hecho, les conducía a un radicalismo intransigente con los carlistas que estaban en contra de los nazis. Franco y su gobierno, difíciles de distinguir de Falange, seguían un proceso paralelo.

A finales de junio las tropas alemanas llegan a Hendaya y-con carácter turístico-, algunos militares pasan a Guipúzcoa y Navarra. No se sabe si invadirán España. Aunque algunos pocos unificados confraternizan con ellos, Inglaterra buscó ayuda entre los carlistas anti-nazis para preparar dispositivos de información y de resistencia ante la eventualidad de una invasión.

Poco después, agentes militares españoles descubrieron una emisora de radio instalada en el campanario del pueblo navarro de Urzainqui, cercano a la frontera, que formaba parte de una red de alerta para avisar a Londres de la eventual invasión de España por los alemanes. Como consecuencia de ello fueron detenidos un considerable número de carlistas, entre ellos tres sacerdotes que habían sido capellanes de tercios de requetés, los cuales fueron procesados y condenados a penas de prisión que cumplieron en un convento de San Sebastián.

Paralelamente los ingleses tantearon la preparación de guerrillas en Euskalherria donde también contaron con otro grupo de requetés guipuzcoanos, aunque en este caso no pasó de su iniciación al ser abortada por el Ejército español (Santa Cruz, 1979: II, 58-59).

En general, los carlistas se mantuvieron en una posición de neutralidad durante toda la Segunda Guerra Mundial. Varios informes de los servicios de información de FET y de las JONS de 1940 denuncian la colocación de pasquines y hojas con posicionamientos carlistas abogando por la neutralidad, mencionando casos en Cuenca, Baleares, Las Palmas y Castellón. Los pasquines firmados por la AET de Castellón, dice el informe que «fueron inmediatamente arrancados por afiliados al Partido la misma noche, sin que el vecindario llegara a darse cuenta» (Martorell, 2010: 307-310).

A pesar de la posición de neutralidad, cuando en junio de 1941 Alemania invadió la URSS, surgieron ciertas dudas porque, si para ellos malo era el nazi-fascismo de Hitler, no veían mejor el régimen comunista de Stalin. Algunos jefes del Requeté proyectaron formar un tercio para ir a combatir a Rusia, pero con sus propios uniformes - al margen de la llamada por los falangistas «División Azul»-, pero la cuestión quedó despejada con motivo de un escrito de Fal Conde a Joaquín Baleztena que desmontaba cualquier idea en el sentido expuesto y proclamando la neutralidad.

De todos modos, hubo carlistas que marcharon a la «División Española»[214] con carácter particular. (Santa Cruz, 1979: III, 121-135). Uno de ellos fue el riojano Jesús Lasanta, que lo hizo

214 La prensa falangista comenzó a llamarla «División Azul» en vez de «División Española» a pesar de que no iba a estar formada exclusivamente por falangistas. «El ministro del Ejército no quería en ningún caso que fuera una "división falangista" o formada exclusivamente por falangistas. El hecho de que acudieran desde el primer momento voluntarios a las oficinas de reclutamiento que no lo eran formalmente, pues no estaban afiliados a FET y de las JONS, favoreció la postura del general Varela» (Martínez Roda, 2012: 274).

226

para combatir el comunismo estalinista en Rusia «y devolverles lo que nos habían hecho en España, […] lo de la gran Alemania nos traía sin cuidado» (Larraz y Sierra-Sesúmaga, 2010: 402).

Según otras informaciones hubo carlistas que intentaron formar un tercio de Requetés para luchar al lado de los aliados -para contrarrestar a los de la División Azul-, pero no lograron su propósito al ser detenidos todos los miembros del comité organizador y encarcelados (Clemente, 1992: 376).

Martorell habla también de los pronunciamientos aliadófilos desde la AET de varias ciudades de España. Desde Valladolid, el palentino Mariano del Mazo, estudiante de Derecho, intervino en un movimiento a favor del ejército británico formando un grupo, con la intención de incorporarse a los famosos tanquistas de Montgomery.

También Ángel Romera, estudiante en Murcia, habla de este tipo de iniciativas, y Hernando de Larramendi hace mención a acciones puntuales a favor de los aliados o para organizar la resistencia en caso de invasión alemana.

En el caso de Navarra lo confirma también Miguel Ángel Astiz, joven carlista, afilado también a JOC, y añade que hubo detenciones por este motivo.

Por su parte Fal Conde, desde su confinamiento en Sevilla, escribía a un «amigo y correligionario» rechazando la implicación carlista en cualquiera de los bandos para ser consecuente con su posición de neutralidad. Sin embargo, consideraba un «hecho notorio el de la polarización de la opinión de los carlistas hacia Alemania o hacia Inglaterra» pero «esos pareceres están subordinados a la mayor conveniencia de nuestra querida Patria». Aceptaba la participación «si voluntariamente quieren ir [...] para la guerra al comunismo y no propiamente en favor de potencia alguna», rechazando el calificativo falangista de «División azul», porque para él era «División española».

Por otra parte, rechazaba también tanto la «formación de unidades llamadas de requetés para encubrir una verdadera actividad de espionaje inglés, al servicio de Inglaterra», como la participación en «esa organización de la titulada "sección Azor"».[215]

---

215 AGUN, 133/179/1941/3: Carta a «mi querido amigo y correligionario», 20-7-1941, sin más datos personales, pero claramente de Fal Conde, dirigida, tal vez, a diversos jefes carlistas.

Hubo pues algunos carlistas que se prestaron a participar en un plan inglés (llamado «Plan Azor»), consistente en la creación de zonas de abastecimiento en la costa vasca y guerrillas en los Pirineos (de Navarra a Cataluña) y en las sierras de Andalucía para cerrar el paso, o al menos entorpecer, una posible invasión de Alemania para llegar a Gibraltar y tomarlo como punto estratégico de dominio del Estrecho.

Los cabecillas carlistas en el Plan –que fueron detenidos- eran José Garmedia Aristi, natural de Zaldivia, antiguo miembro de la Junta de Guerra Carlista de San Sebastián, y el sacerdote Fermín Erice,[216] párroco del pueblo navarro de Añorbe, quien en su descargo reconoció que era consciente que estaba al servicio de Inglaterra y frente a los nazis, como lo estaban en general el clero vasco y catalán, así como muchos obispos. También creían Erice y sus gentes que hacían un servicio a la causa carlista porque además de servirse de Inglaterra recibiendo vituallas, armas e instrucción, esperaban contar con su apoyo para el triunfo de sus ideales.[217]

El Plan Azor en Andalucía estuvo centrado en la provincia de Málaga. Los primeros brotes tuvieron lugar en 1941 y se incrementaron al año siguiente. Hubo también un grupo de carlistas implicados en dicho Plan, de los que se dijo trabajaban a las órdenes de D. Javier, lo cual creó cierta desazón entre los carlistas ya que Fal Conde lo desaprobaba.

En cualquier caso, se da la circunstancia de que cuando en octubre de 1941 algunos carlistas estuvieron presos en el centro penitenciario de Málaga por hacer propaganda carlista, les extrañó la buena acogida que tuvieron entre los presos de izquierda que había en la cárcel malagueña. El motivo de tal camaradería era porque el Plan Azor estaba también ligado a las actividades de los maquis, que fueron finalmente los que colaboraron con el *Intelligence Service* en las operaciones del Plan Azor por las serranías de Ronda y Estepona próximas a Gibraltar -que era el objetivo final de dicho Plan-, ante la posible ocupación de los alemanes.

---

216 Fue párroco de la localidad navarra de Ezquiroz y, durante la guerra, capellán de requetés, así como el que el 19 de mayo de 1937, en Guernica, sostuvo el libro sagrado donde D. Javier de Borbón Parma juró los Fueros vascos. (Martorell, 2010: 138).
217 Según Del Burgo, en la «organización descubierta entonces, al servicio del espionaje inglés», además de Erice, hubo otros dos sacerdotes, Pascasio Osácar y José Mª Solabre. AGUN, Fondo Arrese, 49, Tradicionalismo. Situación política en Navarra (Informe de Jaime del Burgo).

Lo cierto es que, en la provincia de Málaga, las implicaciones carlistas en el Plan Azor sirvieron por una parte para ser acusados por los Falangistas de tener connivencias con los rojos y por otra, condicionó también la labor reorganizativa del carlismo, que estaba en marcha por aquéllas fechas con una gran actividad, bajo la dirección del excombatiente del tercio de Borgoña de Málaga, Aurelio Castaño Casamayor. Aurelio fue asesinado en Sevilla en enero de 1943 en extrañas circunstancias atribuidas a elementos de Falange (Santa Cruz, 1979: III, 140-155).

Por estos años la actitud crítica con las potencias fascistas del Eje era peligrosa. Es por eso que, en uno de los innumerables informes que se hacían por el régimen, se decía que al «Sr. Fal Conde se le ha podido apreciar un cierto temor personal ante el caso de la detención de Arauz de Robles, y también por la posible acusación que se le puede hacer de estar influido al servicio de las potencias aliadas».[218]

Efectivamente, sobre la detención de Arauz de Robles se habla en una carta fechada el 12 de noviembre de 1942, dirigida a José Romero Gil, de Sevilla, con remite de Cesárea Biurrun, de Pamplona, interceptada por la «censura postal gubernativa». En un sobre cerrado en su interior había un escrito dirigido al «tío Pepe», o sea, Fal Conde -recuérdese que estaba confinado en Sevilla- donde, entre otras informaciones, se dice que «D. José María fue detenido en Madrid a su llegada de Molina, hace pocos días, y que fue debida a una supuesta sublevación de los requetés de Zaragoza, que trajo de canto a la policía».[219]

En julio de 1943, según un informe oficial, tras finalizar las verbenas de una noche de sábado en Madrid, «se organizaron grupos muy numerosos» que recorrieron varias calles céntricas gritando «¡Viva el rey!, ¡Viva el Requeté! y ¡Viva Inglaterra!». El informe lo califica de «balandronada» y añade que se tardó «más de media hora en restablecerse la calma».[220]

Jaime Lasuen, miembro de una familia carlista exiliada en Francia, estuvo como voluntario requeté del tercio de Begoña. Después de la guerra civil luchó en Francia con la resistencia. En

---

218 AGUN, Fondo Arrese, 49, Tradicionalismo: Reuniones en Madrid de elementos carlistas, s/f.
219 AGUN, Fondo Arrese, 49, Tradicionalismo: Carta interceptada por la censura postal, 13-11-1942.
220 AGUN, Fondo Arrese, 49, Tradicionalismo, 12-7-1943

1943, perseguido -con ayuda de perros policía- por los alemanes, que habían detenido ya a un compañero y matado a otro, consiguió pasar a España y fue a Pamplona a ver a su amigo carlista del tercio de Begoña, Del Burgo Torres, al que entregó un sobre diciéndole que pasaría a recogerlo un amigo suyo. Pero nadie acudió de su parte. Sólo al cabo de mucho tiempo, apareció un oficial de la Guardia Civil, miembro del Servicio de Información Militar, que le preguntó si Lasuen le había dado algún documento. Del Burgo desconfió y no le entregó nada. Cuando años más tarde abrió el sobre vio que contenía el organigrama de la red de espionaje alemán en el norte de España.

Instalado en San Sebastián con su familia, Lasuen colaboraba con la resistencia, pero unas capturas al otro lado de la frontera y el temor a ser detenido en España le llevaron a huir con su mujer y su hija a Lisboa. En la capital portuguesa fue secuestrado por agentes españoles y trasladado ilegalmente a Madrid, donde fue torturado en la Dirección General de Seguridad por la policía española y la Gestapo. Puesto en libertad por la intervención de las autoridades portuguesas, fue «devuelto» a Portugal donde falleció a consecuencia de las secuelas.

Jaime Lasuen (Archivo Martorell)

Un caso similar fue el de otro francés como Lausen, August Pierre Combes, que había combatido como voluntario requeté, en este caso en el catalán Tercio de Montserrat. Combes fue ahorcado junto a otros 99 miembros de la Resistencia francesa en la localidad de Tulle, en La Corrèze, por una sección de la 2ª SS-Panzerdivision Das Reich, como acto de venganza por la muerte de 40 soldados alemanes en una emboscada de la Resistencia el día 8 de junio de 1944 (Martorell, 2010: 319-320).

El Régimen franquista, todavía a la altura de 1945, intentaba adoctrinar en los principios de Falange también a niños y adolescentes, entre los cuales había hijos de requetés carlistas que estaban inscritos como Pelayos. Una publicación de los requetés denunciaba con el siguiente relato un caso concreto que se dio en Navarra:

Es el caso que no por aquellos destierros se amilanó el requeté navarro, sino que abierta y ocultamente siguió nutriendo sus cuadros, reviviendo los antiguos Tercios con la solera de los que lucharon en nuestra guerra y el renuevo de los muchachos que de Pelayos -a pesar de los intentos de "adoctrinamiento" falangista- han pasado a ser requetés y casi acreditado su veteranía ya, en el burla burlar a don José y sus secuaces de todo color.

Pero vayamos al grano, aunque no seamos el Gobernador de Navarra.

A mitades de enero, con el fin de que a los muchachos aprendices pueda educárseles según el deseo de los "azules", se les llamó por dictatorial orden a una "Escuela de Aprendices". Ya ven ustedes -dicho sea de paso- cómo, según escribíamos en el primer número, no tiene esta gente nada de democrática. Los padres rechinaron, protestaron los hijos, pero no hubo otro remedio que ir.

Naturalmente que había entre los llamados unos cuantos requetés. Y mira por donde uno de ellos llegó tarde. Abrió la puerta del local, se quitó la boina con mucha educación, y dijo al entrar:

-¡Buenas tardes!

El "camarada" que estaba dando la primera lección falangista ante el aburrido auditorio, se sublevó al oír el "buenas tardes", y dijo al muchacho:

-Sal inmediatamente y vuelve a entrar saludando como debes.

Sorprendido, salió nuestro mozo. Y abriendo la puerta nuevamente, dijo:

-Perdone, que no me habla dada cuenta que son las siete y media. ¡Buenas noches!

La Ira estalló en el noble pecho falangista con dieciocho mil pesetas de sueldo más otros gajes que disfruta el jerarca, e increpó duramente al muchacho:

-Al venir aquí debes hacer el saludo y gritar ¡Arriba España! -bramó.

Pero el otro, tan tranquilo, no aceptando por bueno el mandato, contestó:

-Yo lo único que grito es ¡Viva España y viva el Rey!

La que se armó, no es para descrita. Unos cuantos aprendices le dieron la razón, el jerarca quiso imponer su "autoridad", hubo gritos, protestas, suspensión de la clase, y a la Comisaria.

Don José (el Gobernador Civil de Navarra) propuso a Madrid una sanción para el desobediente, ¡y para su padre! Incluyó en la "merced" a otro de los aprendices que, miren, ustedes por, donde, es hijo de un oficial del Tercio de Montejurra que fue de los desterrados el mes de octubre y estaba en Pamplona con un permiso por el fallecimiento de un hijo. Y también para éste hubo destierro, orden de que el padre saliera inmediatamente para cumplir el suyo, etc.

Total, el que "desobedeció" con su padre a Manacor -Mallorca-. El otro a Torres del Río, y su padre a Almería a seguir cumpliendo la sanción impuesta en octubre.

De la democracia, no hablemos. Y de don José, el pequeño Gobernador que sufre Navarra, tampoco.[221]

No es de extrañar que con estas actitudes de los carlistas contra todo lo relacionado con el nazi-fascismo que había impregnado la España oficial, fueran tratados como «malos españoles» por la Falange, una organización tan ligada como estaba con los regímenes de Italia y Alemania -ahora de capa caída-. Por eso, en la misma publicación anterior aparecía un artículo firmado por Pedro Alonso que, entre otras cosas decía:

Se nos ha llamado "malos españoles". No nos duele el insulto, porque estamos íntimamente convencidos de que andamos el mejor, el único camino. […]

Esta camaleónica gente que ha vestido todos los colores y hoy se disfraza oportunista con una camisa azul, nos llama malos españoles. Esta Falange, desdichado remedo de fascio y nacionalsocialismo tanto tiempo al dictado de potencias extranjeras, que ha arrastrado el nombre de la Patria ante los amos de la moda política, nos llama malos españoles. Estos hombres que en toda ocasión han doblado el espinazo ante todos los poderes constituidos, sin más fin que el de medrar a costa del presupuesto, nos llama malos españoles. […]

¡A nosotros! A los que contra todos los vientos hemos mantenido una postura dignamente. Que contra las soluciones manufacturadas en Roma o Berlín hemos opuesto la verdad de lo español. Que hemos sabido vivir pobre pero dignamente sin rondar la mesa del presupuesto nacional. […]

¿Por qué nos llaman malos españoles? Porque no nos hemos doblegado a una política hecha de copia, de opresión, de farsa, de estraperlo, de negocios oficiales, de inmoralidad. […]

---

221 AGUN, Fondo Arrese, 49, Tradicionalismo: «Al destierro por no querer gritar "Arriba España"» en *Por Dios, por la Patria y el Rey. Órgano oficial de los Requetés,* marzo, 1945.

Ya dijimos que una de las mentiras más repugnantes que se han propagado es esa

de que a España no le quedan otros caminos que la Falange o el comunismo. Nadie lo ha creído porque salta a la vista que nuestra Patria está tan escarmentada de lo rojo como enfrente de la Falange. Y que ha de ir a buscar su tranquilidad lejos de una y otra cosa.

Los malos españoles son los que, guiados por un egoísmo sin límites, anteponen el placer de seguir disfrutando sus prebendas unos meses más, al interés nacional […] Porque ellos son tan traidores a España, que quieren que cuando ellos se hundan se acabe nuestra Patria.

Ellos son los malos españoles.

Con el látigo en la mano defienden sus honores y sus inmoralidades de toda laya. Y ese látigo se volverá un día airado contra ellos.[222]

2.7. D. Javier en los campos de concentración Nazis.

El regente carlista, D. Javier de Borbón Parma, que había sido expulsado de España por Franco, tenía el grado de oficial del ejército belga, y como tal y anti-nazi, luchó contra los alemanes. Al ser invadida Bélgica en mayo de 1940, a duras penas consiguió llegar a Dunkerque con su unidad de artillería y participar en su defensa hasta la evacuación. *Le Jour*, de París, publicó la información el 1 de junio.

Según Santa Cruz, la prensa española que se hizo eco de la noticia de *Le Jour*, tratando de denigrar a D. Javier, la manipuló al son de los dictados de su amo - el gobierno de España-, que, además de la severísima censura y control, mandaba textos calificados de «inserción obligatoria» y unas ideas base que la redacción del periódico tenía que desarrollar con obligación de publicarlos inmediatamente sin salirse del guion. (Santa Cruz, 1979: II, 51-57).

---

222 AGUN, Fondo Arrese, 49, Tradicionalismo: *Por Dios, por la Patria y el Rey. Órgano oficial de los Requetés*, marzo, 1945.

En realidad, conocemos dos versiones de prensa española con enfoques distintos: una de *Informaciones* de 8 de junio de 1940, que insiste en que se trata de un príncipe francés con grado de capitán y pretensiones al trono de España a quienes siguen unos alucinados, pero de quien se avergonzarían los carlistas históricos por su identificación con la democracia. La otra versión es del periódico *Ya* de 7 de junio de 1940, más comedida, en cuanto que hace una referencia a su salida de Bélgica tras la capitulación del rey Leopoldo III y su paso por Dunquerque, atribuyéndole unas declaraciones en las que esperaba la victoria aliada.[223]

Firmado el armisticio franco-alemán, D. Javier se dirigió con su familia hacia el sur, como lo hacían igualmente miles de refugiados franceses y también algunos exiliados españoles.

Desde San Juan de Luz, entraron en la «Francia libre» para recalar finalmente en el castillo de Bostz, en el departamento de Allier, la residencia principal de los Borbón Parma.

Paralelamente el hermano de D. Javier, Gaetán, que había sido herido en la Guerra Civil como voluntario requeté, llegaba con su familia a la frontera de Irún donde las autoridades españolas le impiden refugiarse en España, permitiéndole solamente cruzarla hasta Portugal.

Establecido en Francia el gobierno del mariscal Pétain, D. Javier llevó a cabo una misión secreta para el ministro de Asuntos Exteriores británico, lord Halifax ante el ministro francés de Instrucción Pública, con vistas a prevenir la posible ocupación alemana de la «Francia libre» (Martorell, 2010: 304-305).

Sin embargo, cuando los aliados desembarcaron en el norte de África el 8 de noviembre de 1942, los alemanes ocuparon la parte libre que quedaba de Francia y durante unos meses se perdió la ya difícil comunicación de los dirigentes carlistas con D. Javier. Por eso, la Junta Nacional de la Comunión Tradicionalista mandó a través de André Ramón, una carta para que intentara hacerla llegar a D. Javier en Francia, con el fin de organizar su traslado a Lisboa para tenerle «más próximo para una labor más asidua que la hasta aquí realizada».[224]

Sin embargo, el gobierno de Franco denegó a D. Javier incluso el permiso de su paso por España –a diferencia de a su hermano

223 AGUN, 133/179/1940/1: Copias de los artículos de *Informaciones* y *Ya*.
224 AGUN, 133/179/1942/1: Carta a D. Javier, presumiblemente de Fal Conde, 11-12-1942.

Gaetán-, de manera que, en el verano de 1943, D. Javier, se hallaba en la Francia de Vichy.

A pesar de su amistad con el héroe de Verdún, Pétain, que en aquel momento era presidente del gobierno colaboracionista, D. Javier había constituido un maqui que actuó en los bosques de los alrededores del castillo de Bostz, su residencia.

Tras unos enfrentamientos con la Wehrmacht, fue detenido el 22 de julio y encarcelado por la Gestapo más de dos meses en Vichy. Después fue condenado a muerte por tres conceptos: rebelde, comunista y espía inglés.[225]

Por circunstancias de la guerra le trasladaron de urgencia en un convoy de detenidos al campo de concentración Struthof-Natzweiler, donde muchos eran ejecutados o morían por el camino; él enfermó gravemente de un oído. Al poco tiempo, por miedo al potente maquis alsaciano, los prisioneros fueron trasladados al campo de Dachau. Durante el viaje, un bombardeo provocó el incendio del vagón de la documentación, lo que hizo difícilmente identificables a todos los prisioneros. No se conocía su identidad: él era sólo el prisionero número 156.270.

Su enfermedad se agravaba y corría peligro de ser mandado a la cámara de gas por inútil. Por esta razón se arriesgó a ser operado sin anestesia -a vida o muerte-, por un médico judío internado en el mismo campo, que le salvó la vida.

Después fueron trasladados a otro campo - el de Proger-Wildsee en el Tirol-, donde supieron que iban a ser todos fusilados, pero, al producirse la ocupación del campo por el V ejército norteamericano, pudieron ser liberados antes de la ejecución. D. Javier fue rescatado el 8 de mayo de 1945 con 39 kilos de peso.

Cuando el regente carlista fue detenido como maqui en Francia, los alemanes debieron hacer alguna gestión con el régimen de Franco para preguntar qué se podía hacer con él, pero según se supo, y después contó D. Javier, «Serrano Suñer hizo saber a los alemanes que el Gobierno español no estaba interesado en ese asunto» (Santa Cruz, 1980: V, 159-167).

---

225 Sobre las actividades en el maquis francés y la detención e internamiento de D. Javier de Borbón Parma en los campos de concentración alemanes véanse las declaraciones del mismo en el proceso a Pétain del libro *Proces du Marechal Pétain. Compte Redu Oficiel in extenso des audiences de la Huete Cour de Justice,* Editions Louis Pariente, 71, Rue de Saussure, 75017, París, trascritas en Santa Cruz (1980: VII, 124-130). También *El prisionero de Dachau 156.270,* de Ignacio Romero Raizábal, Santander 1972.

Sin embargo, si recibió esa indiferencia de sus «amigos» españoles, bastante distinta fue la actitud del que había sido jefe del gobierno del Frente Popular francés, León Blum -compañero de cautiverio en los campos de concentración- quien dijo que de él «aprenderemos a amar la sencillez perfecta y la bondad» y que se levantó en armas «para pelear contra la Gestapo» (Romero, 1972: 89-90).

El agente gubernamental B.03, que se había infiltrado en la Comunión Tradicionalista, informaba que, tras la liberación de D. Javier, ya se había establecido contacto con él y decía también que «Zamanillo aseguró que Francia prestará una ayuda muy grande al Príncipe D. Javier, ya que es íntimo amigo del General D'Gaulle y, además, los franceses están decididos a combatir con todos los medios al actual sistema político español».[226]

2.8. Carlistas desterrados.

Ya se han expuesto someramente los casos más significativos de los destierros de los máximos dirigentes del carlismo: D. Javier y Fal Conde, que lo fueron en varias ocasiones. Sin embargo, fueron muchos otros los dirigentes y carlistas de a pie los que fueron sometidos a esta forma de represión.

En la época de mayor identificación del régimen con el nazismo, también se desterró por razones ideológicas. Así, el jesuita carlista vasco, Miguel Zubiaga, que por haber vivido en Alemania conocía y rechazaba el nazismo, fue desterrado de San Sebastián y lo confinaron en Canarias (Martorell, 2010: 322-323).

En otros casos, se elaboraron informes en los que se pedía el alejamiento «rápido y fulminante». Tal es el caso del «maestro nacional Sr. Gimbernau, individuo de acción muy exaltado y fanático, que actualmente es Secretario de Frentes y Hospitales, recomendándose su alejamiento rápido y fulminante de Cataluña, así como de sus colaboradores que son en su mayoría los Tradicionalistas que han debido favores a la Lliga Regionalista».[227]

En un informe de la Comunión Tradicionalista, se recuerda que, además de estas persecuciones, «otros dirigentes han merecido el

226 AGUN, Fondo Arrese, 49, Tradicionalismo: «R-B Informe número 1.012» 7-6-1945
227 AGUN, 133/259/18: Informe sobre Fal Conde «envuelto por las redes de la masonería e *Intelligence Service*», y otros carlistas de Barcelona como Juan María Roma, Narciso Batllé y Baró, mayo 1939.

mismo trato de la tiranía imperante.- Han sufrido confinamientos y destierros los señores Arauz de Robles, Olazábal, Gaiztarro y Zamanillo de la Junta Nacional.- Este último se encuentra desterrado actualmente en Albacete, después de la prisión sufrida en Madrid», y que «lo mismo ha ocurrido con muchos Jefes regionales y provinciales […] En el momento de redactarse esta nota, el gerente de la Editorial Tradicionalista de Madrid, se halla en la cárcel, y sometido a proceso, por imputársele la edición de Hojas contra el Caudillo».[228]

En 1941, Fal Conde, desde su destierro en Ferrerías, escribía una carta de consuelo de contenido muy religioso, a Juan José Moreno Barraquero, un correligionario que también estaba confinado, en este caso desterrado en Jaén.[229]

El carlista segorbino, Joaquín Cortés Aparicio, de 52 años, fue acusado el 13 de abril de 1943, de manifestarse «osadamente contrario a la Unificación». El Gobernador en su misiva decía que «estando dispuesto a que tal estado de cosas se termine, he resuelto, por providencia de esta fecha, acordar su expulsión de esa localidad, a cincuenta kilómetros como mínimo». No se le ofrece ni posibilidad de recurso ni demasiado tiempo, porque a continuación la notificación dice que el destierro se hará efectivo «debiendo emprender la marcha en el plazo de diez días».[230]

A requerimiento del Gobernador, la Guardia Civil informaba, el 19 de abril, que Joaquín Cortés iba a fijar su residencia en Valencia.[231]

La inseguridad de la situación familiar propició que el 4 de mayo el desterrado, elevara una súplica al Gobernador en la que le pide que le fuese condonado el castigo, ya que «he dejado esposa y tres hijos sin otros medios de vida que mi trabajo les proporciona».[232] Sin embargo la contestación del Gobernador, fechada el 12 de mayo, denegaba la petición aduciendo que «estando subsistentes los motivos que indujeron a la imposición de dicha sanción, he acordado mantener la misma».[233]

---

228 AGUN, 133/259/13: Informe de la Comunión Tradicionalista, s/f (1944).
229 AGUN, 133/305, carta de Fal Conde a Moreno Barraquero, 1-11-1941.
230 AHPC, Gobierno Civil, caja 11277, orden Público, expedientes de confinados y desterrados. Notificación 1772, año 1943.
231 Ídem, Registro General de Entrada 1887, año 1943.
232 Ídem, Registro General de Entrada 2164, año 1943.
233 Ídem, notificación 2257, año 1943.

Escrito del Gobierno Civil de Valencia al de Castellón
manteniendo la sanción de destierro a Joaquín Cortés Aparicio

Como quiera que la situación familiar debía ser bastante deplo-
rable, el 6 de julio del mismo año, la esposa de Joaquín Cortés,
María Marín Arnau, escribió al Gobernador para que levantara el
castigo a su marido. Decía, entre otras cosas, que «al trasladarse a
Valencia dejándome con tres hijos menores ha creado una situación difícil en este humilde hogar, ya que no siendo posible que
mi único hijo varón por su poca edad pueda atender debidamente
el cultivo de una pequeña cantidad de tierra que tenemos arren-
dada, ésta está desatendida, ocasionándome con ello perjuicios
económicos de alguna consideración que me impiden dar a mis
hijos los cuidados necesarios».[234]Ante esta petición, el gobernador
decidió «dejar sin efecto dicho destierro, quedando, por tanto,
autorizado para regresar a Segorbe».[235] Fueron así casi tres meses
lo que duró el destierro de Joaquín Cortés.

Otros casos de destierro bien documentados se refieren a los
que sufrieron dos carlistas de Vila-real, por haber organizado el
primer domingo de octubre de 1943 un acto religioso durante el
Día de las Espigas de la Adoración Nocturna -a la que pertenecían
gran parte de los carlistas de entonces de esa localidad-. Se trataba
de una romería al campo, que aquel año se iba a celebrar en el
monasterio de los Carmelitas Descalzos del Desierto de las Palmas
en Benicàssim.

234 Ídem, escrito firmado el 6 de julio de 1943 y registrado el 11 de julio de 1943.
235 Ídem, notificación 3297, año 1943.

La policía sospechaba que aprovechando la fiesta los carlistas harían uno de sus actos políticos.

Enterados estos de que la policía estaba sobre aviso, y de acuerdo con el jefe local carlista de Vila-real, Carlos Vilar Costa,[236] se decidió cambiar la cita y reunirse en la ermita de Nuestra Señora de Gracia. Se juntaron unas tres o cuatrocientas personas que, después de la misa y el almuerzo, escucharon unos discursos sobre la situación política en aquellos años de dictadura (Tomás Martorell, 2001: 68-69).[237]

La jugada no gustó al Gobernador, así que lo pagaron dos de los carlistas organizadores: Carlos Vilar Costa y José María Senglar Traver, que fueron expulsados de su pueblo y deportados a más de 50 Km.

Estos dos villarrealenses se hallaban entre el «centenar de esforzados carlistas» que durante los años de la Segunda República contribuyeron a fundar el nuevo y majestuoso Círculo Carlista de Vila-real, hoy declarado edificio de interés histórico (Vilar, 2002: 20).

En la circular del Gobernador Civil de Castellón dirigida a Carlos Vilar, fechada el 22 de octubre de 1943, se puede leer que «habiendo llegado a conocimiento de mí Autoridad de que con la apariencia de un respetable acto religioso ha organizado un acto político, hechos que no estoy dispuesto a consentir […] he resuelto […] decretar la expulsión de Vd. De esa localidad a más de cincuenta Kilómetros […] debiendo abandonar la población en un plazo no superior a cinco días».[238]

Carlos Vilar fue a parar a Benicarló y vivió durante unos meses en la casa de Miguel Gil Riba.

Carlos Vilar Costa (Archivo Vilar)

---

236 Carlos Vilar Costa nació el 12 de agosto de 1890 y murió el 9 de junio de 1959; era hijo de un exiliado en Francia de la Tercera Guerra Carlista.
237 El autor de este libro autobiográfico vivía en Castellón por aquellos años.
238 ACV

Notificación de la expulsión
a Carlos Vilar

Por lo que respecta a José María Senglar, fue acogido durante el tiempo de destierro por una familia amiga de Torrehermosa (Zaragoza).[239]

Otro caso de destierro de un responsable carlista se produjo en Burriana. Ya se ha mencionado más arriba la clausura, por orden del Gobernador Civil de Castellón, del Círculo carlista de Burriana. Pero las medidas represoras recayeron también sobre su presidente, el maestro Pascual Fandos Mingarro,[240] como representante de los carlistas de la ciudad que eran socios de dicho Círculo.

Dos notificaciones fechadas el 4 de diciembre de 1942 declaraban la clausura del Círculo carlista y el destierro de su presidente. En la notificación del Gobernador se argumentaba que su actuación al frente del Círculo no respondían a los fines que determinan sus Reglamentos.

---

239 Entrevista con Carles Vilar Llop, hijo del desterrado Carlos Vilar Costa.

240 Pascual Fandos Mingarro nació a Mascarell el 4 de octubre de 1904 en el seno de una familia labradora, sin embargo, pudo estudiar profesorado mercantil y, viviendo ya en Borriana, instaló una academia donde daba clases. Aunque estaba vinculado al carlismo, hizo la guerra con los republicanos donde estuvo ejerciendo de maestro en el frente. (Datos proporcionados por su hijo, Juan Pascual Fandos Marchancoses) Un hermano suyo llamado Bautista, también carlista, pero como él, soldado en el ejército republicano, fue asesinado en Nules el 18 de septiembre de 1938. (Pérez, 2004:184).

Portada del dosier sobre el destierro de Pacual Fandos
y la clausura del «Centro España» de Burriana

Pacual Fandos Mingarro
(Archivo Fandos)

Era lógico que en un régimen dictatorial los reglamentos se hubieran adaptado a las exigencias del régimen; por eso, siendo los carlistas contrarios a la política oficial, no era de extrañar que se vulnerasen tan fácilmente unos «reglamentos» que sin duda habían sido redactados bajo la espada de Damocles de la legalidad vigente.

Además, la circular del Gobernador añadía que su actividad era política «del más viejo estilo», y contraria a los principios de unificación, cosa que no estaba dispuesto a permitir. Y es que, para la España pro-nazi y pro-fascista de 1942, el carlismo, que se oponía a la Unificación precisamente por su carácter totalitario, aparecía a los ojos de los gobernantes como una antigualla.

El caso es que se le notifica a Pascual Fandos «decretar el alejamiento de Vd. de Burriana a una distancia mínima de 25 kilómetros dentro de la provincia por tiempo indefinido».[241] En otra circular de la 205 Comandancia de la Guardia Civil, fechada el día 12 de diciembre de 1942, dirigida al Gobernador, se dejaba constancia de que «el individuo de referencia que fija su residencia en Aín de esta provincia, el cual emprendió la marcha en el día de ayer».[242]

La protesta vino de las madres de los alumnos de su academia, pues el 22 de diciembre, un escrito dirigido al Gobernador y firmado por 50 madres de alumnos de Pacual Fandos, decía que «encontrándose ausente su profesor […] lo que causa un grave trastorno a la vida y porvenir de nuestros hijos […] y no disponer de medios económicos suficientes, para trasladarse fuera de esta ciudad a continuar su preparación, es por lo que suplican a V.E. que tenga a bien por caridad devolverlo al frente de sus clases para que nuestros hijos no vean cerradas las puertas de su porvenir».[243] En el mismo escrito, anotado a mano y firmado por el Gobernador, dice: «No ha lugar», *lo* que confirma oficialmente en otra notificación, dirigida al señor alcalde de Burriana donde se dice: «Sírvase notificar a Doña Teresa Traver y demás firmantes de una instancia elevada a mi autoridad, como madres de los alumnos de la Academia Comercial "Fandos" de esta población, en súplica de que quede sin efecto el alejamiento de Burriana del profesor que la regentaba, que hallándose subsistentes las causas que me obligaron a tomar tal medida, he acordado ratificar la misma y denegar, por tanto, lo solicitado».[244]

Sin embargo, tres nuevas circulares fechadas el 29 de enero de 1943, y dirigidas al alcalde de Burriana, anunciaban el levantamiento de la sanción al maestro.[245] Pero en la última circular, el Gobernador imponía al Centro España «la nueva Junta Directiva que ha de regir el mismo»[246] con lo que Pacual Fandos quedó apartado de la presidencia del Círculo.

Ya se ha hecho mención en el apartado dedicado al castigo a las mujeres carlistas, de una primera detención en 1940 y del destierro

---

241 AHPC, Gobierno Civil, caja 11277, orden Público, expedientes de confinados y desterrados. Notificación 7221, año 1942.
242 Ídem, Registro General de Entrada 7122, año 1942.
243 Ídem, Registro General de Entrada 7839, año 1942.
244 Ídem, notificación 7608, año 1942.
245 Ídem, notificación 498, año 1943.
246 Ídem, notificación 501, año 1943.

que sufrió, en octubre de 1943, la dirigente de las Margaritas valencianas, Sara Peris, que tras pasar nueve días en la cárcel Modelo de Valencia, fue finalmente confinada en Burriana, un pueblo de la Plana Baja, hasta el 25 de febrero de 1944 (Santa Cruz, 1979: III, 158).

El 11 de julio de 1943, en el contexto de divergencias en el carlismo navarro y a pesar de la prohibición del Gobierno Civil, se realizó un acto político carlista en Pamplona, organizado por Juan Elizalde del sector falcondista. De resultas de este acto, Elizalde fue detenido y posteriormente desterrado (Villanueva, 2003: 106).

El que había sido delegado nacional del Requeté antes y durante la guerra, José Luis Zamanillo, el día 25 de mayo de 1943 fue trasladado por la policía desde su domicilio en Madrid a la Dirección General de Seguridad, donde estuvo detenido durante ocho días sin formación de causa alguna y sin ninguna explicación. Tuvo la suerte de ser conocido del coronel jefe, que le permitió saber que la orden procedía de instancias superiores y posibilitó que no estuviese encerrado en un calabozo sino en una habitación.

De la Dirección General de Seguridad no salió para volver a su domicilio, sino a un tren que le condujo desterrado a Albacete, donde fue conducido a la comisaría de policía. Allí se le dijo que podía circular libremente por la ciudad, pero sin salir de ella y que tenía que presentarse en comisaría cada quince días. Y todo ello también sin explicación alguna.

José Luis Zamanillo (Archivo Clemente)

La Comunión Tradicionalista se hizo cargo de los gastos de su estancia en solitario porque su esposa quedó en Madrid haciéndose cargo de la familia. Estuvo desterrado 11 meses, hasta mediados de abril de 1944 (Santa Cruz, 1980: V, 227-228).

En agosto de 1943 fue desterrado por segunda vez el jefe carlista vizcaíno, Pedro Gaviria - que era profesor de la Escuela de Comercio de Bilbao-, dándose la circunstancia de que le cesaron de su trabajo «por abandono de destino», según se publicaba en el Boletín del Estado. En febrero de 1944 continuaba su confinamiento.[247]

También fue desterrado otro carlista apellidado De Luisa, y el jefe carlista de Guipúzcoa, Antonio Arrúe.[248]

Antonio Arrúe (archivo Arrúe)

Santa Cruz explica en su obra unos acontecimientos confusos que sitúa «antes y después de la gran invasión de 1945»,[249] pero que en realidad debieron darse hacia finales del verano o primeros de otoño de 1944. Se trataba de unas escaramuzas en el pueblo navarro de Olagüe «sobre el fondo habitual de hostilidad entre la población, de una parte, y los gobernadores civiles, el Gobierno y la Falange, de otra». Así estaba el ambiente cuando en un tiroteo no aclarado murió un carlista.[250] Al funeral asistió una gran multitud con la boina roja calada, que dio gritos de carácter político en favor del 19 de julio y del rey. Hubo un rifirrafe entre el Gobernador Civil y los carlistas que, finalmente, desembocó en el destierro de cinco jefes del Requeté navarro (Santa Cruz, 1980: VI, 123-127).[251]

---

247 AGUN, Fondo Arrese, 49, Tradicionalismo: *B. de O.* nº 15, 27 de febrero de 1944.
248 AGUN, 133/179/1943/2: «Las consecuencias de la misa de Cristo Rey no han terminado aún…», 14-11-1943
249 Es de suponer que se refiere a las incursiones que hubo por los Pirineos en torno a las fechas de la invasión del Valle de Arán por los maquis, que fue entre el 9 y el 28 de octubre de 1944 (Martorell, 2000: 142).
250 Del Burgo dice que fue muerto por los maquis el 7 de octubre de 1944 y se trataba de Juan Larrea. AGUN, Fondo Arrese, 49, Tradicionalismo. Situación política en Navarra (Informe de Jaime del Burgo).
251 Del Burgo se queja de que tras las sanciones a los carlistas hubiera «de nuevo gritos de Viva el requeté, Viva el rey, muera Falange, Guerra con ella y Abajo Franco. Todo esto

Aurora Villanueva, en su obra, menciona los nombres de los desterrados. Se trata de: Juan Cruz Ancín, Miguel Matas, Miguel Ángel Astiz, Macario Hualde y Mariano Zufía. Los tres primeros fueron desterrados como consecuencia de los hechos anteriores. Posteriormente, a resultas de la despedida ofrecida a estos desterrados, Zufía y Huale profirieron gritos considerados subversivos por el régimen y fueron sancionados con igual medida que los anteriores.

Mariano Zufía Urrizalqui (Archivo Zufía)

Ancín fue desterrado seis meses a Almería,[252] Matas un mes a Barcelona y los tres restantes a Zaragoza. Efectivamente, Juan Carlos López en su biografía sobre Mariano Zufía ha escrito que:

> En octubre de 1944 le detuvieron en su casa y fue desterrado a Zaragoza, acusado de haber realizado «gritos subversivos y actividades ilícitas». Aunque el castigo era para seis meses, permaneció allí cuatro meses y medio con otros carlistas desterrados. Volvió del destierro a principios de marzo de 1945... (López, 2009: 27)

con el maquis a 20 Km. de Pamplona», y se pregunta «¿No es sintomático que en el acto de entierro de un tradicionalista muerto por los rojos se intentara hacer una manifestación hostil al régimen?», porque todo ello favorecía a «los rojos», quienes astutamente «gritan en las montañas de navarra viva el Requeté, muera Franco y la Falange». Y continúa lamentándose con ironía de que «nada de particular tendría el que allí se dejara paso libre a los rojos cuando no hacen mal a nadie, besan la mano de los curas y dicen que sólo quieren derribar a Franco y a la Falange». También se lamenta del comentario del carlista Joaquín Baleztena que decía que «los maquis solo se dedican a jugar al tute con los curas de los pueblos» AGUN, Fondo Arrese, 49, Tradicionalismo. Situación política e Navarra (Informe de Jaime del Burgo).
252 Según Del Burgo, Ancín «escribió una carta al Gobernador diciéndole que se negaba a ello y que ni con la guardia civil le sacaría de Pamplona [y que] el gobernador retiró la sanción» AGUN, Fondo Arrese, 49, Tradicionalismo. Situación política en Navarra (Informe de Jaime del Burgo).

La Junta Regional organizó un socorro administrado por las Margaritas en colaboración con el Círculo de Pamplona, en apoyo de los carlistas desterrados, detenidos y multados. (Villanueva, 1998: 228).

Como consecuencia de estos hechos, los carlistas propagaron también una hoja de denuncia de la cual los Servicios de Falange informaban de esta manera:

> En esta ciudad se ha recogido una hoja del Requeté en la que dice que se ha traicionado al 19 de Julio y cuyo título es precisamente este. En ella se dice también que una vez más se ha traicionado al Requeté, pero que será la última. Que en plena guerra se intentó adulterar al Requeté y luego en contubernio inicuo, los santones grises, azules y rojos, se mintió con el descaro una unificación infame, descabezando previamente a las masas carlistas, expulsando a S.A. el Príncipe Regente y desterrando a Portugal y confinando más tarde a su Jefe Delegado en España, Manuel Fal Conde, pretendiendo de esta manera poner la organización en manos de sus enemigos.
>
> [...]
>
> También dice que dentro de la tiranía mansa que se padece en Navarra han ocurrido sucesos intolerables: Se han sucedido las persecuciones tiránicas, los destierros y los confinamientos, las multas y las represalias, se dirigían solamente contra hombres íntegros y patriotas para alejarlos de Navarra, por estar identificados con Ella. Y cuando pesa otra vez cerca de España y especialmente en Navarra la amenaza roja y vuelven a morir nuevos requetés, es, precisamente, en el entierro de uno de ellos, donde la nefasta situación actual elige la ocasión propicia para sentar su nueva postura camaleónica.[253]

Tal como ya se ha mencionado en otro lugar, el *Órgano oficial de los Requetés* daba cuenta de unos destierros de adolescentes que

[253] AFNFF, doc. 695, Informe de los Servicios de Falange sobre problemas locales, 4-12-1944.

formaban parte de los Pelayos de Pamplona. Fue en febrero de 1945. Según explican, se les obligó a ir a una «Escuela de Aprendices» del Movimiento, donde uno de los chicos, con insolencia se negó a hacer el saludo fascista y a gritar «Arriba España», lo que provocó la solidaridad de otros aprendices. El desobediente y uno de los aprendices fueron detenidos y desterrados. El primero y su padre a Mallorca, y el otro chico a Torres del Río (Navarra) y su padre a Almería.[254]

El 17 de abril de 1945, la policía detenía en la ciudad guipuzcoana de Tolosa a dos destacados carlistas. Se trataba de Juan Mocoroa Arsuaga -que había sido alcalde tras la ocupación en agosto de 1936-, y a la margarita Juana Alberdi Arteche.

Mocoroa fue confinado en Pamplona donde el día 27 ingresó en la cárcel y estuvo preso hasta el 4 de junio. Ese día salió para ser de nuevo desterrado a Soria hasta el día 22 del mismo mes, en el que se le autorizó a volver a Tolosa con la siguiente orden: «A propuesta del Sr. Gobernador Civil de Guipúzcoa, se levanta la sanción de confinamiento a Don Juan Mocoroa Arsuaga, con residencia en esta ciudad, quedando en libertad para volver a su antigua residencia de Tolosa, sin perjuicio de que al llegar quede a disposición del juez, a quien se pasaron recientemente diligencias instruidas». Por su parte, Juana Alberdi fue desterrada a Lugo hasta el 14 de junio de 1946. Más de un año.

Así pues, los confinamientos y destierros no los sufrieron sólo los responsables máximos; tal como recordaba el mencionado informe de la Comunión Tradicionalista «lo mismo ha ocurrido con muchos jefes regionales y provinciales, y con muchos simples afiliados por asistir estos últimos, a algún acto religioso en sufragio de los requetés muertos en la guerra»,[255] así como por otra serie de causas de muy variada índole.

2.9. Exigencias a Franco por parte de un carlismo perseguido.

Durante la primera mitad de 1943 se produce el parón en el éxito de la Alemania Nazi. Aunque algunos no lo querían ver, ya parece más claro que el Eje va a perder la guerra. De hecho, se producen

---

254 AGUN, Fondo Arrese, 49, Tradicionalismo: «Al destierro por no querer gritar "Arriba España"» en *Por Dios, por la Patria y el Rey. Órgano oficial de los Requetés,* marzo, 1945.
255 AGUN, 133/259/13: Informe de la Comunión Tradicionalista, s/f (1944).

dos acontecimientos que van en esa línea: por una parte, la caída de Mussolini el 25 de julio, y por otra el fracaso sostenido del intento alemán de entrar y conquistar Stalingrado.

En este contexto de posible triunfo de las democracias se originan fenómenos de recolocación política de algunos monárquicos y también de militares partidarios de restablecer el régimen monárquico.

Al fin y al cabo, como dice el profesor Tusell (1990: 498), los monárquicos juanistas carecían de masas, por eso confiaron en adquirir influencia asesorando y ganándose a los militares.

Sin embargo, los carlistas, en el mismo contexto, pero con un considerable apoyo popular alejado del elitismo juanista y con una trayectoria clara de rechazo al régimen dictatorial del general Franco, emitieron un largo documento de siete puntos, para dejar clara su posición histórica, ideológica y política que, en los cinco primeros puntos y entre otras cosas decía:

> 1º.- El Carlismo o Comunión Tradicionalista es el núcleo nacional que permaneció fiel a las ideas y manera de ser de España, resistiendo a las modas y doctrinas extranjeras que […] se introdujeron aquí […] por las clases elevadas que consideraban elegante y superior el adaptarse en todo a la moda extranjera, y por los que, ejerciendo el poder, encontraban más fácil seguir las corrientes políticas en boga.

> Por eso, los partidos turnantes estuvieron integrados por los ricos, los aristócratas y los políticos profesionales; y la Comunión Carlista, […] agrupó […] a los agricultores, principalmente, nobles que vivían en sus tierras, a los mejores católicos, a los amantes de las libertades regionales y locales, a las gentes sencillas del campo etc. etc. que vieron cómo en España el sufragio universal fue siempre un escarnio y una burla a la voluntad real del país.

> En ella se refugiaron así mismo las auténticas libertades cristianas y españolas, las morales, las regionales y locales, las profesionales etc. Tan cierto es esto que, por una parte los distintos partidos regionalistas, especialmente el vasco y el catalán, que tanto influyeron en los últimos tiempos

parlamentarios, eran ramas desgajadas del tronco del tradicionalismo, y se limitaron a proclamar y mantener un sólo punto del ideario tradicionalista, adulterado por las doctrinas importadas, por lo cual acabaron en las desviaciones de los llamados Estatutos concedidos por la República; mientras que por otra parte de entre las masas carlistas abandonadas a la inercia, salían, por una exaltación exacerbada, los luchadores sindicalistas, los más bravos e influyentes de los revolucionarios españoles; y en fin, si se observa atentamente, se verá que los programas políticos de todos los partidos no fueron más que concepciones raquíticas, parciales o exacerbadas, extraídas de la doctrina integral tradicionalista […] Recuérdense las protestas de cierto pretendido tradicionalismo de Azaña, la confesión de Romanones de que al Tradicionalismo era un fenómeno político único, la desviación regionalista de la República, la reclamación de los bienes comunales, la orientación por gremios de la organización socialista, etc. etc.

Esta última conciencia de que lo español estaba refugiado en la Comunión tradicionalista, se reveló en la misma guerra civil española, en la que los rojos no odiaban a los requetés, y cuando buscaban a quien rendirse preferían hacerlo a ellos mejor que a cualesquiera otros, y en cambio repugnaban y odiaban a la Falange a pesar de que les halagaba con predicaciones demagógicas. Prieto, en Julio de 1.936, decía que si los Requetés tomaban parte en el Alzamiento, estaba perdida la República, no temía a las masas de derecha de la CEDA de Gil Robles; temía sólo a los Requetés que apenas tenían diez o quince diputados, y llevaba razón. ¿Cabe mayor reconocimiento de su fuerza?

[…]

2º.- La guerra fue preparada principalmente por los Carlistas, que coordinaron los esfuerzos de todos; «fue posible» por el Levantamiento carlista del Norte -Navarra, Álava, Burgos Logroño, etc. y se ganó muy principalmente, por el esfuerzo de más de 80 Tercios de Requetés, que eran la sal de las Divisiones y que se entregaron a la guerra con una nobleza y lealtad, que contrastaba con la conducta vergonzosa y desleal de los que, a sus espaldas, se apoderaban de las posiciones y mandos políticos.

3º.- No obstante, desde el primer momento de creación del Partido Único y del Caudillaje de Franco y aun antes desde que se inició la instauración de una concepción totalitaria, la Comunión Tradicionalista se separó del intento y se declaró incompatible con tal Régimen en la célebre carta de Diciembre de 1.937 dirigida a Franco por el Jefe Delegado de aquella Sr. Fal Conde (ya antes desterrado a Portugal), renunciando a formar parte del Consejo de FET y de las JONS, en el documento elevado por él mismo al Generalísimo en Marzo de 1939, cuando llegaba la guerra a su fin, y en la carta sobre la neutralidad que le valió nuevo destierro a un pueblecito de la isla de Menorca, actitud mantenida sin vacilaciones hasta hoy, a costa de persecuciones sin cuento, aun después de reconocer al actual Estado totalitario las misas Potencias democráticas que hoy luchan contra estos sistemas, y mientras todos los demás partidos sin excepción -CEDA de Gil Robles, Renovación, Juanistas, etc., daban órdenes de incorporación al Partido Único para vivir en él.

4º.- De lo dicho se infiere que la Comunión Tradicionalista es la única que tiene autoridad, entre las fuerzas nacionales, para llevar a cabo un cambio total del actual régimen, estableciendo uno adecuado a la manera de ser de los españoles, que dé satisfacción a las aspiraciones legítimas de todos los sectores y nos permita vivir entre los demás pueblos con independencia y personalidad.

Es también la única fuerza que puede, por todo lo expuesto, pacificar el país, restableciendo las libertades […]

5º.- La Comunión Tradicionalista pretende la restauración de la Monarquía Tradicional, por medio de una Regencia, que, antes del advenimiento de un Rey, prepare e instaure

> todas las Instituciones tradicionales -Grandes Consejos, Cortes representativas, Organismos Regionales, Municipios autónomos, reconstitución social orgánica -que constituyan las limitaciones naturales y sociales del Poder Real, impidiendo que se transformen en absolutista, omnímodo y personal.

A pesar del rechazo claro a la alternativa monárquica de D. Juan, en esta nueva situación y aunque la Comunión Tradicionalista seguía manteniendo su preferencia por la regencia en la persona de D. Javier, se produjeron ciertas conversaciones con asesores o personas próximas a aquél, lo cual alertó a un sector de los carlistas por causa de la inicial proximidad al fascismo de D. Juan, así como por el hecho de ser hijo de Alfonso XIII.

Por eso entre los dirigentes de la Comunión Tradicionalista partidarios del acercamiento, siempre se decía que D. Juan debía aceptar los principios tradicionalistas, cosa que este, muy dado a cambiar de rumbo según las circunstancias, no parecía tener ningún inconveniente en hacer si ello podía facilitarle el acceso al trono.[256]

Debió ser pues, por estas mismas fechas, cuando hubo reuniones en Madrid de diferentes sectores del tradicionalismo, buscando la unidad y para «tratar de la constitución de un Gobierno provisional». Una de estas reuniones -con muchas reservas por parte de Fal Conde-, fue la realizada con monárquicos ajenos al carlismo: Tormos, general Vigón y Ventosa, en las que se trató de la regencia.

Hubo discrepancias entre Vigón y Fal Conde, porque «el General Vigón propone que debía respetarse la persona del Caudillo en esta regencia y Fal Conde decía que no podía realizarse esta sin la persona de D. Francisco Javier de Borbón Parma».[257]

Finalmente, el grueso del carlismo rechazó la alternativa de D. Juan y sólo un puñado de dirigentes -los llamados estorilos-, se inclinarán años más tarde por esa solución.

---

256 En un largo dosier de seguimiento que reúne informes que van de noviembre de 1943 a diciembre de 1944, se pueden ver estos movimientos de carlistas, juanistas y militares. AGUN, Fondo Arrese, 49, Tradicionalismo: «Resumen de actividades monárquicas (Sección Falcondista)», 1943-1944.
257 AGUN, Fondo Arrese, 49, Tradicionalismo: Reuniones de elementos carlistas y monárquicos en Madrid, s/f.

A pesar de aquellos contactos con los juanistas, los carlistas continuaban trabajando en sus líneas maestras. Se sentían con todo el derecho a exigir porque según decían:

> La Comunión Tradicionalista no tiene ninguna responsa-bilidad en el gobierno falangista del General Franco. Por el contrario, ha sido la oposición constante, a costa de mil persecuciones de este fracasado ensayo de régimen totali-tario y tiránico […]

> Quien hoy combata la tiranía totalitaria, sepa que desde el primer día la han combatido los tradicionalistas espa-ñoles; que la han combatido, no desde el extranjero, cómoda y tranquilamente, sino desde dentro de la nación, lo cual, en este régimen de fuerza, supone el heroísmo de todos los días, no sólo frente a la fuerza, sino también frente a la calumnia y a la reducción por el silencio sin la más elemental defensa humana.- Sepan también, que la han combatido con razones doctrinales, por ser anties-pañola, antihumana, y anticristiana, al negar las sagrada libertad de los hijos de Dios.- Sepan, por último que la han combatido mientras muchas personalidades políticas de la nación se entregaban a la adulación y al servilismo, y las propias potencias democráticas reconocían este bárbaro poder que pesa sobre los españoles.

Insistían en «acabar con la tiranía del General Franco» y «desmontar hasta sus mismas raíces, la maquinaria montada» por él «y su puñado de falangistas». Y recordaba que esa tiranía había permanecido «porque mientras duró la guerra civil no se podían plantear conflictos políticos, y este fue el "chantaje" cometido por Franco y Falange en la retaguardia», e insistían en que «España ha soportado un régimen totalitario, pero ni ha sido totalitaria, ni el partido llamado Falange tuvo nunca ni votos ni opinión, sino la espada de Franco, que ha sido su única razón».[258]

En noviembre de 1943 la Comunión Tradicionalista hizo llegar a Franco por medio del general Vigón, un escrito conocido entre los

---

258 AGUN, 133/259/13: Informe de la Comunión Tradicionalista, s/f (1944).

carlistas como «Documento de Reclamación del Poder». Dos de los firmantes del documento estaban en ese momento cumpliendo sendas condenas impuestas por el mismo régimen al que exigían el poder.

Como era habitual en Franco cuando se trataba de reivindicaciones de la Comunión Tradicionalista, este escrito no tuvo contestación alguna, pero reafirmó la moral combativa de los carlistas que lo distribuyeron con profusión e interés.

En Valencia los estudiantes carlistas, cautelosamente, lo repartieron a mano entre diferentes sectores del País. Uno de los destinatarios que se negó a recibirlo fue el director del banco de Vizcaya, lo que le supuso la amenaza de retirar los depósitos de los pocos carlistas acaudalados de toda España que los tenían en ese banco, con lo que, finalmente, el director tuvo que hacer marcha atrás y presentar excusas.

En un preámbulo de este documento se hacía mención al remitido ya en marzo de 1939, en el que se rechazaba el ensayo totalitario de partido único proponiendo soluciones tradicionalistas, y se le recordaba a Franco «la conservación de la verdad política desde la oposición […] a costa de persecuciones del Poder». Se le recordaba que «no queda ya mucho tiempo» para el cambio de rumbo y que «gracias a la postura mantenida por la Comunión Tradicionalista, la bandera de la oposición al ensayo totalitario está dentro de ese espíritu sagrado del 18 de julio». Se decía también que es «innegable que la Sociedad española no acepta el sistema totalitario. Subsiste este porque se le ha impuesto, pero no podría vivir si aquella se manifestase libremente».

En el escrito llegaba a denunciarse que «el actual régimen es de dictadura, porque la dictadura no consiste más que en la concentración de poderes en una mano. El peligro de las dictaduras está siempre en su excesiva duración [y que] viene a desembocar en el triunfo rencoroso y con espíritu de revancha de aquellos mismos que creyeron destruir».

Después de mencionarse que «la adulación no la empleará jamás el Tradicionalismo», se le insta a «recuperar las instituciones […] restaurando en su integridad la legalidad monárquica tradicional» e instando a la entrega del poder político a «esta gloriosa Comunión» ya que «jamás agrupación política alguna ha reclamado el Poder con tanta razón» porque «responde no sólo a su sentir unánime, sino al de otros muchos sectores de la vida nacional que no encuentran otro medio de manifestar sus inquietudes» (Santa Cruz, 1980: V, 173-180).

Después de este preámbulo, en el documento se propone un plan de instituciones a restablecer y organizar. Como medidas fundamentales se indican apartados que luego se desarrollan, tales como los siguientes: supresión del partido único y del sindicato vertical, restauración de la legitimidad, restauración católica, reorganización del poder central, restauración orgánica y corporativa, organización de la representación nacional y reivindicación de los fueros de la personalidad humana.

El escrito a Franco iba firmado por 16 dirigentes de la Comunión Tradicionalista, alguno de los cuales estaba represaliado en aquellos años. Ya hemos hablado de Manuel Fal Conde, confinado en Sevilla, desde donde alternó un destierro a Menorca. Otro de los firmantes era José Luis Zamanillo, que también estuvo detenido y encarcelado ocho días en la Dirección General de Seguridad de Madrid desde donde posteriormente fue desterrado a Albacete durante un año.

Al año siguiente, fechado el 12 de octubre de 1944, otro documento de la Comunión Tradicionalista titulado «La lección de los hechos» vio la luz. Aunque como se dice en él «no es fácil actuar bajo un Régimen Totalitario» fue difundido a gran escala de mano en mano por toda la geografía española.

Es un largo documento bien impreso, en el que se hace un repaso y análisis a lo acontecido desde la guerra civil y sus causas y la implantación del régimen franquista, al que nuevamente se critica.

Como quiera que tiene relación con los motivos de marginación y persecución del carlismo por parte del Régimen y de la Falange, se extracta a continuación el apartado 3 cuyo ítem dice: «Falseamiento del significado de la victoria por el Estado totalitario y el partido. Gravísimas consecuencias. Cambio inaplazable»:

> Del carácter que hemos visto que tuvo la guerra española no puede deducirse, lógicamente, la consecuencia de una victoria como la que entiende el Régimen [...] lo que el Régimen llama victoria no es más que un enorme engaño.

Mientras los españoles defendían en la línea de fuego sus altares y sus hogares, una minoría insignificante de falangistas, ayudados por los representantes de los partidos totalitarios de Alemania e Italia, y con la complacencia del Poder, montaban en la retaguardia este armatoste totalitario para explotar en su provecho el esfuerzo de todos, a espaldas de todos y en contra de todos.

¿Los alemanes quisieron su nacismo y los italianos su fascismo? Lo que está claro es que los españoles no han querido nada de esto que tienen ahora, sino que se les ha impuesto durante la guerra, esgrimiendo el argumento de que en aquellos duros tiempos debía cesar toda discusión política.

De esta manera se ha hecho esta política de la victoria, que no es de la guerra, sino de la retaguardia aprovechada y ambiciosa. No es la de España, sino un remedo de la política totalitaria alemana e italiana.

La opresión totalitaria ha durado estos años:

Porque durante la guerra civil no era patriótico plantear conflictos políticos y la forzada unión […] la aprovecharon los falangistas, con la complacencia del Poder, para establecerse en el Poder civil.

Porque después de la guerra española estalló la guerra exterior con la presión inicial de las potencias totalitarias […]

Y porque todo régimen de fuerza consigue un mínimo de duración inevitable, ya que no es fácil exteriorizar la discrepancia de un modo general y ostensible.

España ha soportado, y viene soportando, este Régimen totalitario; pero ni es totalitaria, ni la Falange tuvo nunca opinión en su apoyo, sino la coacción de la fuerza que la sostiene.

Hoy, las pesas de la guerra exterior caen de otro modo y el régimen quiere quitarse de encima el calificativo de totali-

tario, que él mismo se aplicó en su legislación [...] y en toda
su propaganda agresiva y palabrera, y renegar de su inspiración en otros Regímenes totalitarios de Europa, de los
que había copiado, con mimetismo vulgar, incluso saludos,
maneras, estilo y hasta nombres: Nacional-sindicalismo,
Auxilio Social, antes de Invierno, Educación y Descanso,
Caídos, Presente, etc.

Pero en vano. [...] Sigue el mismo abusivo intervencionismo, la misma opresión de la libertad humana y cristiana,
los mismos desfiles y concentraciones, de carácter inconfun-
dible, que todo el mundo sabe cómo se organizan; la misma
intromisión del Partido, tanto para las funciones públicas
como en la esfera privada; la misma desigualdad de trato
para los afiliados al Partido y para los que no lo son; el desenfrenado crecimiento de la burocracia; las desorbitadas asig-
naciones presupuestarias para el Partido, y las exacciones de
cuotas, sin rendir cuentas, de estas ni de aquéllas [...] Lo de
que el Régimen no es totalitario es un recurso que a nadie
engaña [...] la unidad espiritual está más rota que nunca con
este Régimen, bajo una disciplina, puramente externa, soste-
nida por la fuerza.

[...]

Compromete también a la Iglesia española, por servirse
imprudentemente del sentido religioso de nuestro
pueblo.

Y amenaza arrastrar en su caída todos los valores morales
de la sociedad.

[ ]

De este último carácter [régimen personal o dictadura] es el
actual de España; que vive de milagro, porque no tiene la
simpatía popular, y por descansar simplemente en la vida
de un hombre no puede constituir garantía tranquilizadora
y duradera.

No se hizo la guerra para esto. [...] Hay que empezar por desmontar desde los cimientos, la política falangista de la retaguardia y arrancar de nuevo de aquéllos anhelos nacionales que fundieron a los españoles en los campos de batalla.[259]

Del último apartado de este mismo documento que se está tratando aquí, titulado «Quién ha de dirigir la restauración», se extracta también una somera relación de agravios del Régimen en contra del carlismo que, aunque ya explicados en su mayoría, conviene reproducir a modo de síntesis hasta el año 1944:

Fiel [la Comunión Tradicionalista] al verdadero significado de la victoria, no tiene ninguna responsabilidad en el actual Régimen, y ha sido, por el contrario, la oposición constante, a costa de persecuciones, a este fracasado ensayo totalitario. Su jefe don Manuel Fal Conde, fue desterrado en Portugal el 20 de diciembre de 1936. Cuando el Generalísimo hizo, o pretendió hacer, la llamada unificación del Partido Oficial con la Comunión Tradicionalista, el Sr. Fal Conde protestó razonadamente. Esta protesta se reiteró oficialmente en carta dirigida al Generalísimo en 28 de agosto de 1937, así como también en la primera parte del documento elevado al Jefe del Estado el 10 de marzo de 1939, en vísperas de la victoria militar. En este último escrito, al que se acompaña un largo estudio de los fundamentos de la Monarquía Tradicional, se hizo la condenación del totalitarismo, y se justificó plenamente esta condenación. Posteriormente el señor Fal Conde fue confinado en Sevilla, de donde no puede salir desde el año 1939. Este confinamiento no ha tenido más interrupción que un destierro que sufrió en Ferrerías, Isla de Menorca, por defender en carta al Jefe de Navarra, de fecha 13 de julio de 1941, la neutralidad española, que se puso en peligro entonces.

Aún mayor notoriedad que estas pruebas, tiene el destierro del Príncipe Regente Don Javier. Preclaro

---

259 Ver documento completo en Santa Cruz (1980: VI, 65-98)

miembro de la Casa Real española y de la Ducal de
Parma, formado en la pura escuela antiliberal, fue esco-
gido por el Rey para este albaceazgo soberano. A tan
insigne representante del principio Monárquico se le
desterró en diciembre de 1937, tras un viaje triunfal por
España, porque en su entrevista con el Generalísimo le
reclamó contra el absurdo Régimen de Partido oficial,
creado con infracción de los pactos del Ejército con la
Comunión Tradicionalista.

Aparte estas persecuciones contra la persona del Jefe,
otros dirigentes han merecido el mismo trato de la opresión gubernamental, y han sufrido confinamientos y
destierros, así como muchos Jefes Regionales y Provinciales, y aún simples afiliados, a los cuales se ha llegado
a enviar a campos de concentración de prisioneros. La
Comunión misma ha sufrido los desgarros de la persecución. Se la disolvió oficialmente para absorberla
en el Partido Único, sin su voluntad y a la fuerza; se
disolvió su magnífica obra llamada «Frentes y Hospitales», también de modo violento, se han suspendido a
cientos sus misas y actos religiosos; fueron incautados
sus periódicos y confiscados sus fondos; se cerraron
sus Círculos, de una manera tan fulminante, que los de
Barcelona, por ejemplo, fueron víctimas de esa medida
a las veinte cuatro horas de ser liberada aquella capital,
cuando acababan de abrirlos con la ilusión de la victoria,
después de los tres años de persecución marxista. Se
ha postergado y envuelto en el silencio a los Requetés,
procurando no mencionarlos en los documentos oficiales
y oficiosos, y llegando incluso al extremo de haber hecho
desaparecer su recuerdo y trofeos militares de esta
guerra, con el cierre de sus museos e incautación de sus
banderas. Por último, y para no hacer esta lista interminable, fue víctima en sus masas honradas e inermes, del
repugnante crimen cometido por la Falange ante la Basílica de Begoña el 16 de agosto de 1942, y cuyos autores,
aun los condenados a las penas más graves, están ya en
libertad (Santa Cruz, 1980: VI, 93-95).

El 13 de diciembre de 1944 el estudiante carlista León Lizaur, tuvo el coraje de enfrentarse, subiendo al estrado y contradiciendo los argumentos del profesor Sr. Castro, que a criterio de la AET utilizaba la cátedra de la Facultad de Derecho como tribuna política al arremeter contra la doctrina foral carlista. El estudiante le pidió que se desdijera y como consecuencia del enfrentamiento verbal llegaron a las manos. La pelea se generalizó entre los meritorios que preparaban cátedras y los carlistas. Después acudieron falangistas del SEU y el combate se extendió a toda la Facultad. Por tal motivo, León Lizaur fue detenido y encerrado en la Dirección General de Seguridad durante más de un mes, siendo después confinado durante tiempo indefinido.

El *Boletín Nacional de las AAEETT* que daba la reseña, comentaba y se preguntaba al respecto: «Los derechos naturales de la persona no cuentan. La arbitrariedad es su única norma; la mordaza y las cadenas, su política. ¿Cómo, si no, explicar, después de seis años de fascismo, que no se haya publicado el famoso "Fuero de los españoles"? Y continúa «Protestamos de esta injusticia, una más de la serie interminable de las cometidas cínicamente por el régimen. El Sr. Castro y el Ilmo. Sr. Director General de Seguridad están debidamente autorizados para decir y hacer lo que les venga en gana. Pero que no nos hablen ni de justicia, ni de libertades, ni de derechos» (Santa Cruz, 1980: VII, 99 y 208).

En una de las circulares clandestinas -la número 2-, destinada «a los Delegados Nacionales, Regionales y Provinciales» fechada el 8 de junio de 1944, se daban instrucciones para hacer frente a la represión que sufría el carlismo. En ellas se hacía hincapié en poner de manifiesto el agravio comparativo con los republicanos:

> A mayor abundamiento conviene notar que no hay en España precepto alguno que autorice sancionar a nadie por ser carlista o por pertenecer a la Comunión. Hemos sido miles de veces sancionados, multados, encarcelados, confinados. Ni una sola vez han dicho las autoridades qué precepto legal les autorice a esas medidas. Y no ha habido una sola sentencia de Tribunales en que se nos condene porque se nos considere delictivo el hecho de la supervivencia de la Comunión o la adscripción a la misma.

Importará mucho que las Jefaturas Provinciales orienten a los afiliados en el sentido de hacer pública profesión de nuestros ideales y para que se defiendan de cualquier atropello que puedan sufrir. Mucha luz les dará ver y estudiar la Ley de 2 de Septiembre de 1941 en la que verán con verdadero estupor las inmunidades concedidas a los republicanos y tendrán que reaccionar reclamando, en cualquier caso que sea necesario, que se nos dé cuanto menos el trato que en esa disposición legal se concede a los republicanos (Borbón, Clemente y Cubero, 1997: 180-181).

En Cataluña las hojas sueltas que se imprimían clandestinamente debían ser muy numerosas. En ellas se informaba de diversos acontecimientos de la política general y del carlismo en particular. Alguna de ellas denunciaba la represión sufrida por el carlismo en las Españas, tal como se relata una del año 1945:

Dice el artículo 14 del Fuero: «Los españoles tienen derecho a fijar libremente su residencia dentro del territorio nacional»

Y don Manuel Fal Conde, jefe delegado de la Comunión Tradicionalista, continúa confinado en Sevilla desde hace largos años, por simpe orden del que es árbitro absoluto de España.

Dice el artículo 18 del Fuero de los Españoles: «Ningún español podrá ser detenido, sino en los casos y en las formas que prescriben las leyes. En el plazo de 72 horas todo detenido será puesto en libertad o entregado a la autoridad judicial»

Y el doctor Vanaclocha estuvo preso por carlista en la cárcel de Valencia dos meses, sin proceso judicial alguno, por orden del cacique gubernativo correspondiente, habiendo salido recientemente.

Y dieciocho carlistas han estado presos cerca de un mes en la cárcel de Barcelona por la arbitraria voluntad del amo de la provincia.

Y... ¿para qué continuar el capítulo si cada español conoce el suyo y muchísimas cosas más?

Sólo añadiremos un detalle: con ocasión del 18 de julio fueron puestos en libertad en Barcelona unos 240 presos gubernativos entre los que -con excepciones- se hallaba representada toda el hampa social..., y los carlistas allí detenidos -entre los que figuran, naturalmente, varios sublevados del 18 de julio, excombatientes de la Cruzada y mutilados- celebraron esta gloriosa fecha -en la que tanta participación les corresponde- y las posteriores, encarcelados y tiranizados por la actual situación gobernante. Y con estas circunstancias agravantes: esos presos estaban con los comunes, no con los políticos; fueron sometidos al innoble corte de pelo de todo el cuerpo; no podían salir de sus celdas para satisfacer sus necesidades más perentorias; uno, enfermo de asma, no consiguió más ventilación que la exigua del ventanillo de su celda, etc., etc.

Y cosas parecidas han pasado o están pasando con los demás carlistas españoles, víctimas de la hipócrita tiranía que sufrimos.

Sería interminable enumerar los casos. Recordemos sólo algunos: Zamanillo, confinado en Albacete; Ancín, Hualde, Astiz, Zufía, de Navarra; Gaviria, de Vizcaya; Querejeta y la señorita Alberti de Guipúzcoa; Larramendi, Laurrieta y los demás del grupo de Madrid, en el Campo de Nanclares; Saraveris, Barbier y los demás de Valencia, etc., etc. (Borbón, Clemente y Cubero, 1997: 178-179).

Capítulo 3
Tras la liberación de Don Javier del cautiverio alemán

3.1 Preparando el camino de una alternativa a Franco

La represión contra el carlismo se denunciaba en todos los actos que se programaban y en las hojas clandestinas. No sólo se criticaba al régimen, sino que también se planteaba la alternativa que la Comunión Tradicionalista entendía como la más idónea para el recambio de Franco.

De este modo se expresaba la carta de Manuel Fal Conde leída como discurso en el acto de Monserrat de abril de 1945 -unas dos semanas antes de la liberación de D. Javier-: «Libertades regionales y municipales; de Gremios y Corporaciones públicas; de clases sociales; de la misma dignidad humana del ciudadano [...] Y podemos hablar de libertades al mundo sin temor a ser confundidos como quienes tras el uso de la palabra libertad llevan la proterva intención de hacer renacer los liberalismos, mal llamados democráticos». Y como refiriéndose sutilmente a la dictadura militar del general Franco, añadía que «la voz del pueblo español en amor a sus libertades, en servicio a su propia soberanía social, por el honor de nuestras familias, por la grandeza de nuestros pueblos y regiones, por la misma unidad de la Patria, la voz hoy del pueblo español la tiene la Comunión Tradicionalista y fiel a la tradición histórica de nuestro pasado tenemos que recordar que ni los Ejércitos tuvieron nunca en nuestra Patria cometido político». Más adelante denunciaba los totalitarismos:

> Y, por fin, di a todos que nuestros enemigos han agotado contra nosotros el máximo de sus posibilidades. Haz observar que durante varios años el mundo ha sido

gobernado por Dictaduras totalitarias o por Dictaduras democráticas. Dictaduras todas. En ningún pueblo del mundo ha quedado en pie un sólo partido de oposición. Salvo en España, donde contra el totalitarismo, contra la ley de la unificación política, cuyo triste aniversario hoy sigue conmemorándose en España como fiesta nacional, contra toda clase de previsiones, negación de derechos, cárceles y destierros, confiscación de nuestros círculos y periódicos y toda clase de medidas gubernativas, hemos podido sobrevivir, sin que falte un sólo día nuestra actividad política, la reclamación de nuestro derecho, la insumisión la Poder Público, la incontaminación en colaboraciones indignas (Santa Cruz, 1980: VII, 36-39).

Este escrito de Fal u otro dirigido a Sivatte, animándole tras el reciente acto de Montserrat, debió circular por Navarra porque el Gobernador Juan Junquera, avisaba a Arrese de que el Servicio de Información de Correos lo había interceptado.[260]

Al mencionado acto de Montserrat, según informes oficiales, acudieron «unos 4.000 Requetés procedentes de diversas provincias». Los califican de «organización clandestina del Requeté intransigente» y dicen que, el acto político fue presidido «por los Delegados de Navarra, Valladolid, Castellón y Cataluña»; que «la Policía Armada vigilaba [...] sin evitar, no obstante, algunos gritos subversivos lanzados contra Falange y nuestro Caudillo». El delegado de Valladolid dijo que allí el Requeté domina y que «ya no queda más azul que el de los cielos». El de Navarra, lanzó «palabras ofensivas contra Falange y el Caudillo y anunciando que contra "toda esa pléyade de canallas y ladrones, el Requeté de Navarra se levantaría de nuevo para no dejar a un solo Falangista y acabar con el régimen de opresión del usurpador del Trono"». Luego hizo una definición de lo que para el carlista significaban el Yugo y las Flechas:

---

260 AGUN, Fondo Arrese, 49, Tradicionalismo, 23-5-1945. Interceptar y violar la correspondencia era una constante del régimen; ese mismo gobernador, Junquera, ya lo había hecho en otras ocasiones como una carta de Cora y Lira a Juan Villanueva en agosto de 1943, AGUN, Fondo Arrese, 49, Tradicionalismo.

"El Yugo de esa canalla Falangista, significa la esclavitud del pueblo Español; esclavitud que imponen esos señoritos para vivir cómodamente y pasearse en magníficos automóviles y lucir flamantes uniformes". Y las Flechas, significan "los instrumentos con que hieren a la madre patria para extraerle su substancia y sangre sin el menor escrúpulo de conciencia ya que son ateos y nazis".

El representante catalán Sivatte, se expresó en parecidos términos y «durante esos parlamentos se lanzaron mueras a Franco y a la Falange […] gritos que fueron contestados por la mayoría».

Según estos mismos informes, unas semanas más tarde el 20 de mayo, se celebró en Barcelona en la iglesia de San Agustín, una misa y un Tedeum de acción de gracias por la liberación del Príncipe Regente, D. Javier, de las garras de los nazis. «Acudieron unas 3.000 personas» que fueron situándose en la plaza frente al templo, presentándose al rato una formación de Requetés uniformados. «La multitud que les aguardaba, […] empezó a gritar ¡Viva el Rey! ¡Muera Franco! ¡Muera la Falange!, produciéndose una verdadera algarabía. Entonces las fuerzas de orden público que habían estado en una actitud expectante cargaron sobre la multitud a porrazos, consiguiendo a los pocos minutos restablecer el orden». Se practicaron diversas detenciones. Para cinco de los detenidos «el Jefe Provincial y Gobernador Civil ordenó su ingreso en la cárcel».

Sin embargo y en aparente contradicción, en estos mismos informes se lamentan de que el mismo Gobernador, no sólo había autorizado el acto, sino que «adopta una postura pasiva y de complacencia» ya que después de «ocurridos los hechos, tuviese entrevistas con destacados miembros del Requeté intransigente, hablándoles en términos paternales y sin dar mayor importancia al asunto». Los informes concluyen diciendo que «los ánimos están muy excitados entre los Falangistas, especialmente entre División Azul, Vieja Guardia y Ex combatientes por los últimos hechos ocurridos y por la actitud pasiva e incomprensible del Jefe Provincial del Movimiento».[261]

El ambiente en 1945 era de optimismo: Alemania había perdido la guerra y la Falange estaba en declive. Los dirigentes carlistas

---

261 AGUN, Fondo Arrese, 49, Tradicionalismo. «Información sobre las actividades de los requetés intransigentes en la provincia de Barcelona», 24-5-1945.

pensaban -o querían pensar-, que el régimen se hundiría en breve, hasta el punto de que se decía que el Ministerio de la Gobernación «caería en manos de Fal Conde».

Según Del Burgo, un diputado foral -Javier de Morentín-, denunciaba que «a su pueblo de Los Arcos había llegado el coronel Purón y un individuo apellidado Secretario de Fal Conde (sic). Reunieron a la gente más calificada del pueblo y predicaron la resistencia civil, diciendo a los aldeanos que lucharan con todas sus fuerzas para derribar al Régimen que estaba a punto de caer. Que no entregaran los cupos de harina, ni de trigo ni nada».

Del Burgo, que se había hecho colaboracionista del régimen, decía que «la facción tradicionalista que sigue a Fal conde y a Rodezno, niega su concurso a Franco en momentos de crisis» y se lamentaba de que en Navarra «la desafección campa por sus respetos». Decía también que el coronel Purón y el comandante Ruiz recorrían los pueblos «cundiendo el propósito de un golpe de Estado de Fal Conde que, según dicen, cuenta con el apoyo de varios generales descontentos con la situación».[262] Esta apreciación entraba en contradicción con otro informe, de cinco meses antes, en el que se denunciaba que, tras una reunión en Sevilla de dirigentes carlistas, «se dio la consigna de comunicar a todos los elementos afines y a las Juntas Provinciales, que se abstengan de colaborar con las Capitanías Generales» que, junto a los Gobiernos Militares, parece que querían «constituir una especie de somaten con elementos derechistas».[263]

Tras la guerra y la liberación de D. Javier de Borbón Parma de los campos de exterminio nazis, este escribió dos documentos fundamentales publicados en la obra de Santa Cruz: uno fechado el 25 de julio de 1945, dirigido «A mis queridos Carlistas y Requetés» y otro, pocos días después -en el mismo mes de julio-, como «Manifiesto a los españoles».

En ambos documentos, tras hacer una breve reseña a las anteriores denuncias contra el régimen impuesto en España -realizadas desde el inicio del mandato de Franco-, y la persecución realizada por este contra los carlistas, propugna la necesidad de

---

262 AGUN, Fondo Arrese, 49, Tradicionalismo. Situación política en Navarra (Informe de Jaime del Burgo). 6-4-1945
263 AGUN, Fondo Arrese, 49, Tradicionalismo. «Resumen de actividades monárquicas (Sección Falcondista)» 18-11-1944.

la Regencia como vía provisional para la proclamación futura de la Monarquía Tradicional, encarnada en el Príncipe que reúna las condiciones de Rey legítimo, y sin plantear en ningún momento que esa persona hubiera de ser él.

En el primer documento comienza recordando que «las dificultades que para comunicarme con vosotros había creado la ocupación alemana, acabaron en una incomunicación absoluta durante estos largos meses. En este tiempo ni a vosotros ha llegado la voz alentadora de vuestro Regente, ni hasta mí el consuelo de seguir vuestras actuaciones y admirar vuestra firmeza en el mantenimiento de nuestros santos ideales». Más adelante sigue:

> ...se ha llegado a tachar de antipatriótica la no colaboración con el Poder que, a pesar de derivar sus títulos del maravilloso esfuerzo del 18 de julio, la que tanto contribuisteis, se desvió de sus normas y realizaciones de aquel espíritu. Sin vosotros no se hubiese podido llevar a buen término la guerra, pero luego se ha olvidado, desgraciadamente vuestra generosa aportación y habéis visto cerrados vuestros círculos, incautados vuestros periódicos, desterrados vuestros dirigentes y detenidos muchos y muy destacados tradicionalistas sin más motivo que el de no haber renunciado a los ideales con que fuisteis a la guerra […]

> Aplazada durante la guerra la reclamación del establecimiento del régimen tradicional, acudió la Comunión, al finalizar aquélla, al Jefe del Estado con su escrito de 10 de marzo de 1939, señalando que era llegado el momento de acometer la reconstrucción política de España, que no podía tener otra concreción más que la de la Monarquía Tradicional […] Tan patriótica demanda no fue atendida.

> Dos años más tarde, el 25 de julio de 1941, os dirigí un manifiesto en el que, después de señalar los errores y la equivocada trayectoria del régimen actual […] brindé la verdadera y única fórmula de unión de los españoles, mediante la Regencia Nacional y Legítima y condené las pretensiones al Trono que cualquier príncipe pudiese

plantear convirtiendo en cuestión personalista lo que debe ser una reivindicación nacional.

[…]

Fieles vosotros a la fórmula de la Regencia, pedisteis el Poder en escrito firmado por vuestros dirigentes y elevado al Jefe del estado en el 15 de agosto de 1943. Tampoco fue tomada en consideración vuestra noble y patriótica demanda.

Pero han llegado los tiempos en que, terminada la guerra y en conmoción el mundo, cobra un decisivo valor la misión providencial del Carlismo para la salvación de España. Ahora, pues, más que nunca habéis de permanecer unidos y organizados bajo la disciplina del Jefe Delegado Don Manuel Fal Conde, cuyos sacrificios y penalidades, sufridos con entereza ejemplar […] que son acreedores a mis más cálidos elogios y a la más plena ratificación de mi confianza.

Cita después el acto de Cataluña del 29 de abril, con «más de treinta mil carlistas» en Montserrat, que señala el comienzo de la etapa final de vuestra lucha secular», concluyendo que «no fue un acto frío y formulario, sino la consagración viva y ardorosa de los propósitos de España de alcanzar al fin, después de padecer tantos ensayos revolucionarios, su régimen propio y tradicional. Este acto, celebrado bajo un estado totalitario, tiene todo el valor histórico de los grandes acontecimientos nacionales».

En el segundo documento, dirigido al pueblo español a modo de reflexión, se abordan cuestiones políticas más generales al término de la Segunda Guerra Mundial en el viejo continente:

Europa no puede seguir fluctuando entre la anarquía y la tiranía. Yo soy testigo de los desvaríos a que llega un Poder personal y absoluto. También he visto, al liberarme de aquella opresión, los excesos anárquicos a que conducen las pasiones de los partidos. Para no caer en estos extremos, los pueblos necesitan implantar sistemas que conjuguen la autoridad en el Poder con los fueros sagrados de la personalidad humana.

España [...] necesita cancelar este régimen que compromete su porvenir [...] Que una cosa fue la guerra y otra muy distinta el régimen impuesto a la Nación española. Fue la guerra un Movimiento indiscutiblemente popular que empujó al Ejército, y le ayudó eficazmente con sus innumerables voluntarios a la lucha contra el despotismo republicano, que había atropellado su propia legalidad [...]

Hora es ya de que España, libre de toda influencia exterior, recupere su régimen propio y de que prevalezca el bien de la Patria sobre cualesquiera otros intereses personales o de partidos, que ante aquél tienen tacha de bastardía [...]

Tiene España su régimen propio [...] Con su Monarquía templada y representativa, profundamente cristiana, rectamente nacional e indiscutiblemente popular, España logró su paz política. No hubiera sido posible la secular permanencia de la Monarquía Tradicional sin un arraigo profundamente popular; y es que el pueblo entero encontraba en tal régimen de gobierno el respeto de sus libertades y derechos [...] Se sentía tan bien gobernado y estaba presente en la obra de gobierno por medio de sus órganos naturales, que le daban las garantías necesarias sin que esta representación la bastardeasen los partidos políticos.

Esta paz política y social se fue perdiendo según la Monarquía se iba despojando de sus principales caracteres [...] sin que a su caída se alzase una voz en su defensa, mostrando así todos ellos su falta de ambiente popular. Mientras que, por el contrario, la España tradicional, refugiada en sus masas populares [...] ha demostrado con su pervivencia y su incontaminación, el hondo arraigo que tiene en el alma nacional [...]

El sentido católico de esta Monarquía no pude confundirse con los conceptos de teocracia o Monarquía de derecho divino [...]

La Monarquía que defendemos no es, no debe, no pude ser absolutista. De una parte, la limitan los derechos y libertades de pueblos y regiones, consustanciales con su propia constitución política; y por otra parte condenan esa tendencia absolutista los principios de la doctrina y moral cristiana [...] frente al absolutismo del que se llamó, después del Renacimiento, Estado nuevo y que invadió entonces casi toda Europa.

[...] Ha de fundarse la restauración del Pacto histórico entre la Dinastía y la Nación. Están fuera de lugar, por tanto, todas las promesas que ofrecen para el futuro determinadas concesiones al pueblo. Son los derechos de éste, por el contrario, los que han de limitar los poderes del Soberano en el ejercicio de su Soberanía.

Pero como al pueblo se le ha venido privando de todos sus instrumentos de auténtica expresión en siglo y medio de liberalismo y de poderes personales es necesario crear un órgano [...] Ese órgano es la Regencia Nacional Legítima [...] No será representante de ningún Rey como son las Regencias-tutela, ya que misión suya será también transferir esa legitimidad – de acuerdo con las Leyes históricas y con la mira puesta en el bien común- al príncipe que haya de ser reconocido por las Cortes como Rey

[...]

Si no pude acompañar a los españoles todo el tiempo que duró su gloriosa Cruzada de liberación, fue, bien a mi pesar, por el destierro que me impuso el general Franco en diciembre de 1937, por mi protesta ante la implantación de un régimen totalitario y del sistema del partido oficial con que ya entonces estaba desviando los fines del Alzamiento Nacional.

La Comunión Tradicionalista, apartada desde su iniciación del régimen que impera en España, señaló a su tiempo sus errores. Sus hombres han padecido persecuciones por mantener en alto su bandera, pero han logrado conservar viva y eficiente la organización, y han aprovechado el apartamiento del Poder para preparar la aplicación práctica de su doctrina a los tiempos actuales. La

petición del poder [...] no es reflejo de ambiciones personales, sino consecuencia obligada de un limpio deseo de
servir a España.

Yo puedo presentar ante el mundo a la Comunión Tradicionalista [...] sin los condenados excesos nacionalistas y
sin la aberración filosófica que convierte el amor a la Patria,
virtud de justicia, en un culto pagano al Estado, con absorción total del individuo [...]

Esta Comunión Tradicionalista, en cuyo nombre hablo,
se ofrece, pues, a España [...] y promete no descansar en
su esfuerzo por alcanzar lo antes posible, con la ayuda
de Dios y la buena voluntad de todos, la paz interna, la
continuidad política, y como consecuencia de todo ello,
la hermandad de todos los españoles... (Santa Cruz, 1980:
VII, 117-123).

En variadas hojas clandestinas, se insistía con expresiones diversas
y de manera más o menos sutil, en la necesidad del apartamiento
del dictador.

En una de ellas, de octubre de 1945, titulada «Los intereses
creados», se reproducían aquellas palabras de D. Javier ya liberado: «Hora es de que prevalezca el bien de la Patria sobre cualesquiera otros intereses personales o de partido, que ante aquél
tienen tacha de bastardía».

En otra titulada «En busca de la paz» se decía: «Para muchas
personas, la simple paz material es toda la paz posible, aunque
sólo esté fundada en la fuerza y en un gobierno personal. No
perciben que si no duele una herida, no es salud, sino anestesia»
Añadiendo más adelante que «la paz material de hoy encubre
lo siguiente»: una mala situación internacional; una gran ines-
tabilidad política; una inseguridad económica con carestía de la
vida.

Menciona, además, lo que a su juicio son exponentes de la mala
política financiera, denunciando:

a) Los gastos de carácter militar, que suman ya más de la
totalidad del último presupuesto de la Monarquía.

b) El derroche de millones entregados a la Falange, con detrimento de las verdaderas necesidades de la Nación y de los españoles.

c) La falta de cuentas claras de la administración pública que no ha rendido liquidaciones de los últimos presupuestos.

d) El secreto que rodea todo el manejo de los cuantiosos fondos de las siguientes entidades: Instituto Nacional de Previsión, Sindicatos, Auxilio Social, Fiscalías de Tasas, Comisarías de Recursos, etcétera.

Continúa diciendo que «todos los males señalados se ocultan a la vista de los españoles, con una rigurosa censura» y termina proponiendo que «hay que poner remedio con urgencia a todos los males de la actual situación», reivindicando que «solamente la Monarquía Tradicional, instaurada por medio de la Regencia Nacional y Legítima puede asegurar a España esa paz duradera que tantos van buscando por caminos torcidos, donde no pueden hallarla».

En otra hoja se explica el concepto de Monarquía Tradicional desarrollándolo. Entre otras cosas apunta que «es el justo medio», «es la libertad del hombre», «es la justicia social», «es el sentido común», «es la independencia del poder temporal, independencia justa, sin teocracia ni clericalismo», «es el progreso»; y expresa también:

Es el orden bajo una autoridad paternal, suave, fundada en las leyes escritas, en los usos y costumbres de los pueblos y en el prestigio de la tradición, y limitada por altísimas consideraciones de orden moral.

Es la democracia, presencia del pueblo en el gobierno, con su facultad fiscalizadora y legislativa en las Cortes, elegidas por el pueblo en sus organismos naturales y no amañadas por los caciques políticos o entregadas al dinero o presa de la violencia y la coacción [...]

Es el poder civil, sobre todos y para todos. Sin «hombres providenciales», así llamados por la adulación, aunque no

llevan una estrella en la frente que atestigüe su semi-divi-
nidad. Sin militarismo, que no lo hubo nunca en España,
hasta Riego, Espartero y muchísimos etcéteras, porque
nuestro militarismo es producto típico del liberalismo
español (Santa Cruz, 1980: VII, 36-45).

El 19 de agosto de 1945 -un mes después de que Franco promulgara el Fuero de los españoles-, Fal Conde desde su todavía confinamiento en Sevilla, escribía a Franco una dura y larga carta en la
que se quejaba de las injusticias cometidas, no tanto contra él sino
contra el carlismo, y le planteaba la necesidad de acabar con el
régimen dictatorial -rechazando cualquier alternativa militarista o
liberal-, para reivindicar la Regencia en la persona de D. Javier de
Borbón Parma.

Dicha carta decía entre otras cosas lo siguiente:

> Bastarían los seis años próximos a cumplirse de mi confi-
> namiento, para que tuviera harta razón al romper mi
> voluntario silencio y demandar mi libertad. Confinamiento
> impuesto por orden de V.E. […] sin habérseme formado
> expediente, admitido defensa, ni concedido trámite para
> recursos; confinamiento fundado en actos ajenos –que no
> míos- perfectamente lícitos […] al que han acompañado
> todas las conculcaciones imaginables de mis derechos
> naturales y de ciudadanía: censura de correspondencia,
> estrecha vigilancia, sujeción a dilatorios trámites para viajes
> profesionales. A esta política de persecución gubernativa
> se ha juntado como natural aliada la difamación, intentada
> sistemáticamente contra mí y a la que V.E. mismo ha cola-
> borado en el prólogo que recientemente ha escrito para las
> obras de Pradera.
>
> Nunca caí en la inmodestia de considerar que esas medidas
> se encaminaban contra mi persona en particular. Antes al
> contrario, han ido contra la representación que tengo de la
> Comunión, en cuanto a su existencia extralegal y la conser-
> vación de sus postulados opuestos al signo falangista
> significaban una peligrosidad para éste. Buena prueba ha
> sido el desdén oficial a las numerosísimas peticiones de mi

libertad que en diversas ocasiones han elevado a V.E. los carlistas españoles

A modo de ejemplo vienen estos demostrando que son tan firmes en la no colaboración con el régimen nacional-sindicalista, como sufridos y resignados en el padecer […]

Reclamar ante la Jefatura del Estado mi libertad, no solo en el sentido natural y humano […] sino en un alcance más trascendental, el de la libertad política para actuar en desarrollo del pensamiento tradicionalista […]

Difícilmente puede ser hoy el Ejército una solución, y menos cuando en el mundo triunfa como norma la dirección civil de los negocios públicos.

Pese al intento de absorber la Comunión en el Partido oficial y a la tenaz voluntad persecutoria del Gobierno, la Comunión Tradicionalista está en pie. Una impresionante estadística de nuestros encarcelados, confinados, obreros condenados al hambre por despidos de inspiración partidista, demuestran más palmariamente que los repetidos documentos dirigidos a V.E. en discrepancia con la dirección totalitaria del Estado, nuestra abstención en las tareas de gobierno […] Esa es la reserva incontaminada.

En vano se seguirá tratando de ocultar al pueblo amargas realidades. Saltando por la absoluta libertad de prensa, éste percibe confusamente la verdad […]

Se suplanta el ambiente de libre expresión de las ideas, que es natural a todo régimen de constitución cristiana, por una artificiosa propaganda y por ficciones y convencionalismos […] esas crudas verdades vienen arrastrando persecuciones sin cuento.

Ciertamente que la única solución es la Monarquía Tradicional […] el natural artífice de esa Monarquía es la Comunión Tradicionalista como depositaria de sus principios y de la legitimidad histórica, hoy encarnada en el Príncipe Don Javier de Borbón Parma en su calidad de Regente. Hace falta más […] que el origen de la Institución es netamente libre en la sociedad, y no continuadora de sistemas y políticos partidistas, unilaterales y de casta.

Si más difícil que oprimir la libertad es restablecerla, imposible será en absoluto la vuelta a la normalidad después de los regímenes excepcionales, hecha por los mismos que los encarnaron.

No así, en cambio, ocurrirá a una situación de gobierno carlista, por encontrarse tan distante del totalitarismo como de los excesos liberales y demagógicos […] Partido de esencias populares que en estos momentos […] es el único que puede, sin engaño, hablar de libertad y concebir un programa para restablecerla sin peligro de excesos suicidas.

[…] España estaba en trance inaplazable de consulta a la voluntad nacional, por algún modo de sufragio. La permanencia de un régimen autoritario viene conculcando el sagrado derecho de la nación a manifestarse en legítima representaciones […]

[…] Ya en marzo del 39, en escrito dirigido a V.E. señalamos la necesidad de la implantación de la Regencia legítima, y en agosto del 43 le hemos reclamado a ese mismo efecto la entrega del Poder (Santa Cruz, 1980: VII, 69-72).

No contento con esto, el 30 de noviembre, el dirigente carlista escribía otra larguísima carta al Ministro de la Gobernación, explayándose y denunciando la histórica relación de agravios y represión contra su persona -que no se transcriben aquí porque aborda cuestiones ya tratadas con anterioridad-, en la que, sin doblegarse, finalmente le expone que «se sirva dictar las oportunas órdenes para que mis derechos sean respetados, restableciéndose la legalidad de mi situación» (Santa Cruz, 1998: VII, 91-98).

Pocos meses después de que Franco promulgara el Fuero de los españoles, había promulgado, el 22 de octubre, una Ley de Referéndum. Todo este conjunto de leyes, iban encaminadas a agradar a los aliados que acababan de derrotar a las potencias totalitarias.

En aquellos momentos el régimen soviético no estaba considerado por los aliados como totalitario y, con su ayuda y ejemplo, se fueron construyendo en la Europa del Este las democracias populares.

Los tres grandes dirigentes políticos de las potencias vencedoras -Truman, Attlee y Stalin-, habían decidido en Postdam la condena de los regímenes antidemocráticos, entre los que se encontraba España.

En tales circunstancias, se hicieron este tipo de concesiones, más aparentes que reales, porque, de hecho, el carlismo, como el resto de la oposición, continuaron siendo perseguidos.

De hecho, D. Javier no sólo continuaba teniendo prohibida su entrada en España, sino que no estaba dispuesto a aceptar una Monarquía «heredada» de la dictadura, tal como pone de manifiesto en su carta a Joaquín Baleztena:

> El papel de la dictadura está terminado […] Ahora está próximo el momento de la Monarquía, pero no ha llegado todavía. Porque, de un lado, el Rey hoy en día no puede tomar el trono con la fuerza y derribar a Franco no teniendo medios, ni el derecho de desencadenar una nueva guerra civil […] De otro lado el Rey no puede aceptar el poder de las manos del General Franco sin parecer sustituir una Dictadura a otra, y sin tomar a sí a su cargo las consecuencias de los errores cometidos por del Régimen anterior. Y también en el extranjero parecería ser el Rey de la creación del General Franco (Santa Cruz, 1980: VII, 133).[264]

Respecto a la prohibición de su entrada en España, queda de manifiesto en su acceso de manera clandestina en diciembre de 1945. Durante esta estancia se reunió en San Sebastián con Fal Conde -sin duda venido también clandestinamente de Sevilla-, y otros dirigentes carlistas, entre ellos, Lamamié y Zamanillo.

D. Javier estuvo hasta el día 21 de diciembre, fecha en la que fue de nuevo trasladado clandestinamente a Francia -vadeando el

---

264 Se han corregido los errores típicos de la escritura de D. Javier que tenían vicios de su lengua francesa.

río Bidasoa-, por unos carlistas euskaldunes que se dedicaban al contrabando.

Probablemente ni D. Javier ni Fal Conde estuvieron en la gran manifestación de Pamplona del 3 de diciembre. Sin embargo, se sabe que en las reuniones de San Sebastián se redactó una larga y argumentada carta -que se consideró debía firmar sólo Fal Conde-, dirigida al hijo de Alfonso XIII, Juan de Borbón, en la que se le instaba a aceptar la Regencia. D. Juan contestó con otra -corta y poco argumentada-, en la que manifestaba no sólo no estar de acuerdo con su propuesta sino que además, respecto a la Monarquía, reclamaba «los derechos de que soy titular» (Santa Cruz, 1980: VII, 140-153).

3.2. Acción y represión por las manifestaciones del 3 de diciembre de 1945

Como ya se ha dicho, el máximo líder del carlismo, D. Javier de Borbón Parma -Regente por designio del último rey carlista D. Alfonso Carlos I-, fue detenido en Francia acusado de dirigir un comando del maquis francés que luchaba contra la invasión alemana. Como consecuencia de ello sufrió el cautiverio en distintos campos de concentración nazis hasta que fue liberado por las tropas norteamericanas.

La noticia de su liberación el 8 de mayo de 1945, fue recibida en España con gran alborozo por parte de los carlistas, que, probablemente, no tenían conocimiento ni siquiera de su cautiverio, debido tanto a la situación europea por causa de la guerra, como a la censura y, sobre todo, a que los dirigentes carlistas lo ocultaron para evitar la desmoralización de las bases.

Ahora sin embargo, era bien distinto y se propusieron realizar una serie de actos para conmemorarlo.

Fal Conde que continuaba confinado en Sevilla desde 1939, sin más variación que su destierro a Menorca en 1941-, dio órdenes para dar la máxima publicidad a la noticia de su liberación, y propuso organizar misas de acción de gracias. También propuso que se llevaran a cabo campañas que ensalzaran su figura y sus méritos, y que en cada lugar de España se hiciera como mejor se pudiese, espontáneamente.

Había principalmente en Navarra -aunque también se daba en algún otro dirigente de la Comunión Tradicionalista-, un sector que intrigaba en favor del reconocimiento como rey de D. Juan -el hijo de Alfonso XIII-, y propugnaban el acercamiento de los monárquicos juanistas y carlistas.

Sin embargo, la reaparición del Príncipe Regente, D. Javier, tomando las riendas de la causa carlista, podría amortiguar la labor de los intrigantes. Se dieron órdenes de reorganizar el Requeté en todas las merindades de Navarra, promoviendo «con arreglo a fuero» la elección de sus representantes en la Junta Regional.

Este hecho y las reuniones y entrevistas que se tuvieron con ese fin, seguidas de cerca por las autoridades del régimen, supuso para el Jefe de Requetés de Navarra, José Mª González Echávarri, el internamiento en un campo de trabajadores en Lesaca por orden del gobernador militar (Villanueva, 1998: 243-245).

En este contexto, la Junta Nacional Carlista, a propuesta del jefe catalán Mauricio de Sivatte, acordó la celebración de un acto carlista en Pamplona y el mismo día en otros lugares de España.

Los actos se celebrarían el 3 de diciembre, día de San Francisco Javier, dentro de la campaña de promoción de la figura de D. Javier, ordenada por Fal Conde, con motivo de su onomástica y su reciente liberación de los nazis.

En Navarra los preparativos de propaganda por los pueblos, a cargo de Juan Cruz Ancín -jefe provincial del Requeté-, apoyado por tres centenares de sus miembros de Pamplona, más los afiliados a la organización de los distintos pueblos navarros, no podían pasar desapercibidos para la Guardia Civil y la Policía que fueron recogiendo información de los carlistas falcondistas, -tal como ellos los llamaban-.

Todos estos preparativos generaron gran alarma en las autoridades gubernativas. En Navarra, para el Gobernador Juan Junquera, inmerso en una política de captación de los carlistas hacia FET y de las JONS, representaba un fracaso además de una amenaza.

Sin embargo, el gobierno pudo contar con un nuevo aliado, los carloctavistas, muy interesados en el fracaso de la convocatoria carlista de los seguidores del regente D. Javier.

Tanto el Gobernador Civil, dando órdenes a los alcaldes, como el subjefe del Movimiento -el carloctavista Amadeo Marco-, dándolas a los jefes locales, comunicaban la falta de autorización de los actos.

También los miembros del Servicio de Información de la Vieja Guardia de Falange, recorrieron la provincia sembrando la confusión y la intoxicación en los pueblos, sin faltar las medidas gubernativas del control de carreteras y trenes desde otras provincias limítrofes (Villanueva, 1998: 254-257).

En cualquier caso, el gobierno se mantuvo en la conocida postura de prohibir cualquier acto que no fueran los estrictamente religiosos, denegando el permiso para el desplazamiento de las personas de los pueblos (Villanueva, 1997: 638).

Para los carlistas los actos previstos en Pamplona eran importantes por representar un pulso al régimen. Tan es así, que asistieron casi todos los miembros de la Junta Nacional de la Comunión Tradicionalista, e incluso se barajó la posibilidad de que asistieran Fal Conde -escapando de su confinamiento en Sevilla- y el Regente D. Javier -que entraría en España clandestinamente- y asumiría la dirección efectiva del carlismo, rompiendo así la incomunicación y la falta de vertebración e ineficacia de su organización.

Se pretendía también hacer una recogida de firmas de adhesión al Regente. Finalmente, no está claro si los dos máximos dirigentes del carlismo asistieron o no, puesto que las fuentes son contradictorias. Aunque si lo hicieron, no tuvieron una presencia pública (Villanueva, 1997: 630).

La víspera del acto fueron detenidos en Berbinzana cuatro carlistas al ser interceptados en un control por la Guardia Civil, cuando viajaban en un coche con propaganda subversiva (Villanueva, 1997: 642). También fue detenido por la Benemérita, Jaime Mondragón, presidente del *Muthiko Alaiak*, cuando se dirigía a Miranda de Arga para repartir boinas rojas (Martorell, 2010: 362).

El día 3 tal como estaba previsto, se celebraba en la catedral de Pamplona la misa. La Policía Armada había tomado posiciones en la Plaza del Castillo y sus alrededores y tenían órdenes del gobernador de no tolerar ningún discurso.

A pesar de que ya se habían producido algunas detenciones por gritos contra Falange y a favor del Rey, la multitud carlista salió de la catedral en manifestación pacífica hacia la plaza -excepto un pequeño incidente al negarse la banda municipal del templete a tocar el Oriamendi-, donde se hallaba también el Círculo carlista.

Desde él se iniciaron unos discursos que la policía trató de impedir invitando a los manifestantes a disolverse y cortando la luz de los altavoces.

La refriega más importante fue por la tarde. Mientras la policía disolvía grupos de concentrados por la plaza, en el Círculo se iniciaron nuevos discursos. Primero habló José María Valiente, que, como no podía ser escuchado por todos los concentrados en los distintos pisos del local, alguien propuso que salieran todos a la calle y que continuara el discurso desde el balcón.

La policía ordenó a los oradores no continuar por no tener autorización. Cuando tomó la palabra Sivatte, se produjo una carga policial con porras y defensas reglamentarias.

En ese clima de tensión, desde un grupo de octavistas, uno de ellos -llamado Máximo de Miguel-, acusado por los carlistas de ser agente del gobernador civil, lanzó gritos provocativos contra el Regente y Fal Conde. Al intentar ser acallado por varios requetés se provocó una refriega en la que el octavista sacó una pistola e hirió a uno de los requetés, produciéndose un pequeño tiroteo sin más consecuencias.

Pero ya desierta la plaza, despejada por la Policía Armada, se produjo un segundo tiroteo entre la policía y los carlistas, que terminó con nueve policías y tres paisanos heridos, de ellos cuatro policías y dos carlistas lo fueron por arma de fuego.

Las fuerzas de la Policía Armada y de la Guardia Civil ocuparon el centro y las salidas de la ciudad; Pamplona quedó a oscuras bajo un silencio sepulcral, dando la sensación de ciudad ocupada.

Durante toda la noche, la policía fue deteniendo en distintos ámbitos a más de un centenar de carlistas, unos en la calle, en bares, otros en pensiones o en sus domicilios. Estas detenciones fueron acompañadas de registros en busca de armas y propaganda clandestina sin resultados positivos en ese momento, aunque posteriormente, oculto en el Círculo, se halló cierta cantidad de armamento que, según parece, estaba escondido desde los años de la guerra -no en balde era el emblemático Círculo donde se había preparado la insurrección carlista de 1936- (Villanueva, 1997: 639-643).

Uno de los detenidos fue Mariano Zufía Urrizalqui de quien su biógrafo nos dice que él y los demás carlistas, fueron detenidos y trasladados a la cárcel de Pamplona. Nombraron a un juez militar. Mariano reconoció haber estado en el acto, pero negó que él estuviera armado ni hubiera visto disparar. Salió en libertad a los quince días (López, 2009: 27).

Efectivamente, todos los detenidos fueron conducidos a la prisión provincial y se iniciaron las diligencias oportunas. En un primer momento se hizo cargo el juzgado militar especial de Burgos, personado en Pamplona por causa de las armas del Círculo y la documentación incautada en la casa de Juan Cruz Ancín en los registros ordenados por el gobernador civil.

La causa nº 624/45 procesaba a una parte de los acusados por los delitos de: manifestación ilegal no pacífica, propaganda ilegal, insulto a fuerza pública y tenencia ilícita de armas, y deberían permanecer en prisión preventiva.

Posteriormente hubo un desglose de la causa, atendiendo a la diferente naturaleza de los delitos juzgados. Así, el 5 de enero de 1946 el capitán general acordó la inhibición en favor de la justicia ordinaria de una parte de los detenidos, abriéndose la causa 28/46.

Orla con la caricatura de 85 de los carlistas encarcelados
por los hechos del 3 de diciembre de 1945
(Archivo Erviti)

Hubo dos detenidos octavistas acusados primeramente de agresión a la fuerza pública, aunque luego se comprobó que no fue contra la policía sino contra los carlistas -uno de ellos fue el autor del primer disparo a un requeté-.

Concluidas las diligencias, la causa quedó paralizada hasta 1950, decretándose el sobreseimiento provisional de la causa 28/46, por lo que quedaba sin efecto el procesamiento de los incluidos en ella.

No se pudo comprobar que las armas halladas en el Círculo formaran parte de las utilizadas en la refriega y la nueva causa que se había abierto -la 28/46-, basaba el sobreseimiento provisional al considerar que las sanciones de la jurisdicción castrense no podían ser juzgadas por otra jurisdicción al tratarse de los mismos delitos.

Con anterioridad, el fallo del consejo de guerra de la causa 624/45, celebrado en 1948, condenó a los octavistas Atanasio Zabalza y Máximo de Miguel a las penas de un mes y un día de arresto mayor y dos mil pesetas de multa a cada uno por «desórdencs públicos», o sea, disparar contra los carlistas. Sin embargo, al carlista Ángel Goñi se le condenaba a seis meses y un día de prisión -amén de otras penas accesorias-, por el delito de insulto a fuerza armada; aunque se absolvía a Antonio Litago y José Iturgaiz, que, de hecho, ya habían pasado más de un mes en la cárcel antes de su libertad provisional.

Pero el resultado más grave para el carlismo fue que el Círculo Tradicionalista de Pamplona quedó cerrado definitivamente lo que supuso un duro golpe para la organización y vida del carlismo en Navarra (Villanueva, 1997: 643-649).

Cuatro años después de los hechos de la Plaza del Castillo, en febrero de 1949, José María Valiente, que ejercía de abogado en Madrid, tenía que acudir como profesional a un juicio en Tanger; su mujer se presentó a recoger el pasaporte que le habían prometido y le informaron que «todavía estaba pendiente el asunto de Pamplona». Sin embargo, desde el Juzgado de Primera Instancia e Instrucción de Pamplona se le había comunicado que «queda relevado por este mes y por el próximo de febrero, de hacer las presentaciones periódicas a que venía obligado en méritos del sumario 28 de 1946 que se instruye en este Juzgado por el delito de manifestación no pacífica, y autorizado para que pueda trasladarse a Tánger por cuestiones profesionales». Parece ser que desde este Juzgado dijeron que iban a «terminar ya el Sumario» con el centenar de tradicionalistas navarros. Valiente, molesto, escribía que lo que se hacía con aquellas personas eran «violencias de orden moral, a que se ven sometidas ante las autoridades de su Patria».[265]

---

265 AGUN, 127/30/2: Carta de Valiente a Tomás Consuegra, Director General de Seguridad, 27-1-1949 y circular del Juzgado de Primera Instancia e Instrucción de Pamplona a José Mª Valiente, 25-1-1949.

José Mª Valiente (Archivo Montejurra)

Manuel Martorell ha expuesto el testimonio y la detención de uno de los protagonistas de aquellas jornadas. Se trata del catalán Artur Juncosa que presenció el primer disparo que hizo el que consideraron agente provocador del gobernador. Tras los hechos, Juncosa se encontraba con otro carlista en un bar, cuando uno de los clientes hizo un comentario contra los carlistas y él, entrando al trapo, dijo que era testigo de quien había comenzado a disparar. El «cliente» se identificó como policía y le hizo ir a la Comisaría a declarar, pero una vez allí, le acusaron de disparar y le pegaron. Cuando les convenció de que él no había disparado, le sacaron a otra sala de espera donde se cruzó con las miradas cómplices de otros detenidos que iban llegando, lo que determinó que acabara en los calabozos como los demás. En los calabozos había carlistas que habían sido golpeados por la policía, como los hermanos Iturgaiz, de Mañeru. Había un chico de Cirauqui, cuya madre y hermana acudieron a preguntar por él y al saber la madre que había participado en aquel hecho, en vez de reprocharlo dijo a su hija: «¡¡Mira tu hermano, es digno de su padre...Gracias a Dios!!» (Martorell, 2010: 367).

La única e idéntica noticia de estos acontecimientos se dio el 8 de diciembre de 1945. Fue, sin duda, tal como era característico del régimen, como nota de inserción obligada en la prensa:

> Pamplona, 7. Con el pretexto de una conmemoración a la que asistieron elementos que se denominan Falcondistas, se reunieron en Pamplona, en torno a un círculo de dicha localidad, unos grupos que fueron arengados por dos de sus componentes.

Al acercarse la fuerza pública para disuadirles del lamentable espectáculo que estaban dando, huyeron precipitadamente, no sin antes hacer fuego sobre la policía desde el citado círculo y soportales próximos.

La fuerza pública, a pesar de la criminal agresión que ocasionó heridas a ocho guardias, obrando con la máxima prudencia, dominó el incidente sin hacer uso de las armas, procediendo a la detención de los principales responsables y recogida de armas en el repetido local.

Los autores, con el atestado correspondiente, han sido entregados a la autoridad judicial.

La reacción pública en todos los medios sociales de Navarra ha sido unánime, lamentando que unos cuantos inadaptables hagan el juego a los que desde fuera instigan a la perturbación del orden interior de España.[266]

Este mismo texto fue reproducido por otros periódicos españoles con pequeñas variantes. *La voz de España*, de San Sebastián, lo titulaba así: «Agresión a la fuerza pública en Pamplona», con origen en la agencia Cifra.

Como respuesta inmediata a la noticia oficial, Santa Cruz trascribe una hoja ciclostilada de la Comunión Tradicionalista, distribuida a todas las organizaciones carlistas de las Españas, en la que denunciaba la nota del Gobierno diciendo que «aunque se disfraza de telegrama de prensa, es evidente que se ha hecho en Madrid con el retraso indicado y coincidiendo con el Consejo de Ministros celebrado ayer». Y añadía que «todo el mundo sabe el descrédito que merecen hoy los periódicos sometidos como nunca a una censura rígida y a inserciones obligatorias de todas las clases, pero la falsedad que rezuma dicha nota oficiosa, desde el principio hasta el fin, nos obliga a rectificarla inmediatamente». Continúa aclarando que, con el nombre de «falcondistas» el Gobierno pretende «reducir a la Comunión Tradicionalista a un partido meramente nacional, pero el Tradicionalismo o carlismo,

---

266 *El Pensamiento Navarro*, 8-12-1945 (citado por Villanueva, 1997: 629)

existía ya cien años antes de que el Sr. Fal Conde asumiera su jefatura». Y añade que «el Gobierno no se atreve a dar el nombre de tradicionalismo a la oposición, porque quiere seguir manteniendo la ficción de que el carlismo ha aceptado el sistema de partido único. Pero todos los españoles saben que no es así». La hoja pasa después a dar la versión carlista de los hechos en la que se da como origen de los incidentes a «la presencia de un elemento provocador, antiguo carlista expulsado de la Comunión, que ahora está en gran amistad con el gobernador y mantiene estrechísima relación con él» que «comenzó a dar gritos molestos para los carlistas» con lo que se produjo «la natural reacción de éstos y entonces este elemento provocador sacó una pistola y disparó» (Santa Cruz, 1980: 160-162).

Unos días más tarde del mismo mes de diciembre, firmado por «El Requeté», se distribuyó otro escrito más duro que el anterior, en el que, con el título de «El Carlismo en pie», se extendía la responsabilidad última, apuntando a instancias más altas y denunciando la tardanza y falsedad de la noticia oficial, así como ironizando sobre el calificativo de «inadaptables» dado a los carlistas por el gobierno:

> Sólo a última hora el miserable partidismo del Jefe de FET y de las JONS y de elementos del conglomerado al servicio de la tiranía imperante a cuya conciencia queda la responsabilidad de lo ocurrido, intentaron a cargas y a tiros, mediante el empleo de la fuerza pública hacer fracasar el acto […]

> […] fueron detenidos por la Fuerza Pública, instrumento forzado al servicio de la arbitrariedad partidista personificada en el jefe de FET y de las JONS de Pamplona y del régimen totalitario imperante […]

> Más en la prensa, como justificación obligada y con forzoso retraso, ha aparecido una gacetilla gubernativa de inserción obligada, burda falsificación de los hechos […]

> Inadaptables, se nos llama a nosotros, los Carlistas, en esa gacetilla insultante y falsificación hipócrita de la verdad […]

Inadaptables, sí, frente a una situación colmada de toda laya de desvergüenzas, en las que la dignidad de los hombres va cifrándose ya tan solamente en el saber medrar y en poner a buen precio el honor y la conciencia; inadaptables, si, frente a una situación política que, como Saturno, uno tras otro va devorando todos sus hijos […] inadaptables, sí, frente a una situación política inoperante y sin contenido propio, dispuesta a cambiar de consignas cada vez que varían las circunstancias exteriores, y destinada en todo momento a scr pobre y servil imitación el extranjero […]

Tiene razón dicha gacetilla. Inadaptables hoy, frente a esta situación política, que ni sabe lo que es ni sabe a dónde va, y que no tiene más preocupación que conservar su abusivo poder, aunque para ello haya de hundirnos a todos en el caos y en el naufragio […] Inadaptables y en cualquier terreno a que nos lleve, porque a una situación ajena a toda legalidad y derecho, y cimentada en la fuerza y la violencia, se la combate con sus propias armas y, por tanto, con la violencia y la fuerza también.

Es el problema que tiene planteado España. A un lado los inadaptables […] Y de otro los adaptados […] por temor a que se les agrie demasiado su buena digestión.

En cuanto a la nota del Gobierno, poca cosa más. Sólo decir que contiene el mismo grado de verdad que la generalidad de las noticias oficiales de nuestra prensa, libre, tan libre que expende el veneno y la mentira con etiqueta oficial. […]

Y nada más sobre esta nota, porque a nosotros, que nos gusta estrechar la mano de nuestros adversarios cuando son nobles y caballeros, no nos place, en cambio, discutir con quienes, si valen para falsear los hechos, no han sido criados caballeros para pelear.

Y confiamos en Dios que la salvación de España, como en tantas otras ocasiones, venga por medio de estos inadaptables y de otros inadaptables más, para de este modo marchar todos juntos hasta la victoria final.

¡¡¡Españoles!!! Firmes en la posesión de la verdad y en la defensa de la libertad cristiana, y heroicamente inadaptables frente a la tiranía, el materialismo y la corrupción que nos envuelve y rodea, marchemos adelante con las banderas del Carlismo y de su Regente, el Príncipe Don Francisco Javier de Borbón Parma, con el empeño de lograr para nuestra Patria el triunfo definitivo y la victoria final de la paz. (Santa Cruz, 1980: 164-166).

El acto de Valencia también estuvo convocado por la Junta Suprema de la Comunión Tradicionalista, con el mismo objetivo y forma, es decir, una misa en la catedral en acción de gracias por la liberación de D. Javier, no pudiéndose desvincular del de Navarra.

Un buen número de carlistas se dedicaron en los días anteriores a recorrer los pueblos del viejo Reino de Valencia con el fin de lograr una afluencia masiva. Algunos de sus protagonistas y participantes dieron testimonio de unos hechos que recogió en su libro Manuel Martorell. Así, José Romero, de Liria, explicaba que se trataba de «la primera manifestación que tuvo lugar en Valencia para recabar libertad pública, sindical y social».

Unos días antes se había repartido una hoja titulada «En busca de la paz», en la que se realizaba un diagnóstico de la crítica situación de España, propugnándose como solución la Monarquía carlista con el fin de normalizar la vida del país y reconciliarlo con la comunidad internacional.

Romero continúa diciendo que se llenó la catedral de carlistas y a la salida, en la plaza de Zaragoza llena de boinas rojas, fue testigo de cómo varios policías se dedicaban a retirar la propaganda que distribuían los carlistas en unos tenderetes, pero con el gentío fueron arrollados por la muchedumbre que daba los consabidos gritos de Viva el Rey, Viva España, Viva el Carlismo, Viva Cristo Rey y Vivan los Fueros.

Sobre el número de asistentes se barajaron cifras que oscilaban entre 2.000 y 10.000 según las fuentes, aunque la mayoría eran jóvenes. También había «militares en activo de ideología carlista» y algunos sacerdotes. Romero relata que «desde la derecha de la catedral salieron varios jóvenes enarbolando pancartas alusivas al acto, banderas españolas y del Requeté». Después, la multitud se dirigió hacia la calle de la Paz, donde se toparon con una doble barrera de Policía Armada «que intentó cortar la manifestación sin poderlo conseguir originándose los primeros enfrentamientos y golpes entre los manifestantes y las fuerzas policiales. Todo ello entre grandes gritos y siembra de propaganda carlista, observando que muchas personas que había en las aceras aplaudían al paso de la manifestación».

Aspecto de la manifestación carlista de Valencia
del 3 de diciembre de 1945 (Archivo Romero)

Otro testigo, Carlos Vilar, de Vila-real, que había acudido desde esta ciudad con un centenar de manifestantes, coincide con Romero: «Había miles de personas. La consiga era llegar a Capitanía a los gritos de ¡Viva el Rey! y ¡Viva el Ejército!, pero nada más salir de la iglesia ya hubo choque con policías secretas». Superada la primera barrera, «a mitad de la calle de la Paz había otra barrera de Policía Armada, que cargó contra los manifestantes, pero fue repelida y la manifestación siguió adelante. A la Plaza de Alfonso el Magnánimo empezaron a llegar, con gran estrépito de sirenas, coches descubiertos cargados de policías, que cargaron contra los manifestantes acompañados de policías de paisano que hicieron disparos al aire, produciéndose los primeros heridos».

Romero amplía la información explicando que «en ese momento se presentó, vestido con un traje azul y sombreo de la época, el Excmo. Sr. Capitán General de la Tercera Región Militar, D. José Monasterio Iturbe, que fue aclamado por los carlistas e increpó al jefe de la Policía Armada que, cuadrándose, tuvo que oír del general estas palabras: "Capitán, son patriotas y españoles; menos tiros y más comprensión"». Coincide con Romero Carlos Vilar: «Cuando aquello estaba en lo más encendido, vino por la acera de arriba el general Monasterio, que iba vestido de paisano con sombrero y gabardina… la gente empezó a aplaudir ¡Viva el general Monasterio! Y paró aquello» ya que el general pidió a los manifestantes que se disolvieran.

Romero dice que «allí presencié a un carlista herido en la cabeza; era de Gandía y jefe de la Policía Municipal de dicha población».

Disuelta la manifestación, unos 300 carlistas se dirigieron por la calle del Mar hacia Capitanía, donde permanecieron concentrados. Cantaron el Oriamendi y dieron varios gritos de Viva el Rey. Después, el jefe carlista Rafael Ferrando, entregó una proclama en la sede castrense. Mientras tanto, en el centro se registraron algunos choques con jóvenes falangistas, que a última hora comenzaron a recorrer el centro de Valencia.

Martorell explica el incidente entre el general Monasterio y la policía –que recibía órdenes del gobernador civil, Ramón Laporta Girón-, como muestra de las diferencias que había dentro del régimen sobre cómo tratar al carlismo. Mientras ciertos militares seguían apreciando a los requetés por su actitud en la reciente guerra, los falangistas de FET y de las JONS les odiaban.

Además -tal como explica Romero-, el carlismo valenciano «estaba irritado sobremanera por la actitud represiva del gobernador, que culminó en la detención, encarcelamiento y posterior destierro de Sara Peris, miembro de la Junta Regional Carlista del Reino de Valencia, y la sanción económica y destierro de Juan Vanaclocha Silvestre, médico de Carlet».

Como consecuencia de la manifestación del 3 de diciembre en Valencia, se produjeron una treintena de detenciones, entre ellas las de José Maria Barber Adam, jefe regional del País Valenciano, Fernando de Rojas Dasi y José María Melis Saera, que fueron multados con 50.000 pesetas y encerrados en prisión, aunque poco tiempo. Otro detenido, Silvino Rausell, carlista de Pobla de Vallbona, estuvo tres días en la Cárcel Modelo sin cargo alguno.

Días después se distribuyó la hoja clandestina *El Carlismo en pie* -mencionada más arriba-, para contrarrestar la noticia que en el periódico *Levante* se publicó -sin referencia a los hechos de Valencia-, con el título «Falcondistas disueltos en Pamplona». Romero explica cómo el panfleto carlista se distribuyó y pegó «en las paredes de la población y en sitios estratégicos» incluida la fachada de la iglesia parroquial donde fue leída por muchos feligreses.

Todos los que han estudiado este acontecimiento coinciden en resaltar que se había programado en la cumbre del movimiento carlista algo distinto de lo que sucedió. Se trataba de imponer por la fuerza de los hechos la regencia en la figura de Javier de Borbón Parma. Según Artur Juncosa, no se trataba de derribar al régimen a la fuerza, pero sí de dejar claro que había llegado la hora del recambio: que el régimen debía dejar paso a la alternativa. «Franco tenía que renunciar al régimen porque se le acababa la partida y tenía que ceder el poder voluntariamente; todos los documentos que se publican en esos años 43 y 44 van en esa línea» (Martorell, 2010: 370-373).

Los actos del 3 de diciembre se plantearon como un pulso de carácter nacional, aunque descentralizado en las capitales navarra y valenciana. Santa Cruz aclara que en muchas otras capitales y pueblos de España se celebraron también actos religiosos seguidos de manifestaciones callejeras, con vivas, mueras, escaramuzas y detenciones, pero en Pamplona y Valencia los actos alcanzaron una importancia especial. Según Martorell, todo indica que con ambas concentraciones el carlismo quería forzar un cambio de régimen, proponiendo como alternativa la Regencia en la persona de D. Javier, buscando la reintegración de España en la Europa salida de la II Guerra Mundial.

Para comprender los hechos de 3 de diciembre hay que tener en cuenta que el carlismo, a pesar de sus divisiones, estaba recuperando su fuerza en varias zonas de España y se tenía la sensación de que Franco tenía los días contados. Al mismo tiempo la Comunión Tradicionalista estaba convencida de que la Monarquía Tradicional era la mejor solución para restablecer los vínculos rotos con la vieja Europa.

Por otra parte, en aquellos años de Falangismo filonazi, había cierto número de militares que no comulgaban con el Partido Único y los carlistas aún gozaban de un fuerte prestigio entre el estamento militar. Esta fue la razón por la que, inmerso el régimen en una coyuntura internacional delicada, se evitaron castigos de gran dureza contra los carlistas para no incitar una escalada que seguramente hubiera tenido una proyección exterior (Martorell, 2010: 358-368).

En los días sucesivos a estos actos hubo otras detenciones constatadas. Así, entre el 7 y el 24 de diciembre se detuvo a carlistas en San Sebastián y Sevilla. En esta última capital, el día 8 de agosto carlistas y falangistas se enfrentaron. En Guipúzcoa fue encarcelado el ex alcalde de Tolosa Juan Mocoroa Arsuaga, que ya había sido detenido y desterrado en el mes de abril junto a Juana Alberdi. Elías Querejeta fue detenido en Hernani, un tal Almandoz en Astigarraga, mientras que Ansola, Silva y Mojedano fueron apresados en la capital donostiarra (Martorell, 2010: 374).

3.3. Acoso, cansancio y división en tiempos de institucionalización del régimen.

Como ya se ha dicho, en agosto de 1945, en la Conferencia de Postdam entre Truman, Attlee y Stalin, se había condenado al régimen de Franco. Poco después, en la Conferencia de San Francisco -en la que se constituyó la ONU-, México propuso la no aceptación de España.

El 4 de marzo de 1946 Estados Unidos, Francia y Gran Bretaña suscriben una nota dirigida al pueblo español invitándole a derrocar al régimen y establecer una democracia.

La ONU, además de condenar el régimen español, recomienda la retirada de embajadores y el 16 de diciembre salen todos, excepto los de Suiza, Portugal y El Vaticano.

Paralelamente, el Gobierno republicano en el exilio se traslada de México a París, donde lo reconocen todos los países satélites de Rusia y algunas repúblicas sudamericanas.

En este contexto de intentar aislar a España, el carlismo reacciona interpretando algunos de dichos actos como ataques a su Patria y se emite un comunicado y se publica algún artículo, dejando clara su posición y distinguiendo entre España y el gobierno de Franco.[267]

Así pues, como respuesta a la nota del 4 de marzo de Estados Unidos, Francia y Gran Bretaña, en un comunicado fechado el 9 del mismo mes, la Comunión Tradicionalista hizo entrega a la representación diplomática de Gran Bretaña una nota en la que,

---

267 Una excepción fue la de los seguidores de Carlos VIII, la minoría tradicionalista carloctavista, que, subvencionados por FET y de las JONS, sí se identificaban con Franco, aunque en menor medida con su régimen.

reconociendo su participación en el «Alzamiento de 1936», e indicando que Franco desvió «este movimiento popular con la formación de un Estado totalitario y con la entrega de sus destinos al partido oficial de la Falange, hemos sido, frente a tal desviación, la verdadera Resistencia, organizada y dentro de España». En la nota recuerdan que «no aceptamos en ningún momento la unificación de dicho partido oficial» y que se lo hicieron constar a Franco en diversas ocasiones incluso que «disolviera la Falange y diese paso a la Monarquía, con restablecimiento de las libertades públicas» así como «una reclamación solemne del Poder» recordando también «el Manifiesto del Príncipe Javier de Borbón Parma» que se expresó en términos similares. La nota continúa recordando las consecuencias que para el carlismo tuvo dicha resistencia:

> La respuesta a esta actitud de oposición razonada y patriótica, fue siempre la persecución; destierro del Jefe a Portugal en 21 de diciembre de 1936, y su confinamiento en Sevilla durante seis años, hasta el 26 de diciembre último; detenciones y encarcelamientos, sanciones económicas, cierre de Centros, incautación de periódicos, y la máxima violencia contra el menor intento de actuación pública.

> La Comunión Tradicionalista, ha sido en política exterior, defensora de la neutralidad española; y esta defensa, al condenar ciertas manifestaciones de germanofilia, y criticar lo de la División Azul, costó al Jefe una agravación en su confinamiento, con destierro a las Islas Baleares.

La larga nota continúa con una serie de puntos que, «con la autoridad que nos da todo esto» considera inaceptable «la actual campaña exterior» porque «se vuelve a favor de este [Franco] porque agrupa a todos los españoles en su torno contra aquél ataque». En otro punto dice que «la Monarquía que necesita España, no es ni la absolutista y centralista de modelo francés, ni la debilitada e inconsciente que cayó el 14 de abril, y que ha sido destronada tres veces en noventa años», sino que «ha de ser católica, representativa, limitada, regional y popular; asentada en una interpretación histórica, y no teorizante, de nuestra constitución interna; es decir, una Monarquía Tradicional». En otro de los puntos dice que ha de «reanudarse la pacífica convivencia de todos los españoles» y señala que «la legítima libertad de discusión, de fiscalización, de exposición de necesidades nacionales, y de votación sobre Leyes y Presupuestos, encontrará amplio cauce en unas Cortes a la española, asentadas sobre representación de los órganos naturales de la vida, profesión y trabajo, libremente elegidos por los ciudadanos»[268] (Santa Cruz, 1981: VIII, 141-146).

Por otra parte, en enero de 1947, una publicación clandestina de Gerona, con el nombre de *Boletín de Información del Tercio San Narciso*, publicó un artículo bajo el título de «Nosotros y la campaña contra España. El Carlismo frente a la política extranjera» en el que se afirmaba que «No toleramos que nuestra Patria sea insultada [...] ¡Franco no es España! Ya lo hemos dicho varias veces y demostrado con nuestra actitud en contra del Gobierno». Y termina diciendo que el carlismo «cumple un deber proclamando uno de sus postulados auténticamente nacionales: Ni Franco, ni el extranjero, ¡España!».

En una línea similar se expresaba un escrito atribuido a Lamamié de Clairac, en el que se recordaba que «La Comunión Tradicionalista ante la exacerbación actual de las presiones exteriores, contrarias a todo Derecho y gravemente ofensivas para nuestra dignidad nacional [...] Queremos recordar nuestra discrepancia del régimen actual (notoria dentro y fuera de España [y] protesta, contra la intolerable intromisión en nuestra política interior, que sólo a los españoles corresponde ordenar» (Santa Cruz, 1981: VIII, 153-155).

No cabe duda de que la consolidación de la victoria aliada y de las democracias en el mundo occidental, tuvieron su influencia, mayor o menor, en las actitudes del régimen. El carlismo, sin identificarse con las políticas de los vencedores -fueran estas liberales o comunistas-, mantenía sus propios puntos de vista, pero dejando clara su posición en contra de cualquier tipo de dictadura o de régimen totalitario. No toleraba lo que consideraba injerencias externas, pero tampoco a Franco. Sin embargo, en este contexto de nuevos matices, cambió su agresividad inicial por posturas menos duras.

268 AGUN, 133/305: «Nota de la Comunión Tradicionalista entregada a la representación diplomática de Gran Bretaña» 9-3-1946. Ver también en Santa Cruz, 1981: VIII, 141-146.

Así por ejemplo, a diferencia de otros años, en los que casi siempre se producían enfrentamientos con falangistas o fuerzas de Orden Público, en las Fiesta de los Mártires de la Tradición de 1946, al menos en Madrid, se recomendaba la asistencia «dentro del mayor orden y evitando, en lo que esté de su parte, cualquier incidente; por lo cual, en atención a la gravedad del momento presente, no habrá ese día manifestación, repartos, ni cualquier otro hecho público, fuera del acto religioso» (Santa Cruz, 1981: VIII, 146-147).

Sin embargo, al año siguiente, 1947, Fal Conde denunciaba en el acto de Montserrat que, hacía muy poco, posiblemente en el día de los Mártires, en Madrid «éramos maltratados, cobardemente, cuando salíamos de oír una misa en sufragio de nuestros muertos» (Santa Cruz, 1981: IX, 65).

Pero el gobierno daba una de cal y otra de arena. Por una parte toleró, por primera vez, que Fal Conde pudiera asistir al acto de Montserrat en abril de 1946, donde pronunció un discurso. Según Santa Cruz, esto fue permitido porque el gobierno necesitaba alianzas, o por lo menos quería disimular la oposición carlista, como réplica y defensa ante la ofensiva internacional que venía padeciendo.

Por otra, se prohibieron los actos, también en Cataluña, de Villalba de los Arcos previstos para el 13 de octubre.

En el acto de Montserrat de 1946 -que fue multitudinario-, los oradores (Vives, Sivatte, Zamanillo y Fal Conde), se reafirmaron en los principios tradicionalistas de la época; además de referirse (Sivatte) a la «democracia auténtica» carlista, frente a la «democracia liberal» que querían imponer desde fuera, recordaron (Fal Conde) la voz de alerta que daba D. Javier «de un peligro que no viene de fuera: es ya peligro que existe aquí, dentro de nuestra Patria […] Están, constituyendo un peligro, algunos de los que en otros tiempos lucharon con nosotros en las trincheras». Fal Conde recordaba «que después de los seis años de aislamiento, verdadero cautiverio que ha habido que padecer y sufrir, es la primera vez que me encuentro entre estas montañas…» e hizo referencia también -irónicamente, entre aplausos y risas-, al fracaso de una unificación impuesta con camisas azules y boinas rojas, aclarando, que «esta boina, sin embargo, fue proscrita y si nos devolvieran todas las multas que hemos pagado por llevarla, nos poníamos más ricos que un estraperlista» (Santa Cruz, 1981: VIII, 159-170).

Pues bien -tal como se ha dicho-, seis meses más tarde se suspendía otro acto en Cataluña que se había programado y organizado con todo detalle, previendo la asistencia y alojamiento de miles de carlistas en Villalba dels Arcs. Pero cuando el gobernador civil de Tarragona tuvo conocimiento de la magnitud de aquella concentración de carlistas, la suspendió por «subversiva», sin dar más explicaciones.

La víspera había llegado un autobús lleno de guardias civiles y el domingo temprano, otro más. Las carreteras y caminos de acceso fueron tomadas por la Benemérita, que solicitó, sin éxito, la colaboración de los somatenes de la comarca. En vista del amplio despliegue policial y de la prohibición gubernativa, los dirigentes del carlismo decidieron suspender el acto.

Tras la prohibición se difundió una hoja de protesta en la que se denunciaba dichas medidas represivas:

> Más Totalitarismo y Tiranía.- En Villalba de los Arcos llevó a término el laureado Tercio de Nuestra Señora de Montserrat, una de sus más hermosas gestas, lograda, como todas, con la sangre de sus requetés, generosamente derrochada en la durísima batalla del Ebro.

> Allí, en improvisado, provisional y pobre enterramiento, yacen, desde hace más de ocho años, los cuerpos de esos gloriosos mártires de Dios y héroes de la Patria, sin que ni una sola vez durante tanto tiempo se haya preocupado de honrar su memoria la situación gobernante, que tanto les debe y cuya obsesión ha consistido, por el contrario, en impedir por todos los medios a su alcance que pudiéramos hacerlo, pública y debidamente, sus compañeros supervivientes del Tercio y demás carlistas.

> [...]

> Más el totalitarismo solapado, imperante en nuestra todavía desgraciada Patria, no se ha visto tampoco con fuerzas, en esta ocasión, para sufrir honras tan debidas,

patrióticas y ejemplares, demostrando así de nuevo –como lo hizo innumerables veces con anterioridad, y especialísimamente en Begoña y en el Círculo Carlista de la Plaza del Castillo de Pamplona- la absoluta incompatibilidad, con ellas, de su propia política, la mentira de sus protestas de democracia, libertad, Monarquía Tradicional, etc., etc. su miedo a todo lo auténticamente carlista y, en definitiva, su debilidad.

Obedeciendo órdenes de nuestras legítimas autoridades, nos abstenemos hoy de tomar cierta clase de medidas, perfectamente lícitas contra abusos de poder como este –abusos normales y acostumbrados en el régimen actual-limitándonos provisionalmente a publicar su perpetración…   (Santa Cruz, 1981: VIII, 173-175).

Fal Conde dejó escrito -no recuerda bien si fue con motivo del acto de Motserrat de 1947 o de 1948-, lo siguiente: «Yo llegué al monasterio muy de incognito para salvar las vigilancias policiales. Ya un comisario me había rogado, "de parte del señor ministro", que no asistiera». El caso es que en el acto del año1947, Fal Conde en su discurso, tuvo un recuerdo para D. Javier que -al estar expulsado de España-, no podía presidir el acto que estaban realizando:

¡Aquí falta la figura insigne del Príncipe Regente Don Javier de Borbón Parma!

Falta el Príncipe Regente legítimo de España, nuestro Jefe de la Comunión Carlista, y falta no por su deseo, ¡la duda ofendería!, falta porque no puede estar aquí, y no puede estar aquí, porque sufre un destierro. Como buen carlista, sabe de persecuciones; como buen carlista ha visto muchas veces cruzar sobre su rostro el látigo de la injusticia, de la incomprensión. El Príncipe Javier hace más de nueve años que está desterrado de España, sin poder pisar esta tierra bendita y santa, cuando hoy las leyes de la amnistía, las instrucciones secretas de los cónsules permiten que vuelvan al territorio nacional… (los aplausos impiden continuar al orador). … Y no me refiero a las personas, sino a las ideas, pues las luchas habidas en los campos de batalla, también sabemos nosotros olvidarlas, porque enemigos vencidos ya no son enemigos; los dañosos son los enemigos que quedan en pie.

[...] ¡La protesta más respetuosa, pero la más enérgica, cerca del Generalísimo Franco, contra el destierro incomprensible de España de nuestro Príncipe Regente.

También se lamentaba del agravio comparativo que representaba el hecho de que se abrieran capillas protestantes mientras se negaba el pan y la sal a los carlistas:

Se han abierto en España, hasta principios de año, más de 50 capillas protestantes, haciendo hincapié ¡fijaos en esto!, en el llamado Fuero de los Españoles. ¿Cuántos Círculos Tradicionalistas se han podido abrir? Si dicho Fuero permite abrir capillas para hacer propaganda del error protestante, bien debe permitir a quienes lucharon y con tanta abundancia derramaron su sangre en la Cruzada, abrir Círculos y publicar periódicos tradicionalistas.[269]

Después del acto de Montserrat fue detenido un grupo de carlistas catalanes. El boletín *Tiempos Críticos. Monarquía Popular* de enero de 1948 lo denunciaba, así como también denunciaba que la policía les requisó los textos de los discursos; los pudieron recuperar por otros medios, excepto el de Lamamié de Clairac, con lo que, con la ausencia de uno de los textos, el boletín pudo salir a la luz con retraso y, por supuesto, «sin el permiso de las autoridades gubernativas» (Santa Cruz, 1981: IX, 64-77).

La actividad política anti-régimen en Cataluña era importante. Vicente Catalán - nacido el 23 de enero de 1924- era un viejo y activo militante del Partido Carlista que, en una publicación de 1979 dio testimonio de su vida política. Se afilió a la AET del distrito 9 de Barcelona (barrio de San Andrés). Trabajó en una

---

269 Durante estos años hubo cierta actividad católica -y carlista- contra la tolerancia que el régimen daba a los protestantes con el fin de ganarse la amistad de los EEUU. Incluso se asaltaron algunas capillas como una en Sevilla, en 1952, por la que fue procesado un hijo de Fal Conde. (Santa Cruz, 1986: XIV, 177).

empresa de recauchutaje donde dice que «nos obligaban a todos los aprendices a ir al centro de Falange, a lo que yo me negué y me descontaban parte del jornal por no ir. No fui ni un día». En 1946, por su iniciativa le nombraron sargento del Requeté. Sufrió por sus actividades carlistas más de una veintena de detenciones, alguna de las cuales las relata así:

> Recuerdo una de las primeras, en 1946, que fue cerca Montcada, donde fuimos a un acto en recuerdo de unos carlistas asesinados. Nos esperaba la Policía, con los coches Hispano-Suiza, que habían sido de los Guardia de Asalto, y nos detuvieron. Estuvimos tres días en la Jefatura de Policía de Barcelona. Las «Margaritas» nos trataron a cuerpo de rey. Me impresionó mucho la compenetración de todos, la hermandad que había entre los que estábamos allí dentro, reforzando nuestra posición política. La persecución es muy buena a veces, políticamente A mí me fue muy bien. Reforzó las ideas que yo tenía, mi posición tenía que ser en un planteamiento revolucionario.

> Otra fue en 1947. Fuimos en un autocar unos 30 jóvenes a un acto en Bellpuig para preparar el de Montserrat; estaban Costa, Balañá, Rodríguez, Laborit, Samá (también estuvieron en lo de Montcada) y un muchacho de San Andrés -Puig- que iba de uniforme. Nos paró la Guardia Civil, y nos hizo bajar. Yo como iba de paisano, me cambie la ropa con Puig, pues sus padres no sabían que estaba en este acto. Nos hicieron formar de tres en fondo y nos mandaron a la Cárcel de Lérida donde estuvimos 15 días. Todos los carlistas de la zona nos mandaron comida a la cárcel.

> También me detuvieron en la Procesión del Corpus. Íbamos con las boinas y la gente nos aplaudía. Era fantástico. Había veteranos carlistas, y siempre terminamos a tortas con los del Movimiento, con los falangistas. En la Plaza de Cataluña, en la Avenida de la Luz, también nos pegábamos con los falangistas, sobre todo Balañá y yo.

Otra que recuerdo, en 1953, es cuando pegamos a un
«octavista» que yo conocía -y que era del Servicio de Información Militar- al que ya le había avisado que si seguían
diciendo que éramos «afrancesados», que estábamos al
servicio de «un francés», alguien iba a recibir una paliza.
Mayoral, los hermanos Lubelza[270] y yo participamos en
esto. Subimos Mayoral y yo a su despacho, delante de la
Jefatura Superior de Policía de Barcelona, en Vía Layetana.
Discutimos y sacó una pistola, se la quitarnos y le pegamos
una paliza. Empezó a pedir socorro y rompió unos cristales.
Nos marchamos pitando, pero por esperar a Mayoral nos
cogieron. Nos mandaron a la Modelo 15 días. Luego nos
volvieron a llevar a la Modelo. Otra fue durante una visita
de Franco a Barcelona, también detuvieron a los hermanos
Lubelza.[271]

En un Montejurra me detuvieron y me pusieron una multa
de 6.000 pesetas. Años después me quisieron devolver la
multa, y yo la dejé para los huérfanos de la policía.

[...] También me han detenido varias veces por hablar en
catalán. Decían que había que hablar en la «lengua del
Imperio». Me llamó el Gobernador Civil, Correa Veglison,
y en su despacho, me amenazó con desterrarme si seguía
con mis actividades. Le dije que no las dejaría. Me ofreció
un cargo en el Movimiento y le volví a decir que no.
(Catalán, 2003)

Franco, mientras tanto, iba introduciendo cambios, tratando de
limpiar la fachada para agradar a las potencias democráticas. La
Ley de Sucesión de la Monarquía española de Felipe V, ni siquiera
durante la República había sido impugnada. En 1947 Franco
protendió darle su particular sello y aceptaba que España quedaba
constituida en Reino, aunque convirtiendo en vitalicia su dictadura personal.

---

270 Debe tratarse de un lapsus y debió confundir los apellidos, puesto que los hermanos
Lubelza entonces tenían 7 y 13 años, según testimonio de Xavier Lubelza.
271 Las amenazas y detenciones a los Lubelza cuando Franco iba a Barcelona son ya de los
años sesenta, según testimonio de Xavier Lubelza

Como se ha dicho, fruto de la presión internacional, ya había promulgado en 1945, la Ley de Referéndum y el Fuero de los Españoles, así como otras medidas menores de lavado de cara y limpieza de su edificio político.

Meses antes de ser votada la Ley de Sucesión a la Jefatura del Estado, la Comunión Tradicionalista elaboró unas instrucciones para la propaganda, formas de reparto y actuaciones en caso de producirse detenciones. En ellas se describían toda una serie de responsabilidades y estrategias tendentes a minimizar en lo posible los casos probables de represión. Así por ejemplo se recordaba la importancia del conocimiento del Fuero de los españoles que «deberán reflejar en sus declaraciones, caso de ser detenidos»; la distribución de la propaganda en grupos «integrados por 4 ó 5 repartidores y 2 ó 3 vigilantes», actuando todos los grupos al mismo y durante poco tiempo, «los unos a lo largo de las calles y los otros en el interior de los cafés, círculos o cines, lugares todos previamente fijados»; las margaritas y pelayos la distribuirían a la salida de las iglesias. Se preveía también la creación de «encargados de la ayuda material o económica (asistencia a las familias de los detenidos, visitas a ellos, procurarles comida, etc.)»; montar un «tinglado jurídico» para la defensa de detenidos.

A los militares se les atribuía una misión de vigilancia cercana a los repartidores de propaganda, para que «en caso de conflicto suavizar los posibles roces que se produzcan con el público o autoridades, actuando como persona ponderada [...] presentándose como elementos neutrales» por su condición militar y quitando importancia ante la policía diciendo que se trata de un «acto que podría ser netamente legal». También se indicaba que «bajo ningún concepto deberán dejarse arrastrar al terreno de la discusión o de la violencia».

A otro tipo de vigilantes no militares, se les atribuía la misión de «oír, ver y callar» para luego pasar la información al jefe de propaganda sin olvidar «los nombres de los detenidos, circunstancias y situación de los mismos». Crear luego notas informativas y remitirlas a personalidades de diferentes ámbitos. Para concluir se indicaba como «muy importante» que «la preparación de esta propaganda deberá mantenerse en el más riguroso secreto».[272]

---

272 AGUN, 111/1/7/1: «Ante la gravedad de los acontecimientos que atraviesa la Patria...» s/f (1947)

La Ley de Sucesión a la Jefatura del Estado fue mandada por el Gobierno a las Cortes el 28 de marzo de 1947, aprobada en referéndum el 6 de julio, y promulgada el 26 de julio. En ella quedaba claro que Franco seguiría en su situación y que en el futuro haría y desharía a su antojo siempre con el horizonte de una futura Monarquía.

Los monárquicos españoles, seguidores de cada rama dinástica, tras unas protestas discretas, se dedicaron a tratar de conquistar la voluntad de Franco para cuando decidiera la sucesión en una persona concreta.

El gran perdedor de esta Ley parecía ser Juan de Borbón y Battemberg porque se consideraba a sí mismo el único y auténtico sucesor de la Monarquía española. Y se consideraba perdedor a pesar de lo que le dijo Carrero Blanco: «Sabéis, Señor [...] por la correspondencia que habéis sostenido con el Caudillo, que él ha pensado siempre que la Monarquía fuese la continuación del Movimiento y en V.A. como futuro rey de esa Monarquía» (López Rodó 1977: 78).

El caso es que la Comunión Tradicionalista, con la mayor contundencia y claridad -lo que no le servía como a otros para conquistar la voluntad del dictador-, también hizo constar su disconformidad, así como su inhibición, no concurriendo a votar o votando negativamente o en blanco[273] ante el anunciado referéndum para su aprobación:

> Sobre no ser adecuado el sistema, no puede concederse valor al resultado que figure en los escrutinios oficiales por la absoluta falta actual de toda libertad política. Sin derecho de reunión, con rígida censura de publicaciones y toda la Prensa dirigida por el Gobierno, con partido estatal y sin más propaganda posible que la oficial, más que una verdadera consulta a la Nación es una ficción

---

[273] «El Jefe regional de Cataluña ordenó la abstención de todos los carlistas» por lo que muchos carlistas catalanes no acudieron a votar arriesgándose a ser sancionados. Sin embargo, en otros lugares «previendo los casos de obreros y humildes funcionarios que por la coacción pudieran estar obligados a dar su voto afirmativo, o exponerse a perder el sueldo con el que viven él y sus familiares, con igual acierto la Jefatura Delegada dio instrucciones a los Jefes regionales para permitir o cuando menos no sancionar disciplinariamente los que tuvieran que sujetarse a tal coacción» (Santa Cruz, 1982: XI, 68).

para vestir con ropaje democrático la continuación del actual régimen personal.

[...]

Esta Ley infringe la Ley Sucesoria de la Monarquía Española, Pacto histórico entre la Nación y la Dinastía Legítima, nacida para servir al bien común y que no ha perdido su vigor ni ha sido derogada. Por eso la Ley sometida a referéndum, ha sido rechazada por S.A.R. el Príncipe Regente Don Javier de Borbón-Parma, en carta al Generalísimo, fecha 7 de mayo último. (Santa Cruz, 1981: IX, 122)

No es necesario decir que el referéndum fue todo un éxito para el gobierno y que los carlistas, que denunciaron la farsa -según acusaron en el boletín *Requetés de Cataluña*, nº 1 de agosto de 1947-, sufrieron «detenciones, encarcelamientos, graves amenazas y burdas maniobras». Una de las detenciones que citan con nombre y apellidos es la de Juan Cruz Ancín «por propagar el pensamiento del carlismo sobre el Referéndum y la Ley de Sucesión» (Santa Cruz, 1981: IX, 135).

Ese mismo año fueron detenidos cinco carlistas en el pueblo alicantino de Monovar. Uno de ellos era Enrique Payá Vidal. Su detención se produjo al acudir al cuartel de la Guardia Civil a interesarse por su yerno, Demetrio Poveda Monzó, un comunista que había sido Guardia de Asalto y al que ahora le acusaban, junto a otros izquierdistas, de organizar la guerrilla del maquis y hacer propaganda contra el régimen.

Enrique Payá y los otros carlistas detenidos, de edad ya avanzada, eran de los que no aceptaron la Unificación, por lo que ni se pusieron la camisa azul, ni levantaban el brazo en alto ni cantaban el Cara al Sol. Payá era administrador de fincas y ya había sido despedido de alguna de ellas por su militancia carlista contra Franco y su fidelidad dinástica a D. Javier de Borbón Parma. Fue encerrado en el correccional (antiguo claustro del convento de Capuchinos). Le pegaron -a pesar de sus 62 años-. En la cárcel coincidió con su yerno, por lo que la familia -con su nieta, María Poveda Payá, de 9 años que recuerda verles entre rejas- iba a visitarlos a los dos. Un concejal amigo de Enrique

Payá, intercedió por él y fue soltado a los cinco días, aunque sometido a arresto domiciliario. Su yerno estuvo seis meses encarcelado y al soltarlo fue desterrado dos años a Crevillente. Después, de vez en cuando, la Guardia Civil iba a «visitarlos» a las fincas donde trabajaban y si era de noche se tenían que levantar y servirles lo que pidieran. La detención y los malos tratos afectaron a Payá, pero mantuvo su fe carlista hasta su muerte en 1967. Todos los demás carlistas detenidos corrieron similar suerte que su compañero.[274]

Enrique Payá con sus nietas, nietos y viznietas hacia 1960
(Archivo Plaza)

Maria Poveda Payá (1958)

274 Testimonio de la nieta de Enrique Payá, María Poveda Payá.

A pesar de la lucha contra el régimen que realizaban los carlistas de D. Javier y las consecuentes represalias, hacia 1947 comenzó a vislumbrarse desde dentro de la propia Comunión Tradicionalista, cierto pesimismo y pocas expectativas de futuro, que ya se venían gestando desde algunos años antes. Las causas eran diversas, pero entre ellas estaba el hecho del destierro de D. Javier que le impedía tener contacto directo con los carlistas; otra era la falta de designación de un rey legítimo que D. Javier y Fal Conde no acababan de vislumbrar, alargando innecesariamente el periodo de Regencia; otra la división del carlismo con el sector carloctavista que, aunque minoritario, estaba apoyado por el régimen; también la semi-clandestinidad, la falta de medios económicos y la misma persecución de que eran objeto quienes osaban manifestarse contra lo establecido por mínimo que fuera.

Estos factores propiciaban que fuese apareciendo un cierto cansancio e inercia en las bases carlistas que parecía afectar también a la dirección, especialmente a Fal Conde, que se perdía en disquisiciones teóricas, pero con poca acción política, según denunciaba Mauricio de Sivatte en duras cartas a D. Javier. En ellas, Sivatte y otros dirigentes catalanes, ponían de manifiesto que aparte de Cataluña, donde él era el responsable, en el resto de España no parecía moverse demasiado el partido y apremiaba al Regente a que se convocara una amplia asamblea para la designación de Rey, lo que, lo que según él, clarificaría y allanaría el camino para la continuación de la lucha política de cariz claramente antifranquista sin concesiones al orden establecido.

Sivatte también censuraba en sus cartas que la dirección del carlismo había quedado en manos de gentes de procedencia integrista, poco interesados por la legitimidad dinástica y más dados a teorizaciones que a la acción política y social basada en la tradición carlista (Santa Cruz, 1981: IX, 197-238).

El 26 de febrero de 1948 se constituyó en El Pardo el Consejo del Reino. Franco quería hacer ver de cara a Europa que iba institucionalizando el régimen, pero previamente ya había montado la trampa de ser él quien designara a los jefes de las instituciones. En dicho Consejo del Reino no había ningún consejero que fuera carlista. Casi todos fueron franquistas primero y más tarde serían proclives a D. Juan de Borbón y Battenberg. Lo presidía Esteban

Bilbao[275] que a su vez, era presidente de las Cortes (Santa Cruz, 1980: X, 5-6).

Paralelamente y a pesar de la ralentización de las actividades carlistas, continuaron las persecuciones. Ya se han visto en el correspondiente apartado las trabas puestas a la revista *Misión*, lo que supuso su fin.

También hubo incidentes y detenciones en Madrid los días 8 y 9 de marzo,[276] con motivo de la celebración de la fiesta de los Mártires de la Tradición. Según la versión carlista -que corrobora como testigo el propio Manuel de Santa Cruz-, los incidentes en la Plaza de España fueron como en los peores tiempos de la República. En esta ocasión las fuerzas represoras fueron, tanto cuantitativa como cualitativamente, de una envergadura importante.

El día 8 por la noche ya fueron detenidos arbitrariamente, en sus domicilios, una docena de carlistas. A la salida de la iglesia el día siguiente, los concentrados entonaron el Oriamendi. Las fuerzas de la policía, escogidas como de confianza estaban formadas por: tres compañías de la 1ª Bandera Móvil -al mando del comandante y falangista Ignacio Caballero-, dos compañías de la 2ª Bandera Móvil -comandada por el capitán Juan Suero-, la 9ª compañía de Leganitos y un escuadrón de caballería de la Policía Armada -al mando de otro significado falangista, Pedro Robles-. Dieron una carga obligando a los carlistas a disolverse. Estuvieron también presentes tres Brigadas de Policía Secreta (la Social, la Criminal, y la de Espectáculos). Detrás de la Policía aparecieron numerosos falangistas de paisano, pertenecientes a la Academia de Mandos de José Antonio que, protegidos por la policía, se dedicaron a insultar a los carlistas. Todo el que daba el grito antirreglamen-

275 Según Santa Cruz, en 1939, «el único ministro tradicionalista era don Esteban Bilbao. La aceptación del cargo en el contexto hostil al Carlismo de aquellos días, y los sucesivos altos cargos con que le distinguió Franco durante muchos años, hicieron que el pueblo carlista desconfiara mucho de su tradicionalismo y le considerara de pocos quilates. El autor de esta recopilación oyó a don Manuel Fal Conde calificarle muy severamente y con gran indignación, aún muchos años después, en el curso espontáneo de una conversación privada. Es que con él, y con otros como él en escalones segundones, por ejemplo, el Barón de Carcer en el Ayuntamiento de Valencia, Oriol en el de Bilbao, Iturmendi de Subsecretario de Gobernación, etcétera, la situación se enturbiaba en beneficio de Franco. Fal Conde y el pueblo carlista preferían un Carlismo monolítico en la oposición, esperando a ganar "todo o nada", o "mucho o nada", a esa parodia de benevolencia y afecto hacia el tradicionalismo en lo folklórico, pero sin reflejos en la legislación, que tuvo siempre Franco a mano gracias al concurso de ciertos tradicionalistas colaboracionistas» (Santa Cruz, 1984: I, 148)
276 Aunque Santa Cruz lo sitúa en 1948, parece que fue en 1947. Agradezco a Joaquín Cubero esta observación.

tario de ¡Viva España! o el de ¡Viva el Rey! era detenido en el acto, y los jefes de Policía vociferaban diciendo que el único grito autorizado era el de ¡Viva Franco! El resultado final de la manifestación fue el de una treintena de detenidos, además de la docena de la noche anterior. Sin embargo, cuando se disolvió la concentración, grupos de ocho o diez falangistas se dedicaron a buscar muchachos carlistas que, aisladamente, se dirigían a sus domicilios, y los apalearon brutalmente, resultando alguno de ellos con graves heridas en la cabeza. Paradójicamente no fueron detenidos los falangistas, sino por el contrario, alguno de los agredidos (Santa Cruz, 1980: X, 14-15).

En el mes de mayo fue suspendido el *aplec* de Montserrat previsto para el día 2, sin especificarse causas ni explicaciones. Inmediatamente una hoja volante lo denunciaba con el siguiente titular: «Ha sido prohibido el Aplech Nacional Carlista de Montserrat», haciendo referencia al «abuso de poder y gravísimo atropello a la libertad y derecho cristianos, cometidos contra algo tan benemérito y esencial para la vida de España como el Carlismo». El acto fue sustituido por un homenaje al jefe carlista catalán Mauricio de Sivatte, organizado por la Agrupación de Margaritas de Barcelona. Esta misma agrupación también aportó un primer donativo de mil pesetas para la cripta y monumento a los muertos del Tercio de Requetés de Nuestra Señora de Montserrat, un monumento que, años más tarde, se construyó sin subvenciones ni aportes del Estado, sino a cuenta de los donativos voluntarios de carlistas (Santa Cruz, 1980: X, 15-19). Hay que tener en cuenta que «no teniendo la Comunión otra fuente de ingresos» las juntas hacían peticiones «para financiar al partido».[277]

En este año -1948-, continuaban las muestras de desaliento y confusión entre los carlistas y también en algunos de sus dirigentes, provocadas tanto por la disidencia interna -en la que los carloctavistas estaban apoyados por el régimen para dividir al carlismo- y por la falta de rey, como por la imposibilidad de actuar políticamente por causa de la represión contra el sector mayoritario del carlismo, el que tenía a D. Javier como regente exiliado y a Fal Conde como su delegado en España.

---

277 AGUN, Fondo Arrese, 49, Tradicionalismo, «Secretariado Tradicionalista. Junta de Hacienda. Comisión Permanente», 9-9-1941

Para tratar este tipo de temas se realizaron dos consejos nacionales de la Comunión Tradicionalista, uno en junio y otro en noviembre, donde no parece que se desbloqueara la situación. Se abordan también cuestiones internacionales. La intervención de Melchor Ferrer en el de junio, es la que mejor reflejaba esta situación de malestar:

> Todos, y yo el primero, estamos esperando que se nos diga qué hemos de hacer, pero no hay quien aporte una idea práctica. Voy a poner un ejemplo: finalidad de la Comunión, conseguir el Poder. Pregunto yo, ¿Cómo? Veamos los medios que nos serán sugeridos:
>
> A) Por acuerdos con Franco. Creo que después de la experiencia de 1936 denotaría un estado de incapacidad absoluta actuar en este sentido con esperanzas de éxito. Basta recordar simplemente que contra nuestro triunfo se unirán siempre desde las extremas derechas católico-conservadoras hasta las ultra-izquierdas del individualismo anarquista. Somos lo antagónico a todos ellos.
>
> B) Acuerdo con D. Juan. El que quiera ser engañado vaya por este camino. Quien se considere más que Donoso, más que Balmes, que lo intente. El fracaso le espera; no hay que ser profeta. Tomen experiencia en Francia con los Orleáns.
>
> C) Por la violencia. La guerra civil. Arma propia de nuestra Comunión. ¿Es posible?
>
> D) El golpe de Estado. ¿Sin ejército?
>
> E) Por infiltración. Perderemos los hombres que se nos corromperán cuando se hayan establecido los intereses creados y además tenemos la experiencia de los fracasos anteriores.
>
> Pues bien, no hay otros. Actuar dentro de la legalidad, cuando esta legalidad no existe para la Comunión, es hablar por hablar.

¿Hemos de perder por esto las esperanzas? No. Lo que hoy no es factible puede serlo mañana; la vida de los pueblos es hoy inestable y cambiable. Pero pensar en aquello que hoy no es factible como norma de conducta y de actuación es no hacer nada. Mañana, sin embargo, hay posibilidades, hoy irrealizables, que pueden ser realidades, casi podríamos decir fatales.

Dentro de esta realidad europea, española y tradicionalista, nos debemos mover. Las orientaciones han de ser dadas conforme a nuestra realidad. (Santa Cruz, 1980: X, 93)

Por eso algunas personalidades carlistas escribían a D. Javier manifestando sin tapujos el malestar existente e incluso criticando al propio Regente. D. Javier respondía siempre tratando de ser objetivo en sus valoraciones, sin olvidarse de recordar la persecución de la que eran objeto. «Desterrado no puedo actuar como quisiera» -dice-. Un ejemplo es la contestación del 23 de abril a una carta remitida por un grupo de nueve notables del carlismo catalán:

Vivimos bajo un régimen de dictaduras disfrazadas, hemos sufrido persecuciones numerosas, nuestros medios de propaganda son suprimidos (prensa, radio).

No todos en la masa nuestra pueden ser héroes; y el desengaño fue inevitablemente grande.

En el exterior los Gobiernos cuentan únicamente con Franco como un peón en la lucha anticomunista o por lo menos lo consideran así. Estos son enemigos de los partidos que puedan provocar un cambio en la estructura española considerándolo un grave peligro de debilitación del país.

En el interior las autoridades juzgan toda independencia como un crimen contra la Patria en peligro, ya que quieren estar esos solos sus representantes, defensores y… beneficiados.

Las mismas tendencias se manifiestan en otros Estados Europeos. Vivimos un régimen de dictaduras oligárquicas disfrazadas de democracias.

Para nuestra Comunión, actuar sin prensa, sin medios de propaganda moderna, sin libertad de exprimir sus pensamientos, sin libertades políticas es muy difícil y la falta de dinero y medios es un punto no menos grave para actuar en un plan digno de nuestra Comunión (Santa Cruz, 1980: X, 108-109).

En otra carta del 28 de mayo, después de la prohibición del *aplec* de Montserrat de 1948, no omite el manifestar -como en muchos de los escritos carlistas de la época- un cierto victimismo por la persecución a la que está sometido el carlismo, por eso, entre otras cosas dice:

¡Qué carlistas son los de hoy! Porque un Gobierno indecente y completamente desacreditado fuera y dentro impide una manifestación carlista nacional en Montserrat, se desalientan y demuestran una depresión lamentable de espíritu. ¿No somos desde un siglo acostumbrados a esas persecuciones que son el signo que somos en el verdadero camino recto de la tradición católica y carlista?

Estoy como ya sabes en completa unión con mi Jefe Delegado y mi Junta de Madrid que ha hecho una labor admirable de abnegación y ánimo con gravísimos sacrificios personales, que vosotros no conocen y no pueden conocer.

Por lo que dices del Carloctavismo es la misma táctica franquista, como fue la adulteración del movimiento con la desdichada unificación que tomó nuestra boina colorada para cubrir la Falange y desacreditar al Carlismo y los Requetés.

Es la misma maniobra también cuando Franco tomó nuestro concepto de la Regencia para sí mismo, terminando con la absurda ley de sucesión.

> Hoy para deshacer al Carlismo catalán apoya a Don Carlos de Habsburgo, un Príncipe usurpador, le procura no sólo estancia en Barcelona, sino también los medios de hacienda personal y propaganda.
>
> En contrario contesta mis cartas y manifiestos con persecuciones a los que las reciben. No puédeme avecinar hoy a la frontera.
>
> En estas circunstancias no puede guiar a la Comunión directamente... (Santa Cruz, 1980: X, 109).

A partir de 1949 y hasta 1954, la organización de los *aplecs* de Montserrat la realizarán los sivatistas. «Son concentraciones duras, violentas y salpicadas de incidentes». A partir de 1955 se duplica el *aplec:* lo convocan por separado los javieristas y los sivatistas con una semana de diferencia. Las concentraciones de estos últimos «empezaban por no pedir autorización gubernativa previa y preceptiva, eran entorpecidas y vigiladas por la Policía, tenían un ambiente antifranquista y siempre terminaban con multas y detenciones». Sivatte despreciaba siempre a los gobiernos civiles y cultivaba a los militares y se da la circunstancia de que el año en que se duplica el *aplec,* era Capitán General de Cataluña, Juan Bautista Sánchez, a quien se le atribuían notorias discrepancias con Franco (Santa Cruz, 1988, XVII, 111-112).

A pesar de ese acercamiento, eso no quiere decir que hubiera militares de alta graduación que fueran carlistas. Tal como explica Manuel Martorell, ni eran carlistas ni lo habían sido nunca, aparte de lucir la boina roja o llevar «escolta de requetés» durante la guerra. Su simpatía radicaba en la admiración que sentían por la incuestionable eficacia bélica de los requetés, pero no hay que olvidar que entre el Ejército y el carlismo siempre hubo cierto recelo cuyo origen se remontaba a la represión por parte de Ejército español de los movimientos insurreccionales carlistas del siglo anterior, que se manifestó durante las negociaciones previas a la sublevación del 18 de julio, así como en los choques e incidentes entre mandos militares profesionales y voluntarios carlistas que combatían a sus órdenes. El único que se sintió en cierto modo carlista -aumentado este sentimiento por su matrimonio con Casilda Ampuero-[278] fue el general Varela. Pero claudicó al aceptar el ofrecimiento de Franco a ser ministro del Ejército, incumpliendo la promesa hecha a Fal Conde, como le reconocería personalmente argumentando que «no se había podido negar» según testimonio de un hijo de Fal Conde. Y aunque al fin y al cabo eran, en expresión de Santa Cruz, compañeros de viaje del Caudillo, ello no quita para que en algunas ocasiones favoreciera al carlismo, pero sin que representara un grave problema para él.

En realidad, entre los militares profesionales había, sobre todo, franquistas y juanistas (Martorell, 2010: 206-208). Efectivamente, los monárquicos juanistas, procedentes de Renovación Española, a diferencia del carlismo, siempre carecieron de masas, por eso confiaron en adquirir influencia asesorando y ganándose a los militares y apoyando la unificación (Tusell, 1990: 498).

En el Consejo Nacional de la Comunión Tradicionalista de octubre de 1948, se abordó el tema de la entrevista en el yate Azor entre Franco y D. Juan, en la que este entregaba a su hijo Juan Carlos a Franco para que estudiara en España. Se adivinaba que este nuevo movimiento de ficha de Franco no podía conducir más que a dos soluciones: «una Monarquía continuadora de la actual situación o una Monarquía que sea exacta reproducción de la que nos condujo al 14 de abril». Y continúa:

> Hablando con sinceridad, ¿qué es el régimen actual de España? No es lo que pudiera parecer leyendo el «Boletín del Estado». No es el del Fuero de los Españoles. No es el de unas Cortes auténticamente representativas y fiscalizadoras de los gastos públicos. No es el de unos municipios con legítimas facultades autárquicas.

> La realidad es que se trata de una situación que, ante presiones exteriores, negocia con la libertad religiosa para escamotear las legítimas libertades cívicas y políticas; que rompe arbitrariamente la continuidad monárquica y legítima como si España hubiera nacido ayer y no contara siglos de historia; que es incapaz de garantizar el

---

278 Se casó con Casilda Ampuero, la que había sido jefa de Frentes y Hospitales antes de su disolución. (Martínez Roda, 2012: 339-340)

orden público y la vida y la seguridad de las personas en muchos puntos de España; es el régimen de la inmoralidad administrativa como norma; de los cupos forzosos y arbitrarios; del intervencionismo sin tasa ni medida; de las detenciones y multas gubernativas sin recurso posible; de la prensa o servil o suprimida; pródigo en automóviles oficiales que consumen sin medida la gasolina que luego se escatima a la circulación y a la industria, etc.

La conciencia católica española, ¿puede tolerar que la Monarquía venga a empeorar todos estos abusos y consolidar con su carácter institucional una situación que es vergüenza y baldón de España?

Ello sería negar la Monarquía en su propia esencia, pues la Monarquía ha de ser justicia para todos, garantía de las legítimas libertades individuales, moderación de los gastos públicos cuya inversión fiscaliza1a auténtica representación de la sociedad; libertad de la producción y comercio en tanto no dañe al bien común; protección a los legítimos intereses, etc. (Santa Cruz, 1980: X, 136-137)

A pesar del cansancio del carlismo en su particular lucha contra el régimen, en noviembre de 1948, al Ejército parecían preocuparle ciertas iniciativas de reivindicación foral, de marchamo carlista, según se denunciaba en una «Nota a S.E.» con membrete del «Estado Mayor Central del Ejército, Segunda Sección Bis»:

Asunto: *Propaganda clandestina.*

En el día de ayer fue recogida una hoja que clandestinamente se intenta repartir en todos los medios carlistas de Pamplona y su provincia cuya copia se une.

A juicio de la Destacada de San Sebastián urge aquilatar la conveniencia de que permanezca en su puesto el actual Gobernador Civil, pese a las prendas de honradez y justicia de que está adornado.

La pugna entre el Gobernador y la Diputación se está haciendo cuestión personal y muy bien podría avocar a un conflicto de orden público de capital importancia.

El conflicto -que no existe en la actualidad- caso de producirse podría ser utilizado por las provincias de Guipúzcoa y Vizcaya para demostrar su descontento ante la carencia de su concierto económico y en el exterior poniendo de manifiesto el hecho de que una de las provincias que más contribuyó a la Causa del Movimiento Nacional, no está de acuerdo con la misma.

Origen: Destacada de Guipúzcoa.

Madrid, 24 de Noviembre de 1948.[279]

En este mismo año, en el contexto del lavado de cara del régimen, se convocaron elecciones municipales para renovar los Ayuntamientos que venían rigiéndose por gestoras de nombramiento gubernativo desde la guerra. Ahora se elegirían en base de tres tercios: uno de elección por los cabezas de familia -que era el que tenía apariencia de libre elección-; otro por los sindicatos que, al estar encuadrados en el Partido oficial, en la práctica era como nombrado por el Jefe Político; y el tercero votado por los anteriormente elegidos, pero en base a una lista propuesta por el Gobernador.

El Consejo Nacional carlista trató también este tema electoral con opiniones enfrentadas respecto a la posibilidad de presentar o no candidatos a las mismas. La ponencia propuso «que la Comunión haga pública una enérgica nota a la que se procure dar la máxima difusión en el exterior, declarando que ante la imposibilidad de desarrollar una auténtica política administrativa municipal, en un régimen totalitario de absoluta falta de libertad para propagar un verdadero programa de administración municipal y la carencia de garantías para fiscalizar la exactitud de las votaciones, la Comunión Tradicionalista se desentiende en absoluto de las anunciadas elecciones». También decía que tras examinar la situación «cree que no se puede esperar ni un mínimo de libertad

---

279 AFNFF, doc. 22287. La copia de la hoja clandestina que anuncia este documento no aparece en el archivo.

en la elección ni el menor margen de intervención a las fuerzas de oposición al régimen». Sin embargo, finalmente se optó por una decisión salomónica:

> La regla general es bien clara: La Comunión cómo partido no toma parte en las elecciones municipales por las razones de principios y de falta de libertad que se exponen en la declaración. Los carlistas, sin embargo, pueden ejercer el sufragio votando o presentándose a las elecciones como candidatos, con tal que lo hagan sin representación nuestra, esto es, podrá haber carlistas Concejales, pero no Concejales carlistas [...] Tampoco vemos impedimento fundamental para que sea un carlista nombrado Alcalde, particularmente si procede de los dos primeros tercios, o sea de los Concejales de elección (Santa Cruz, 1980: X, 154-157)

Y es que -según se decía en el impreso resolutivo- el carlismo «ha propugnado siempre la necesidad de una vida municipal floreciente, sobre la base inexcusable del reconocimiento pleno de la autarquía de los Ayuntamientos (concepto usado por nuestros tratadistas y políticos, preferentemente al de autonomía), y de su elección por un auténtico sistema de representación». Y aclaraba que «al Municipio, como sociedad natural producto de la evolución de la familia y anterior al Estado (aunque haya innovadores que quieran verla como creación de éste), hay que devolverle aquellas funciones propias que, primeramente, el Estado centralista liberal y, luego, el moderno Estado totalitario le han arrebatado. Y quiero decir además que el patrimonio comunal, y los servicios locales y la gestión de sus empresas, en una palabra, toda la administración municipal ha de ser regida por Ayuntamientos elegidos libremente sin intromisión gubernativa». Sin embargo, por las formas y condiciones en que habían de ser elegidas las corporaciones municipales, no había que llamarse a engaño, pues tenían claro que no eran otra cosa que «el enmascaramiento del propósito gubernativo de que los Municipios sigan fuertemente sometidos al Poder Público, que seguirá interviniendo toda su vida» (Santa Cruz, 1980: X, 158-159).

Con motivo de estas elecciones municipales, el gobernador de Tarragona trató de captar la voluntad de Ramón Forcadell, un jefe carlista de Ulldecona de cierto prestigio, para que «presentara candidatura con ellos y mandar retirar la de sus amigos». Al no aceptar la propuesta, el gobernador le declaró la «guerra con todas sus consecuencias» y dio «órdenes a todos los pueblos comarcanos de que le vigilaran y estorbaran su acción, coaccionándole en sus actividades y poniendo en entredicho su libertad personal».[280]

Paralelamente en este mismo año, se observan unas más claras divergencias entre el carlismo catalán bajo la dirección de Sivatte, y el resto de la organización que no cuestionaba ni a Fal Conde ni a D. Javier.

En cartas entre Sivatte y D. Javier -donde aquel hace duras críticas a Fal-, se observan estas diferencias, cuyo origen tiene también cierta relación con el hecho represivo por parte del régimen debido a las tensiones que generaba en el carlismo el no poder manifestarse ni actuar con plena libertad y tener que lidiar con diversos elementos.[281] Sivatte exigía una actitud de enfrentamiento total con lo que consideraba «actual dictadura española», y pedía a D. Javier que abandonara su destierro y cruzase la frontera para ponerse al frente de la Comunión Tradicionalista -incluso a título de rey-, mientras que Fal Conde, también antifranquista, era más realista, consciente de la imposibilidad de llevar a cabo con éxito un planteamiento tan radical. D. Javier, reconociendo la persecución de la que eran objeto, se alineaba en la postura más prudente de su Jefe Delegado y seguía alargando la Regencia.

A pesar de todos los problemas, una investigación de FET y de las JONS sobre actividades monárquicas denunciaba que Fal Conde en una reunión en Madrid,

> habló a varios estudiantes de su organización diciéndoles que había que empezar a trabajar intensamente y conseguir que la juventud carlista se organizase como en los tiempos anteriores al Movimiento [...] que se proponía organizar la Comunión en toda España [...] para ello había que formar cuadros del mando del requeté y proceder a nombrar con toda urgencia los comités del partido [...] en

---

280 AGUN, 127/30/1: Carta del Dr. Gregorio Zamanillo a José Mª Valiente, Tarragona, 20-11-1948.
281 Sivatte hace referencia al «pernicioso influjo de todas estas taras en cada uno de los asuntos políticos con que durante estos años ha tropezado la Comunión: Franquismo, liberalismo, falangismo, juanismo, carlos-octavismo, etc.» (Santa Cruz, 1982: XI, 59)

breve plazo porque se acercan momentos de peligro y la Falange que no se resigna a quedar sin enchufes, tratará de armar jaleos que tendrán que tener una réplica contundente […]

Después dijo que siempre se ha opuesto y seguirá oponiéndose a la monarquía de don Juan y que «canallas de mala intención que han militado en las filas del Tradicionalismo y al que son traidores, llevan una campaña diciendo que estoy en contacto con don Juan, esto es lo más incierto y la mayor calumnia que contra mí se pueda levantar…»[282]

Tal vez fue alrededor de estas fechas cuando, según un informe gubernamental, se produjo un intento de acercamiento y unión entre todos los sectores carlistas, y «los juanistas temen que eso pudiera llevarse a feliz término, pues podría poner en situación difícil a los proyectos del Caudillo» por sus acuerdos con D. Juan. El documento se refiere también al optimismo carlista por una proyectada gran concentración en Estella donde asistiría Fal Conde que «triunfaría y demostraría que Franco aún tiene que contar con ellos, por su fuerza». Al final del citado documento, existe una nota escrita a mano que dice: «Que no se le deje ir».[283]

Pero lo cierto es que los enfrentamientos entre Fal y Sivatte continuaron el año siguiente. La actitud intransigente de Sivatte -y su ya claro enfrentamiento con Fal Conde-, se convirtió en un problema que D. Javier resolvió primero con la destitución del jefe catalán -en carta fechada el 1 de marzo de 1949-, y poco después, en mayo, con el apartamiento de la Comunión Tradicionalista.

Sin embargo, Sivatte todavía continuaría manteniendo una apariencia de buenas relaciones con el Príncipe Regente, pero cargando sus tintas contra Fal Conde, que nombró una nueva Junta en Cataluña, quedando dividido el carlismo antifranquista catalán.

Los seguidores de Sivatte, a través de la su «Junta Regional Carlista del principado de Cataluña», criticaban al sector falcon-

---

282 AFNFF, doc. 26683, Información e investigación sobre actividades monárquicas de FET y de las JONS, 16-12-1948.
283 AFNFF, doc. 25245. Documento incompleto -pues sólo existe la última página- informando sobre un viaje de Fal Conde a una concentración en Estella.

dista de «convertir a la Comunión Carlista en una especie de Academia o cuanto más comunidad espiritual, de tipo doctrinal o teorizante, pero sin cuerpo político eficiente»[284] porque insistían en que «las ideas son muy difíciles de sostener sin el apoyo y voluntad de vida de una organización» ya que era imprescindible «el mantenimiento de la existencia vigorosa del partido, tanto como medio de conservación de los propios ideales como para pretender el Poder» (Santa Cruz, 1982: XI, 56-77).

Aprovechando el centenario del nacimiento de D. Alfonso Carlos, la Comunión Tradicionalista organizó un acto en su memoria en Montserrat el 23 de octubre. Franco prohibió su celebración, pero se difundió ampliamente el mensaje que Fal Conde envió para ser leído allí (Santa Cruz, 1982: XI, 173).

Este año -1949-, Carlos de Habsburgo, el pretendiente de los carloctavistas se separó de su esposa. Aunque no tenían descendencia masculina, Franco siguió utilizando esta baza dinástica que tan buenos resultados le había dado para debilitar a los carlistas antifranquistas intentando dividir más al carlismo. Con fines similares, este mismo año, con motivo del fallecimiento de su madre, doña Blanca, el gobierno no puso ningún inconveniente para la celebración de todo tipo de actos en su memoria que, como ya venía siendo habitual, contrastaba con todo tipo de prohibiciones a los carlistas anti-régimen. Era una evidencia que estos agravios comparativos eran una forma más de represión contra los carlistas que no se plegaban a los deseos del dictador (Santa Cruz, 1982: XI, 180-183).

En marzo de 1950, con motivo de la Fiesta de los Mártires de la Tradición, se produjo otra agresión en Madrid por parte de diversas centurias falangistas «bajo las órdenes directas del propio Delegado Nacional del Frente de Juventudes, "camarada" Elola». Dice

---

284 Según Santa Cruz (1982: XI, 77), Sivatte le llegó a manifestar: «A mí nunca me han engañado los intelectuales. El intelectualismo es una coartada para no ir a la cárcel». Sin embargo, años más tarde, y a diferencia de los sivattistas, fueron precisamente los continuadores de D. Javier y Fal Conde los que serían fuertemente reprimidos -con cárcel incluida- tras la evolución ideológica y política del carlismo con la creación de un Partido Carlista bien organizado y combativo, aunque ya equipado con unos planteamientos ideológicos de tipo socialista y autogestionario, bajo la dirección del propio D. Javier y de su hijo Carlos Hugo, teniendo como Secretario General a José María de Zavala. Por otra parte, la intelectualidad no estaba reñida con el activismo; este mismo año de 1949 fallecía Fernando Polo, autor de ¿Quién es el Rey?, libro considerado como la plataforma del lanzamiento legitimista de D. Javier hacia la Corona. Polo, que era un joven intelectual, murió de una tuberculosis pulmonar posiblemente fruto de las detenciones sufridas por participar en manifestaciones carlistas. (Santa Cruz, 1982: XI, 185-186).

la noticia que «atacaron con porras de hierro y estacas» y que resultaron heridos dos requetés, pero, al repeler la agresión, también varios falangistas resultaron lesionados.[285] Según Heine, junto a los falangistas actuaron también «cruzadistas»[286] y añade que uno de los combatientes resultó con lesiones de gravedad (Heine, 1983: 283).

Unos años más tarde volvieron a reproducirse, esta vez en el *Aplec* de Montserrat -celebrado el 2 de mayo de 1954- nuevos ataques de la Falange a los carlistas allí reunidos -en este caso seguidores de Sivatte-. Por si esto fuera poco, los falangistas consiguieron que la fuerza pública practicara numerosas detenciones entre los carlistas.

Se dio la circunstancia de que los falangistas convocaron su acto en el mismo lugar después de que lo hicieran los carlistas con la evidente intención de la provocación. Tras los incidentes de Montserrat, los carlistas emitieron una exposición de hechos en los que se narra lo ocurrido. Este informe lo recogen Santa Cruz (1988: XVI, 83-85) y Alcalá (2001: 105-106) -que omite un párrafo, sin duda por un lapsus-. En dicho informe se dice que «Cuando después de entonar el Credo, La Salve y el "Virolay", los peregrinos daban comienzo al canto de las Letanías, individuos del Frente de Juventudes y de la Falange se precipitaron en tromba sobre los peregrinos carlistas, con evidente intención de disolverlos y de apoderarse de la bandera». Añaden que la agresión fue «contenida por los requetés en acto de justa y legítima defensa». Pero al término de la misa y «obedientes a las normas de prudencia solicitadas por la Comunidad benedictina y al deseo de evitar una nueva profanación del lugar sagrado, los carlistas salieron del templo sin ostentar emblemas ni distintivos de ninguna clase. Entonces, cediendo a delaciones concretas de individuos de la Falange, que se hallaban a su lado, la fuerza pública practicó numerosas detenciones, todas exclusivamente entre peregrinos carlistas»[287] (Santa Cruz, 1988: XVI, 84). El informe continúa haciendo referencia a las circunstancias de las detenciones y a las multas impuestas:

A media tarde varios de los detenidos fueron puestos en libertad, excepto seis de ellos que, por orden del Delegado Gubernativo, hubieron de presentarse la noche del

285 *Boletín de Orientación Tradicionalista*, 2ª época, nº 6, junio 1950
286 Antigua denominación de los carloctavistas
287 Párrafo omitido por César Alcalá

mismo día en la Jefatura Superior de Policía de Barcelona. Verificada esta presentación, quedaron detenidos todos ellos, excepto un conocido deportista que fue puesto inmediatamente en libertad, sin duda para evitar la resonancia popular que del hecho y de la arbitrariedad que el mismo encerraba pudiera derivarse.[288] Los arrestados[289] ingresaron en unión de otros tres[290] -que habían permanecido detenidos en la misma Jefatura durante la tarde del sábado y la mañana del domingo, y que de consiguiente no pudieron acudir ni acudieron a Montserrat-, en los calabozos comunes de la misma Jefatura.

Los ocho detenidos, que son los firmantes de este escrito, permanecieron sometidos a igual trato que los delincuentes comunes, agravado por una rigurosa incomunicación con el exterior por espacio de tres días sin que se les tomara declaración alguna acerca de los hechos.

Al mediodía del miércoles, día cinco, les fue notificada por escrito la imposición de una multa por toda sanción, y ello no obstante continuaron detenidos hasta el anochecer del mismo día.

La arbitrariedad de su detención quedó corroborada por la imposición de las multas y por el motivo que para ellas se alegaba: «Provocar deliberadamente incidentes en el Monasterio de Montserrat y su comportamiento insolente con los agentes de Policías y guardias que intervinieron». Lo cual es, pura y simplemente, faltar a la verdad, puesto que la agresión fue preparada y perpetrada exclusivamente por elementos de Falange, en presencia de la Comunidad del Monasterio, a cuyo testimonio se remiten los suscritos, así como a la resultancia de la información directa que pueda poseer la Autoridad militar de la

---

288 El famoso deportista era el campeón de lucha libre, José Tarrés, conocido como «Cabeza de hierro»
289 Se trata de: Antonio Oliveres Nou, Antonio Pi Petchame, Fernando Toda García, Francisco Vives Suriá y Jaime Vives Suriá.
290 Los detenidos la víspera eran Carlos Felíu de Travy, José Vives Suriá y Mauricio de Sivatte.

Región, rechazando por falso cualquier otro testimonio discrepante que pueda existir.

Huelga decir que esos testimonios son innecesarios para calificar de injusta y arbitraria la imposición de multas en cuanto a tres de los suscritos, que mal podían provocar incidentes en el Monasterio de Montserrat y comportarse insolentemente con los agentes de Policía y guardias que intervinieron por cuanto se hallaban en Barcelona, a consecuencia de la detención a que antes se han referido los firmantes, decretada por la misma autoridad policial que les multó.

Ni un solo elemento de los de Falange, autores de la agresión y responsables directos de los hechos, fue detenido. Más aún: Sabedores, sin duda, de que su actuación quedaría impune, por vil y cobarde que fuera, si se trataba de atropellar a los carlistas, cuando la fuerza pública en Montserrat puso en libertad a su primer reducidísimo grupo de detenidos, gran número de falangistas se abalanzaron sobre ellos, agrediéndoles cobardemente por la espalda, incluso con peligrosos utensilios que al ser lanzados produjeron la rotura de cristales de un edificio cercano. La comisión de esos hechos delictivos que, en algún caso, puso en peligro la vida de los atacados, no fue sancionada, como decíamos, con la detención de ninguno de los individuos de Falange, ni siquiera con su interrogatorio. (Alcalá, 2001:105-106).

José Tarrés «Cabeza de Hierro», campeón de Europa de lucha libre, fue detenido con otros carlistas en el *aplec* de Montserrat de 1954

Carlos Felíu de Travy, otro de los detenidos por el *Aplec*
(Archivo Montejurra)

Además de estas arbitrariedades, tal como ya se ha mencionado en el apartado dedicado a las clausuras de Círculos, el despacho profesional del abogado y dirigente carlista Mauricio de Sivatte -que servía de tapadera de actividades políticas-, fue cerrado y precintado por la Brigada Social de la policía, por orden del Gobernador Civil que a la sazón era Felipe Acedo Colunga, hombre duro a quien Franco envió a ocupar el cargo con urgencia con motivo de la huelga de los tranvías de 1951 (Santa Cruz, 1988: XVI, 89-91).

En Granada, durante la Semana Santa de 1955 se produjeron otros enfrentamientos entre carlistas y falangistas. Lo relata así un boletín carlista:

> En esta ciudad andaluza se venera la imagen de Ntra. Sra. de los Dolores del Requeté, que en voto de penitencia saca procesionalmente el tercio de Isabel la Católica desde los días del Alzamiento.
>
> Antes de la procesión, individuos pertenecientes al Frente de Juventudes, habían amenazado a los cofrades. El Requeté y la AET de Granada se prepararon para lo que surgiera.
>
> Durante la procesión los falangistas provocaron a los cofrades, pero estos no contestaron. Estas eran las órdenes recibidas. Solo un penitente, descubriéndose el rostro, abofeteó a un provocador. El público aplaudió este acto.

> Al llegar al templo, un fuerte grupo de falangistas silbó la marcha real y prorrumpió en gritos soeces, entonando el «couplet» consista «abajo la monarquía», etc.

> El Requeté granadino entró en acción, siendo necesaria la asistencia a varios falangistas por la casa de socorro.[291]

3.4 Años de incertidumbre.

Entrando en la década de los años cincuenta se percibe un cierto agotamiento en las filas del carlismo por causa de la permanencia de Franco en el poder, que no sólo marginaba al carlismo, sino que le impedía actuar políticamente debido a la ilegalidad de la Comunión Tradicionalista que la obligaba a actuar muchas veces en la clandestinidad.

Las bases carlistas se sienten cansadas por ese hecho, pero también desorientadas por las constantes divisiones y la indecisión de D. Javier para designar el rey que -de acuerdo con los deseos del último monarca carlista D. Alfonso Carlos-, reuniera los requisitos para asumir la corona de las Españas.

Probablemente fueron estas circunstancias las que unos años más tarde impulsarían un giro hacia posiciones más posibilistas que, sin ser colaboracionistas, dejaron a un lado las actitudes más antifranquistas, y permitieron la realización de actos patriótico-religiosos carlistas y la apertura de Círculos «culturales» que en realidad siguieron siendo tapaderas para las actividades políticas de la Comunión Tradicionalista. Así es como las nuevas generaciones, junto a Carlos Hugo, darían un giro importante a los planteamientos ideológicos del movimiento carlista -a lo que tampoco fue ajeno el Concilio Vaticano II- hasta desembocar en el llamado socialismo autogestionario, tras la expulsión de toda la familia de los Borbón Parma del territorio patrio.

Pues bien, aquellas circunstancias de cansancio y agotamiento que llevaban a «acomodar la actuación de la Comunión a las circunstancias actuales», quedaron reflejadas en una de las tantas ponencias presentadas al Consejo Nacional de la Tradición en marzo de 1951, en la que, entre otras cosas se decía que:

---

291 *Aspas Rojas. Castilla por el Rey Legítimo*, nº 1 (1955)

1º En los momentos actuales es evidente que no podemos pretender actuar exclusivamente como partido político, ya que carecemos de la suficiente libertad para hacerlo así. No podemos expresarnos libremente, ni hacer actos de presencia en la calle, ni contamos con los medios precisos para mantener el mínimo de organización necesaria para pesar, como tal partido político, en la opinión pública. Si esto es así es innegable, por otra parte, que un partido político que no actúa activamente y a la luz pública, pierde vitalidad y muere o languidece. En realidad, eso es lo que nos está ocurriendo desde que acabó la guerra y nos vimos privados de existencia legal.

Por ello no es de extrañar que hayamos perdido el contacto con nuestras masas, que se encuentran desorientadas y en bastantes casos se han desentendido de nosotros y nos han abandonado. Ahora bien, conforme vaya pasando el tiempo han de seguir, por imperio de las circunstancias, produciéndose estas deserciones, pues ni podemos pretender mantener una masa sin contar con los medios precisos para ello, ni podemos librarnos nosotros de la ley general que determina el desánimo y despreocupación por lo político, que, como consecuencia natural del régimen totalitario, invade a la sociedad española y a todos los grupos políticos de la nación. Es imposible hoy día querer llevar a cabo un movimiento político tendente a contentar y mantener a la masa, ya que ésta ni siquiera podrá llegar a conocerlo por carecer nosotros de los medios adecuados para propagarlo y para mantener la propaganda precisa de un modo continuo y sostenido.

2º Se impone, pues, acomodar la actuación de la Comunión a las circunstancias actuales. Circunstancias distintas requieren también métodos distintos. Hoy no es posible actuar como en la época de la lucha parlamentaria por la sencilla razón de que esa época ya ha pasado y no estamos en un régimen parlamentario. Pero si a esto añadimos que ni siquiera tenemos existencia legal, resulta mucho más evidente la necesidad en que nos encontramos de abandonar los procedimientos y métodos anteriormente seguidos para adaptarnos debidamente a las nuevas circunstancias en que nos desenvolvemos (Santa Cruz, 1980: XIII, 24-25).

Con todo, la dinámica carlista seguía su curso con altibajos, pero siempre tropezando con el hecho de la marginación que se intentaba suplir aprovechando cualquier acontecimiento como por ejemplo, el sucedido en un viaje a Roma el año anterior -1950-, donde asistieron carlistas con sus dirigentes a los que, tras habérseles concedido un visado, el Ministerio de Asuntos Exteriores, en un telegrama «muy confidencial» al embajador en Roma, encargaba informe de «contactos y conversaciones que puedan tener».[292]

Efectivamente, Pio XII admiraba a los requetés y tenía muy buenas relaciones con D. Javier.

Con motivo de la canonización del padre Claret en Roma, en mayo de 1950, asistió el Regente y buen número de carlistas, tocados con boinas rojas, banderas y distintivos. Aprovecharon la peregrinación para estar presentes junto a D. Javier y en lugar protocolariamente más distinguido que las autoridades españolas -entre las que se encontraban la esposa de Franco, los marqueses de Villaverde y otras autoridades franquistas-, que se sintieron desplazadas ante las especiales atenciones papales a los carlistas. Por este motivo el gobernador de Lérida, también presente, amenazó a los carlistas con ajustar cuentas al regreso a España.

D. Javier aprovechó el evento para hacer, en un convento de Roma y ante los carlistas asistentes, la declaración sobre su posibilidad de asumir la realeza. En estas circunstancias de la buena relación papal con los carlistas, Franco tuvo que encajar dicha declaración en beneficio de las negociaciones que sobre el Concordato que se estaban celebrando con el Estado español. Se firmaría tres años más tarde (Santa Cruz, 1980: XII, 112-118).

Tras su estancia en Roma D. Javier vino a España de manera clandestina, tratando de asumir un mayor compromiso con el partido, que era una de las cuestiones que propugnaba Sivatte. Ello contribuyó a que este, aunque ya expulsado oficialmente de

---

292 AFNFF, doc. 21089, Telegrama del Ministerio de Asuntos Exteriores al Embajador en Roma, 1-5-1950.

la organización carlista, se aplacara y quedara a la espera de ver como se desarrollaban los acontecimientos.

Del 23 al 26 de junio de 1950, se realizó un nuevo Consejo Nacional de la Comunión Tradicionalista. Manuel Fal Conde en su inauguración, recordaba a los asistentes que «el Príncipe Regente ha prometido intentar entrar en España y venir a Madrid para presidir la reunión plenaria del día 25». Ese día, en su presentación, Fal Conde hizo mención a las «grandes molestias para este viaje; viaje que tiene la emoción de que quebranta un destierro impuesto en el año 1937 por el solo delito de que el recorrido que hacía por España, por Andalucía, fue una continua aclamación y verdadera apoteosis». Pues bien, tal como anunció Fal, D. Javier estuvo presente y en su intervención ante el Consejo, recordaba con estas palabras, por enésima vez, la línea opositora del carlismo hasta el momento:

> Si en estos años, por razón de savia prudencia, hemos huido de una colaboración que tenía que desembocar, como hoy puede verse, en una inevitable corrupción, es lo cierto que así hemos mantenido intacta y libre de todo compromiso a nuestra Comunión, aunque hayamos sufrido las consecuencias de esta conducta.

Otro tema tratado -que a la larga generaría también un cierto grado de persecución política contra los carlistas por hacer propaganda contra D. Juan-, fue el debate sobre su inclusión o no como posible candidato a ser el futuro rey que D. Javier, como Regente, debía confirmar. En el seno del Consejo, Arauz de Robles era partidario de su inclusión - confiando en que D. Juan aceptara el tradicionalismo-, en contra de la inmensa mayoría. No le faltaba razón a Arauz, dado que como él decía, «una nueva candidatura lanzada en España no produciría más que confusión». Todo apuntaba a que, como decía Sivatte y dejó dicho D. Alfonso Carlos, la Regencia de D. Javier no excluía a este de la posibilidad de ser rey, aunque D. Javier se venía resistiendo a dicha contingencia hasta que en Roma insinuó la posibilidad de asumir personalmente la realeza (Santa Cruz, 1980: XII, 18, 33, 35, 41, 112-118).

En su viaje de regreso, D. Javier, con el entusiasmo de los carlistas por donde pasaba, visitó Navarra y con motivo del 75 aniversario de la Jura de los Fueros por Carlos VII, volvió a jurar los fueros vizcaínos «bajo el árbol de Guernica, símbolo de las libertades vascongadas» haciendo extensivo ese juramento a la conservación de «las libertades de los diversos países de la Corona de Castilla y León, los fueros del Reino de Navarra y de las dos provincias vascongadas de Álava y Guipúzcoa y de los pueblos de la Antigua Confederación Catalano-aragonesa […] como por las antiguas instituciones de Galicia y Asturias […] que constituyen la Tradición democrática del pueblo español».

D. Javier en su fórmula de juramento, añadía que el «vínculo de unión de todos los españoles, tradición fundamental en el orden político, es la Monarquía federativa, representativa y cristiana, consagrada por los siglos, restauradora de libertades y deparadora de justicia» (Santa Cruz, 1980: XII, 129-130).

Aunque perteneciente a las casas de Borbón y de Parma -ambas vinculadas a España-, D. Javier vivía en Francia con su familia. Cuando el último rey carlista, Alfonso Carlos, le nombró Regente a título de Rey, jamás había pensado en que sobre él recaerían los derechos de la Monarquía española. Por eso en 1950 comenzó a planteárselo, debido a la imposibilidad de encontrar al candidato idóneo y también por la presión que ejercían sobre él los jefes carlistas.

Aunque hablaba y escribía castellano, decidió españolizarse y hacer lo propio también con su esposa y sus hijos, aprendiendo bien el idioma y ambientando a sus hijos en las cosas de España. Para ello buscó a una preceptora en la persona de María Teresa Angulo de Michelena, una profesora de lengua francesa que se había distinguido en actividades carlistas y había sido enfermera voluntaria en el frente durante la guerra. En la posguerra había vivido en Sevilla en situación de libertad vigilada por su militancia carlista. Estuvo trabajando con los Borbón Parma durante los años 1950 a 1952 (Santa Cruz, 1980: XII, 109-110).

Paralelamente a todos estos acontecimientos, 275 estudiantes carlistas de la Universidad de Madrid mandaron un escrito -el 10 de junio de 1950-, al Ministro de Educación Nacional, José Ibáñez Martín. En dicho escrito se ponía de manifiesto, en primer lugar, que se había «generalizado la repulsa hacia el Partido Oficial y su fracasada política y, en estas circunstancias sin libertad de crítica y sin más prensa que la de dicho Partido o la controlada por él, la opinión pública española no ve una solución de carácter positivo y se limita, por lo tanto, a desvincularse, de lo imperante con una actitud puramente negativa y destructora». Se hacía mención al «creciente descontento del pueblo español» y a que «la vida de una nación no pude identificarse con la de un Partido». Por eso decían:

> Conscientes de todo ello y angustiados por la desorientación y escepticismo político imperantes en la Universidad, de donde han de salir los que en un porvenir no lejano dirijan la política española, los Universitarios Carlistas, fieles servidores siempre de las necesidades de nuestra Patria, acudimos a V.E. en petición de que se nos permita la libre divulgación de la doctrina política del Tradicionalismo español, única que contiene las soluciones que han de ser salvadoras para España y única que puede satisfacer las exigencias patrióticas de nuestros desencantados compañeros.

> Pedimos pues la autorización de un órgano de expresión de los universitarios Carlistas. Es inconcebible que la más pura y genuina doctrina política española, la única que contiene las soluciones que nuestra Patria necesita y los españoles anhelan sir encontrarlas, no pueda expresarse o tenga que hacerse clandestinamente, con las limitaciones que esto supone, en la España que se dice surgida del Alzamiento Nacional.

> Pedimos pues que se nos autorice la publicación de un periódico universitario, de libre difusión y venta, en el que con carácter positivo podamos exponer el genuino pensamiento político español. Y esta petición no puede extrañar ni sorprender a nadie, pues se halla contenida dentro de los más puros sentimientos de patriotismo y dentro, también, del legítimo derecho que nos asiste a servir, con la verdad, y los sagrados, intereses de nuestra Patria.

> Dicho derecho, constantemente reivindicado por nosotros, no puede desconocerse sin lesionar la justicia y sin vulnerar cuanto el Derecho Público Cristiano establece.

En efecto, V.E. sabe que recientemente S.S. Pío XII con ocasión del Congreso de Prensa Católica, condenó la Prensa monopolizada por un régimen y volvió a insistir en la condena que algo antes había hecho del totalitarismo y del Partido Único. La Prensa debe estar, dijo Su Santidad, «al servicio de la verdad, de la justicia y de la paz». Y esto es lo único que pretendemos y lo que no puede sernos negado; el derecho a difundir la verdad entre la opinión pública, pues si es necesario que exista ésta, es preciso que esté, rectamente formada. y orientada.

Y terminan diciendo que «es de temer que si no lo hacemos nosotros, lo llenen otros con doctrinas disolventes, y se evitará la irresponsabilidad e injusta supremacía de la prensa oficial que no sólo no sirve a la verdad, sino que la falsea, llegando incluso a la mentira y la calumnia, sin que quepa, ante estos excesos, recurso de ninguna clase ni eficaz reparación de la justicia violada».

Por razones obvias, los carlistas tenían la ventaja de poder dirigirse a un ministro en un tono exigente y denunciante contra un régimen totalitario que tenía la exclusiva informativa. Arbitrariamente, el régimen unas veces les aplicaba algún grado de represión y otras daba la callada por respuesta. Se desconoce la respuesta del ministro en este caso, aunque seguramente no la hubo (Santa Cruz, 1980: XII, 159-161).

Se anunciaron nuevas elecciones municipales para el 25 de noviembre de 1951. Ante este anuncio, en el Consejo Nacional de la Tradición realizado en Sevilla en junio, en una de las ponencias decía:

La Comisión cree que, en las circunstancias actuales, y ante las anunciadas elecciones municipales, la posición de la Comunión Tradicionalista debe ser la siguiente:

1.º Hacer una declaración pública recordando la posición de la Comunión en las anteriores elecciones y poniendo de manifiesto cómo la forma en que se efectuaron confirmó cuanto la Comunión había dicho anteriormente sobre ellas y dio la razón a la posición por ella adoptada.

2.º Insistir en dicho documento en cuál es el criterio de la Comunión en la materia, así como en nuestro repudio al sistema actual y a toda posible nueva farsa en las recientemente convocadas.

3.º Atendiendo a la remota posibilidad de que en ellas el sistema y las circunstancias varíen, y a las conveniencias de la Comunión en las distintas Regiones, dejar en libertad, -si esto es así y la oportunidad del momento y sitio lo aconsejan- a los Jefes de la Comunión de acudir o no a ellas, teniendo cuidado de salvaguardar siempre, cualquiera que sea la actitud local adoptada, el superior interés de la Comunión Tradicionalista y la integridad de nuestra posición y principios, tan opuestos siempre a los del régimen imperante.

4º Los Jefes de la Comunión que, de acuerdo con lo dicho en los puntos anteriores, y a la vista de las circunstancias de sus localidades, hubiesen decidido acudir a las elecciones, si en el último momento viesen que dicha decisión fuera contraproducente por prestarse a confusionismos y no contarse con las debidas garantías, se retirarán de ellas públicamente, poniendo en evidencia al régimen ante dicha falta de garantías y el falseamiento de las elecciones.

Se dio la circunstancia de que los carloctavistas presentaron candidaturas, al menos en Navarra, donde, a pesar de su posición favorable al régimen, también tuvieron dificultades tal como lo puso de manifiesto Antonio Lizarza, su jefe en el Viejo Reino:

La candidatura oficial fue trabajada con todos los elementos y resortes de la autoridad, repartida en exclusiva mediante el cuerpo de carteros, con sobres impresos y preparados en la Delegación de Abastecimientos. Nosotros tuvimos que recurrir al envío anónimo de la papeleta por debajo de las puertas y media ciudad se quedó sin recibirla. Los automóviles de la Alcaldía y Gobierno Civil se dedicaron a llevar a votar a monjas y amigos. El Alcalde tuvo a su servicio los elementos burocráticos del municipio para su propaganda, y aun así, nos consta que el resultado numérico fue rectificado en su favor. (Santa Cruz, 1980: XIII, 43-44)

Al comenzar el año 1951 la tensión social en España era considerable debido a las dificultades económicas y a la carestía de la vida. En estas circunstancias, hubo movilizaciones en varias provincias de España. En Barcelona el detonante fue la subida de precios de los billetes del tranvía. Hubo una huelga general con grandes disturbios que fueron los primeros importantes que se produjeron después de la guerra. La Comunión Tradicionalista no dio ninguna consigna concreta, pero no cabe duda de que muchos trabajadores carlistas participaron en esta huelga, a juzgar por la hoja volante que se lanzó el 10 de marzo, titulada «El requeté a sus compatriotas con ocasión de la "cuestión de los tranvías"». En ella se pone de manifiesto que:

El espectáculo que ha vivido nuestra ciudad tiene una trascendencia social y política que a nadie puede ocultársele. La realidad nos dice que el gesto dignísimo de Barcelona no se dirigía principal ni únicamente contra la Compañía de Tranvías. Esto no ha sido más que el pretexto, la válvula de escape por la que se ha manifestado el estado íntimo de la conciencia ciudadana -traduciendo, al mismo tiempo, el sentir de toda España-, que protesta unánimemente, en justa defensa, contra una política de privilegios, de arbitrariedades, de monopolios y de corrupción, que no tiene en cuenta los verdaderos problemas y necesidades de la nación. Protesta que significa también que la capacidad de forzado sufrimiento del pueblo español está llegando a su límite.

Los Requetés nos solidarizamos con esta protesta ciudadana. Y con esta manifestación no hacemos sino perseverar en el camino que, a costa de sacrificios y persecuciones, hemos venido señalando y siguiendo de manera constante, sin vacilaciones ni desmayos. Hoy, recogiendo la firme y serena protesta pasiva del pueblo barcelonés, nos dirigimos a la pública opinión y a las clases dirigentes para precisar con toda claridad las consecuencias ineludibles que se derivan de los hechos ocurridos en nuestra ciudad.

Se equivocaría lamentablemente quien redujera la protesta popular a una simple queja por los precios de los transportes urbanos. A fuer de sinceros, los barceloneses dirán que no se sienten satisfechos con la simple reducción de las tarifas. Porque quieren algo más, de una trascendencia mayor.

[…]

La decidida y serena actitud que, sin prestarse a desviaciones solapadas o a brotes revolucionarios, ha adoptado nuestra ciudad, dice claramente que ha llegado la hora de terminar con los despotismos, las injusticias y los atropellos. Barcelona, la primera en España, ha dicho que todos los españoles piden y reclaman la sustitución total de los principios, leyes e instituciones políticas y económicas del sistema actual, por aquellos otros exclusivamente basados en el bien común de la nación.

[…]

Retrasar un minuto más la implantación del auténtico orden social Cristiano, con las peculiaridades que España precisa, sería suicida […]

Por la España mejor que todos ansiamos, los Requetés, como el 18 de julio, estamos en la brecha.

A pesar de la clara posición de los carlistas -que en este caso coincidieron con los sivatisttas-, el diario *Solidaridad Nacional* de FET y de las JONS en su edición del 13 de marzo, mentía diciendo que «La Falange de Barcelona, así como el Requeté, han colaborado intensamente con la Autoridad, en el restablecimiento del orden y de la normalidad ciudadana». Y es que precisamente el Gobernador Baeza Alegría era uno de los habituales perseguidores del carlismo ya desde que, siendo Gobernador de Zaragoza en 1945, clausuró el Círculo Carlista de esa ciudad.

Sin embargo, los que si ofrecieron su colaboración al Gobernador de Barcelona fueron los carloctavistas catalanes, en contraste con sus correligionarios navarros que detestaban a su Gobernador, Valero Bermejo, denunciando que «hace tiempo que en Navarra estamos siendo objeto de una solapada persecución por parte de la autoridad civil. Muchos alcaldes nuestros han sido sustituidos, se nos vigila la correspondencia y el teléfono, y estamos apartados de todo contacto que pueda darnos algún arma en nuestro favor».

En este año de 1951 también hubo disturbios en otras partes de España. En Pamplona fueron a principios de mayo -también violentos-, con el pretexto de la subida del precio de los huevos, en cuya regulación se involucraba al Gobernador Civil. Según Santa Cruz, «una gran parte de la población que participó en ellos era carlista».

Como consecuencia de los disturbios, el 31 de julio Franco hizo un cambio de gobierno; Santa Cruz dice que en él aparecían dos pseudo-tradicionalistas serviles a Franco: Iturmendi y el conde de Vallellano, que eran ajenos a la Comunión y enemigos de D. Javier y Fal Conde.

El Ministerio de Gobernación recayó en Blas Pérez González, quién según confidencias llegadas a Santa Cruz, «una de sus principales tareas iba a ser deshacer el carlismo». La Comunión Tradicionalista emitió una nota[293] en agosto, marcando sus discrepancias tanto con el nuevo gobierno como con la labor política precedente de Franco: «Esta cuestión de régimen nos separa desde su constitución del sistema imperante y así lo hemos manifestado en documentos, con la publicidad posible, en las ocasiones más señaladas de este proceso político que España experimenta y en nuestro continuado apartamiento de toda colaboración, manteniendo la pureza de nuestros principios y la limpieza de nuestra secular historia». En esta nota se habla también de aminorar el intervencionismo estatal, de la «genuina representación del pueblo, no otorgada por el gobernante, sino conferida por la propia ciudadanía», del derecho de crítica, de la libertad de expresión, del derecho de asociación sin ingerencias estatales, de normas de

---

293 Además de en Santa Cruz, esta nota puede verse también en AFNFF, doc. 11107.

justicia contra el abuso, y de descentralización. Termina haciendo referencia a la «necesidad de que cese la presión y se nos reconozcan las elementales libertades de propaganda y comunicación: Prensa y Círculos» (Santa Cruz, 1980: XIII, 52-69).

Este mismo año de 1951, un dirigente de la Comunión Tradicionalista, Jaime de Carlos, escribió una carta abierta al gobernador civil de Santander -el falangista Joaquín Reguera Sevilla-, defendiendo a la Hermandad Obrera de Acción Católica (HOAC) frente a las declaraciones de dicho gobernador que consideraba «un grave error político» la existencia de la HOAC. Según el gobernador, para defender a los obreros ya estaban los sindicatos oficiales y el Ministerio de Trabajo. Sin embargo, el carlista decía que «los sindicatos, que deberían estar independizados del poder estatal y ser meras organizaciones profesionales, no llenan, ni pueden llenar nunca, todos los aspectos de la vida de sus asociados» por eso «la Iglesia tiene el más absoluto derecho a organizar cuantas hermandades o asociaciones crea convenientes para cumplir su misión rectora y apostólica sobre las conciencias de ricos y pobres, de estudiantes, empleados u obreros, y todos ellos de asociarse libremente en ellas». Y es que había cierta coincidencia en la inquina que los gobernadores más adictos al Estado Nacional-sindicalista -que continuaban existiendo- sentían tanto contra el carlismo como contra las organizaciones obreras o estudiantiles de la Iglesia católica y viceversa (Santa Cruz, 1980: XIII, 134-135).

Jaime de Carlos (Archivo Montejurra)

La Comunión Tradicionalista, abrumada por la semiclandestinidad a la que se veía sometida, escudriñaba el aparato del régimen para ver si ofrecía alguna fisura por donde introducirse y poder hacer avanzar al carlismo. Uno de los recursos fue el de intentar crear entidades filiales que sirvieran de tapadera, como más tarde sería la red de Círculos Vázquez de Mella. En este sentido se había creado la Hermandad de Caballeros Voluntarios de las Cruz,[294] entidad que fue la encargada de iniciar el famoso Vía Crucis de Montejurra en 1939, que, con el tiempo, se acabaría convirtiendo en un importante acto político del carlismo. En 1951 se intentó crear una filial de dicha Hermandad en Madrid, pero tras las gestiones legales pertinentes, la respuesta del Ministerio de la Gobernación fue «denegar la autorización solicitada para la constitución y funcionamiento de la Asociación de referencia» porque los informes de la Vicesecretaría General del Movimiento, decidieron en sentido negativo por estar cubiertos sus fines por otras entidades del Estado (Santa Cruz, 1980: XIII, 139-141).

Primera Javierada de 1940 realizada por iniciativa
de la Hermandad de los Caballeros Voluntarios de la Cruz
(Archivo Real y General de Navarra)

En 1953 el comandante del ejército y abogado carlista Luis Ruiz Hernández, fue denunciado por el gobernador civil por organizar la fiesta de los Mártires de la tradición en Logroño, razón por la cual fue amonestado por el gobernador militar (Santa Cruz, 1987: XV, 15).

Ante otro acto previsto de homenaje al autor del himno *Guernika'ko Arbola*, José María Iparraguirre, en junio de 1953, la Junta carlista de Guipúzcoa puso de manifiesto «los temores que existen de que dicho acto sea finalmente suspendido por el Gobierno ante la campaña en contra de que es objeto». En carta al jefe regional, Antonio Arrúe, D. Javier le hace saber que «estaré en espíritu con vosotros para rendir el debido homenaje al gran poeta carlista guipuzcoano. Lamento no poder pasar la frontera, pero para el corazón y el pensamiento no existen fronteras ni distancias».

---

294 La Hermandad de Caballeros Voluntarios de la Cruz tuvo también la iniciativa de realizar la primera Javierada celebrada en el año 1940 (Martorell, 2016).

No está de más hacer un inciso sobre las consecuencias represivas de la propagación por parte de los carlistas vascos del *Guernika'ko Arbola*. Según explica Manuel de Santa Cruz:

> No necesita el Carlismo nuevas pruebas de su servicio a los Fueros, más difícil y duro en la posguerra del 36 que en el resto del siglo xx. Pero conviene recoger la actitud de, los carlistas en aquellos años ante el himno que simbolizaba los Fueros Vascos, porque dentro del amplio tema foral tiene cierta individualidad.

> Desde el comienzo de la Cruzada de 1936, en los pueblos vascos que se iban liberando, las bandas de música del Requeté interpretaban solemnemente el "Guernika'ko-Arbola", siempre seguido inmediatamente por la Marcha Real, y de la aparición de banderas roja y gualda. Así, hasta que empezó a desarrollarse el Decreto de Unificación de 19-IV-1937, cuyo cumplimiento barrió de la superficie visible, salvo en la línea de fuego, a todo lo que representara o recordara al Carlismo.

> El ambiente se enrareció y se hizo agrio y desagradable. Una ignorancia supina y un odio irracional a todo lo vasco sin distinciones campeó en la Zona Nacional. Gentes elementales de talante salvaje agredían a lo vasco considerándolo a priori y sin explicaciones sospechoso de separatismo. También a lo catalán y a lo valenciano, hostigando a los antimarxistas fugitivos de la Zona Roja y refugiados en la Zona Nacional cuando les oían hablar en lenguas de sus regiones.

> El "Guernika'ko-Arbola" estaba en la lista informal, pero peligrosa de cosas sospechosas de separatismo. Ello, a pesar de que nunca había tenido las simpatías de los separatistas, porque veían en sus orígenes y en sus vinculaciones carlistas anteriores un recordatorio permanente de que ellos no eran ni los más antiguos ni los únicos defensores de la causa vasca. Por otra parte, a los impíos de todas las especies les fastidiaban sus invocaciones a Dios.

Pero los que administraban el botín de la Unificación ni sabían ni querían saber nada de esto.

El himno dejó de sonar oficialmente en la Zona Nacional, con la excepción de que Radio Nacional lo emitió una sola vez cuando se terminó la liberación de Vizcaya. En las pocas ocasiones en que se tocaba particularmente era con cierto tinte vergonzante e incómodo, siempre temiendo algún incidente.

Poco podían hacer por él los Carlistas, ellos mismos repudiados y marginados. Pero le mantuvieron dentro del gran paquete de las reivindicaciones forales pasando dentro de él y con él a servir al mantenimiento de las distancias con Franco y su Movimiento, que le proscribían.

Ese mismo año se realizó el ya tradicional acto de Begoña, donde no acudieron los autobuses de Logroño, Vitoria y Santander porque los perseguidores del carlismo propagaron la falsa noticia de que el acto había sido suspendido (Santa Cruz, 1987: XV, 18, 29-32).

El confuso estatus del carlismo y su secular rebeldía le hacía estar en el punto de mira del gobierno de una manera oscilante. Unas veces era reprimido con saña, como parece que debió suceder en Málaga, donde su delegado en la Junta regional Carlista celebrada en octubre de 1953, informaba de que «por las persecuciones sufridas en los años 44 y 45 la actividad en dicha provincia es nula» (Santa Cruz, 1987: XV, 23). En otros casos se les toleraba con desgana sin llegar a saber con certeza los motivos gubernamentales para tomar una u otra postura.

El carlismo encajaba como podía la represión, pero también aprovechaba las posibilidades que veía en un régimen que despreciaba.

3.5. Viaje de D. Javier por España: entre la tolerancia y la prohibición

Efectivamente, parece que D. Javier esta vez estuvo autorizado a viajar por España con ciertas limitaciones. De este modo confuso, en noviembre de 1951 realizó un viaje junto a su hija Francisca María, visitando diversas zonas.

Desde Sevilla, Fal Conde comunicaba a los miembros del Consejo Nacional que D. Javier «visitará algunas ciudades en viaje de incógnito. No obstante ese carácter, podrá saludar a nuestros amigos sin manifestaciones públicas».

Sin embargo, el viaje fue un éxito arrollador que sobrepasó los límites impuestos, debido tanto al apoyo popular carlista que se le brindó por donde pasaba, como a los contactos que tuvo con diversas personalidades. Visitó ciudades y pueblos de las provincias de Guipúzcoa, Madrid, Sevilla, Córdoba, Jaén, Ciudad Real, Albacete, Valencia, Castellón, Tarragona y Barcelona.

En Madrid recibió al «Nuncio de Su Santidad, Embajadores de Inglaterra, Francia, Bélgica, primer Secretario de Estados Unidos, representantes de Hungría, legado de Polonia exiliado y otras personalidades de la vida social madrileña de lo más destacado».

En Cataluña visitó Montserrat donde se entrevistó con el abad Escarré y juró los Fueros Catalanes con las siguientes palabras:

> Yo, Javier de Borbón, Regente de la Comunión Tradicionalista y representante de la Monarquía Tradicional de las Españas, ante Vos, ¡oh Virgen de Montserrat!, patrona de Cataluña, renovando los votos y promesas de los reyes Carlos VII y Alfonso Carlos, juro respetar, mantener y defender los fueros, libertades y privilegios connaturales a nuestro ser político que la historia legó a este Principado, para el bien de los catalanes y de los demás pueblos hermanos, hijos todos de la común madre España.

D. Javier jurando los fueros y libertades de Cataluña (1951)

D. Javier con el abad Escarré, Fal Conde y otros dirigentes carlistas
tras la jura de los fueros catalanes en 1951 (Archivo Clemente)

En Barcelona, algunos carloctavistas solicitaron una entrevista del Archiduque Carlos con D. Javier para llegar a un eventual acuerdo, pero D. Javier se negó dada la indigna postura en que se había colocado al ponerse del lado de Franco.

Una de las zonas donde tuvo los mayores éxitos fueron los pueblos visitados de País Valenciano -especialmente los de las comarcas del centro-, cuyo jefe provincial, Juan Vanaclocha -un médico forense del partido judicial de Carlet-, era un carlista indomable que ostentaba un récord de multas y detenciones impuestas por los sucesivos gobernadores civiles de Valencia -el coronel Planas de Tovar y Ramón Laporta Girón- (Santa Cruz, 1980: XIII, 70-81).

Según recuerda un boletín de 1944, «El Dr. Vanaclocha, de Carlet (Valencia) al que nos referimos en el nº 8, fue puesto en libertad, después de haber permanecido un mes en la cárcel de dicha capital, pero no fue sin imponérsele una multa de mil pesetas».[295] Más arriba ya se han indicado algunas de las muchas acciones represivas contra este dirigente carlista.

D. Javier (derecha) en Manises (1951)
con Juan Vanaclocha (izquierda)

---

295 AGUN, Fondo Arrese, 49, Tradicionalismo, *B.O.*, nº 15, 27 de febereo de 1944

Juan Vanaclocha

Según una crónica de la época,[296] en esta ocasión «se aseguraba la autorización del Gobierno, pero se ignoraban los límites de la misma y la cuestión radicaba en observar hasta qué punto la autoridad local toleraría que el príncipe Regente se acercase a sus carlistas, y también hasta qué punto éstos podían limitar sus entusiasmos a las normas de la autoridad». En este sentido el Gobierno civil de Valencia -temeroso por el recuerdo de lo que aconteció en la manifestación de 1945-, concedió un cierto margen de libertad, pero «siempre que se evitaran manifestaciones callejeras y excesiva ostentación». Por eso se organizó una comida en la finca «El Pozo», en Alberic, lejos de la capital, autorizada sólo para doscientas personas, pero sin restricciones para quienes quisieran visitar al Príncipe Regente. Resultó que se inscribieron quince mil personas y se organizaron los medios de transporte, incluido «un tren especial ante la insuficiencia del servicio ordinario».

Ante todo esto la reacción de las autoridades no se hizo esperar: «suspensión de los actos organizados». En «El Pozo» sólo se autorizó la asistencia de cuarenta comensales, con lo que el acto multitudinario no pudo celebrarse, aunque el entusiasmo carlista se multiplicó, pues como dice la crónica «poco saben de carlismo quienes intentan matarlo con multas, suspensiones y represiones violentas».

Efectivamente, en «El Pozo» y sus alrededores grupos de gentes esperaron la llegada de la comitiva, con cohetes y tracas y haciendo caso omiso de la prohibición. Tras el restringido acto, Fal Condo, aludió «a lo que hubiera sido aquel acto si la autoridad no lo hubiera reducido hasta el mínimo», aunque insistió inútilmente en «no salirse ni un ápice de las órdenes dadas».

Por otra parte, en el hotel donde se hospedaban en la capital, la autoridad también «había prohibido terminantemente la forma-

---

296 Crónica del viaje a Valencia S.A.R. el Príncipe Regente D. Francisco Javier de Borbón y Braganza, 25-28 noviembre 1951, s/f. Tipografía Tradicionalista. Bilbao.

ción de grupos», pero no se pudo evitar que los hubiera, aunque se formaron cuadrillas de visitantes que se sucedieron en horas determinadas. «No obstante, los salones del Hotel bullían de gentes de toda la provincia».

En las visitas a los pueblos de La Ribera, Alcudia, Guadasuar y Algemesí, D. Javier y su hija eran aclamados por la multitud congregada en las calles por donde pasaban. En este último pueblo, D. Javier recibió de la Hermandad de Jesús el Nazareno, un pergamino nombrándole Hermano Mayor perpetuo.

En vista del éxito y ante la visita a Torrente, algunos individuos embadurnaron la noche anterior las paredes de la población con letreros falangistas. Sin embargo, en lugar de inhibir a los torrentinos, los exaltó más si cabe y le dispensaron un recibimiento triunfal.

Además de las muestras de adhesión popular, en los distintos pueblos también tuvo otro tipo de encuentros. Visitó los Altos Hornos de Sagunto; en Manises estuvo en varias fábricas de cerámica; en Gandía en el Palacio del Santo Duque donde fueron recibidos por el Padre Superior y la Comunidad.

En Sueca -uno de los núcleos carlistas más importantes-, se congregaron grandes grupos en la calle San José, alrededor del domicilio del jefe local señor Fuster.[297]

Ya de camino hacia Barcelona y aunque no estaba prevista la parada, tuvieron que detenerse en Villarreal -la población de más solera carlista de la comarca castellonense de La Plana-, donde una muchedumbre interceptó a la comitiva, vitoreando a D. Javier. (Se dio el caso emotivo de que entre la multitud una camilla con una mujer enferma se abrió paso para saludar, tal vez por primera y última vez, a su rey).

Y es que, a pesar de las reticencias de D. Javier a asumir el título de rey, en este viaje por las Españas fueron muchas las manifestaciones espontáneas que le aclamaban como tal y a las que D. Javier, a veces con nerviosismo, tuvo que salir al paso.[298]

El viaje, a pesar de la relativa permisividad, no representó ningún cambio en la postura del carlismo frente al Régimen:

---

297 Se trata del padre del conocido ensayista valenciano Joan Fuster, autor de *Nosaltres els valencians*.

298 Crónica del viaje a Valencia S.A.R. el Príncipe Regente D. Francisco Javier de Borbón y Braganza, 25-28 noviembre 1951, s/f. Tipografía Tradicionalista. Bilbao.

fue un evento exclusivamente carlista, sin la menor concesión ni contacto político con las autoridades gubernamentales.

Manuel Fal Conde, en carta a Rafael Gambra, se preguntaba por qué no les habían sancionado por los excesos de los límites puestos a la autorización. Y aunque aseguraba que las autoridades lo habían explicado por el entusiasmo inevitable de las multitudes, Fal creía que era para «contrapesar el histerismo aristocrático por Estoril», en clara referencia a los partidarios de D. Juan. Y añadía que «no me importa que por esa razón interesada se nos tolere. En cuanto vaya contra D. Juan, enhorabuena, y en cuanto nos represente una cierta libertad que tanto necesitamos, bienvenido sea».

Según el jefe carlista vizcaíno Pedro Gaviria -en carta al Rvdo. D. Macario San Miguel-, durante este viaje el ministro de asuntos exteriores, Martín Artajo, «habló de la conveniencia de una entrevista de Franco con el Príncipe, a la que se negó terminantemente. Y eso no debió agradar a Paco» (Santa Cruz, 1980: XIII, 88).

Tampoco agradó a los carloctavistas bilbaínos el viaje de D. Javier. Tras insultarlo llamándole masón, tuvieron que enfrentarse a un grupo de jóvenes requetés que se frenaron al sacar una pistola uno de los carloctavistas, así como por la aparición de la policía que dejó libre al pistolero «al servicio de la Falange [porque] sacó un certificado de la Guardia de Franco y lo dejaron». Sin embargo «detuvieron a cuatro chicos nuestros» a la espera de las correspondientes multas. Gaviria añade que «la gente creyó que era una lucha contra los falangistas y se pusieron de nuestro lado».

En la misma carta de Pedro Gaviria al Rvdo. D. Macario San Miguel, le dice también que, sobre la estancia y entrevistas de D. Javier en Madrid, había «orden de la censura de no publicar una sola línea» y le conmina a que le conteste «dos líneas para saber que ha recibido esta carta. Pues a pesar de todo existe alguna censura de vez en cuando de abrir y cerrar sobres. Y alguna vez no llega» (Santa Cruz, 1980: XIII, 85-91).

A pesar de las dificultades de un viaje que rompía un destierro de catorce años, y de las prohibiciones de gobernadores civiles y la censura de la prensa sometida a las directrices del régimen, los sivatistas denunciaban la visita por haberse realizado «con autorización gubernativa o permiso oficial», por lo que ello implicaba «un acto de sumisión y reconocimiento más o menos tácito de los Poderes públicos constituidos». Porque para los carlistas seguidores de Mauricio de Sivatte, la Legitimidad «no puede vivir más que en el destierro, en la clandestinidad o en la lucha, pero nunca bajo la sombra de los Poderes establecidos» (Santa Cruz, 1980: XIII, 100-102).

3.6. Nueva expulsión de D. Javier

Las presiones de la mayoría de los dirigentes regionales de la Comunión Tradicionalista para que D. Javier terminara con el largo periodo de regencia eran insistentes, pero las indecisiones de D. Javier provocaban un cierto malestar y desaliento entre los carlistas. Sin embargo su viaje por las Españas contribuyó a levantar los ánimos de las bases carlistas que ya lo aclamaban como rey.

Desechado por la inmensa mayoría que D. Juan de Borbón y Battenberg fuera el candidato a ser proclamado rey de las Españas, y sin encontrar un mejor príncipe que reuniera la doble condición de tener las legitimidades de origen y de ejercicio, la Comunión Tradicionalista tomó la decisión de proclamar rey al propio regente tal como estaba previsto en el testamento político del último rey de la dinastía carlista, D. Alfonso Carlos de Borbón y Austria-Este, que legó a su sobrino, D. Javier.[299]

Sin embargo, y a pesar de las dificultades en hallar el candidato adecuado, D. Javier se resistía a asumir la realeza. Las presiones no sólo venían de las bases, sino que fueron muchos los dirigentes que, en encuentros personales y en cartas, le animaban para que aceptara la responsabilidad, puesto que consideraban que era su obligación. D. Javier, muy a su pesar, acabaría aceptando los consejos de sus subordinados.

Antes de su proclamación como rey, se fue incubando ese acto con una serie de dictámenes que, a petición del XIV Consejo Nacional de la Comunión Tradicionalista, emitieron distintos órganos y jefaturas de la Comunión, a los que se les había pedido que consultaran a los carlistas más representativos de las distintas regiones para que enviaran «las opiniones y sugerencias sobre la materia que estimen oportunos» (Santa Cruz, 1986: XIV, 40, 70).

Para dicho acto se aprovechó la realización en la ciudad de Barcelona del XXXV Congreso Eucarístico Internacional, donde la asistencia del propio D. Javier, como de los consejeros que tomaron

---

299 AFNFF, doc. 26954 (texto completo del testamento político, 10-3-1936).

parte, podía pasar más desapercibida ya que, en principio, no se deseaba que fuera un acto solemne que, por otra parte, el régimen no hubiera tolerado. El evento, con un único tema del día, tuvo lugar en el salón de actos del convento de los Padres Carmelitas a las seis de la tarde del 31 de mayo de 1952.

A pesar de todas las presiones ejercidas sobre el regente, D. Javier continuó haciendo gala de su poca ambición política. Efectivamente, la propuesta del Consejo decía: «Ante Vuestra Alteza como Príncipe Regente, el Consejo Nacional de la Comunión Tradicionalista manifiesta solemnemente el criterio definitivo de que a V. A. corresponde la sucesión legítima a la Corona de España». Por su parte la respuesta de D. Javier en forma de carta a su primogénito, o sea, de forma indirecta, era que «he resuelto asumir la realeza de las Coronas de España en sucesión del último Rey [...] aunque pendiente la promulgación de este acuerdo de la oportunidad que espero próxima para su publicación y para Nuestro Juramento». Y a los consejeros les añade: «Hasta entonces Yo no paso de ser [...] más que Rey de los Carlistas, Rey de la representación ideal de España, Rey de la Monarquía ideal».

A corto plazo el acto de Barcelona dio ciertos frutos, reavivando el carlismo, frenando el naciente cisma de los carlistas catalanes y haciendo retroceder los movimientos en favor de D. Juan y de los octavistas. Pero el periodo que siguió después fue de descontento y confusión en medio de equívocos constantes.

Con todo, la respuesta del régimen no se hizo esperar. Después del acto de Barcelona D. Javier había salido para Palma de Mallorca como continuación del programa de su viaje por España. Fue en Mallorca donde le llegó la orden gubernativa de una nueva expulsión. El *Boletín A.E.T.* del primero de octubre de 1952 lo reflejaba de esta manera:

> Información: Nuevo destierro del Rey.- Como consecuencia del acuerdo tomado por Don Javier en Barcelona, de asumir los derechos a la Corona, ha sido nuevamente desterrado. La Dirección General de Seguridad ha dado la orden de que sea detenido en el caso de una visita a España. El Rey había previsto ya esta contingencia y decidió en el Consejo de mayo que en adelante todos los viajes los haría clandestinamente. (Santa Cruz, 1986: XIV, 35-36)

Independientemente de la expulsión de D. Javier, lo más importante eran sus convicciones personales de resistirse a asumir la corona en contraste con la insistencia de la mayor parte de los carlistas de que aceptara la condición de rey de las Españas. Sin embargo, también había un sector que prefería esperar acontecimientos más propicios. Ello provocó que al acto de Barcelona no se le diera la difusión que merecía y D. Javier prefirió que fuera ocultado o disimulado, lo que dio lugar a situaciones equívocas.

Así pues, en el Consejo Nacional de la Tradición, que tuvo lugar en noviembre de ese mismo año, se leyó una carta de D. Javier en la que este pedía el aplazamiento de la proclamación, porque los últimos acuerdos internacionales harían parecer insignificante el acto, sin adquirir la resonancia y las consecuencias esperadas, e incluso podría resquebrajar la unidad de los elementos católicos y nacionales (Santa Cruz, 1986: XIV, 109)

3.7. El largo camino de la no beligerancia.

Pensando seguramente en la oposición antifranquista de izquierdas, Pelai Pagès, explica que,

> ...el resultado de la aplicación de la legislación y de la práctica represiva consiguieron sus resultados: al iniciarse la década de los cincuenta -y sin que el régimen hubiera bajado nunca la guardia- el franquismo se podía considerar ya plenamente consolidado. Mientras la sociedad española en su conjunto se encontraba encasillada en unos parámetros políticos, sociales, económicos, morales e ideológicos muy restrictivos, y a nivel internacional el régimen estaba a punto de recibir su reconocimiento internacional -el año 1953 se firmó el Concordato con el Vaticano y el Tratado con los Estados Unidos y en 1955 España ingresaba en la ONU-, la oposición antifranquista iniciaba una larga travesía del desierto que, de hecho, no se modificó hasta finales de la década y, sobre todo, hasta los 60, ya en un contexto histórico -económico y social- radicalmente diferente (Pagès, 2016: 53).

Pues bien, en este ambiente de frustración por la consolidación del régimen, en 1953, cuando todavía imperaba la oposición clara del carlismo a la dictadura, en un escrito titulado «Posición política de la Comunión Tradicionalista», se decía:

> La Comunión Tradicionalista, conocedora de los defectos esenciales del régimen, tiene así fijada su posición: Con todos sus errores, este régimen nació como resultado de la guerra civil; no es su consecuencia debida, ni ha sabido o querido dar paso a esa consecuencia. Pero no procede intentar derrocarlo por la fuerza, porque demasiado recientes están las convulsiones de la revuelta en nuestra Patria. No cabe, tampoco, colaborar con él, tal como el régimen quiere que se colabore, o sea, con pérdida de la propia personalidad para quedar, los que entran, embebidos en este sistema carente de fijeza y de principios. (Santa Cruz, 1987: XV, 50-51).

Efectivamente, no se trataba ahora en 1953, de colaborar, por más que los carlistas seguidores de Sivatte, adjetivaran a los seguidores de D. Javier de colaboracionistas. Se trataba más bien de adoptar una política de no beligerancia con el fin de poder gozar de mayor libertad de actuación y, paralela y semi-clandestinamente, ir potenciando las organizaciones carlistas al servicio de la causa legitimista de D. Javier de Borbón Parma y de su hijo Carlos Hugo, que pocos años después aparecería en el panorama español en el acto de Montejurra de 1957.

Uno de los primeros manifiestos de D. Javier en el que acepta de manera implícita y tardía su condición de «Rey» -aunque sea de forma muy sutil y sólo como rey de «la Comunión Tradicionalista»- es el dirigido a los carlistas el 3 de abril de 1954. En él y a pesar del inicio de la no beligerancia o «colaboración» -a decir de los sivatistas-, deja meridianamente claro su rechazo al régimen imperante:

> Que el actual sistema no es connatural con las esencias españolas lo demuestran estos dos hechos: a los quince años de la Victoria no existe la verdadera libertad en España, ni la ponderada y cristiana de expresión verbal y escrita, ni

la de asociación, ni la de vida económica. Por su parte, la representación de los españoles ante el Poder Público está mediatizada por el Estado y no son auténticas las delegaciones representativas de los Municipios o de las Cortes y ni siquiera de las mismas entidades profesionales.

No se diga que esta falta de libertad y de representación es consecuencia del peligro de subversión política. El General Franco goza, como pocos gobernantes, de una autoridad que le habría permitido consentir sin riesgo el libre juego de los movimientos políticos. El régimen es el que se basa en principios falsos y por esta falta de consistencia interna no puede dar paso ni a las más legítimas manifestaciones de la Sociedad.

Siempre que la ocasión lo ha demandado hemos alzado nuestra voz señalando nuestra insolidaridad con la orientación política. Lo habéis hecho vosotros por medio de vuestras autoridades inmediatas y lo he hecho yo mismo dirigiéndome personalmente al General Franco. Pero a pesar de nuestra discrepancia manifestada públicamente, nadie podrá poner la menor tacha a nuestra lealtad de actuación. Hemos dejado clara constancia de nuestro apartamiento del régimen, tal como hasta aquí se ha desenvuelto, pero advirtiendo siempre que estamos dispuestos a prestar nuestro concurso a cualquier labor -que es ya inaplazable- de enderezamiento de la política hacia finalidades en consonancia con la doctrina que venimos manteniendo por espacio de varias generaciones. Generaciones de Reyes y de Leales. Eso es la Comunión Tradicionalista con su Rey a la cabeza, la interpretación genuina de la Monarquía, un pueblo monárquico y un Rey para su pueblo. La Sociedad constituida según su propio ser, con sus entidades plenas de personalidad, sus fueros, sus libertades y su auténtica representación (Santa Cruz, 1988: XVI, 31-32).

Sin embargo, a los carlistas seguía preocupándoles la falta de decisión de D. Javier para proclamar de manera firme y clara su aceptación como rey, un rey que seguía en el exilio con lo que resultaba poco operativo para relanzar el entusiasmo de los carlistas en España que veían como un caso excepcional y nunca dado en la larga historia del carlismo, el estar tantos años con una regencia y sin abanderado de su causa.

La cuestión se veía más dificultosa por los inconvenientes en poder reunirse -siquiera fuese en el extranjero-, con los dirigentes del carlismo debido al control del régimen. En este sentido, Joaquín Baleztena, en nombre de la Junta Carlista de Navarra, pedía en carta a D. Javier en abril de 1954, «que no se vean defraudadas sus esperanzas y que el árbol de la Tradición retoñe en Vuestra Persona y en la de Vuestros hijos». Y ello lo decía tras lamentarse de que «cuando nos persiguen, nos maltratan, atacan nuestros Fueros venerados y aparece oscuro el porvenir de España, no podemos decir a nuestra gente que ejerciten la virtud de la paciencia y esperen "sine die" una proclamación». En la carta, Beleztena denunciaba también el control del régimen que impedía la posibilidad de una comunicación fácil entre el «Rey» y los dirigentes del carlismo:

> Mi deseo, y el de los miembros de la Junta Regional, hubiera sido visitaros personalmente, pero eso es imposible, pues el Gobierno Civil que padecemos nos hubiera negado el permiso de salida. Casi parece increíble que lo haya conseguido el portador de esta carta, nuestro amigo y correligionario Sr. Gambra.

Y es que, aunque el Sr. Gambra había pedido el pasaporte para un uso ordinario, fue llamado por el Gobernador Civil, Valero Bermejo, que, debidamente informado por confidentes, sabía que su viaje no era tan inocente como aparentaba, sospechando incluso que se iba a entrevistar con D. Javier. A lo más que podían aspirar los componentes de la Junta navarra era a conseguir un pase de cuarenta y ocho horas para visitar algún pueblo fronterizo en Francia, por lo que sugerían a D. Javier la posibilidad de que fuera este el que se desplazara a la frontera.

Baleztena, en su carta arremetía contra los que quitaban importancia a proclamar la realeza de D. Javier:

> Si alguien os aconseja la dilación o si acaso os la inspira
> la delicadeza de Vuestro ánimo, pensando que cualquier

acto como Rey puede ocasionar en España represalias contra los Carlistas, desechad eso, Señor. Difícilmente se nos puede perseguir más de lo que ya estamos. El portador de esta carta os podrá explicar cómo en estos días se ha detenido en Pamplona a cuatro Requetés de veinte años, entre los que se encuentra un sobrino mío, y algunos de ellos han sido flagelados, quemados, golpeados e insultados por la Policía, todo por no haber aguantado una «trágala» de la Falange a Navarra. Pero eso no hace decaer el espíritu, antes bien lo encorajina, lo que es motivo de sufrimiento y de desaliento es el que la gente se nos sonría y nos diga que trabajamos por una Causa que no tiene Abanderado y que está abandonada.

Así como las bóvedas se desmoronan cuando falta la piedra clave, así nuestra Comunión monárquica sin Rey proclamado se va desintegrando (Santa Cruz, 1988: XVI, 38-43).

En febrero de 1954 tuvo lugar en Pamplona un Consejo Nacional de la Sección Femenina de Falange que presidió Pilar Primo de Rivera, hermana de José Antonio, ambos sobrinos-nietos del Marqués de Estella,[300] razón por la cual los organizadores de dicho Congreso visitaron esta ciudad. Los carlistas lo consideraron poco menos que una ofensa a sus antepasados y llenaron Pamplona de pintadas que decían «¡Viva el Rey Javier!» (era la primera vez que, por este método, se trataba como «Rey» de D. Javier). Resultaron detenidos cuatro jóvenes carlistas: Juan de Diego, Sáenz de Ullate, Ignacio Astrain, y José Jaurrieta, que fueron encarcelados y sancionados con fuertes multas (Santa Cruz, 1988: XVII, 127).

En mayo de 1954, la tradicional peregrinación a Montejurra -que en honor a los requetés muertos navarros durante la guerra se realizaba en este monte cercano a Ayegui-, entró en una nueva etapa ya que se hizo con carácter nacional y empezó a politizarse. También se inauguró un nuevo Vía Crucis con cruces y basamentos de piedra dedicados a todos los tercios de voluntarios requetés que combatieron en la Guerra Civil española. Este año cayó en 9 de mayo.

300 El general liberal Fernando Primo de Rivera recibió de Alfonso XII este título, en 1877, por haber tomado a los carlistas la ciudad de Estella durante la Tercera Guerra Carlista.

Por otra parte, también el tradicional acto de Begoña, en Bilbao, tuvo un carácter más nacional que los anteriores (de carácter regional), porque así lo había decidido la Comunión Tradicionalista.

Habían pasado doce años del atentado falangista con bombas de mano que costó la vida a tres carlistas, así como más de cien heridos. Ahora, el 22 de agosto, se preveía la asistencia de gran cantidad de carlistas. Eran otros tiempos en los que la agresividad del falangismo filo-nazi se había ido disipando y el régimen trataba de mostrar otra cara.

Sin embargo, Franco decidió cercenar el crecimiento que se preveía de asistentes y detuvieron a un numeroso contingente de autobuses y vehículos particulares antes de que llegasen a Begoña. La treintena de autobuses y automóviles fueron interceptados en el Alto de Berazar y en Orduña, procedentes de Navarra, Álava, Logroño, Valladolid, Valencia, Cataluña, etc. Más detenciones fueron realizadas por otras carreteras como las del Valle de Arratia. En algunos tranvías de Bilbao se obligaba a bajar a los portadores de boinas rojas.

A pesar de todo, la concentración de los carlistas afectos a D. Javier y a Fal Conde fue un gran éxito. La basílica de Begoña se quedó pequeña para albergar a los asistentes a la misa, teniendo que quedar muchos en la explanada donde también hubo un acto cultural con baile de los populares espatadanzaris de Durango.

Más tarde, durante la comida, se escucharon los vítores de ocupantes de los autobuses que habían sido detenidos en los accesos, escuchándose las aclamaciones del más de un millar de carlistas que llegaban tardíamente al acto.

Entre unos y otros, por la tarde, las calles de Bilbao se llenaron de boinas rojas sin que se produjera ningún incidente a pesar de la presencia de la policía que actuó con la máxima discreción, poniendo de manifiesto que a falta de provocaciones los actos podían desarrollarse pacíficamente.

Con posterioridad a los actos de Begoña, la Comunión Tradicionalista de Vizcaya editó un pliego titulado «Información», con fotografías del acto en cuya portada iba la imagen de «S.M. el Rey Don Javier de Borbón» y en la contraportada un acta notarial levantada en el punto de Zubizabala por un notario del distrito de Durango durante la retención de los autobuses y vehículos.

En ella se ponía de manifiesto el atropello sufrido, y que fue la Guardia Civil, al mando de un brigada que, como «jefe de línea», recibía órdenes de sus superiores para la detención. Preguntado el brigada cuánto iba a durar la retención, contestó que no tenía por qué dar más explicaciones, evidenciando que se trataba de evitar que los detenidos pudieran llegar al acto carlista (Santa Cruz, 1988: XVI, 92-101).

Una imagen de la época con detención por la Guardia Civil
de autobuses que se dirigían a actos carlistas
(Archivo Ruiz de Alegría)

A lo largo de 1954 hubo una serie de incidentes en Navarra. Se produjeron enfrentamientos entre la Diputación Foral y el Gobernador Civil, en los que se vio implicado también el Ayuntamiento de Pamplona y, como no podía ser menos, los carlistas, que por su combativa posición en la defensa del régimen foral frente al gobernador de Navarra -el falangista Luís Valero Bermejo-, acabaron siendo víctimas de la represión gubernamental.

Para hacer frente al largo periodo de incidentes, la Brigada Social de Pamplona tuvo que ser reforzada por un contingente de cuarenta policías de la Brigada especial de lo Criminal.

Todo comenzó con la determinación del alcalde de Viana de destituir a un guardia de campo, lo que a criterio de la Diputación incurría en contrafuero. No pensaba igual el Gobernador que apoyó al alcalde de Viana y así comenzó el largo incidente.

Se produjeron numerosos episodios de tipo legal para dilucidar quién tenía las atribuciones. También hubo otro tipo de enfrentamientos políticos y manifestaciones callejeras en favor de las competencias forales de Navarra, representadas por la Diputación foral, a las que dio su apoyo por mayoría el Ayuntamiento de

Pamplona. En todo este proceso los carlistas tomaron la iniciativa de la agitación foral a favor de la Diputación y del Ayuntamiento frente al Gobierno Civil. En un informe el Gobernador denunciaba de manera sutil a los carlistas:

> Los grupos políticos hostiles al Régimen y al Movimiento, que influyen sobre algún grupo aislado de jóvenes, trataron de crear el mismo ambiente de hostilidad atribuyendo a mi persona fines contrarios a los Fueros de Navarra; el ex Concejal y actualmente funcionario de la Diputación Sr. Zubiaur no ha sido de los que menos han trabajado para conseguir esto, primero en Montejurra, después en diversos escritos «anónimos». Mas no sólo se trataba de fomentar un ambiente de rebeldía en los grupos políticos hostiles por razones que sería largo de explicar; por desgracia, en otros sectores de mayor responsabilidad se trató también de encubrir la verdadera situación en que se había colocado la Diputación, no sólo ya ante el Gobernador, sino también ante el Gobierno.

En una circular adjunta al informe, el Gobernador también denunciaba la intervención de una treintena de socios de la peña *Muthiko Alaiak* -fundada y compuesta en su mayor parte por carlistas-, que intentó presionar a la corporación municipal para que se pronunciara contra las tesis del Gobernador.

Para hacer frente a la campaña del Gobernador Valero Bermejo, los carlistas sacaron un boletín clandestino titulado *El Fuerista*, con el subtítulo «Órgano antiborreguil», cuyo redactor principal era José Ángel Zubiaur y la gestión corría a cargo de un grupo de jóvenes carlistas capitaneados por «Coté» Jaurrieta. Esta publicación contribuyó notablemente a la lucha entre los navarros y el gobernador civil. Llevaba en su cabecera un dibujo de una corona y debajo de ella un escudo con la cruz de San Andrés y otro de Navarra, pero sin la laureada, «para expresar -según sus diseñadores- su ruptura con Franco». Los primeros tres números estaban impresos a multicopista y los dos últimos a imprenta. Empezaron con una tirada de quinientos ejemplares y terminaron editando tres mil.

Portada de *El Fuerista* de agosto de 1954 (Archivo Zubiaur)

El hijo de D. Javier, Carlos Hugo, con Ángel Romera (Centro)
y «Coté» Jaurrieta (Derecha) (Archivo Tamayo)

Como consecuencia de todas estas luchas fueron represaliados un grupo de carlistas navarros con detenciones, multas muy cuantiosas y procesamientos. Se trataba de José María Baroga; Ignacio Astrain Lasa, con dos mil pesetas de multa, dos encarcelamientos y un proceso; Juan de Diego Arteche, con tres mil pesetas de multa, dos encarcelamientos y un proceso; Francisco Sáenz Ullate, con quinientas pesetas de multa y tres encarcelamientos; Antonio Encinas Carrera, con un encarcelamiento y un proceso; José Jaurrieta Baleztena, con tres mil pesetas de multa (que prefirió pagarlas con cárcel), tres encarcelamientos y un proceso. Los procedimientos tenían además el inconveniente añadido de que se alargaban en demasía. Por ejemplo, este último fue condenado el 11 de febrero de 1957 por hechos cometidos el 10 de septiembre de 1954.

Aunque la privación del ejercicio de todo cargo se refería al tiempo de la condena, un mes y un día, quedaban luego los antecedentes penales que le incapacitaban para cargos y oposiciones, y que a finales de 1960 aún no habían sido cancelados.

Otros carlistas detenidos lo fueron por considerarlos dirigentes de la agitación que propició el abucheo a los concejales del Ayuntamiento de Pamplona que no se adhirieron a la Diputación. Se trata de Patxi Díaz de Cerio, Zubiaur, Goyena, Andueza y Páez. Intentando vanamente exonerarles de que hubieran sido ellos los dirigentes de dicha agitación, el grupo de Coté Jaurrieta difundió rápidamente una octavilla en la que, entre otras cosas se decía:

> … en Navarra, lo único que el camarada Bermejo aspira, es a tener una corte de esclavos y borregos, que por temor a su pasado, por satisfacer impunemente odios locales o, por lo que aún es más triste, por ridícula vanagloria, están siempre dispuestos a servir a su señor aunque éste les mande en un momento determinado dar un golpe a nuestras sagradas instituciones forales.

> Es que el grito de ¡Vivan los Fueros! […] que sale de todo corazón navarro al verse atropellado, exteriorización de un sentimiento digno, honrado, desinteresado, no puede ser comprendido por esos espíritus materialistas que no conciben ningún entusiasmo ni ideal que no vaya encaminado a obtener pingües beneficios o deshonrosos enchufes.

> Honrados ciudadanos, de probados servicios en pro del ideal netamente español, se han arrancado arbitrariamente de sus hogares, apaleados, encarcelados y exageradamente sancionados, sólo por el sádico capricho del que deshonra el título de gobernador, que no puede ver tranquilo que haya gentes a quienes les repugna aguantar yugos contrarios a la dignidad humana.

> Navarros, […] no consintáis que el grito de ¡Vivar los Fueros! sea desvirtuado por un infame calumniador.

> ¡Vivan los Fueros! y ante este sagrado grito permanezcamos unidos los navarros honrados, dispuestos a defender la dignidad de nuestro viejo y glorioso Reino.

> ¡Viva Navarra!

Franco, utilizando la estrategia de tirar la piedra y esconder la mano, se vio obligado a destituir al Gobernador Sr. Valero Bermejo, pero no lo hizo por desleal o incompetente, ya que le ascendió de categoría recompensándole con el nombramiento de Director General de la Vivienda. En su lugar puso como nuevo Gobernador a Carlos Arias Navarro.

Acabado este proceso de lucha en favor de los Fueros de Navarra, la dirección de la Comunión Tradicionalista remitió a los carlistas navarros, con fecha 31 de octubre de 1954, la siguiente felicitación:

> El Consejo Nacional de la Comunión Tradicionalista, después de examinar la conducta gallarda seguida por el Antiguo Reino de Navarra en defensa de sus Fueros atacados por el sectarismo gubernamental totalitario, acuerda por unanimidad felicitar calurosamente a la Comunión Tradicionalista de Navarra, y especialmente a sus Juventudes, Requetés, A.E.T. y «El Fuerista», por su brillante y decidida actuación, beneficiosa no sólo para las libertades forales del noble pueblo navarro, sino para todas las auténticas libertades forales y municipales españolas, hoy en trance de desaparecer por el centralismo despótico y por la nueva Ley de Administración Local, que desconocen los derechos de los Municipios españoles y cuya defensa constituye uno de los principios fundamentales del ideario tradicionalista. (Santa Cruz, 1988: XVI, 104-157 y 263)

Año 1954. de izquierda a derecha: Zamanillo, Forcadell, Valiente, Tamayo, Fagoaga, Cecilia y María Teresa de Borbón Parma, Ortiz Estrada, Santa Rosa, Inchausti, Puig y Ferrando
(Archivo Tamayo)

Como la libertad de prensa continuaba cercenada, la revista *El Tradicionalista* hacía mención a una polémica surgida en torno a una conferencia del catedrático de la universidad de Sevilla Elías de Tejada, en el Ateneo Mercantil de esa capital. Como quiera que el diario *Levante* el 28 de noviembre de 1954 se había hecho eco de una crítica negativa de la conferencia, *El Tradicionalista* publicó la contestación de Elías de Tejada, «lamentando que la cacareada libertad de prensa de que "no" gozamos impida que esto sea publicado en la prensa diaria».[301]

3.8. Franco se decide por la monarquía liberal y ataca a los carlistas.

El 29 de diciembre de 1954 Franco se entrevistó por segunda vez con D. Juan de Borbón para acordar la educación de su hijo Juan Carlos en España «para el mejor servicio de la Patria [y] por el lugar que ocupa en la dinastía». Y es que, como recuerda López Rodó, Franco consideraba a D. Javier de Borbón como «un príncipe extranjero … sin eco en la nación» y además el dictador «pensó siempre en la línea dinástica de Alfonso XIII» (López Rodó, 1977: 117-119).

Entre las reacciones de los carlistas estaban también las de ciertos carloctavistas, cuyo pretendiente, D. Carlos, había muerto hacía un año, y que, siendo franquistas, consideraron los acuerdos Franco-D. Juan, como una traición que aquél hacía a los principios tradicionalistas. Uno de sus dirigentes en Vizcaya denunciaba no sólo este hecho, sino que, además, «se nos prohíbe publicar las esquelas del aniversario de la muerte del Rey, se impide difundir por radio y se nos devuelven 800 circulares entregadas por correo, porque dicen que fue insuficiente el franqueo» (Santa Cruz, 1988: XVI, 247).

En este ambiente de reencuentro monárquico del dictador a favor de la rama dinástica liberal -plasmada en la entrevista Franco-D. Juan de Borbón-, el diario falangista Arriba publicó el domingo 27 de febrero de 1955 unas declaraciones de Franco en las que, sin nombrar al carlismo ni a D. Javier, decía:

> Respecto a esos tradicionalistas a que la prensa extranjera alude, y que nos presentan como seguidores de un

---

301 *El Tradicionalista*, n° 6, 1955.

príncipe extranjero, no pasa de ser la especulación de un diminuto grupo de integristas, apartados desde la primera hora del Movimiento, sin eco en la Nación.[302] Lo que interesa de verdad a los miembros que pertenecieron a la vieja Comunión son el contenido y las esencias de una Monarquía por la que lucharon en tres guerras y que mantuvieron con fidelidad durante más de un siglo, y que están encarnados hoy en nuestro Movimiento, como así reconoció en nuestra Cruzada en carta que me dirigió el propio Príncipe francés a que hoy aluden.

El recopilador documental Manuel de Santa Cruz, fracasó en sus largas y pacientes gestiones para obtener esta carta de D. Javier a la que alude Franco -aunque no duda de su existencia-, porque se menciona también en otros documentos importantes. De lo que sí duda es de que tenga la letra y el sentido que le atribuye Franco. Y hace hincapié en el tono despectivo de las palabras de Franco reforzadas con una voluntaria imprecisión y fingida ignorancia de los términos exactos, pues no era la primera vez que Franco usaba las inexactitudes como desprecio, igual que hacían ciertos falangistas que alardeaban de ignorar cuestiones relativas al carlismo.[303]

Un antiguo dirigente carlista ya octogenario -procedente del integrismo-, llamado Manuel Senante escribió una carta a Franco:

> Si al decir V. E. en sus declaraciones que «un diminuto grupo de integristas, seguidores de un Príncipe extranjero (alude, sin duda, a Don Francisco Javier de Borbón Parma) estuvieron apartados desde primera hora del Movimiento», se refiere con esta palabra al Alzamiento Nacional, a la Cruzada, que fue una verdadera guerra de liberación, permítame V. E. le diga, con todos los respetos, que sufre una lamentable equivocación, pues los tradicionalistas todos, con los que estaban unidos los integristas,

---

302 A raíz de esas palabras despreciativas de Franco para con los carlistas se produjo un vivísimo interés entre los distintos grupos tradicionalistas por unirse, incluidos los carloctavistas. AGUN, 133/259/13, s/f.

303 Un carlista granadino, herido por una multa injusta, replicó a un alarde de los falangistas empezando tranquilamente a hablar de D. José Antonio Ramírez; los falangistas picaron y le preguntaron quién era Ramírez. Él contestó, distraído e indolente, que no recordaba exactamente si el D. José António ese se apellidaba Ramírez o Primo de Rivera.

formando una sola entidad, tomaron parte muy activa en la guerra, desde su preparación (cuando muchos, que después vinieron a ella, estaban al servicio de aquella República y de su Frente Popular y no pensaban en sublevarse contra la misma) [...]

Pero si por la palabra *Movimiento* entiende V. E. la unificación con la Falange y con las JONS para formar un nuevo partido llamado Falange Española Tradicionalista y de las JONS, entonces tiene razón V. E., pues los verdaderos tradicionalistas jamás podemos formar parte de ese partido, aunque en su nombre figure el nuestro, porque el secular partido, o mejor dicho Comunión Tradicionalista, jamás puede estar integrada en la llamada Falange, de muy reciente creación, algunos de cuyos principios no podemos admitir, como no podemos estar conformes con muchísimos elementos de la organización política actual.

Y con cierta sorna termina diciendo que «yo todos los días en mis pobres oraciones le tengo presente, pidiendo a Dios conceda a V. E. las gracias y luces que le sean necesarias para llevar a efecto cuanto antes la verdadera restauración monárquica y tradicional que España espera de V. E.» (Santa Cruz, 1988: XVII, 76-82).

Respecto a estas actitudes del general Franco de total desprecio al carlismo, hubo otras reacciones en contra protagonizadas por carlistas de base de las distintas regiones, más que por ciertos dirigentes que todavía arrastraban discrepancias en torno a la cuestión sucesoria. Así por ejemplo, a finales de febrero (1955) hubo en Zaragoza una reunión irregular de representantes y jefaturas de juntas regionales carlistas de Aragón, Cataluña, Guipúzcoa, Navarra, Valencia y Vizcaya al margen de la dirección nacional, a la que criticaban por su tibieza -incluido el propio Fal Conde al que veían ya un tanto cansado-, y rogaban que «S.M. el Rey tenga a bien conceder audiencia, en lugar próximo a la frontera franco-española, a las representaciones de las Juntas Regionales».

Entre las reacciones hubo también la de los universitarios. En una octavilla de la AET de octubre de 1955 dirigida a los estudiantes con el título de «¡Responsabilidad!», se decía:

Sabes que últimamente se ha intentado preparar artificial-
mente, sin contar con la opinión pública, una restauración
liberal en Don Juan o en su hijo Don Juan Carlos.

Don Juan y sus exiguos seguidores representan al capitalismo y a la burguesía cortesana. ¿Qué credenciales legítimas pueden exhibir quienes, con su postura antisocial y
antipopular pretenden recoger el fruto que otros sembraron
en la Cruzada y en la que, por cierto, no intervinieron?[304]

Comprendemos, pues, el antimonarquismo de algunos
universitarios. Si la Monarquía fuera lo que Don Juan y
su burguesía cortesana representa, «nosotros» también
seríamos antimonárquicos.

Contra estas ideas y contra las personas que las encarnan
luchamos en tres guerras y estamos dispuestos a luchar
por cuarta vez.

Frente al centralismo afrancesado, afirmamos el Federa-
lismo moderno, defensor de las libertades del individuo y
de las instituciones.

Frente al cortesanismo burgués, afirmamos la Monarquía
del Pueblo. Y no teóricamente: ahí están los requetés del
18 de Julio.

Frente al capitalismo clasista exigimos la reivindicación
corporativa del trabajo.

Esta es la Monarquía Carlista, la que encarna y acaudilla
Don Javier, el Rey del 18 de Julio.

No fue ajeno a esta polémica el dirigente socialista Indalecio Prieto
quien, tras haber pactado con D. Juan de Borbón en 1947, ahora
desde el exilio, publicaba en la revista *Bohemia* de La Habana, un
artículo del que se hizo eco la revista carlista *Boina Roja*:

---

304 Los alfonsinos y juanistas aportaron a la guerra unas pocas compañías de Boinas Verdes.

Medido comparativamente, el esfuerzo intelectual y el de sangre aportados a la insurrección de los alfonsinos o juanistas se primaría muy desmesuradamente otorgándoles el poder.

En el cómputo de cooperaciones, la justicia obliga a reconocer un mejor derecho a otra rama monárquica, la carlista o javierista, pues agotados los Carlos y sus descendientes que desde el fallecimiento de Fernando VII disputaron la Corona a Isabel II, Alfonso XII y Alfonso XIII, los Tradicionalistas nombraron Rey a Don Javier de Borbón Parma.

Esos sí, eso fue una considerable aportación, tanto intelectual como física, al Movimiento. Cuando Calvo Serer enfrenta al programa de mimetismo nazi elaborado por Pedro Lain Entralgo, Antonio Tovar y Javier Conde, lo que él llama «pensamiento tradicionalista», cita los nombres de Menéndez Pelayo, Balmes, Donoso Cortés y Vázquez de Mella, más si se quisiera proporcionar una estructura política a dicho pensamiento, habría de utilizarse exclusivamente a Vázquez de Mella, único que supo dársela concreta y sólida.

Manteniendo los Carlistas las ideas del gran tribuno astur, la contribución intelectual de ellos es infinitamente superior a la que Calvo Serer atribuye a los Juanistas[305] como producida por el pobre Ramiro de Maeztu, mente de ideología desquiciada, cuyas frenéticas y constantes cabriolas revelan una lamentable inconsciencia política.

Aún es más sobresaliente la contribución de sangre de los Carlistas. En combate contra nosotros, perdieron los Requetés miles de hombres, cuya cifra exacta recuerda con frecuencia el periódico tradicionalista de Pamplona. Y su conducta, aunque algunos hayan colaborado y colaboren con Franco, reviste una entereza que les falta a los Juanistas. En Navarra le hicieron morder el polvo en

---

305 A diferencia de D. Javier y los carlistas, D. Juan de Borbón y Battenberg, había mantenido una posición favorable al Eje durante los primeros años de la Segunda Guerra Mundial, y algunos de sus intermediarios habían sondeado a los alemanes sobre la posibilidad de una restauración de la monarquía en España dentro del nuevo orden europeo que establecería el Tercer Reich. (Fernández-Longoria, 2004: 267)

batalla librada entre el Gobernador civil y la Diputación Foral. Después de la entrevista con Juan de Borbón en el castillo del Conde de Ruiseñada, publicaron un manifiesto de Javier de Borbón Parma, donde éste, entre otros conceptos también severos, dice[306]:

«Que el actual sistema no es connatural con las esencias españolas lo demuestran estos dos hechos: a los quince años de la Victoria no existe verdadera libertad en España, ni la ponderada y cristiana de expresión verbal y escrita, ni la de asociación, ni la de la vida económica. Por su parte, la representación de los españoles ante el poder público está mediatizada por el Estado y no son auténticas las delegaciones representativas de los Municipios o de las Cortes y ni siquiera la de las mismas entidades profesionales. No se diga que esta falta de libertad y de representación es consecuencia del peligro de subversión política. El General Franco goza como pocos gobernantes de una autoridad que le habría permitido constituir sin riesgo el libre juego de los movimientos políticos. El régimen es el que se basa en principios falsos, y por esa falta de consistencia interna no puede dar paso ni a las legítimas manifestaciones de la Sociedad» (Santa Cruz, 1988: XVII, 15-88).

3.9. Maniobras gubernamentales en la destitución de Fal Conde

En agosto de 1955, tras dos décadas al frente de la Comunión Tradicionalista, D. Manuel Fal Conde fue destituido de su cargo de delegado de D. Javier en España. Fue la jefatura más larga y con mayores dificultades, por causa de los enfrentamientos con Franco y por las consiguientes persecuciones, de cuantas había habido con anterioridad. Si bien pareciera que el cansancio de Fal Conde se evidenciaba -y ya había llegado a pedir su sustitución-, las circunstancias de su descabalgamiento fueron confusas. En cualquier caso y para hacer la transición más suave, D. Javier dijo que asumiría personalmente la dirección de la organización carlista.

---

306 Aunque el texto que sigue ya se ha transcrito más arriba -en el correspondiente manifiesto de D. Javier-, se repite ahora para no cortar el texto completo que escribió Indalecio Prieto.

Sin embargo, y a pesar de su cansancio, en los meses anteriores a su cese, Fal Conde parecía continuar con la moral alta y convencido tanto de su oposición a Franco como del sacrificio que ello conllevaba.

Efectivamente, cuando en abril los hijos de D. Javier viajaron por España y Carlos Hugo[307] estuvo en Sevilla, hubo reuniones y actos en los que el hijo de D. Javier impresionó a Fal Conde por su «solidísima formación». Lo explicaba en carta a Joaquín Baleztena:

> Está persuadido plenamente, y en mis conversaciones con él ha quedado establecido definitivamente su carácter de sucesor del Rey, su misión de sacrificio, el significado heroico de la Comunión, el inmediato porvenir que yo espero y he logrado inculcarle, de persecuciones que son la señal de Dios y el medio de que cese la apatía y el desaliento. Y en un discurso que él escuchó emocionado, yo le invite con los requetés a compartir las prisiones que se nos decreten […]

> Si, por el contrario, sabemos aprovechar las presentes circunstancias que nos son tan propicias, movilizarnos políticamente, realizar una gran propaganda, buscar los medios políticos que se encuentran desorientados y exponerles nuestro pensamiento, hacerles ver que, al propio tiempo que una legitimidad de origen, abona a nuestro Rey la circunstancia de ser portador de las verdaderas soluciones, ganaremos una cotización que nos ponga en primer plano y desplace esa precaria solución monárquica que propugna Franco.

---

307 Por entonces, al primogénito de D. Javier se le llamaba Hugo Carlos.

Portada de *El Tradicionalista* de 1955 con la imagen
del hijo de D. Javier, Carlos Hugo de Borbón Parma

Por otra parte, la AET de Sevilla en un escrito de saludo a Sixto,
hermano menor de Carlos Hugo, expresaba su confianza en la
«Dinastía legítima, proscrita por las leyes que sólo tienen de tales
el nombre, pues son consagración de la injusticia» (Santa Cruz,
1988: XVII, 100-101 y 1007)

El 24 de abril, Fal Conde estuvo en el *aplec* de Montserrat donde
una vez más, puso de manifiesto su espíritu de sacrificio por la
causa al decir a los carlistas catalanes que «si para llegar al triunfo
de nuestros ideales tuviese que venir antes la cárcel, se conside-
raría dichoso de poderse encontrar entre sus requetés».

Tampoco los sivatistas, más radicalmente antifranquistas, se
quedaban a la zaga, pues en su *aplec* del 1 de mayo, manifestaban
que el carlismo seguirá adelante «pase lo que pase y pese a quien
pese, sin temor a la persecución ni a la muerte» (Santa Cruz, 1988:
XVII, 118).

Aplec de Montserrat (Archivo *Montejurra*)

Paralelamente a estos hechos, según la narración de Santa Cruz,
D. Javier recibía a un emisario de Franco en su residencia de Bostz
que le pedía «reorganizar rápidamente la Comunión Tradicionalista para que tuviera una intervención decisiva en un muy
próximo futuro político» añadiendo que «Fal era un obstáculo
insalvable para tratar con Franco». Pocos días después D. Javier
y Fal Conde se reunieron en Lourdes para tratar el tema, pero
la cosa quedó aplazada para otra reunión que se celebró en la
misma ciudad francesa a primeros de agosto. Parece ser que D.
Javier, inmediatamente después de la entrevista con el emisario de
Franco, empezó a usar canales para entenderse con él al margen

de Fal Conde. Un primer punto concreto era su entrada en España (Santa Cruz, 1988: XVII, 140).

En el mes de agosto de 1955 D. Javier estuvo en Guipúzcoa y en el municipio navarro de Leiza -donde hubo una gran moviliza-ción popular a su favor como rey- manteniendo gran número de reuniones y conversaciones con jefes carlistas -alojados en distintas casas de las zonas-, para tratar de poner orden en estas divergen-cias y tomar algún tipo de decisión para encauzar la situación.

Para evitar suspicacias del régimen, Fal Conde que también estuvo en Guipúcoa, mantuvo su residencia en una localidad distinta a la que se hallaba D. Javier. Aquél en Mundaiz y este en Astigarraga.

Fal Conde dentro de la Comunión Tradicionalista, se hallaba en una posición intermedia entre los partidarios de reconocer como rey a D. Juan de Borbón o a Juan Carlos y acercarse a Franco, y los que -en una línea más próxima a los sivatistas-, rechazaban de plano cualquier tipo de colaboración con Franco, ni aceptación de D. Juan de Borbón o de su hijo Juan Carlos.

Entre los más acérrimos defensores de la postura contra Franco y D. Juan, estaban los guipuzcoanos que, con Antonio Arrúe a la cabeza, querían la destitución de Fal Conde por considerar que no era suficientemente duro contra Franco. A diferencia de estos, los projuanistas también querían su destitución, pero por razones opuestas. Hubo discusiones acaloradas. Parece ser que la mayor parte de los jefes carlistas del resto de España mantenían la posi-ción intermedia de mantener el statu quo y, por tanto, favorable a Fal Conde.

El gobierno vigilaba como podía los movimientos de los carlistas e intentaba sacar partido de las desavenencias, favoreciendo la posición de los que deseaban un acercamiento al régimen. Tanto en la residencia donde se hallaba D. Javier como en la que estaba Fal Conde, los teléfonos quedaron desconectados y Antonio Arrúe transmitió la información de que «la policía de San Sebastián había intervenido unos cuarenta teléfonos de carlistas» (Santa Cruz, 1988: XVII, 141).

En una de las reuniones de D. Javier con la Junta de Guipúzcoa, esta puso de manifiesto que la Junta Nacional -presidida por Fal Conde-, hacía poco por la causa, por lo que había que prescindir de él y de los integristas, reorganizando la Comunión como lo estuvo en tiempos pasados con una nueva Junta de Gobierno a cuya cabeza proponían a Antonio Arrúe.

Al día siguiente 9 de agosto, un hijo de Fal entregó una carta a D. Javier en la que le presentaba la dimisión de su cargo y poco después Fal Conde marchó para Sevilla. D. Javier comunicó a Fal su cese el día 11 de agosto.

Mientras tanto el ministro de Justicia Antonio Iturmendi había pedido entrevistarse con D. Javier. Arrúe se empeñó en que no tenía que ser D. Javier el que fuera a ver al ministro, sino al revés, de manera que así se hizo. Iturmendi asistió al encuentro acompañado de varias personas, entre las cuales se hallaban el Director General de Prisiones -Herreros de Tejada- y los tradicionalistas pro-juanistas Arauz de Robles y Rafael Olazábal -que era amigo de D. Javier desde su juventud en Francia, donde su familia se hallaba en el exilio desde la última guerra carlista-. Según Javier Lavardín (1976: 23), tanto Arauz como Olazábal pretendían la unión de todos los monárquicos en torno a D. Juan. Parece que el ministro salió muy satisfecho y con la esperanza que en el futuro se conseguiría algo para la causa tradicionalista.

Tras esta entrevista, D. Javier se trasladó a Leiza donde fue recibido con mucho entusiasmo por todo el pueblo y por los carlistas como rey. No le faltó tiempo a Herreros de Tejada para airear, sin mucho fundamento, que al ministro Iturmendi le sentó muy mal el acto de Leiza y que, por ello, pensaba expulsar a D. Javier.

El día 16 Iturmendi visitó de nuevo a D. Javier. De ninguna de las dos entrevistas se tiene constancia exacta de lo tratado. Algunos rumores apuntan que el ministro habría presionado a D. Javier para que este renunciara a aceptar la realeza y se inclinara por la candidatura de D. Juan; otros que habría presionado para favorecer una colaboración con Franco o que trataba de desgastar a D. Javier y obtener información (Santa Cruz, 1988: XVII, 123-147).

En cualquier caso, parece claro que fueron las presiones de los projuanistas por un lado y los antifranquistas por otro, las que llevaron a D. Javier a tomar la decisión de descabalgar a Fal Conde que, como se ha visto, fue uno de los pocos dirigentes de la llamada España nacional que -despreciando amenazas y sobornos-, se había enfrentado a Franco. La mayoría de los carlistas que tenían mitificado a Fal Conde aceptaron de buen grado su destitución porque D. Javier dijo que asumiría personalmente la dirección de la Comunión Tradicionalista.

Por su parte D. Javier, que pareció encajar la maniobra del gobierno destituyendo a Fal Conde, luego se resistió a las pretensiones juanistas de Iturmendi y rechazó también la incorporación al Movimiento con perspectivas de aceptar posteriormente a Juan Carlos, deteniendo así la política de colaboración con Franco (Santa Cruz, 1988: XVII, 150-152).

Y es que, a pesar de todas las dudas de D. Javier -que no tenía la ambición de ser rey, pero sentía la responsabilidad de cumplir los deseos de D. Alfonso Carlos-, hubo finalmente una coincidencia de este con lo que -en carta a Macario Hualde-, decía Fal Conde, un mes antes de su cese, sobre las maniobras del régimen:

> En estos mismos días se está confeccionando el nuevo partido que va a titularse -¿Cómo no?- Comunión Tradicionalista y que acaudillará Don Antonio Iturmendi con una elite de tradicionalistas disidentes [...]

> Cuando el octavismo se desploma y los de Sivatte vuelven desengañados, era elemental en la táctica del Gobierno deparar otro tradicionalismo que mantenga la confusión y pretenda cerrarnos el paso [...] Pero tradicionalismo de colaboración con Franco y para el Príncipe Juan Carlos.

> Vengo dando las voces de alarma contra ese equívoco. [...] Un Rey [...] con las virtudes personales de Don Javier y las que son notorias en sus hijos, constituye la única, absolutamente la única, garantía de un Gobierno y de observancia de los principios tradicionalistas [...] nosotros para triunfar lo primero que tenemos que hacer es existir; lo segundo actuar, y lo tercero depende de las circunstancias superiores a nuestra posibilidad. Querer servir esa posibilidad dejando de existir, renunciando a nuestro Rey, sumando nuestra voluntad a lo que nos es contrario, es pecado de traición.

> Creo que en esta época que se avecina Dios no nos faltará, como nunca nos ha faltado, pero quiero prevenirle que

viene una tormenta que principalísimamente se va a desencadenar contra mí. En las altas esferas se ofende al Carlismo creyendo que removiendo el obstáculo que yo represento, nuestra masa va a entregarse. Se equivocan. Nuestras masas no claudicarán, y cuando yo cese en el cargo, como tanto necesito y no logro del Rey, o cuando acaben conmigo del modo que sea, surgirá el hombre y surgirán los hombres.[308]

308 Carta de Manuel Fal Conde a Macario Hualde, 5-7-1955 (en Santa Cruz, 1988: XVII, 163-164)

Epílogo

Tras los acontecimientos tormentosos de Guipúzcoa, D. Javier nombró un secretariado para dirigir los asuntos de España. Esta dirección colegiada no parecía la más conveniente para conducir un partido político que necesitaba llevar una clara línea de actuación, más aún si sus componentes carecían entre sí de cohesión. Los miembros de dicho secretariado eran los veteranos Zamanillo y Sáenz-Díez, con el catedrático José María Valiente -antiguo miembro de la CEDA-, Arauz de Robles -de la corriente projuanista- e Ignacio Hernando de Larramendi -un joven del grupo guipuzcoano-. Estos dos últimos, acabarían quedando marginados del secretariado (Lavardín, 1976: 24).

Los elementos juanistas en el gobierno y también dentro de la Comunión Tradicionalista -aunque eran una pequeña elite- tenían cierto poder, y maniobraron durante un tiempo aprovechando la falta de ambición personal de D. Javier, creyendo que podrían arrastrar a las bases carlitas a una solución en favor de D. Juan de Borbón.

Por otra parte, D. Javier -que tenía claro el rechazo al nombramiento de D. Juan-, no estaba tan convencido de aceptar con todas sus consecuencias el acto de Barcelona de 1952 en el que se acordó abandonar la regencia para acepar el título de rey.

Sus dudas se agravaron cuando, tras esa ratificación en enero de 1956 por el Consejo Nacional carlista, Franco -otra vez a través del ministro Iturmendi-, amenazó a D. Javier y a toda su Junta Nacional con fusilarlos si se presentaba como rey, puesto que el único jefe del estado era él. Pese a ello, un grupo de dirigentes carlistas reaccionó y obligó a D. Javier a no ceder, aunque ello le costara un nuevo destierro e incluso el fusilamiento de ellos mismos, ya que algunos, en ese ambiente caldeado gritaban: «¡Pues que nos fusilen!» (Santa Cruz, 1988: XVIII (I), 33-34).[309]

---

309 D. Javier ratificó esta amenaza de Franco en carta a Enrique del Campo de fecha 20-5-1956 (Ver carta en Santa Cruz, 1988: XVIII (I), 35-37)

Sin embargo, tanto los viejos carlistas como las nuevas generaciones de jóvenes -especialmente los estudiantes de la AET-, supieron enfrentarse a las elites projuanistas e incluso al que tenían como su rey, para reconducir el carlismo, tras un largo año de crisis interna en los que, a pesar de ello, D. Javier no dudó en atender a cuantos carlistas se dirigían a él para plantearle puntos de vista diversos, auscultar opiniones e incluso enfrentarse a él y criticarle por su excesiva bondad y poca ambición.[310]

Pasada la crisis, se reanudó la marcha con unos nuevos planteamientos que fueron una combinación de pragmatismo y renovación ideológica que, desde el acto de Montejurra de 1957, lideraría el hijo mayor de D. Javier, Carlos Hugo, y que, tras una década de tormentosa relación con el régimen, acabaría con la expulsión de España, en 1968, de toda la familia Borbón Parma por decisión del general Franco, y una distinta etapa en la que se produjo otra dura persecución contra la renovada Comunión Tradicionalista y el Partido Carlista que será objeto de una publicación posterior ya que se sale de los límites del presente trabajo.

---

310 En este aspecto es interesante lo que dice Santa Cruz (1988: XVII, 2011-2012): «Sobran por todas partes datos y argumentos para demostrar que es de malísima fe atribuir a la Monarquía Tradicional una semejanza a la Monarquía Absoluta. [...] Un Rey absoluto hubiera desarrollado su plan implacablemente, como un general alemán.

Cronología de algunos casos de represión contra el carlismo (1936-1955)

1936

s/f:

- Pugna entre el grueso del carlismo y la dirección militar de la guerra desde Burgos o Salamanca.
- El general Mola impide que los requetés sean dirigidos por sus propios mandos, les requisa armas y les asigna mandos militares.
- Fusilamiento del carlista legazpiarra Evaristo Mendia Zabalo: su hijo fue obligado a cavar la fosa.
- Pedro Telletxea fue otro carlista fusilado en Lazkao, al parecer al ser confundido con su hermano abertzale.

27-28 de julio:

- Bajo el mando de teniente coronel Pablo Cayuela se produce el fusilamiento de los dirigentes del carlismo de Beasain que se habían mantenido fieles a la República, entre ellos el presidente del Círculo Carlista, Guillermo Eizaguirre.

Agosto:

- El general Mola se opone, bajo severísimas amenazas, a los contactos que existieron entre carlistas y comunistas para el canje de prisioneros.
- La carlista Urraca Pastor se enfrenta a los falangistas que querían fusilar a unos prisioneros en el puerto de Somosierra (día 26).

Septiembre:

• El general Queipo de Llano sanciona con 5.000 y 10.000 pesetas al diario tradicionalista *La Unión* de Sevilla por sendos artículos críticos con el nazismo (días 7 y 8).
• El periodista de *La Unión* Manuel Bellido advierte al Comandante Ayudante de Queipo de Llano, el falangista Cuesta, que la implantación de un estado nacional-socialista sería una traición al carlismo y de ser cierta su afirmación «no estarían los requetés donde están, sino enfrente» (día 9).
• Franco asume el mando de «Generalísimo» (día 21). El dirigente carlista Fal Conde se halla en su punto de mira.
• Sospechosa muerte del rey carlista D. Alfonso Carlos en Viena (día 29).
• Intento de asesinato de Fal Conde en la estación de La Negresse de Biarritz, mediante un disparo de pistola que le rozó la cabeza, con motivo de asistir al entierro del rey carlista D. Alfonso Carlos en Viena.

Octubre:

• En Valtierra los falangistas obligan a beber aceite de ricino a varios vecinos, entre otros a María del Carmen Castilla, una margarita de 18 años.
• Policías y carabineros acosan a los requetés destacados en la frontera de Valcarlos y a dos requetés catalanes por hablar en su idioma.

Noviembre:

• El general Queipo de Llano amenaza con el cierre y nueva multa de 5.000 pesetas al diario *La Unión* de Sevilla sin especificarles el motivo (día 3).
• Queja de la Junta Carlista de Navarra porque los militares y Guardia Civil obstaculizan la propaganda del Requeté.
• Se acusa a Fal Conde de desprestigiar al Ejército y al general Franco y de tratar insolentemente al general Mola.

Diciembre:

• Es fusilado en Pamplona un oficial de requetés, apellidado Sarasa, acusado de derrotismo. Otros seis fueron fusilados entre agosto y diciembre por sedición.
• Franco, por medio del general Fidel Dávila, comunica a Fal Conde que, si quiere evitar un consejo de guerra acusado de alta traición, se expatrie a Portugal (día 20). Si no se le fusila es por «miedo a un levantamiento de los requetés»

1937

s/f:

• Fal Conde sufre un intento de envenenamiento en su exilio de Lisboa.

Enero:

• En San Martín de Unx, los falangistas recorren el pueblo reprimiendo a chicos y chicas por cantar canciones carlistas (día 3).
• Enfrentamientos entre carlistas y falangistas en Caparroso. El Gobierno Militar ordena requisar las armas cortas (día 6).
• Heridos en Valladolid dos antiguos miembros del Partido Nacionalista Español pasados al carlismo y en la misma ciudad un pelayo es apuñalado por un falangista (día 27).

3 marzo:

• En Lecároz los falangistas amenazan con fusilar a la maestra Sta. Tuñón, hermana de un requeté de Maya.

Abril:

• La aviación italiana bombarda Durango, una ciudad vizcaína de gran tradición carlista.
• El general Franco impone la unificación en FET y de las JONS contra la voluntad de los carlistas seguidores de D. Javier y Fal Conde (día 19). La Comunión Tradicionalista se

convierte en ilegal. Se suspende también la organización de las Margaritas.
• Prohibición a la Junta Nacional Carlista de recaudar aportaciones voluntarias de fondos para los requetés en los frentes.
• Bombardeo de Guernica (día 26).
• En el frente de Guadalajara, tras el arresto de un alférez requeté por oponerse a la unificación, sus tropas se niegan a lanzarse al ataque y se amotinan. Sólo deponen su actitud cuando sueltan al alférez.

Mayo:

• Los requetés protegen el Árbol de Guernica de una columna falangista que quiere cortarlo.
• Intervención de todas las cuentas de las organizaciones carlistas suspendidas (día 10).
• Suspensión de la Obra Nacional Corporativa que queda integrada en el sindicato vertical (día 14).
• D. Javier jura los fueron bajo el Árbol de Guernica (día 19).

9 Julio:

• Seis carlistas son multados en Ujué por negarse a hacer el saludo brazo en alto. En el mismo pueblo denuncian que Falange quiere expulsar a diez familias acusadas de izquierdistas.

Verano:

• Prohibición militar para crear cinco Tercios de Requetés en Santander tras su ocupación. (Fenómeno que ocurre en otros lugares como Andalucía y Bilbao -o Castellón tras su ocupación en 1938-).

Agosto:

• Ernesto Guadilla, carlista y preso en el *Altuna Mendi*, es condenado a muerte. Antes había sido afiliado al PSOE.

• Principian los supuestos planes para acabar con el catalán Tercio de Requetés de Montserrat, enfrentándolo a unidades muy superiores.

9 de septiembre:

• Ejecución en Derio del requeté de Barakaldo Heraclio Sierra.

Octubre:

• Enfrentamientos en Pamplona entre carlistas y fuerzas del Ejército, con tiros y gritos subversivos.
• Detenciones de estudiantes carlistas por toda España (Pamplona, Burgos, San Sebastián Vitoria…) por protestar contra el monopolio político de FET y de las JONS.
• Por los actos en Burgos, tras el desplante de los carlistas a Franco, es detenido Miguel Ángel Astiz, jefe de la AET de Pamplona y directivo de la sociedad *Muthiko Alaiak*; también son sancionados el jefe nacional de la AET -José María Zaldívar-, Arauz de Robles, Mariano Puigdollers y Tomás Lucendo Muñoz (día 12).
• Fal Conde escribe a Franco rechazando el nombramiento de Consejero Nacional que sin consultar el dictador lo ha designado, creyendo poder utilizarlo para que cesaran las protestas carlistas. En el escrito se queja de «los atropellos y violencias registradas en todas partes» contra los carlistas (día 28).

Noviembre:

• Plan de fuga de las Brigadas de Navarra: ocho requetés desertan del batallón América en protesta por las amonestaciones del general Marzo, por causa de enfrentarse con falangistas en Aragón.

Diciembre:

• Amenaza de fusilamiento a un requeté en un cuartel de Sevilla si reincidía en el delito de escribir en la pared «Viva Es-

paña» sobre otro que decía «Arriba España» y obligación de vestir cuello y hombreras azules a todos los requetés (día 12).
• Expulsión del carlismo de los tradicionalistas unificados.
• Detención del jefe carlista vasco Antonio Arrúe (día 21).
• Franco expulsa de España a D. Javier tras una entrevista en la que le muestra su oposición a la unificación y a un sistema de carácter fascista (día 25).

1938

s/f:

• Acoso falangista en Villalón (Burgos) al Secretario de FET y de las JONS, Licinio Fuente, por su condición de Jefe local del Requeté.

Febrero:

• A partir del ascenso de Fernández Cuesta a la Secretaría del Movimiento se empiezan a cortar los suministros necesarios para el uniforme carlista, se amenaza con fusilamientos si se pronunciaba «¡Viva España!» en vez de «¡Arriba España!», y se prohíbe a los requetés el uso del aspa de Borgoña.

Abril:

• El diario carlista *El Correo Catalán*, es obligado a un cambio de director ajeno al carlismo por órdenes del Gobierno.
• En Lérida la margarita Julia Bahillo es insultada por un militar por no llevar insignias de falange y por un falangista que le retira la boina roja; ella le responde con una bofetada llamándole «chulo de retaguardia». Más tarde se negará, junto al resto de margaritas, a confeccionar jerséis para la División Azul.

Mayo:

• Multa de 150 pesetas al jefe de requetés de Capdepera, Antonio García Flequer, por no colaborar en la cuestación pro-Valencia.

Junio:

• Prohibición de un acto carlista ante el primer aniversario de la toma de Bilbao.

Agosto:

• El Gobernador Militar de Castellón acusa a los carlistas de traidores por estorbar la unificación.

Octubre:

• Expedientados con arrestos 129 requetés de los tercios de Lácar, Montejurra y Navarra por no incorporarse a sus unidades.

Noviembre:

• Intento de asalto al Círculo carlista de Pamplona por un grupo de alféreces provisionales que acababan de jurar bandera.
• El alférez de Requetés Joaquín Villanueva golpea a un teniente legionario que con otros había atacado a un paisano y se había mofado de un carlista en Pamplona (día 12).

Diciembre:

• Militares falangistas amenazan con sus pistolas a los presentes en el Círculo Carlista de San Martín de Unx por exhibir un retrato de Fal Conde (día 3).
• En Pamplona unos legionarios italianos lanzan bombas de mano a unos requetés y hieren a tres niñas que juegan en la calle (día 5).
• Intervención de una fuerza militar en Cascante para cortar los enfrentamientos entre quienes gritan «Viva el Rey» y los que se oponen; se piden refuerzos a la Guardia Civil para prevenir otros posibles enfrentamientos en la procesión de la Inmaculada del día 8.

1939

s/f:

• La Guardia Civil informa negativamente de un carlista de Villarreal para un puesto de concejal «por no poseer bienes de fortuna y tener poca instrucción»

• Censurado un artículo sobre los fueros del director de *El Pensamiento Navarro*, Francisco López Sanz.

• Clausura de los Círculos carlistas de Lleida y Llardecans.

• Detienen en Calig a Consuelo Anglés Gascó, carlista de 27 años, para que denuncie a los que en una fiesta habían dado gritos contra Franco y a favor del Rey.

• Comienzan a organizarse clandestinamente los estudiantes carlistas de Madrid en la AET, reuniéndose en la academia Mella de la calle Barquillo. Cuando la policía descubre la tapadera han de dejar el local.

• El Gobernador de Navarra manda clausurar la peña deportiva y montañera *Denak-Bat* -fundada por jóvenes carlistas- con el pretexto de «motivos de salubridad».

Enero:

• Traslado del Tercio de Montserrat a Extremadura para que no estuviera presente en la ocupación de Cataluña.

• En su toma de posesión el nuevo Gobernador Civil de Castellón, José Luis Navascués, acusa de traidores a los carlistas.

• El general Monasterio prohíbe a los carlistas de Barcelona el reparto de símbolos carlistas.

• Asalto falangista a los locales de los estudiantes carlistas de la AET de Castellón (día 5).

• Enfrentamientos en distintos lugares de Pamplona entre militares y carlistas porque estos dan gritos ilegales y se les acusa de gritar «Muera Franco». Los militares irrumpen en el Círculo Carlista de la Plaza del Castillo para reprimir a quienes han gritado «Abajo la Falange» (día 15).

• Más enfrentamientos con heridos en Pamplona entre los que gritan «Viva Franco» y los que gritan «Viva el Rey» (día 26).

• En el bar Egea de Olite, un legionario y su padre humillan a los carlistas y amenazan con una pistola a Celestino Moya que se enfrenta a ellos (día 26).

Febrero:

• El general Álvarez Arenas expulsa de Barcelona al jefe carlista Sivatte.
• Se prohíbe la apertura de los Círculos carlistas en Cataluña y clausuran los que se han abierto.

Marzo:

• Iturmendi y Ortigosa se reúnen con Arrese, Ministro Secretario de FET y de las JONS, denunciando los «agravios inferidos a los tradicionalistas en sus símbolos y sentimientos».
• Boicot carlista a una conferencia del SEU en Tortosa, que da como resultado la creación de la AET en esta ciudad.
• Feliciano Nieva, mutilado de guerra, es sometido a consejo de guerra y condenado a 12 años por haber golpeado el 26 de enero en Pamplona a falangistas que gritaban «Viva Franco» tras enfrentarse a otros que gritaban «Viva el Rey» (día 29).
• En Pamplona varios requetés que gritan «Viva el Rey» golpean a un sargento falangista que, junto a otros, replica con un «Viva Franco» y le obligan a gritar «Viva el Rey» (día 30).

Abril:

• El gobernador de Valencia, coronel Planas de Tovar, manda cerrar los locales carlistas de la calle del Mar, se incauta de sus ficheros y encarcela a estudiantes de la AET.
• En Ujué los requetés Ricardo Osés, Jesús Sota y José Mª Ojer son detenidos por la Guardia Civil acusados de agredir a un falangista (día 30).

Mayo:

• Clausura del Hospital Alfonso Carlos (día 4). Las enfermeras que han trabajado en él durante toda la guerra estarán obligadas a realizar el Servicio Social franquista.

• Prohibición a los requetés de que desfilen en Madrid con sus crucifijos. Además, estos se niegan a desfilar si se les obliga a hacerlo con la camisa de Falange (día 19).
• Por decreto de 24 de mayo de 1939 se suspende la organización asistencial carlista «Frentes y Hospitales»
• Detenidos en Cataluña Busquets -acusado de formar una organización clandestina carlista en Barcelona-, y Sagrañes, uno de los jefes de Reus. Acoso policial a Ortiz Estrada.
• Recomendaciones para alejar «rápido y fulminantemente de Cataluña» a los carlistas Gimbernau, Roma y Batllé, acusados de «despertar en los tradicionalistas y catalanistas el sentimiento de Patria Catalana»
• Enfrentamientos con falangistas en Estella, Hellín y Santander.
• Prohibición para que los requetés realicen un desfile en Pamplona; para evitarlo, varios tercios de Requetés que se hallan en Tudela son acuartelados.

Junio:

• Reyerta en un café de Villarreal entre carlistas y oficiales militares donde a uno de estos le arrebatan su pistola reglamentaria.
• El alcalde carlista de Segorbe, Bernardo Cortés, tiene conflictos con la Guardia Civil y otras autoridades: no sólo se niega a afiliarse, sino que hostiga continuamente a FET y de las JONS.
• Siete requetés de Valls pasan 15 días presos y se les corta el pelo en el Cuartel de Milicias de Falange por lucir el distintivo carlista de la borla amarilla durante la procesión del Corpus.
• En un homenaje en Pamplona al falangista Ruiz de Alda, la 5ª Bandera de Falange provoca a los carlistas frente a su Círculo y se producen graves enfrentamientos. El carlista Máximo Larrea es apuñalado. Ha de intervenir el Ejército y la Guardia Civil para desalojar la Plaza del Castillo (día 19).
• En Artajona es detenido -y después ingresado en prisión- el requeté Martín Ortiz por mofarse de los requerimientos de la Guardia Civil para que dejara de gritar «Viva el Rey y no hay más que un Rey» (día 26).

Julio:

• Durante la visita del conde Ciano a Tarragona es detenido un militante de la AET de 14 años por rotular en una bandera de Falange «*Visca el rei*» *(día 11).*

• Enfrentamientos en Morella entre carlistas y falangistas donde la Guardia Civil toma partido por estos últimos.

• Requetés del Tercio de Begoña destruyen placas con el nombre de José Antonio del muro de la Iglesia Arciprestal de Morella y arrancan el rótulo de la Jefatura Local que intentan asaltar dando gritos contra Franco y a favor de Fal Conde.

• En Barcelona, el Gobernador Civil sanciona con 15 días de arresto domiciliario a los dirigentes carlistas Ortiz Estrada y Cunill Postius, por negarse a que los requetés participen en un acto conmemorativo del 19 de julio.

• Serrano Suñer prohíbe cualquier publicación en prensa sobre el discurso del carlista-colaboracionista Rodezno, así como del acto del homenaje que le hace la Diputación de Navarra.

• Enfrentamientos entre carlistas y falangistas en Pamplona.

• Denunciadas y tildadas de «raposas» dos mujeres carlistas de Lérida -Josefina Falcó y Ángels Pocarull-, por no adquirir insignias falangistas y por su actitud ante las autoridades unificadas.

• Grupos de legionarios armados con fusiles y a los gritos de «Muera Navarra», «Muera el Rey» y «Viva Franco», se dedican a «limpiar» las calles de Pamplona a culatazos, golpes y disparos al aire, hiriendo a varias personas. Dicen que es por vengar una agresión anterior y porque les han provocado con los gritos de «Viva el Rey» (día 23).

Septiembre:

• Francisco Martín, carlista de Segorbe que combate a FET y de las JONS desde dentro, es expedientado por usar la boina roja sin camisa azul en un acto oficial (día 10).

• En Estella un grupo de militares entra en el bar La Moderna insultando a estelleses y requetés y gritando «Viva Franco». Agreden y persiguen al carlista Jesús Larrainzar hasta irrumpir en su casa.

Octubre:

• Fal Conde es confinado en Sevilla por 7 años. Además, se le aplica la censura de su correspondencia, vigilancia personal y domiciliaria y la sujeción a trámites dilatorios para viajes profesionales y medidas policiales en relación con sus visitantes.
• Estudiantes carlistas de la universidad de Valencia, al acabar la ceremonia de inauguración del curso, en el Paraninfo, se ponen la boina roja y cantan el Oriamendi, lo que provoca la reacción falangista que les ataca generándose un gran altercado.

Noviembre:

• Baja masiva de la Sección Femenina de las Margaritas de Logroño.

1940

s/f:

• Detenida la presidenta de las Margaritas de Valencia, Sara Peris Calvet, por orden del Gobernador Civil, coronel Javier Planas de Tovar, a resultas de unos enfrentamientos con la fuerza pública en una nutrida manifestación carlista que se formó para acompañar los restos de unos carlistas valencianos muertos durante la Guerra Civil.
• FET y de las JONS denuncia la colocación de pasquines carlistas en diversas ciudades de España abogando por la neutralidad en la Segunda Guerra Mundial.
• Lamamié se queja a José Finat, Director General de Seguridad, de abusos producidos por gobernadores civiles contra carlistas, en Ciudad Real, Salamanca, Murcia, Mallorca y Zamora, con encarcelamientos, cortes de pelo, purgas con aceite de ricino, etc.
• Un jefe carlista de Albacete se niega a recibir órdenes de la Falange; dice que sólo recibe órdenes de Fal Conde.
• Lola Baleztena, de Pamplona, se niega a pagar una multa impuesta por cambiar en los impresos de la Sección Femenina la frase «Revolución Nacional Sindicalista» por la de «Dios-Patria-Rey».

• La margarita Piquer, antigua delegada de Frentes y Hospitales de Barcelona es señalada porque va pregonando que «prefiere que la fusilen a ponerse la camisa azul».
• El hermano de D. Javier, Gaetán -que había sido herido en la Guerra Civil como voluntario requeté-, llega con su familia desde Francia a España donde las autoridades le impiden refugiarse.

Enero:

• El presidente de la Junta Carlista de Cataluña, Mauricio de Sivatte, es encarcelado en la Modelo de Barcelona (día 26). Estuvo una semana sin habérsele explicado los motivos. Los presos políticos de esta cárcel, después de la misa, fueron amonestados por no cantar el Cara el Sol y sí el Oriamendi a imitación de Sivatte.
• En Barcelona, según Falange, requetés y antiguos sindicalistas recopilan armas y se preparan para tratar de «sembrar en España un estado constante de alarma con atentados y otros hechos análogos».
• Días después de ingresar en la cárcel provincial de Castellón, al carlista de 76 años Juan Bautista Lloret Manrique, natural de Villarreal, se le abre consejo de guerra. Un sacerdote le había denunciado por pertenecer a la CNT y haber colaborado con los «rojos».

Febrero:

• A Francisco López Sanz se le prohíbe la publicación de una serie de libros sobre la historia de los Tercios de Requetés (día 5).
• En Tarragona se producen enfrentamientos a tiros entre requetés y falangistas con un muerto y varios heridos; según informes oficiosos «la Falange es la que se ha impuesto y ha mantenido los postulados impuestos por el Caudillo».

Marzo:

• Denuncia contra carlistas en Barcelona que, en el Día de los Mártires de la Tradición, se niegan a admitir la insignia de Auxilio Social (día 10).
• FET y de las JONS denuncia en Pamplona que había pelayos incumpliendo ostensiblemente la legalidad de la unificación.

• El cardenal Segura, arzobispo de Sevilla, amenaza con excomunión si se pintan en los muros de las iglesias los nombres de José Antonio y de los «Caídos por Dios y por España» (día 30). Como consecuencia de ello en Valencia es detenido el requeté Pepe Soria por pintar un letrero que decía «Viva el cardenal Segura».

Mayo:

• Los carlistas son atacados al grito de «Aquí la Falange» y «Camaradas al asalto» en la procesión del Corpus de Barcelona. Tras repeler la agresión, los carlistas son acusados de desórdenes y encarcelan a cuarenta y tres requetés; uno de ellos, Agustí Rubio, es deportado a Mahón (día 22).
• En Murcia varios jóvenes son encarcelados por pasearse por las calles luciendo emblemas carlistas.
• Detenido el presidente de la Adoración Nocturna de una diócesis por llevar una insignia del Requeté; es escarnecido en el despacho del gobernador, se le hace ingerir aceite de ricino y, en Jefatura de Falange, le cortan el pelo (día 31).

Junio:

• En una carta de queja del dirigente carlista Ortiz Estrada se hace mención al caso de una chica represaliada que se niega en absoluto a interponer el recurso por miedo a represalias (día 24).
• Tras la entrada de tropas alemanas por la frontera de Hendaya son detenidos buen número de carlistas -entre ellos tres sacerdotes que lo habían sido de Tercios de Requetés-, acusados de espionaje a favor de los ingleses. Los tres sacerdotes son procesados y condenados a penas de prisión.

Julio:

• Inauguración del museo carlista de Pamplona, legalmente bautizado como «Museo de Recuerdos Históricos» porque la nueva situación política les impedía dar el nombre adecuado.
• La prensa española intenta desprestigiar a D. Javier de Borbón Parma (expulsado por Franco) tras una entrevista en *Le Jour*, donde narra su participación en la evacuación de Dunkerque.

• Multa de 1.000 pesetas a José Martinavarro, de Almazora, por negarse a pagar la Ficha Azul y animar a otros a que tampoco lo hicieran.

• Detenido y encarcelado en Burgos el agricultor tradicionalista Juan Gayubo acusado por el Gobernador Civil de estraperlista. Tras ser revocado el caso, continuó siendo acosado por el jefe local de Falange de Aranda de Duero.

• Cartas de Lamamie de Clairac (día 23) y de Ortiz Estrada (s/f) denunciando detenciones arbitrarias de carlitas con humillaciones diversas.

26 de agosto:

• Dos ex-requetés de Olot, del Tercio de Montserrat, son amonestados por el Gobernador Civil de Gerona por insertar una esquela y organizar una misa por los requetés de la comarca muertos en Codo.

Diciembre:

• Multa de 150 pesetas a Joaquín Anglés, de Benicarló, por negarse a pagar la Ficha Azul

1941

s/f:

• Consejo de guerra al requeté Jesús Lasanta por reparto de propaganda antifranquista.

• Detenciones de carlistas en distintos lugares de España por intentar formar unidades aliadófilas durante la Segunda Guerra Mundial.

• Detención del guipuzcoano José Garmendia Aristi y del sacerdote navarro Fermín Erice, por participar como cabecillas carlistas, al servicio de Inglaterra, en el «Plan Azor» contra una posible invasión de Alemania.

• En Zaragoza, el teniente de caballería Constantino Gómez Ramos, que se halla 29 meses en prisión por gritar «Viva el Rey» pide a José Mª Valiente que interceda por él.

• El carlista Juan José Moreno Barraquero es desterrado en Jaén.

Febrero:

• Interceptadas más de 60.000 comunicaciones postales de adhesión de carlistas a la esposa de Alfonso Carlos, María de las Nieves, que se halla gravemente enferma en Viena. A Fal Conde se le deniega la asistencia a su entierro cuando muere y en Tarragona es censurada una misa en memoria de la difunta por parte del Jefe Provincial del Movimiento.

Marzo:

• Las autoridades prohíben el acto de la bendición de un panteón en Montcada a la memoria de los tradicionalistas asesinados; el panteón fue sufragado por carlistas con una recolecta clandestina.

Abril:

• Escrito del carlista de Aranda de Duero, Juan Gayubo Fuentenebro, quejándose de la persecución a la que es sometido por la Falange y el gobernador de Burgos.

Junio:

• Multa de 500 pesetas a Miguel Llopis, de Tortosa, por participar en un acto carlista

13 de agosto:

• Desde su confinamiento en Sevilla el dirigente carlista Fal Conde es desterrado a Menorca por defender la neutralidad durante la Segunda Guerra Mundial. La orden de destierro ha de ser cumplida en el plazo de veinticuatro horas. Durante el viaje se produce un intento de asesinato. En el Gobierno Civil de Palma de Mallorca -donde hace escala-, un grupo de mujeres carlistas que acompañan a Fal Conde son amenazadas por las autoridades con ser confinadas también si no abandonan al deportado.

Octubre:

• Carlistas andaluces acusados de propaganda ilegal, al ingresar en la prisión de Málaga son bien recibidos por los presos políticos por creerles implicados en el «Plan Azor».

Noviembre:

• Enrique Comes Monfort, de Burriana, es sancionado con una multa de 1.000 pesetas «por haberse negado a que le colocaran el emblema de Auxilio Social».

Diciembre:

• En la Jana, es multado con 500 pesetas, Domingo Vallés Saurina, por negarse a pagar en la cuestación para el Movimiento al que insulta.
• Levantado el destierro a Fal Conde, es aclamado en muchos de los pueblos por donde hace escala hacia Sevilla. Se le prohíbe pasar por Madrid. A su llegada a Sevilla la policía disuelve una manifestación de carlistas que han ido a recibirle. Se le impone una nueva sanción.
• En Alcalá de Henares son «acusados de hacer propaganda y repartir hojas clandestinas», cuatro carlistas pertenecientes a «una organización clandestina de estudiantes de la AET» (día 9).

1942

s/f:

• Franco deniega a D. Javier el paso por España desde la Francia ocupada.
• En la Jefatura de Milicias de Castellón, el teniente Tomás Martorell, por sus actividades carlistas es amonestado por sus superiores y más tarde el gobernador civil le expulsa de la Jefatura y

de la vivienda, teniéndose que marchar con su mujer y tres hijos a una casa de Almazora prestada por otro carlista.

Enero:

- Nuevo complot de Serrano Suñer para asesinar a Fal Conde.
- Informes de distintos gobernadores civiles y de Falange dan cuenta de movimientos tradicionalistas tendentes a un levantamiento carlista para derrocar a Falange y a Franco. El gobernador de Málaga implica a la responsable de las Margaritas, Concha Rein, y sugiere al ministro ponerla a «disposición de la jurisdicción de guerra» (día 23).
- El «Jefe de propaganda de Castilla» un escritor llamado Edmundo Aragonés Merodio, es investigado por propaganda ilegal carlista en Madrid.
- Un grupo de carlistas prende fuego al mobiliario de la Delegación Provincial Sindical de Sevilla.

Febrero:

- Los carlistas reparten una pastoral del obispo de Calahorra en contra del nacional socialismo alemán con evidente intención de denunciar a la Falange. El jesuita carlista vasco, Miguel Zubiaga -que por haber vivido en Alemania conocía y rechazaba el nazismo-, fue desterrado de San Sebastián y lo enviaron confinado a Canarias.
- Agresión a carlistas en Málaga por negarse a levantar el brazo y a cantar el Cara el Sol.
- Un informe de la Delegación de Información e Investigación de la Jefatura Provincial de Albacete, de FET y de las JONS, describe una organización carlista armada clandestina que suponen preparapara un levantamiento (día 20).

Marzo:

- Al término de un homenaje a veteranos carlistas en Burgos, y ante la negativa a quitarse las boinas rojas, la policía arremete violentamente contra la multitud y son detenidos y encarcelados los organizadores; la presidenta de las Margaritas y otra carlista son multadas con 2.000 pesetas cada una.

• Pedro Bisquera Gual, Antonio Gelabert Florit, Juan Estarás Mateu y Bartolomé Darder Trías, son detenidos en distintos pueblos de Mallorca por colocar carteles carlistas contra el régimen (día 8).

• Son detenidos en Córdoba trece carlistas de los que imprimieron y pegaron pasquines.

• En la Universidad de Oviedo y en Gijón la AET defiende a palos los pasquines carlistas.

• Profusión de pasquines por toda España con textos alusivos al Requeté y contra Falange y Franco (día 9).

• Detenidos diez carlistas en Valladolid por cantar el Oriamendi y gritar «Viva el Rey» tras una manifestación en la Fiesta de los Mártires de la Tradición. Siete de ellos son dirigentes: Sánchez, Bastardo, Barranco, Pascual, Jiménez, González de Echávarri y Julio Redondo (día 10).

• Detenidos en Sevilla tres jóvenes carlistas, Rodrigo Bethencourt, Angel Onrubia y Aníbal González, que pasan a disposición de la Jurisdicción Militar (día 10).

• Misa y manifestación en Madrid con enfrentamientos con falangistas y con la policía: cinco carlistas detenidos. En este contexto, falangistas apalean en Madrid a Luis Manuel Hernando de Larramendi por negarse a levantar el brazo (día 8); el día 12 -mientras colocaba carteles- es detenido a punta de fusil por la Policía Armada, junto a su hermano Ignacio y un tal Perreau. Tras pasar por los calabozos los hermanos son conducidos ante un juzgado militar.

Abril:

• Informe del seguimiento al sacerdote y predicador de Valencia Juan Benavent por sus actividades y propaganda tradicionalista, acusado también de masón y naturista.

Mayo:

• Detenidos ocho estudiantes carlistas adolescentes en Barcelona que fueron liberados por requetés mientras los llevaban a hacer trabajos forzados de repoblación forestal. Vueltos a detener junto a dos más, permanecen diez días incomunicados y multados con cinco mil pesetas cada uno (día 10). Después los falangistas intentaron volar un museo carlista.

• Un carlista muerto en Madrid en los enfrentamientos estudiantiles con falangistas (día 19).

• Los hermanos Gregorio y Julio Redondo pasan varios días en los calabozos del gobierno civil por enfrentamientos con los falangistas en la romería del Carmen de Valladolid.

Julio:

• El director general de Seguridad reúne en Oviedo a los jefes de la Falange asturiana y los amonesta por no haber podido impedir actos y propaganda clandestina de los carlistas del Principado.

• Concentración carlista en Bilbao e intentos de disolverla por la policía (día 25); dos días antes se habían cerrado los accesos para impedir la llegada de carlistas foráneos.

Agosto:

• Miles de carlistas en Tolosa se enfrentan con las autoridades, aclamando a Fal Conde en un acto conmemorativo de la ocupación de la ciudad. Son detenidos un hombre y dos mujeres por los gritos subversivos (día 9).

• Tras el reparto masivo de un manifiesto carlista, son detenidos en Jerez de la Frontera dos de los propagandistas: Manuel Gutiérrez Troncoso y un Teniente de Infantería apellidado Quesado Calvo, que pasan a disposición judicial, civil y militar (día 11).

• Un grupo de falangistas lanza dos bombas en una concentración carlista en Begoña de resultas de las cuales se producen 117 heridos, -80 de los cuales graves- y 3 muertos: Francisco Martínez Priegue, Roberto Mota Aranaga, y Juan Ortuzar Arriaga (día 16). Como consecuencia veinte carlistas son detenidos acusados de la masacre, pero ante la evidencia, son liberados a los pocos días. El jefe carlista de Vizcaya, Pedro Gaviria, es desterrado durante varios meses a Madrigal (Ávila).

• El general Varela se enfrenta a Franco por causa del atentado de Begoña y dimite como ministro.

• Detenidos y encarcelados en Gerona: Güell, Plana y Molina, por repartir un escrito denunciando los crímenes de la Falange en Begoña. La madre de uno de ellos increpa a las autoridades y ellos al salir hacen lo propio, siendo amenazados.

Septiembre:

• Prohibición gubernamental del acto de homenaje a Tomàs Caylà asesinado en 1936. A resultas de los incidentes, es encarcelado durante más de tres meses Joan Guinovart, un joven carlista discípulo de Caylà.

Octubre:

• Sanción de 2.000 pesetas al estudiante Juan Gutiérrez Montesinos, de la universidad de Sevilla acusado de desórdenes públicos por cantar el Oriamendi en el acto de inauguración del curso.

Noviembre:

• Detención de Arauz de Robles en Madrid, tras llegar de Molina de Aragón, por una «supuesta sublevación de los requetés de Zaragoza».

Diciembre:

• Clausura gubernamental del Círculo carlista de Burriana y destierro de su presidente, el maestro Pascual Fandos Mingarro; escrito de protesta de 50 madres de sus alumnos al gobernador.

1943

s/f:

• El dirigente comunista Jesús Monzón intenta formar la «Unión Nacional» contra Franco y la Falange, contando con los carlistas.
• Tras participar en la resistencia en Francia, es secuestrado en Lisboa por agentes españoles el requeté Jaime Lasuen, luego trasladado ilegalmente a Madrid donde fue torturado en la Dirección General de Seguridad por la policía española y la Gestapo; puesto en libertad por la intervención de las autoridades

portuguesas, fue «devuelto» a Portugal donde falleció a consecuencia de las secuelas.

• Sancionado en Valencia, con la pérdida de curso en el campamento de la Milicia Universitaria, un estudiante carlista por negarse a cantar el «Cara el Sol».

• Desterrados Arauz de Robles, Olazábal y Gaiztarro de la Junta Nacional Carlista.

Enero:

• Asesinado en Sevilla -en extrañas circunstancias atribuidas a elementos de Falange-, el excombatiente del tercio de Borgoña de Málaga, Aurelio Castaño Casamayor.

• El Gobernador de Guipúzcoa suspende un acto carlista en el «Círculo España» de San Sebastián (día 6).

10 marzo:

• Detenidos 40 carlistas en Tarrasa; multas de 10.000 pesetas a D. José Tapiolas Castellet y ocho días de arresto a Manuel Roig Llopart, Ramón Agut, Joaquín Tapiolas, Jaime Verdaguer, Antonio García Elías, Francisco Gircha y Joaquín Bellés, por pintar letreros y poner carteles tras los incidentes del 10 de marzo.

• En Valladolid encarcelados durante 30 días cinco carlistas: Mariano del Mazo, Ramón González de Echávarri, Antonio Lana Besumont, Crescencio Negro Chicote y Alfonso Treviño de Villalain (luego expulsado de la universidad); otros 2 fueron encarcelados 15 días: Julio Roldán González y José Luis González Echávarri.

• Detención en Logroño del requeté Jesús Lasanta en la Fiesta de los Mártires; se le abre su segundo consejo de guerra por enfrentarse a la Policía.

Abril:

• Destierro en Valencia del carlista de Segorbe Joaquín Cortés Aparicio -casado y con tres hijos menores-, por manifestarse «osadamente contrario a la Unificación».

25 mayo:

• Detención, encarcelamiento y destierro durante once meses en Albacete, del dirigente carlista Zamanillo.

Junio:

• En Lerín, tras una protesta contra el reclutamiento militar -de requetés que ya habían hecho la guerra-, con ofensas a Franco y su régimen, son sometidos a consejo de guerra 15 requetés de los que 10 son condenados.
• Detención y multa de 500 pesetas a José Antonio Gentil Palomo, mecanógrafo de Fal Conde, por falta de respeto a la autoridad policial en Sevilla (día 11).

Julio:

• Manifestación nocturna en Madrid gritando vivas al rey, al Requeté y a Inglaterra (día 10).
• El Gobernador de Navarra manda cerrar la catedral y amenaza con cárcel a los carlistas para impedir una misa y un acto durante las fiestas de San Fermín (día 11). El organizador, Juan Elizalde, fue detenido y posteriormente desterrado.

Agosto:

• Enfrentamientos entre policía y carlistas en Bilbao a raíz de un nuevo acto en Begoña y posterior manifestación contra Franco. Son detenidas 34 personas, entre las cuales siete mandos militares de Tercios de Requetés, a los que se les abre una causa. El Gobernador manda clausurar la «Casa de la Cruzada», centro de reunión carlista (día 22).
• Nuevo destierro del carlista vizcaíno Pedro Gaviria, lo que le supuso el cese como profesor de la Escuela de Comercio «por abandono de destino». También es desterrado otro carlista apellidado De Luisa.
• El Ministerio de la Gobernación prohíbe un acto religioso en el ermitorio de *Mitg-camí* de Tortosa por los requetés de la

comarca muertos en la guerra. Aunque se cerraron los accesos el acto se realizó (día 22).

• Interceptada por el Servicio de Información de Correos una carta de Cora y Lira a Juan Villanueva.

Septiembre:

• Nuevo destierro del jefe carlista guipuzcoano Antonio Arrúe.

Octubre:

• El Gobernador Civil de Valencia, Ramón Laporta Girón, manda detener a la presidenta de las Margaritas de Valencia Sara Peris que pasa nueve días en la cárcel Modelo del Paseo de la Pechina. También es detenido, encarcelado por un mes y multado con 1.000 pesetas, el Jefe Provincial carlista de Valencia, Dr. Juan Vanaclocha.

• Desterrados el jefe local carlista Carlos Vilar Costa y José Mª Seglar Traver a más de 50 Km de Villarreal.

Noviembre:

• Durante la festividad de Cristo Rey en Madrid, diversas centurias falangistas provocan a los carlistas que, al defenderse, acaban en batalla campal. La policía exige a los carlistas que devuelvan a los falangistas la bandera -ya hecha jirones-, que les habían arrebatado. Como consecuencia, varios carlistas a la espera de ser multados son puestos en libertad, a excepción de una mujer. En la misma festividad, en Valencia, también son detenidos varios carlistas a los que también ponen en libertad excepto a la mujer a quien mantienen incomunicada.

• La Comunión Tradicionalista hace llegar a Franco el «Documento de Reclamación del Poder».

Diciembre:

• Destierro en Burriana de la presidenta de las Margaritas de Valencia, Sara Peris, hasta el 25 de febrero del año siguiente (día 15).

• Detenidos en Valladolid tres carlistas por organizar un coloquio (día 26).

1944

s/f:

• Juan Larrea muere en un tiroteo en Olagüe en el contexto de hostilidades con el Gobernador Civil y la Falange; el funeral se convierte en una gran manifestación carlista. Como consecuencia, Juan Cruz Ancín, Miguel Matas, Miguel Ángel Astiz, Macario Hualde y Mariano Zufía, jefes del requeté navarro, son desterrados: Ancín a Almería, Matas a Barcelona y el resto a Zaragoza (otoño).
• Cierre e incautación del Museo del Requeté de Sevilla.
• Varios estudiantes carlistas catalanes son detenidos en Madrid por hablar en catalán, entre ellos Artur Juncosa.
• Encarcelado el gerente de la Editorial Tradicionalista de Madrid y sometido a proceso por imputársele la edición de Hojas contra el Caudillo.

Enero:

• Detención de un carlista salmantino apellidado Ribera. Se le traslada al campo de concentración de Nanclares de la Oca (día 19).
• Encarcelamiento durante 20 días del delegado de propaganda de la AET de Valladolid, Julio Redondo, por el coloquio realizado el mes anterior (día 28).

Febrero:

• Una octavilla de Falange amenaza con aplastar a los estudiantes carlistas de la AET de Valladolid.

Marzo:

• Días antes de la Fiesta de los Mártires de la Tradición, dos carlistas son detenidos en Madrid por repartir propaganda; se

pasan más de dos meses en prisión sin acusación formal alguna. En Toledo es detenido el dirigente carlista Hernández Peinado.
• El día de dicha Fiesta son detenidos 32 jóvenes carlistas entre los cuales cinco chicas. Permanecen en los calabozos quince días y se les imponen multas por valor de 151.000 pesetas. Cinco de ellos -Larramendi, Márquez, Ruiz, Díaz y López- fueron enviados al campo de concentración de Nanclares de la Oca obligados a realizar trabajos forzados hasta el 19 de abril; dos meses después, Márquez volvió a ser detenido. También detenciones en Orense y en Valladolid.

1 de abril:

• El catedrático carlista de la universidad de Salamanca Elías de Tejada, es secuestrado en Madrid y agredido por dos agentes de la policía que, además, le obligan a tomar aceite de ricino.

Junio:

• Es ahorcado en Tulle, junto a otros 99 resistentes franceses, August Pierre Combes, que había combatido como voluntario requeté en el Tercio de Montserrat.

22 de julio:

• D. Javier de Borbón Parma, tras participar en la resistencia contra los alemanes, es detenido en Francia por la Gestapo, pasando por diversos campos de concentración y exterminio nazis, hasta el final de la guerra. Ante una consulta de los alemanes sobre D. Javier, Serrano Suñer dice que «no estaba interesado en ese asunto».
• Encarcelamiento del sargento de requetés Armendáriz y la de otros cuatro requetés. También una multa a la Peña *Muthiko Alaiak* por un desplante al ministro Arrese en la plaza de toros.

Noviembre:

• El Rector de la universidad de Valladolid, Cayetano Marguelina, por orden del Gobernador Tomás Romojaro, comunica al miembro de la AET Julio Redondo, que tiene prohibida la entrada en la universidad.

13 de diciembre:

• El estudiante carlista León Lizaur, tras contradecir a un catedrático de la Universidad Central y provocar un enfrentamiento con el SEU, es detenido y encerrado en la Dirección General de Seguridad durante más de un mes, siendo después confinado durante tiempo indefinido.
• Un grupo de Falangistas dispara contra Fal Conde y su familia, que habían salido al balcón de su casa ante los gritos insultantes de los falangistas.

1945

Febrero:

• El Gobernador Baeza Alegría clausura el Círculo Carlista de Zaragoza (día 8).
• Los estudiantes de la AET de la universidad de Valladolid protegen al catedrático Vicente Gay de ser agredido por las Escuadras Volantes Onésimo Redondo. En el altercado se producen heridos por ambas partes, pero la policía sólo detiene a los carlistas, dos de los cuales, Julio Roldan y Alfonso Treviño -en el servicio militar-, son sometidos a consejo de guerra, condenados y expulsados de la universidad.
• Dos pelayos de Pamplona son desterrados con sus padres por negarse a gritar «Arriba España» en una «Escuela de Aprendices».

Abril:

• Son detenidos en Tolosa: Juan Mocoroa Arsuaga y Juana Alberdi Arteche. Al primero, tras pasar por la cárcel de Pamplona hasta el 4 de junio, se le destierra a Soria; a su regreso pasa a disposición judicial. A Juana se la destierra a Lugo. También es detenido Querejeta (día 17).
• En los pueblos de Navarra los carlistas van predicando la «resistencia civil» y animan a los campesinos a luchar contra el

poder y «que no entregaran los cupos de harina, ni de trigo ni nada» porque la caída del régimen está cercana.

Mayo:

• Multa de 250 pesetas a Juan Segarra, de Tortosa, por gritar «Viva el Rey» en un acto en Morella (día 5).
• Liberación de D. Javier del campo de concentración alemán -con 39 kilos de peso- (día 8).
• Tras una misa de acción de gracias en Barcelona por la liberación de D. Javier, 3.000 carlistas se manifiestan contra Franco y Falange y son disueltos por la policía. Se producen varios detenidos, cinco de los cuales acaban en la cárcel (día 20).
• Interceptada por el Servicio de Información de Correos una carta de Fal Conde a Sivatte (día 23).
• Luis Elizalde, jefe del Requeté vizcaíno, preso por sus actividades carlistas.
• El jefe de requetés de Navarra, José Mª González Echávarri, por orden del gobernador militar, es internado en un campo de trabajadores de Lesaca por organizar el Requeté.
• Inquietud entre los gobernantes de Navarra por la movilización pro D. Javier, que se prepara para el 3 de diciembre, que supone un control estricto de Falange, Policía y Guardia Civil.

19 agosto:

• Todavía desde su confinamiento, Fal Conde escribe a Franco protestando por las injusticias cometidas contra el carlismo y planteándole acabar con el régimen dictatorial.

Septiembre:

• La falange boicotea un acto carlista en Covadonga.

24 noviembre:

• La policía investiga en Pola de Lena al peón Pablo Robiedo Fernández, por propaganda carlista entre los obreros del taller.

Diciembre:

• En Berbinzana cuatro carlistas son interceptados en un control de la Guardia Civil cuando viajaban en un coche con propaganda subversiva.

• Detenido por la Benemérita Jaime Mondragón, presidente del *Muthiko Alaiak*, cuando se dirigía a Miranda de Arga para repartir boinas rojas.

• Gran concentración y movilizaciones en Pamplona en honor a D. Javier con duros enfrentamientos armados con la policía; clausura del Círculo Carlista, registros y encarcelamiento de más de un centenar de carlistas. Se les abre la Causa nº 624/45 (día 3).

• En Valencia, en otra gran manifestación de varios miles de carlistas en honor a D. Javier, se producen enfrentamientos con la Policía y son detenidos 30 participantes, entre ellos: José María Barber Adam -jefe regional del País Valenciano-, Fernando de Rojas Dasi, José María Melis Saera y Silvino Rausell, que, además son multados con 50.000 pesetas y encarcelados (día 3).

• Otras manifestaciones menores que las de Pamplona y Valencia se producen en varias ciudades con escaramuzas diversas y detenciones (día 3).

• En Sevilla se producen enfrentamientos con falangistas y algunos carlistas son detenidos (día 8).

• Detenciones en Hernani (Elías Querejeta), en Tolosa (Juan Mocoroa); en Astigarraga (Almandoz); en San Sebastián (Ansola, Silva y Mojedano).

• El centenar de presos carlistas de la cárcel de Pamplona se niega a contestar los gritos de rigor de loas a Franco tras la Marcha Real y son secundados por el resto de presos políticos.

• D. Javier entra clandestinamente en España y se reúne en San Sebastián con Fal Conde, Zamanillo y Lamamié, entre otros.

1946

Marzo:

• El Gobierno Civil de Barcelona prohíbe una misa y un Vía Crucis en el cementerio de Montcada que fue tomado por la policía para impedir la entrada. Son detenidos durante tres días varios carlistas, entre ellos Vicente Catalán.

Octubre:

• El gobernador de Tarragona prohíbe, por subversivo, un acto carlista en *Villalba dels Arcs*, cuyos accesos son tomados por la Guardia Civil (día 13).

1947

s/f:

• La Guardia Civil intercepta un autobús con 30 carlistas que se dirigen a un acto en Bellpuig. Muchos son detenidos e ingresados en la cárcel de Lleida durante 15 días: Catalán, Costa, Balañá, Rodríguez, Laborit, Samá, etc.
• Detención en Monovar (Alicante) de cinco carlistas de edad avanzada. Uno de ellos, Enrique Payá, de 62 años, fue maltratado y encarcelado durante cinco días; después estuvo en arresto domiciliario.
• Detención en Pamplona de Juan Cruz Ancín por hacer propaganda contra el referéndum y la Ley de Sucesión.

Marzo:

• Detenidos 12 carlistas en sus domicilios de Madrid, de manera preventiva, ante la Fiesta de los Mártires de la Tradición (día 8).
• Enfrentamientos de los carlistas con varias compañías de Policía Armada con caballería en la Plaza de España de Madrid. Los falangistas insultan y apalean después a algunos carlistas. Son detenidos 30 de estos y ningún falangista (día 9).

Julio:

• Boicot del carlismo catalán al referéndum sobre la Ley de Sucesión con las consecuencias de sanciones, encarcelamientos y amenazas por no ir a votar (día 6).

Mayo:

• Varios carlistas catalanes son detenidos tras el acto de Montserrat y los discursos son censurados por la prensa.

1 diciembre:

• Censura de la revista carlista *Misión*.

1948

s/f:

• Las presiones del gobierno obligan al cierre definitivo de la revista *Misión*.

Mayo:

• Prohibida la realización del *Aplec* de Montserrat. En su lugar se realiza un homenaje a Sivatte y se inicia -con 1.000 pesetas aportadas por las Margaritas-, la cuestación para un monumento a los muertos del Tercio de Montserrat (día 2).
• Por los hechos de Pamplona del 3 de diciembre de 1945, se condena a dos octavistas a un mes y un día de arresto mayor y 2.000 pesetas de multa y al carlista-javierista Ángel Goñi, a 6 meses y un día.

Agosto:

• Jóvenes carlistas navarros encienden hogueras en calles y montes, evocando un rito ancestral de aviso de contrafuero contra el antiforalismo del gobernador.

Septiembre:

• Sivatte exige una actitud de enfrentamiento total con la «actual dictadura española» y pide a D. Javier que abandone su destierro y se ponga al frente de la Comunión Tradicionalista, incluso a título de rey (día 8).

Noviembre:

• Una hoja carlista destapa temores en el Ejército de que se pueda producir en el País Vasco y Navarra un grave conflicto de orden público de tipo foral (día 24).
• El gobernador de Tarragona declara la guerra al jefe carlista Forcadell por negarse a colaborar con él en las elecciones municipales.

1949

Marzo:

• Muere el escritor Fernando Polo de una tuberculosis atribuida a los varios encierros en calabozos por sus actividades carlistas (día 10).

Octubre:

• Prohibido un acto en Montserrat en el centenario del nacimiento del rey carlista Alfonso Carlos I (día 23).
• A José María Valiente se le deniega el pasaporte para desplazarse a Tánger por asuntos profesionales, al tener pendiente la Causa de «manifestación no pacífica» de Pamplona de 1945.

1950

Marzo:

• Bajo las órdenes de Elola-Olaso, varias centurias de Falange agreden con porras de hierro y hieren a dos requetés en su Fiesta de los Mártires. La respuesta provoca también algunos heridos falangistas.

1 de mayo:

• El Ministerio de Asuntos Exteriores envía un telegrama confidencial al embajador en Roma, encargando informe de contactos y conversaciones que puedan tener los dirigentes carlistas.

• En una ceremonia en el Vaticano, y por sentirse ofendidas las autoridades españolas allí presentes -esposa de Franco y marqueses de Villaverde-, el gobernador de Lérida, amenaza a los carlistas en ajustar cuentas a su regreso a España.

Junio:

• 275 estudiantes de la universidad de Madrid mandan un escrito al Ministro de Educación quejándose de la prensa oficial y solicitando poder editar un periódico que sea órgano de expresión de los estudiantes carlistas.
• D. Javier entra clandestinamente en España y preside el Consejo Nacional de la Comunión Tradicionalista (día 25).
• En Guernica, D. Javier, jura de nuevo los fueros de Vizcaya haciéndolo extensivo a la Corona de Castilla y León, al Reino de Navarra, de las dos provincias vascongadas de Álava y Guipúzcoa, a los pueblos de la Antigua Confederación Catalano-aragonesa y a las antiguas instituciones de Galicia y Asturias (día 26).

1951

Marzo:

• Hoja de los requetés en solidaridad con la huelga de tranvías de Barcelona en la que han participado (día 10).

Mayo:

• Los carlistas navarros participan en los violentos disturbios con el pretexto de la subida del precio de los huevos en cuya regulación estaba involucrado el gobernador civil.

Agosto:

• El nuevo ministro de la gobernación, Blas Pérez, se plantea como una de las tareas hacer desaparecer el carlismo.
• Una nota de la Comunión Tradicionalista se muestra crítica con el nuevo gobierno y exige que cese la represión contra el carlismo.

Noviembre:

• Nuevas elecciones municipales. En Navarra se presentan los carloctavistas pero son marginados por las candidaturas oficiales (día 25).

• Limitaciones oficiales al Viaje de D. Javier con su hija Francisca María por las Españas; sin embargo, resulta un gran éxito. En Montserrat jura los fueros catalanes. En Torrente los falangistas intentan boicotear la visita, así como en Bilbao, donde detienen a cuatro jóvenes carlistas por enfrentarse a ellos. Sobre la estancia y entrevistas de D. Javier en Madrid, había «orden de la censura de no publicar una sola línea».

• Solapada persecución contra los carloctavistas navarros por parte del gobernador Baeza Alegría.

• El dirigente carlista Jaime de Carlos defiende a la HOAC ante los ataques del gobernador civil de Santander.

• El Ministerio de la Gobernación deniega la autorización para crear una filial en Madrid de la Hermandad de Caballeros de la Cruz que ya existe en Pamplona como tapadera del carlismo.

1952

31 de mayo:

• D. Javier asume la realeza de las Españas en un acto en Barcelona. Después sale para Palma de Mallorca como continuidad de su viaje por España, donde recibe la orden del gobierno de una nueva expulsión.

1953

s/f:

• Vicente Catalán y Mayoral, son encerrados 15 días en la cárcel Modelo por desarmar y agredir a un «octavista» del Servicio de Información Militar que tras una discusión había sacado su pistola.

• El abogado carlista y comandante Luis Ruiz es denunciado por el gobernador civil por organizar la fiesta de los Mártires de la tradición en Logroño, razón por la cual es amonestado por el gobernador militar.

Junio:

• Campaña gubernamental contra el acto de homenaje al autor del *Guernika'ko Arbola*, José María Iparraguirre, organizado por la Junta carlista de Guipúzcoa que teme sea suspendido.

19 julio:

• Un comando de jóvenes carlistas pone un artefacto explosivo en la biblioteca del Frente de Juventudes de Pamplona, local donde antes había estado el Circulo Carlista clausurado por el Gobierno.

Agosto:

• Agentes al servicio del gobierno propagan la falsa noticia de que el ya tradicional acto de Begoña había sido suspendido, por lo que no acuden los autobuses de Logroño, Vitoria y Santander.

1954

s/f:

• Los carlistas toman la iniciativa de la agitación foral a favor de la Diputación y del Ayuntamiento frente al Gobierno Civil en un conflicto de contrafuero a lo largo de todo el año.

Febrero:

• Detenidos y torturados en Pamplona cuatro jóvenes carlistas: Juan de Diego, Sáenz de Ullate, Ignacio Astrain, y José Jaurrieta, por haber entorpecido un acto falangista presidido por Pilar Primo de Rivera, llenando las calles de pintadas por D. Javier como «Rey».

Abril:

• Rafael Gambra tras pedir el pasaporte, es llamado por el gobernador de Navarra, Valero Bermejo, sospechando sobre sus intenciones de ir a Francia a visitar a D. Javier.

2 mayo:

• Ataque conjunto de falangistas y policía contra los carlistas en el *Aplec* de Montserrat. Varios de estos son detenidos y multados: el jefe catalán Mauricio de Sivatte, Carlos Felíu de Travy, Antonio Oliveres Nou, Antonio Pi Petchame, Fernando Toda García, los hermanos José, Francisco y Jaime Vives Suriá y el campeón de lucha libre José Tarrés «Cabeza de Hierro» -liberado para evitar la resonancia pública-.

4 mayo:

• El Gobernador Civil de Barcelona, general auditor del Aire, Felipe Acedo Colunga, manda clausurar el bufete profesional de Mauricio de Sivatte.

Agosto:

• La Guardia Civil intercepta gran número de autobuses y vehículos particulares que acudían al acto de Begoña. En los tranvías de Bilbao se obligaba a bajar a los portadores de boinas rojas.

Septiembre:

• Detenciones, multas, encarcelamientos y procesos judiciales a varios carlistas en Navarra por el conflicto foral: Díaz de Cerio, Zubiaur, Goyena, Andueza, Páez, Astrain, De Diego, Sáenz, Encinas, Jaurrieta y Baroga. (Algunos son reincidentes).

Diciembre:

• Se prohíbe a los carloctavistas difundir por radio y publicar esquelas en el aniversario de la muerte de Carlos de Habsburgo.

1955

27 de febrero:

• Después de haber llegado a un acuerdo entre Franco y D. Juan de Borbón para la educación de Juan Carlos, el diario falangista *Arriba* publica unas declaraciones del dictador en las que, sin nombrarlos, ataca al carlismo y a D. Javier.

Marzo:

• En solidaridad con Sivatte, un nutrido grupo de abogados de Barcelona, remiten escrito al Decano del Colegio en el que se le insta a intervenir para «que se levante la clausura del bufete del citado compañero».

Abril:

• En Granada, las amenazas e insultos de Falange contra los requetés y estudiantes de la AET que participan en la Semana Santa, provoca enfrentamientos.

Mayo:

• Un emisario de Franco se entrevista con D. Javier y le sugiere reorganizar la Comunión Tradicionalista para que pueda intervenir en el futuro político, sin Fal Conde.

Agosto:

• Reuniones en Guipúzcoa de dirigentes carlistas con D. Javier y Fal Conde con grandes discrepancias entre projuanistas, falcondistas y antifranquistas. La policía los controla con la intervención de teléfonos. Iturmendi se reúne dos veces con D. Javier con intenciones poco claras.
• Cese de Fal Conde como delegado de D. Javier en España. Este asume personalmente la dirección del carlismo sin doblegarse ante las oscuras pretensiones de Iturmendi (día 11).

1956

Enero:

• Franco, a través de Iturmendi, amenaza a D. Javier y a toda su Junta Nacional con fusilarlos si se presenta como rey puesto que el único jefe del estado era él. Un grupo de dirigentes presiona a D. Javier para que no ceda al chantaje diciendo: «¡pues que nos fusilen!»

Colofón

La Fundación Ignacio Larramendi,
el Premio Internacional de Historia del Carlismo
"Luis Hernando de Larramendi" y este libro:
"La rebeldía carlista. Memoria de una represión silenciada.
Enfrentamientos, marginacion y persecución
durante la primera mitad del régimen franquista".

La fundación: su fundador, D. Ignacio Hernando de Larramendi y Montiano

Ignacio Hernando de Larramendi y Montiano (1921 -2001), Licenciado en Derecho, Inspector de Finanzas del Estado, máximo ejecutivo e impulsor de Mapfre entre 1955 y 1990, y creador de lo que ahora se conoce como Grupo Mapfre, conformado por la Fundación Mapfre y Mapfre, SA, entidades ambas de las que fue su primer Presidente, promotor siempre de actividades culturales y fundacionales, pero fundamentalmente desarrolladas en los años posteriores a la finalización de su vida profesional activa, y vinculado al carlismo desde su juventud, cuando participó con 16 años en las fuerzas voluntarias carlistas durante la guerra civil, constituyó, en 1986, con capital propio, al que luego añadiría los beneficios derivados de su jubilación en Mapfre, una fundación, cuyo patrimonio está conformado por lo que en otro caso hubiera sido la herencia de sus nueve hijos (que se honran con la decisión que en ese sentido tomó su padre), para ensalzar con ella la memoria de su progenitor, Luis Hernando de Larramendi, y su impronta de generosidad, de fidelidad a unos principios religiosos, de lealtad en su adhesión al carlismo, de desprendimiento en lo personal, y de independencia y libertad en su conducta.

Junto con otros aspectos que constituyen su objeto, a saber: *a)* el fomento de la caridad en las relaciones sociales como expresión concreta del amor y preferencia por los débiles y pobres, base de la doctrina de la Iglesia Católica, *b)* el análisis de la función de las instituciones independientes como medio de optimización de recursos y dinamización de la sociedad, *c)* la promoción de estudios o actuaciones de carácter científico y cultural de interés general no lucrativo, el que tiene especial atinencia a este epílogo, es e! del estudio de la influencia histórica de la acción del carlismo en la sociedad española.

La figura de D. Luis Hernando de Larramendi

Para dar contenido a ese objeto fundacional, la Fundación, que tras la muerte del fundador cambió su nombre inicial por el de Fundación Ignacio Larramendi, decidió convocar un premio internacional de historia del carlismo, con el nombre de quien fue insigne tribuno tradicionalista, fogoso orador carlista, autor de numerosas obras doctrinales, Secretario General de Don Jaime de Borbón, para los carlistas el Rey Jaime III, *y* ejemplo de convicciones religiosas y morales, de honestidad personal y de independencia.

Don Luis Hernando de Larramendi (1882-1957) a quien está destinado el Premio, aunque su padre no fue carlista, se sintió así desde niño escuchando los recuerdos de su abuelo y otros familiares, veteranos de las guerras carlistas y de la Guerra de independencia, y mantuvo fidelidad a esos principios, y a su acendrada religiosidad, hasta el último día de su vida, el 27 de Diciembre de 1957.

Su única actividad profesional fue el ejercicio independiente de la abogacía, siempre en solitario, al modo de los *barrister* ingleses, y con sus solos ingresos profesionales sufragó su participación desinteresada en la política y su dedicación trepidante al carlismo, de manera singular hasta 1937.

A los 22 años dirigió un periódico tradicionalista de corta tirada, *El Correo de Guipúzcoa,* fue Presidente de la Juventud Carlista de Madrid, escribió una serie de folletos en el segundo decenio del siglo XX, bajo el título genérico de *En la Avanzada,* publicó numerosos estudios de sociología para el Centro de Publicaciones Católicas, y participó activamente en la vida política del carlismo de aquella época, como candidato jaimista por la circunscripción de Oviedo en las elecciones de 1910, luego en 1914 como candidato por Vitoria frente a Eduardo Dato para paliar la defección de

Esteban Bilbao, levantando más tarde bandera de lealtad y legitimidad frente a la escisión mellista, asumiendo la dirección política del Partido Jaimista en 1919, con el título de Secretario General de la Comunión Tradicionalista, desde donde llevó a cabo una incansable labor, convocando una Junta Magna en Biarritz en 1919, otra asamblea en Lourdes en 1921, proponiendo a Don Jaime III que contrajera matrimonio para continuación de la Dinastía Legítima, argumentando jurídicamente la nacionalidad española de Doña Blanca de Borbón y Borbón, hija del legendario Carlos VII, amén de otras muchas cosas más, hasta que en la dictadura de Primo de Rivera se aparta de la política para volver de lleno a ella en 1931, cuando tras el advenimiento de la República, y el amedrentamiento de las fuerzas y capas de la sociedad no revolucionarias, se presenta con el apoyo de los 23 socios del Circulo Jaimista de Madrid de aquella época, como único candidato que en toda España concurre a las elecciones constituyentes baja la postulación de monárquico, comenzando una frenética actividad política, en la que recorre toda España interviniendo en más de 450 mítines tradicionalistas, dos o tres por semana, fundando el semanario *Criterio* (del que es aleccionador ver desde la España de hoy la altura intelectual y la elegancia de las formas con que se expresaba, pese a la terrible temperatura política y social del momento) volviendo a participar en las contiendas electorales, siempre acudiendo a los lugares más desesperados y de menor posibilidad de éxito, figurando como integrante carlista en el Front Cátala d'Ordre, por la circunscripción de Gerona, en las dramáticas elecciones del 16 de Febrero de 1936.

Consigue trasladarse a San Sebastián al poco de comenzar la guerra, donde ya estaba su familia, y allí lleva a cabo una actividad política basada fundamentalmente en su contribución doctrinal a prensa y boletines de circulación general y tradicionalistas, lo que abandona tras el Decreto de Unificación, que nunca aceptó, hasta el punto de rechazar la cartera del Ministerio de Justicia que se le ofrecía, teniendo que soportar como la censura que a continuación se instaló le prohibió publicar la obra en la que se contiene su corpus doctrinal, *El Estado Tradicional,* que finalmente sería publicada por su hijo Ignacio, en 1952, al presentarla de nuevo la censura bajo el título de *Cristiandad, Tradición y Realeza,* y efectuar un cambio en el orden y en el título de algunos capítulos.

Distanciado de la política tras el fin de la guerra, apoya a los grupos de estudiantes tradicionalistas del que forman parte sus hijos, publicando en las revistas y panfletos entonces clandestinos, artículos de la enjundia del que se reproduce a continuación, y que ha formado durante mucho tiempo parte de la presentación con la que la Fundación Ignacio Larramendi prologaba sus actividades carlistas. No deja de participar, desde la soledad de su despacho de abogado, en actuaciones de esa índole, pero fuera del primer plano, siendo su última aparición en público una conferencia que pronuncia en el Ateneo de Barcelona en Diciembre de 1956, ante un nutridísimo público de carlistas y tradicionalistas de la zona. La muerte le llega sin previo aviso, en la madrugada del 27 de Diciembre de 1957, después de haber asistido en la mañana del día anterior, como todos los días, hombre de misa y comunión diaria, a la Iglesia de los Oblatos. Tenía entonces 75 años. Una vida que no se puede comprender sin su fe religiosa ni su lealtad carlista.

El Premio Internacional de Historia del Carlismo Luis Hernando de Larramendi

Para ahondar en el estudio de la influencia en la sociedad española de un movimiento político al que Don Luis Hernando de Larramendi, y su hijo, el promotor de la Fundación, en estela que continúa en la familia, dedicaron y dedican tantos esfuerzos, se decidió convocar un premio, no para apología del carlismo, sino para divulgación de su presencia e importancia en la vida pública española, llevándose a cabo ese llamamiento por primera vez en el año 1988, fallándose en 1990, a favor de la obra Los *Combatientes Carlistas en la Guerra Civil Española, 1936-1939* de Don Julio Aróstegui. ex aequo, con la obra del Profesor Don Julio Montero Díaz *El Estado Carlista, principios teóricos y práctica política, 1872-1876.*

El Premio, además de la dotación económica, que ha ido aumentando, conlleva la edición de la obra u obras premiadas.

Tras algunos balbuceos iniciales, la Fundación tuvo la fortuna de poder colaborar con la Editorial ACTAS, lo que ha permitido que, hasta ahora, en que el mundo digital hace incierto el futuro editorial, con el transcurrir de los años, los libros ganadores del galardón, junto con algunos otros de temática carlista que la

Fundación ha decidido publicar, conformaran una colección propia dentro de la importante labor editorial de ACTAS, que naturalmente lleva el nombre del tribuno tradicionalista en cuya memoria se constituyó la Fundación, Colección Luis Hernando de Larramendi, lo que ha permitido que los libros tuvieran la importancia que les da el formar parte de un corpus, y no ser obritas aisladas dispersas e inencontrables, al tiempo que les ha dotado de una prestancia editorial, y de un rigor profesional de gran calidad.

En el momento actual, con los cambios tecnológicos, también la fundación ha modificado su manera de acometer la publicación de las obras premiadas, y ahora en contacto con la editorial Schedas, publica sus obras en formato electrónico, en impresión bajo demanda, y quedando accesibles también las obras como ePub. Igualmente formarán parte de una colección propia de la editorial que queda destinada a estas obras del Premio de Historia del Carlismo Luis Hernando de Larramendi.

La relación completa de las obras publicadas dentro del la colección de historia del carlismo Luis Hernando de Larramendi puede consultarse en la página web de la fundación, www.larramendi.es

Este libro: "La rebeldía carlista. Memoria de una represión silenciada. Enfrentamientos, marginación y persecución durante la primera mitad del régimen franquista".

El jurado de la XV edición del premio internacional de historia del carlismo "Luis Hernando Larramendi- " bajo la presidencia de quien firma estas líneas, estuvo compuesto por ilustres historiadores y estudiosos, cuya relación completa es la siguiente:

• D. Francisco Asín
• D. Andrés Gambra
• D. Javier Garisoain
• D. Pablo Larraz
• D. Manuel Martorell
• D. Francisco Marhuenda
• D. Ignacio Medina, Duque de Segorbe
• D. Stanley G. Payne
• D. Alfonso Bullón de Mendoza
• Dña. Alexandra Wilhelmsen
• Mercedes Vazquez de Prada

En la reunión que se celebró para deliberación y fallo del premio se convino, tras intensas deliberaciones, otorgar el premio a la obra "WILLS y el batallón de Zuavos Carlistas", pero asimismo decidió el jurado hacer mencion a las aportaciones de Josep Mirralles Climent, proponiendo al Patronato de la Fundación que esta prestara apoyo económico para la la realización de un trabajo sobre la represión franquista al carlismo durante la Guerra covil y la primera posguerra, como así egectivamente se acordó.

Quede por tanto patente el agradecimiento de la fundación al autor, a los miembros del jurado, y a ti también, querido lector, por haber adquirido este ejemplar que confiamos que te haya instruido en todo aquello que se contiene en sus páginas. Porque a quienes desde la Fundación Ignacio Larramendi continuamos con la obra de nuestro fundador, nos enorgullece el patronazgo para este premio de historia en honor de quien fuera infatigable tribuno carlista.

Laus Deo

LUIS HERNANDO DE LARRAMENDI M.
PRESIDENTE
FUNDACIÓN IGNCIO LARRAMENDI

Fuentes y bibliografía

Alcalá, César, (2001) *Persecución en la retaguardia. Cataluña 1936-1939*, Actas, Madrid.

(2001a) *D. Mauricio de Sivatte. Una biografía política (1901-1980)*, Scibe/Balmes, Barcelona.

Algarra, David, (2015) *El comú català. La historia dels que no surten a la historia*, Potlatch, Barcelona.

Amestoy, Ignacio, (2002) *Crónica El Mundo*, nº 359, septiembre 2002.

Aragón, Jesús Mª y Josep Miralles, (2016) *Montejurra 1976-2016. 40 años después*, Arcos, Madrid.

Aróstegui, Julio, (1991) *Los combatientes carlistas en la guerra civil española 1936-1939*, 2 vols, Aportes, XIX, Madrid.

Blinkhorn, Martin, (1979) *Carlismo y contrarrevolución en España 1931-1939*, Crítica, Barcelona.

Borbón Parma, M.T., J.C. Clemente, J. Cubero (1997) *Don Javier, una vida al servicio de la libertad*, Plaza y Janés, Barcelona.

Burgo, Jaime Ignacio del, (2007) «La España de la Guerra Civil» Prólogo a B. Félix Maíz, *Mola frente a Franco. Guerra y muerte del General Mola*. Laocoonte, Pamplona.

Campàs, Jaume y Julio Gómez, (2007) *La lucha silenciada del carlismo catalán*, Arcos, Madird.

Canal, Jordi, (2000) *El carlismo. Dos siglos de contrarrevolución en España*, Alianza Editorial, Madrid.

Carratalá, Ernesto, (2007) *Memorias de un piojo republicano (Cautivo en los penales franquistas de Burgos, Fuerte San Cristóbal, Isla de San Simón, Astorga y Cárcel Modelo de Barcelona)*, Pamiela, Pamplona.

Catalán, Vicente, (2003) «79 años de memoria viva del Carlismo», *Cuadernos de Historia del Carlismo*, nº 30, noviembre 2003.

Clemente, Josep Carles, (2003) *El Carlismo contra Franco*, Flor del Viento, Barcelona.

(2001) *Crónica de los carlistas. La Causa de los legitimistas españoles*, Ediciones Martínez Roca, Barcelona.

(1992) *Historia general del carlismo*, F. Mesa, Madrid.

Cubero, Joaquín, (1995) «El carlismo en la guerra de España. El destierro de Fal Conde y la Unificación» en *Aportes*, nº 27, mayo 1995.

Delibes, Miguel (1979) «La prensa española en los años 40 (III). El escaso poder del "cuarto poder"» *La Vanguardia*, Barcelona, 8-5-1979.

Doñate Sebastiá, José Mª (1990) «Primavera caliente (III). Recuerdos de la Guerra Civil» *Cadafal*, septiembre 1990

Egaña, Iñaki (2009) *Los crímenes de Franco en Euskal Herria, 1936-140*, Ed. Txalaparta-Altaffaylla, Tafalla.

Esparza Zabalegi, José Mari, «Los cuarenta de Artajona» https://lealtadalalealtad.wordpress.com/2016/08/08/los-cuarenta-de-artajona/

Espinosa, Francisco (2002) «Julio de 1936. Golpe militar y plan de exterminio» en Julián Casanova (Coord.) *Morir, matar, sobrevivir. La violencia en la dictadura de Franco.* Barcelona, Crítica.

Feliu, Carles (2002) «*El carlisme català sota el franquisme*», en *Carlisme, foralisme i qüestió nacional. La prensa carlina*, Fundació Francesc Ribalta, Solsona.

Fernández-Longoria, Miguel (2004) «La diplomacia británica y la caída de Serrano Suñer» en *Espacio, Tiempo y Forma*, Serie V, Hª Contemporánea, T. 16, pp 253-268.

Ferrer, Melchor, (1960) *Historia del Tradicionalismo español*, Tomo XXX, vol. II, ECESA, Sevilla.

Folch, Maria (2001) «L'establiment del *Nuevo Estado* a Castelló de la Plana» Plecs d'Història, *L'Avenç* nº 262, octubre 2001

Fraser, Ronald, (2005) *Recuérdalo tú y recuérdalo a otros. Historia oral de la Guerra Civil española*, Planeta DeAgostini, Barcelona.

Gambra, Rafael, (1953) Estudio preliminar en *Textos de Doctrina Política. Vázquez de Mella*, Publicaciones españolas, Madrid.

Gil Robles, José María (1976) *La Monarquía por la que yo luché (1941-1954)* Taurus, Madrid.

Ginés i Sánchez, Andreu (2008) *La instauració del franquisme al País Valencià: Castelló de la Plana i València*, Tesi doctoral, Universitat Pompeu Fabra (Institut Universitari d'Història Jaume Vicens Vives) Tarragona.

Godes, Ramón, (1990) *Política y sociedad en Castellón durante la década de los años 40*, Diputació de Castelló.

González Vázquez, Salvador (2006) *La terapia represiva como defensa de la España conservadora (1934-1945)* Comunicación al Congreso La Guerra Civil española 1936-1939 en, https://dialnet.unirioja.es/servlet/articulo?codigo=2574404

Heine, Hartmut, (1983) *La oposición política al franquismo: de 1939 a 1952,* Crítica, Barcelona.

Herrera, Emilio, (1974) *Los mil días del Tercio de Navarra (Biografía de un tercio de requetés),* Editora Nacional, Madrid.

Herrera, Manuel, (2008) *Crónica del Carlismo de Valladolid 1833-2007,* Ediciones Arcos, Madrid.

Iriarte, José Vicente, (1995) *Movimiento obrero en Navarra (1967-1977). Organización y conflictividad,* Gobierno de Navarra, Pamplona.

Jackson, Gabriel, (2005) *La República española y la Guerra Civil,* RBA, Barcelona.

Jarne, Antonieta, (1993), «La branca femenina del carlisme lleidatà. República, Guerra Civil i Primer Franquisme» en Conxita Mir (Ed.) *Calins i integrstes: Lleida segles XIX i XX,* Institut d'Estudis llerdencs, Lleida.

Jerez Riesgo, José Luis (comp.) (1999) *La Falange del silencio: escritos, discursos y declaraciones del II Jefe Nacional de la Falange,* Barbarroja, Madrid.

Juncosa, Artur, (2002) «L'organització del moviment universitari carlí dels anys quaranta», en *Carlisme, foralisme i qüestió nacional. La prensa carlina,* Fundació Francesc Ribalta, Solsona.

Larraz, Pablo y Víctor Sierra-Sesúmaga, (2010) *Requetés. De las trincheras al olvido,* La esfera de los libros, Madrid.

Lavardín, Javier, (1976) *Historia del último pretendiente a la corona de España,* Ruedo Ibérico, París.

López, Juan Carlos, (2009) *Biografía de Mariano Zufía,* Fiasep.

López Rodó, Laureano, (1977) *La larga marcha hacia la Monarquía,* Editorial Noguer, Barcelona.

Maíz, B. Félix, (2007) *Mola frente a Franco. Guerra y muerte del General Mola.* Laocoonte, Pamplona.

Martínez Roda, Federico, (2012) Varela. El general antifascista de Franco, La Esfera de los Libros, Madrid.

Martorell, Manuel, (2016) *Montejurra. La Montaña Sagrada,* (Catálogo de la exposició en el Museo del Carlismo de Estella) Gobierno de Navarra, Pamplona.

- (2010) *Retorno a la lealtad. El desafío carlista al franquismo*, Actas, Madrid.

- (2009) *La continuidad ideológica del carlismo tras la Guerra Civil.* Tesis doctoral, UNED.

- (2005) «Carmen Villanueva Unzu» y «Dolores Baleztena Azcárate» en Mª del Juncal Campo Guinea, *Mujeres que la Historia no nombró*, Ayuntamiento de Pamplona.

- (2000) *Jesús Monzón el líder comunista olvidado por la Historia*, Pamiela, Pamplona.

Martorell, Manuel y Josep Miralles (2009) *Carlismo y represión «franquista». Tres estudios sobre la guerra civil y la posguerra*, Ediciones Arcos, Madrid.

Martorell, Tomás, (2001) *Andanzas de un carlista del siglo XX*, Fundación Amigos de la Historia del Carlismo-BPC, Pamplona.

Medall, Iván, (2016) *Les polítiques repressives franquistes a Vila-real (1938-1950)*, Tesis doctoral, UJI, Castellón.

Miralles, Josep, (2015) *El carlismo militante (1965-1980). Del tradicionalismo al socialismo autogestionario.* Tesis doctoral, UJI, Castellón.

- (2007) *Estudiantes y obreros carlistas durante la dictadura franquista La AET, el MOT y la FOS*, Ediciones Arcos, Madrid.

Morales, Gustavo, (2007) «Falangistas contra Franco: los azules fusilados en 1942, *El Catoblepas*, nº 66, agosto 2007.

Onrubia, Javier, (2003) *Notas para una historia de las Fuerzas Activas Revolucionarias carlistas (F.A.R.C.)*, Magalia, Madrid.

- (2000) *La resistencia carlista a la dictadura de Franco: los «Grupos de Acción Carlista» (G.A.C.)*, Magalia, Madrid.

Ortells, Miquel, (2015) *Jo, Juanito el «el llumero»*, Acen, Vila-real.

Pagès, Pelai, (2016) «El franquismo como una larga posguerra: violencia y represión como elementos identificadores del régimen» en Gabriel Sansano, Isabel Marcillas y Juan-Boris Ruiz-Nuñez (Eds.) *Historia i Poètiques de la memoria: la violència política en la representació del franquisme*, Universitat d'Alacant.

Peñalba Sotorrío, Mercedes (2013) *Entre la boina roja y la camisa azul. La integración del carlismo en la Falange Española Tradicionalista y de las JONS (1936-1942)*, Gobierno de Navarra, Pamplona.

Pérez Domingo, Luis, (2004) *Mártires carlistas del Reino de Valencia 1936-1939*, Actas, Madrid.

Porro, Ildefonso José María, (2007) *El crimen de la Falange en Begoña. (Un régimen al descubierto)*, EKA, Bilbao.

Redondo Casado, Julio (2005) *Memorias de un carlista castellano*, BPC, Madrid.

Rodrigo Mora, Félix, (2016) *Investigación sobre la II República española, 1931-1936*, Potlatch, La Laguna.

Romero Raizabal, Ignacio (1972), *El prisionero de Dachau 156.270*, Edición autor, Santander.

Santa Cruz, Manuel de, (1984-1991) *Apuntes y documentos para la historia del tradicionalismo español 1939-1966*, 28 tomos, edición autor.

Solé i Sabaté, Josep Mª y Joan Villarroya, (1990) *La repressió a la reraguarda de Catalunya (1936-1939)*, Publicacions de l'Abadia de Montserrat, 2 vols. Barcelona.

Thomàs, Joan M. (1992) *Falange, guerra civil, franquisme. FET y de las JONS de Barcelona en els primers anys del règim franquista*, Abadia de Monteserrat, Barcelona.

Tusell, Javier, (1990) *Manual de Historia de España*, Historia 16, Madrid.

Ugarte, Javier, (2010) «El carlismo en la guerra del 36: la formación de un cuasi-estado nacional-corporativo y foral en la zona vasco-navarra» en *Historia contemporánea*, 38: 49-87.

- (1998) *La nueva Covadonga insurgente. Orígenes sociales y culturales de la sublevación de 1936 en Navarra y el País Vasco*, Biblioteca Nueva, Madrid.

Urrizola, Ricardo (2017) *Consejo de Guerra. Injusticia militar en Navarra 1936-1940*, Altaffaylla/Txalaparta, Tafalla.

Vallverdú, Robert, (2014) *La metamorfosi del carlisme català: del «Deu, Pàtria i Rei» a l'Assemblea de Catalunya (1936-1975)*, Abadia de Montserrat, Barcelona.

Vilar, Carles (2002) *El círculo carlista de Vila-real, un ejemplo de autogestión*, Cuadernos de História del Carlismo nº 22, Madrid.

Villanueva, Aurora (2003) «Organización, actividad y bases del carlismo navarro durante el primer franquismo» *Gerónimo de Uztarriz*, nº 19, pp. 97-117

- (1998) *El carlismo navarro durante el primer franquismo*, Actas, Marid.

- (1997) «Los incidentes del 3 de diciembre de 1945 en la Plaza del Castillo de Pamplona» en *Príncipe de Viana*, nº 212 (sept.-dic. 1997) pp. 629-650. Gobierno de Navarra.

Winston, Colin M. (1989) *La clase trabajadora y la derecha en Espala 1900-1936*, Cátedra, Madrid.

Archivos

- ACM: Arxiu Carlista Miralles (Benicàssim)
- ACV: Arxiu Carles Vilar (Vila-real)
- AFM: Archivo Franciso Martín (Segorbe)
- AFNFF: Archivo Fundación Nacional Francisco Franco (Madrid)
- AGA: Archivo General de la Administración (Alcalá de Heneres)
- AGCC: Archivo Gobierno Civil de Castellón
- AGUN: Archivo General de la Universidad de Navarra (Pamplona)
- AHPC: Arxiu Històric Provincial de Castelló
- AJCS: Archivo Joaquín Cubero Sánchez (Gijón)
- AMALL: Archivo Miguel Ángel Llopis (Barcelona)
- AMF: Archivo Melchor Ferrer (Sevilla) Después en AGUN (Pamplona)
- AVS: Archivo Víctor Sierra-Sesúmaga (Vizcaya)

Prensa

- *AET. Órgano de la AET Vasco-Navarra*
- *AET, Órgano de la Secretaría Nacional*
- *Aspas Rojas. Castilla por el Rey Legítimo*
- *B. de O.C. Principado de Asturias*
- *Boina Roja*
- *Boletín Carlista*
- *Boletín de Información de las AA.EE.TT. de España*
- *Boletín de Información de las Juventudes Carlistas de España*
- *Boletín de Información del Principado de Cataluña*
- *Boletín de Información del Requeté*
- *Boletín de Información del Tercio San Narciso*
- *Boletín de Orientación Tradicionalista*
- *Boletín del Movimiento de FET y de las JONS*
- *Boletín Nacional de las AAEETT*
- *El Diario Vasco.com*

- *El Fuerista.* «Órgano antiborreguil»
- *El Pensamiento Navarro*
- *El Tradicionalista*
- *Gara*
- *Hojas Informativas*
- *Información Carlista*
- *Informaciones*
- *La Unión*
- *Misión*
- *Montejurra*
- *Órgano Oficial de los Requetés*
- *Por Dios, por la Patria y el Rey. Órgano oficial de los Requetés*
- *Requetés de Cataluña*
- *Tiempos críticos. Monarquía Popular*
- *Ya*

Índice onomástico

Barón de Carcer, 305
Barranco, 159, 387
Barrera, Emilio, 32
Bastardo, 159, 387
Batllé y Baró, Narciso, 237, 378
Bayarri Esteve, Manuel, 111
Bellés, Joaquín, 160, 390
Bellido y Rubert, Manuel, 54, 104, 370
Benavent, Juan, 136, 387
Berasaluce, José Luis, 72
Berástegui, 209
Beraza, Eladio, 164, 349
Bermejo, 332, 347, 350, 351, 353, 354, 404
Bethencourt, Rodrigo, 115, 387
Bilbao, Esteban, 304, 305, 409
Bisquera Gual, Pedro, 135, 387
Biurrun, Cesárea, 229
Blinkhorn, Martin, 51, 221, 222, 413
Blum, León, 237
Boleda Mauri, Lluís, 117
Borbón Austria-Este Alfonso Carlos de (D. Alfonso Carlos I), 7, 36, 51, 52, 53, 277, 400
Borbón Parma, Carlos Hugo de, 16, 44, 110, 317, 322, 345, 352, 361, 362, 368
Borbón Parma, Cecilia de, 354
Borbón Parma, Francisca María de, 198, 336, 402
Borbón Parma, María de Las Nieves de, 79, 145, 148, 384
Borbón Parma, María Teresa de, 36, 354
Borbón Parma, Sixto de, 362
Borbón y Battenberg, Juan de (D. Juan), 304, 316, 342, 358, 359
Borbón y Borbón, Juan Carlos de, 22, 46, 311, 355, 358, 363, 365, 402
Borbón, Blanca de (Archiduquesa de Austria), 409
Borbón, Carlos María de (Carlos VII), 43, 156, 177, 291, 326, 337, 409
Borbón-Parma y Braganza, Francisco Javier de (D. Javier), 8, 37, 67,

76, 258, 263, 275, 293, 302, 343, 349, 358, 359, 365, 413
Borbón-Parma, Gaetán de, 235, 236, 381
Borja Gorricho, Urbano, 163, 164
Bover Ferrer, Jaime, 135
Burgo Torres, Jaime del, 71, 228, 230, 245, 246, 266
Burgo, Jaime Ignacio, 29, 32, 34, 36, 41
Busquets, 92, 387
Bustamante Perfecto S-, 96
Caballero, Ignacio, 305
Cabanellas, Miguel, 32, 33, 36
Calleja García, Hernando, 209, 212, 216
Calvo Serer, Rafael, 359
Calvo Sotelo, José, 34, 35, 85, 104
Campàs, Jaume, 163, 413
Campo Guinea, Mª del Juncal, 416
Campo, Enrique del, 367
Canal, Jordi, 76
Canaris, Wilhelm, 62
Canes, 196
Cano (sindicalista), 129
Cano Sr. (conserje), 186
Cantavella, Vicent, 181
Carlos de Habsburgo, 310, 317, 404
Carlos VIII (Archiduque Carlos de Habsburgo), 43, 291, 409
Carlos, Jaime de, 333, 402
Carratalá, Ernesto, 39, 40, 413
Carrero Blanco, Luis, 301
Casanova, Julián, 414
Castaño Casamayor, Aurelio, 229, 390
Castilla Delgado, María del Carmen, 79, 370
Castillo, María Luisa del, 195
Castro, Federico de, 181, 260
Catalán, Vicente, 297
Caylà, Tomàs, 163, 389
Cayuela, Pablo, 55, 369
Cerezales, Manuel, 108
Chacón Molina, José María, 138

Pérez González, Blas, 332
Pérez Sanz, José María, 79
Pérez, Blas, 168, 188, 202, 332, 401
Peris, Sara, 166, 197, 198, 244, 289, 380, 392
Perreau de Pinnick, 16, 182, 387
Pétain, Philippe, 235, 236
Pfeiffer, 98
Pi Petchame, Antonio, 319, 404
Pildain, Antonio, 196
Piñeiro, 193
Pio XI, 222, 224
Pio XII, 223, 224, 228
Piquer, Enriqueta, 196
Plana, 388
Planas de Tovar, Javier, 178, 197, 338, 377, 380
Pocarull, Ángels, 193, 379
Polo, Fernando, 317, 400
Pons García, Antonio, 150
Ponte, Miguel, 32, 192
Porro, Ildefonso José Mª, 162, 207, 417
Poveda Monzó, Demetrio, 302
Poveda Payá, María, 302, 303
Pradera, Juan José, 40
Prieto, Indalecio, 250, 358, 360
Primo de Rivera Miguel (dictador II Marqués de Estella), 33, 93, 105, 409
Primo de Rivera, Fernando (Marqués de Estella), 348
Primo de Rivera, José Antonio, 191, 223, 356
Primo de Rivera, Pilar, 191, 194, 348, 403
Puig (un muchacho de San Andrés), 298
Puig Pellicer, José, 354
Puigdollers y Oliver, Mariano, 175, 200, 373
Purón, Joaquín, 139, 266
Queipo de Llano, Gonzalo, 25, 32, 54, 58, 63, 79, 102, 370
Querejeta, Elías, 262, 291, 395, 397

Quesado Calvo, 138, 388
Quiles Alomar, María, 135
Rada, Ricardo, 55, 98
Ramírez, José Antonio, 356
Ramos de la Feria, Justo, 41
Raposo, Hipólito, 57, 94
Rausell, Silvino, 289, 397
Real, Matías, 111
Redondo Luis (coronel), 72
Redondo, Julio, 88, 159, 185, 186, 187, 387, 388, 393, 395, 417
Redondo, Gregorio, 185, 388
Redondo, Onésimo, 395
Reguera Sevilla, Joaquín, 333
Rein de Santos Ayuso, Concha, 151
Ridruejo, Dionisio, 217
Ríos, Fernando de los, 136
Rivas, Francisco, 202
Robiedo Fernández, Pablo, 160, 396
Robles, Pedro, 305
Rodezno, Conde de, 31, 42, 58, 60, 67, 75, 76, 103, 144, 145, 165, 206, 220, 225, 266, 379
Rodrigo Mora, Félix, 26, 417
Roig Llopart, Manuel, 159, 390
Rojas Dasi, Fernando de, 28, 397
Roldán González, Julio, 159, 185, 186, 188, 390, 395
Rollant, Von, 62
Roma, Juan María, 237, 378
Romás Payas, 83
Romera, Ángel, 227 352
Romero Ferrer, José, 110
Romero Gil, José, 229
Romero Osborne, Ignacio (Marqués de Marchelina), 287
Romero Raizabal, Ignacio, 236, 237, 287, 288, 289, 417
Romojaro Sánchez, Tomás, 159, 186, 394
Rubio, Agustí, 147, 382
Ruiseñada, Conde de, 360
Ruiz de Alda, Julio, 127, 378
Ruiz de Alegría, 350

www.ingramcontent.com/pod-product-compliance
Lightning Source LLC
Chambersburg PA
CBHW020331270326
41926CB00007B/133